"十四五"普通高等教育汽车服务工程专业系列教材

Qiche Shigu Gongcheng
汽车事故工程

（第4版）

刘宏飞　主　编

人民交通出版社

北京

内 容 提 要

本书为"十四五"普通高等教育汽车服务工程专业系列教材。全书共九章,主要内容包括汽车事故工程概论、道路车辆力学基础、车辆事故力学、汽车碰撞事故参数的不确定性分析、车辆-行人事故、两轮车交通事故的分析与再现、广义抛物理论与汽车碰撞速度、汽车碰撞法规与相似模型试验、图像技术在交通事故分析中的应用。

本书可作为普通高等院校汽车服务工程专业、汽车与交通类专业的教材使用,亦可作为相关兴趣爱好者的参考读物。

图书在版编目(CIP)数据

汽车事故工程/刘宏飞主编. —4 版. —北京：
人民交通出版社股份有限公司,2024.3
ISBN 978-7-114-18354-6

Ⅰ.①汽… Ⅱ.①刘… Ⅲ.①汽车—交通运输事故—研究 Ⅳ.①U491.3

中国国家版本馆 CIP 数据核字(2024)第 034441 号

书　　名：	汽车事故工程(第 4 版)
著 作 者：	刘宏飞
责任编辑：	李　良
责任校对：	孙国靖　刘　璇
责任印制：	刘高彤
出版发行：	人民交通出版社
地　　址：	(100011)北京市朝阳区安定门外外馆斜街 3 号
网　　址：	http://www.ccpcl.com.cn
销售电话：	(010)59757973
总 经 销：	人民交通出版社发行部
经　　销：	各地新华书店
印　　刷：	北京市密东印刷有限公司
开　　本：	787×1092　1/16
印　　张：	15.5
字　　数：	380 千
版　　次：	2004 年 7 月　第 1 版
	2009 年 1 月　第 2 版
	2014 年 11 月　第 3 版
	2024 年 3 月　第 4 版
印　　次：	2024 年 3 月　第 4 版　第 1 次印刷　累计第 8 次印刷
书　　号：	ISBN 978-7-114-18354-6
定　　价：	52.00 元

(有印刷、装订质量问题的图书,由本社负责调换)

前 言
Qianyan

2012年,教育部公布了新的本科专业目录,汽车服务工程成为目录内的普通本科专业,2020年2月,在教育部发布的《普通高等学校本科专业目录(2020年版)》中,汽车服务工程专业隶属于工学、机械类(0802),专业代码为080208。该专业顺应了我国社会机动化和汽车普及化的时代发展要求,面向汽车使用领域和汽车服务领域,培养应用型、复合型、创新型乃至创业型的高级人才。"懂技术、擅经营、会服务"是这个新兴专业对其毕业生的基本能力素质要求。为了实现人才培养目标,汽车服务工程专业需要高水平教材支撑课程教学。

当前,汽车产业正处于深度的调整和变革进程中。一是汽车科技日新月异,正在向着电动化、智能化、网联化、共享化等方向纵深发展,新能源汽车、智能汽车、网联汽车等新品不断涌现,自动驾驶、虚拟现实、增强现实、生物识别等人工智能技术在汽车上的应用越来越多,"互联网+"与汽车研发、制造、营销、运用和服务等领域的融合越来越深刻,这些变化将彻底改变传统的市场调研、汽车开发、营销与服务的方式,改变企业的生产经营模式,甚至诞生跨界经营,进而引起产业生态的变革。二是我国汽车市场在经历21世纪初叶十余年的快速发展,我国在2009年超越美国成为世界最大的新车消费市场之后,汽车需求从宏观总量上看必将转入低微增长乃至振荡波动的发展形态,市场趋于饱和,企业竞争逐渐加剧,这种变化必将导致企业的营销方式大不同于以往,市场经营范围也将由以国内市场为主转向国际和国内两个市场并重,真正实现全球经营。此外,我国的高等教育也同样处于调整变革进程中。一是国家调整高等教育的建设方式,由以前的"985工程"和"211工程"模式调整为"双一流"建设模式,更加注重学科(专业)特色优势的建设;二是创新创业教育和高等教育的国际化步伐加快,特别是在工科教育方面,我国已于2016年正式成为《华盛顿协定》的成员国,各高校均以工程教育国际认证为契机,全面促进专业的建设发展。

基于此,全国汽车服务工程专业教学指导委员会结合我国汽车维修行业发展动态和工程教育专业认证需要,并在征求行业专家、专业教师的建议基础上,组织编写了"十四五"普通高等教育汽车服务工程专业系列教材。

《汽车事故工程》为本套教材之一,是汽车服务工程专业本科学生的专业课之一。全书共九章,主要内容包括汽车事故工程概论、道路车辆力学基础、车辆事故力学、汽车碰撞事故参数的不确定性分析、车辆-行人事故、两轮车交通事故的分析与再现、广义抛物理论与汽车碰撞速度、汽车碰撞法规与相似模型试验、图像技术在交通事故分析中的应用。

  本书由吉林大学刘宏飞担任主编,主要编写人员及分工为:刘宏飞编写了第一章、第二章、第三章,谭立东编写了第七章、第八章及思考题,任东编写了第四章、第八章,许洪国编写了第五章、第六章,鲁光泉编写了第九章,全书由刘宏飞负责统稿。

  本书编写及修订过程中,参阅了国内外有关的文献,在此对有关单位和个人表示衷心感谢。由于作者水平有限,书中不足之处恳请读者和同仁批评指正,以便再版时修正。

  由于编者水平有限,时间仓促,书中缺点和错误在所难免,欢迎读者批评指正。

编 者

2023 年 12 月

目 录 Mulu

第一章　汽车事故工程概论 1
第一节　概述 1
第二节　汽车事故工程 1
第三节　交通事故研究 12
思考题 25

第二章　道路车辆力学基础 26
第一节　牛顿运动定律 26
第二节　摩擦力 27
第三节　车辆动力性 29
第四节　车辆制动性评价指标 36
第五节　车辆横向稳定性分析 40
思考题 49

第三章　车辆事故力学 50
第一节　事故力学基础 50
第二节　碰撞规律 52
第三节　碰撞动力学微分方程 58
第四节　碰撞方程计算 61
第五节　功能原理 64
第六节　汽车碰撞 69
第七节　碰撞模型中的有关问题 82
思考题 85

第四章　汽车碰撞事故参数的不确定性分析 87
第一节　汽车碰撞事故再现的作图法 87
第二节　汽车碰撞事故分析参数的不确定性 90
第三节　基于不确定性的事故再现图解法 93
思考题 98

第五章　车辆-行人事故 ... 99
第一节　行人交通事故再现的意义 ... 99
第二节　汽车-行人交通事故过程 ... 100
第三节　汽车-行人交通事故分析的约束方法 ... 104
第四节　汽车-行人交通事故可避免性分析 ... 110
第五节　行人横穿碰撞的界限范围 ... 117
第六节　行人单自由度模型 ... 123
思考题 ... 130

第六章　两轮车交通事故的分析与再现 ... 131
第一节　自行车交通事故分析 ... 131
第二节　自行车事故再现 ... 136
第三节　碰撞速度的计算方法 ... 142
第四节　汽车-自行车碰撞速度的算法 ... 151
第五节　自行车交通事故案例分析 ... 159
思考题 ... 163

第七章　广义抛物理论与汽车碰撞速度 ... 164
第一节　汽车速度与撒落物分布 ... 164
第二节　抛物运动理论 ... 165
第三节　典型撒落物在事故分析中的应用 ... 174
第四节　汽车坠崖、撞路缘石、翻滚及车速计算 ... 176
思考题 ... 178

第八章　汽车碰撞法规与相似模型试验 ... 179
第一节　汽车碰撞试验 ... 179
第二节　实车碰撞试验方法 ... 198
第三节　事故力学与相似模型原理 ... 206
第四节　汽车碰撞后轨迹相似模型试验分析 ... 216
思考题 ... 218

第九章　图像技术在交通事故分析中的应用 ... 219
第一节　交通事故摄影图像测量方法 ... 219
第二节　三维摄影测量现场标定 ... 221
第三节　交通事故现场空间点三维重建理论 ... 226
第四节　交通事故现场俯视图几何校正处理 ... 231
思考题 ... 239

参考文献 ... 240

第一章 汽车事故工程概论

第一节 概 述

在现代社会中,交通涉及人类日常生活的方方面面,在整个国家的政治和经济生活中更具有举足轻重的地位。但是,伴随着交通日新月异的发展,交通事故也随之而来。战争造成的生命财产损失有时间性和地域性,而交通事故则是一场永不休止的"全球战争"。无论何时何地,只要人参与交通,就存在涉及交通事故的危险性。道路交通事故已成为涉及千家万户乃至每个人生命财产安全的日益严重社会问题。

自 1889 年世界上发生第一起道路交通事故(简称"交通事故")致人死亡事故至今,全球死于交通事故的人数总计多达 3200 多万,远高于同期死于战争的人数。如今,全世界每年死于道路交通事故的人数超过 135 万,地球上平均每 24s 就有 1 人死于交通事故。因此,道路交通事故已成为"现代社会的第一公害"。特别是近年来,随着汽车保有量、通车里程和交通流量的不断增加,交通事故日趋严重,涉及交通事故的民事和刑事诉讼也日益增多。因此,研究交通事故的人-车-环境特性、交通事故的规律与对策以及涉及的法律等问题就显得至关重要。

本书的任务和目的是使读者了解汽车交通事故的特点、种类、划分、统计规律,掌握汽车道路交通事故工程技术的基本理论、方法,学会研究汽车交通事故的基本技能。

本书主要论述与汽车交通事故有关的理论问题,内容包括交通事故与交通安全的基本理论和思考方法、与汽车交通事故有关的人体特性与车辆特性、汽车事故的力学分析、汽车事故现场的调查与记录分析、事故再现的主要方法等。

第二节 汽车事故工程

一、交通事故与汽车事故工程

在我国,交通事故是指车辆驾驶人员、行人、乘车人以及其他在道路上进行与交通有关活动的人员,因违反《中华人民共和国道路交通安全法》《中华人民共和国道路交通安全法实施条例》和其他道路交通管理法规、规章的行为(简称"违章行为"),过失造成人身伤亡或者财产损失的事故。

汽车事故工程就是运用与交通事故有关理论,分析事故发生的原因,提出交通事故方法对策,改进汽车设计,使汽车在发生碰撞交通事故时,保护交通参与者的一门新兴的交叉学科。

交通事故研究包括交通事故分析、交通事故再现和交通事故统计分析等。

1. 交通事故分析

交通事故分析是汽车事故工程的重要部分，主要是分析事故发生的原因，利用统计学的方法对事故进行分类，找出事故的重点或典型类型和形态，提出改进交通安全管理、汽车安全设计、道路交通安全设施的措施。交通事故分析结果具有统计特性，是对一个国家或地区交通安全状况的总体评价。

对交通事故中的车辆、物品、尸体、当事人的生理和精神状态及有关的道路状态等，应当根据实际需要，由交通管理部门及时指派专业人员或者聘请有专门知识的人进行检验或者鉴定，并由相关人员对检验或者鉴定结果作出书面结论。

事故分析的任务在于借助已收集到的信息、资料、数据，进一步科学地解释说明事故发生的原因，并弄清楚事故发生全过程的运动状态，明确事故各方当事人应负的责任、应当吸取的经验和教训，分析降低事故后果应采取的必要措施等。除了评估速度分布和质量关系的分布规律以及与乘员座椅位置、碰撞方向的关系外，还可阐述车辆乘员的碰撞位置、相互作用以及典型的受伤机理，从中获得进一步的理论和经验(诸如工程技术、医学、心理学)，从而对改善道路交通安全作出贡献。

事故分析也是对导致相似伤害和损失的事故原因进行研究。事故分析必须利用所分析的事故总体情况，实现每一起事故的再现。

2. 交通事故再现

交通事故再现是以事故现场上的事故车辆损坏情况、停止状态、人员伤害情况和各种形式的痕迹为依据，参考当事人和证人(目击者)的陈述，对事故发生的全部经过作出推断的过程。对每一起事故进行正确而全面的再现分析，就相当于进行了一次"实车碰撞"试验，从中可获得许多用其他方法难以或者无法得到的宝贵资料。

交通事故再现的关键在于发现、提取事故现场上遗留的各种物证，并作出科学、合理的解释。为了正确地进行事故再现，必须掌握与事故有关的各种数学、力学、工程学的基本原理。但必须注意，数学、力学和工程学的计算结果只能在符合经验和常识的基础上，才能发挥其重要作用。

交通事故再现的重要依据是事故现场上的各种物证。有时事故分析专家并不能出席现场。因此，事故现场的取证就是一件非常细致而重要的工作。

交通事故物证主要分为交通事故附着物、交通事故散落物和交通事故痕迹三类。

交通事故附着物，是指附着在事故车辆、人体及其他物体表面，且能证明事故真实情况的物质，如油漆、油脂、塑料、橡胶、毛发、纤维、血迹、人体组织等。

交通事故散落物，是指散落在交通事故现场能证明事故真实情况的物质，如损坏脱落的车辆零部件、玻璃碎片、油漆碎片及车辆装载物等。

交通事故痕迹，是指在事故车辆、人体、现场路面及其他物体表面形成的印迹，如撞击痕迹、刮擦痕迹等。

交通事故再现的基本目的在于，研究一个具体事故的特殊性，从空间和时间上确定事故每个阶段的过程，并对其进行分析和评价。

在我国，交通警察调查事故的目的主要是，依据有关法规追究事故当事人的责任，并对有关赔偿进行调解。另外，交通警察的事故调查结果也适用于判断事故重点的一般安全问题和某些事故的因果关系。

对特殊事故的调查,绝大多数事故专家是以事故的专门勘查结果为依据,进一步进行医学、心理学、工程技术以及法律问题的分析。

为了对事故运动过程进行再现,需要有关位移和地点(如接触点、受力方向、碰撞后的分离方向)、速度(如车辆开始速度和碰撞速度)以及时间(如反应时间)等数据。

因此,事故再现的任务是尽可能清楚地描述事故的运动学过程。例如,汽车与行人事故再现规律的应用基础是痕迹,特别是下述痕迹:

(1)事故车辆的静止位置。
(2)碰撞地点位置。
(3)被撞行人的静止位置。
(4)制动印迹。
(5)挫痕位置、大小和形状。
(6)汽车的损坏情况。
(7)汽车上的擦痕的位置、大小和形状。
(8)路面摩擦力(或滚动阻力、附着)系数。
(9)受伤分布图。
(10)行人的受伤种类。
(11)衣服的损坏和衣着痕迹。
(12)痕迹的不规则性等。

3. 交通事故统计分析

交通事故统计分析属于宏观分析,其中包括线路事故的统计分析和地域性事故的统计分析。

线路事故统计分析是以特定的道路区间为研究对象,调查路段事故发生的状态、次数、时间和空间分布规律,进行因果分析,研究事故多发区段和多发点,为交通安全治理、交通管理、道路改造、安全设施的设置提供决策的依据。

地域性事故调查统计分析,主要是针对全国、省、市、县及某些特定区域所进行的各种统计分析。它对制定国家交通安全政策和法规、确定交通治理的投资、交通管理机构及研究机构的设置等有重要作用。

交通事故统计分析研究的内容相当广泛,但大体有如下内容:

(1) 与交通事故有关的基础数据的统计分析。如针对某地区的逐年人口数、汽车保有量、道路总长度、道路密度、自行车保有量、农用车及拖拉机保有量、主干道交通流量、交通事故次数、死亡人数、受伤人数、直接经济损失等。
(2)统计方法的研究有坐标图法、直方图法、圆图法、排列图法、分析表法、事故图法等。
(3)交通安全评价指标的研究,如绝对指标、相对指标、静态指标、动态指标等。
(4)时间序列事故分布规律的研究,如按年、月、日、时所进行的各种事故统计分析。
(5)空间序列事故分布规律的研究,如按全国、省、市、县、地区,以及按不同道路、路段等所进行各种事故统计分析。
(6)道路环境与事故有关的统计研究,如道路的几何尺寸、线形等与事故发生次数的统计分析。
(7)事故因果关系的统计分析,如对事故发生的各种影响因素的相关分析。

(8)人的心理、生理特性与事故有关的规律的研究,如性别差异、年龄差异、饮酒、疲劳等。

(9)与人的伤害有关的各种统计分析,如受伤部位、类型等。

(10)与具体交通参与者有关的各种统计分析,如轿车事故、货车事故、大型客车事故、自行车事故、摩托车事故、行人事故、儿童事故、老年人事故等的各种统计分析。

总之,交通事故统计分析涉及的内容非常多。在实践中,人们需要根据交通安全的研究目的来确定调查、统计分析的内容及范围,这项工作是交通事故治理中政府决策不可缺少的重要前提。

4. 交通事故分析与再现的研究内容

做好交通事故鉴定工作,正确处理好交通事故,这就需要提供一套科学的事故分析和鉴定方法,即交通事故的案例分析方法。此外,为掌握事故发生的各种规律,为交通管理和交通事故防治提供可靠的依据,就要对交通事故的发生、发展、分布及其因果关系进行调查和统计分析。所以,交通事故分析可分为事故案例分析和统计分析两部分。

1)交通事故案例分析

交通事故案例分析是针对交通事故个体所进行的具体分析。相对统计分析来说,它是微观分析。交通事故案例分析的目的在于再现事故的全过程,为交通事故的正确处理和改善汽车设计的安全性提供科学的论证和依据。

2)交通事故案例鉴定分析

在交通事故处理中,应做鉴定分析的内容取决于事故个体的具体情况。但是,从有关碰撞工程学来看,主要有下列内容:

(1)有关汽车结构性能的内容。

参与碰撞车辆的制动性能,有无结构缺陷造成瞬间制动失灵,转向系统是否灵活、可靠,悬架装置断裂的原因等。

(2)速度和制动情况的推算。

紧急制动前的车速、起步后到达某一速度时所需要行驶的距离、按制动印迹推算驾驶人采取紧急制动的地点到碰撞的时间、停车距离、根据车辆损坏情况推算的碰撞速度等。

(3)事故因果关系的内容。

依据车辆损坏情况,鉴别碰撞参与者的行驶方向和接触部位、碰撞车辆的作用力与被碰撞车的速度变化、碰撞时乘员身体的移动和伤害部位;受害人是撞击致死,还是碾压致死,有无二次碾压致死的可能;印迹是否是事故车辆留下来的印迹等。

(4)与酒后驾驶有关的内容。

与酒后驾驶有关的内容包括血液中酒精的浓度及随时间的变化、酒精浓度与驾驶机能的关系、酒精浓度检测的准确性、事故时驾驶人的醉酒程度等。

(5)与视认性有关的内容。

如风、雨、雪、冰雹、雾天等天气情况以及黎明、黄昏、灯光有关的能见度,能否看清车辆前方一定距离内的障碍物;被对方车灯照射所产生的眩目程度;超车时的视野遮蔽;驾驶人的视线盲区;后视镜的视野等。

(6)与人类工程学有关的内容。

驾驶人的疲劳程度;开车前的心理状态;碰撞前有无瞌睡、有无精神不集中;碰撞后驾驶人的心理状态等。

(7) 与道路环境有关的内容。

事故与道路附着系数的关系;纵坡与横坡对事故形成的影响;弯道半径与视距的关系;路面的坑洼、塌陷、施工以及堆放物等的影响。

3) 事故案例分析的步骤

事故案例分析的主要步骤为:收集信息(证据);整理资料(数据);加工分析和计算;计算结果与原始资料进行比较;确定合理的方案;写出鉴定分析结论。

二、汽车事故工程研究领域

我国交通事故数量基本是随着国民经济的发展而逐步上升的(图1-1)。每年全国交通事故死亡人数为:20世纪50~60年代,数百至数千人;20世纪70年代,1万~2万人;1984年以后事故死亡人数急剧上升;1988—1990年稍有下降。1991年后,随着改革开放政策的深化,国民经济总体实力的不断增长,汽车工业和交通运输业有了长足的发展,汽车保有量迅速增加,拥有机动车驾驶证的人数激增,交通事故死亡人数随之急剧增长。

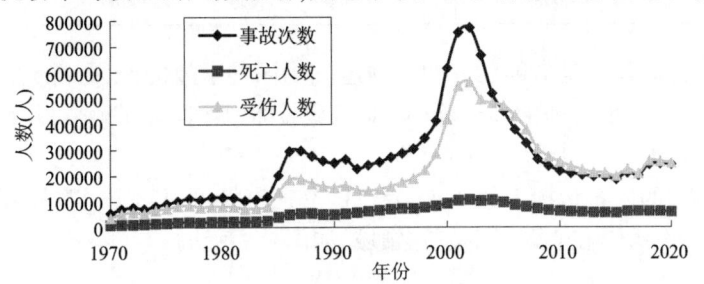

图1-1 1970—2020年我国交通事故发生起数和死亡人数统计

注:全国统计数据未包括港澳台地区。

2001年,全国公安交通管理部门共受理道路交通事故案件75.5万起,事故共造成10.6万人死亡,直接经济损失30.9亿元。2002年全国公安交通管理部门共受理一般以上道路交通事故案件77.3万起,事故共造成10.9万人死亡,56.2万人受伤,直接经济损失332亿元。2003年全国公安交通管理部门共受理一般以上道路交通事故66.7万起,造成10.4万人死亡、49.4万人受伤、直接经济损失33.7亿元,分别比2002年下降13.7%、4.6%、12.1%和上升1.4%;事故起数比2002年减少10.6万起,死亡人数减少0.5万人,受伤人数减少6.8万人。2003年在比2002年机动车增长1674万辆、驾驶人增长1130万人的情况下,交通事故起数、死伤人数出现了10年来的首次下降,万车死亡率从13.7下降到10.8。2017—2020年,我国交通事故发生数量在20万起以上,其中2020年全国交通事故发生数量244674起,事故共造成61703人死亡,250723人受伤,交通事故直接损失金额为13.1亿元。我国的汽车与交通安全问题已成为公众关注的社会热点之一。

而发达国家,从20世纪70年代以来,交通事故死亡人数一直下降(表1-1)。因驾驶人和交通参与者行为的改善、公路和车辆设计优化以及交通法规的完善,这种趋势可能将持续保持下去。

由于发展中国家机动化的发展,全球交通事故死亡总人数继续上升(表1-2)。2020年,大约有130万人死于交通事故,其中发达国家少于15万人,发展中国家约120万人。约5000万人因此受伤,道路交通事故已成为导致5—29岁的儿童和年轻人死亡的第一大因素。同发达国家相比,我国交通安全的形势严峻,交通安全研究任重道远。

工业化地区交通事故死亡人数发展变化(单位:人)　　　　　表 1-1

地区	年份			
	1990	2000	2010	2020
欧盟 15 国	55000	50000	40000	35000
美国	43000	40000	36000	33000

全球交通事故死亡人数的发展(单位:人)　　　　　表 1-2

地区	年份			
	1990	2000	2010	2020
发达国家	150000	<150000	<150000	<150000
发展中国家	350000	1110000	1400000	2000000
合计	500000	1260000	1550000	2150000

交通事故研究的任务是借助已有的数据进一步回答事故的原因,探讨降低事故后果的措施,从中可获得进一步的理论和经验(诸如工程技术、医学、心理学),从而为改善道路交通安全提供决策依据。

交通事故研究的内容包括事故调查与统计、交通事故再现和交通事故分析三个方面,同时还包括工程技术、医学和心理学等研究领域,如图 1-2 所示。

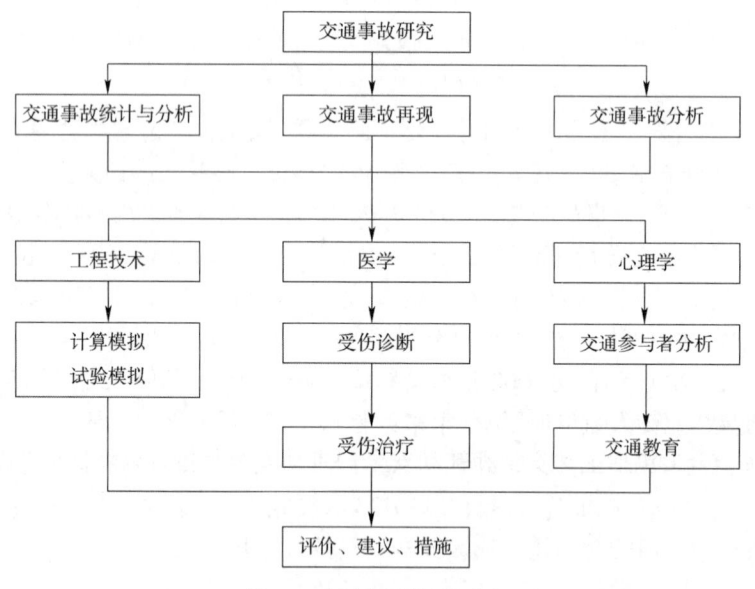

图 1-2　交通事故研究的内容

1)工程技术

借助模拟方法(乘员模拟计算模型、模拟假人试验、自愿受试者、尸体)尝试获得与描述事故有关的车辆、人和环境特性的特征值。这些特征值描述车辆损坏、人体受伤(人与模拟假人的可比关系,乘员模型与人类的相近性,事故严重程度与受伤的关系等)以及环境的作用。

2)医学

评价医生诊断、医院报告、事故受害人病理结果与受伤严重程度、受伤形式以及事故参与者与事故后果的关系。

3)心理学

通过询问事故参与人,确定驾驶人、车辆和环境方面的事故原因。

三、交通安全研究的范围

1. 定义与基本概念

与确定的技术过程或状态有关的危险度包含两个方面的含义:一个能导致损失后果出现的期望频度和预见出现事故的损失(或伤害)程度。即,危险度是用概率描述的。

安全度(单位为%)是描述一个技术过程或状态的危险程度大于其代表值(或危险界限值)的一种度量,即:

$$\begin{aligned}
安全度 &= 1 - 危险度 \\
&= 主动安全度 \times 被动安全度 \\
&= 损坏(伤害)频数 \times 损坏(伤害)程度
\end{aligned} \tag{1-1}$$

危险度是描述一个技术过程或状态的危险程度小于其代表值(造成危险的极限值)的度量。

损失是描述一个技术过程或状态在法律意义上的货物(人和物)损失等交通损害。

车损表现为物的损失,例如修理、复原等费用,表现在人的损害包括受伤严重程度、受伤后果(社会、精神和治疗)费用等。

交通事故是一种具体的不幸事件。由于它导致偏离了给定的行驶任务,从而使得超过许可值,或者由于其结果造成某种程度的损坏(伤害)。

交通事故的参与者可分为碰撞体(事故对象或主体)和被碰撞体(事故碰撞对手或客体)。

碰撞体是事故单元之一,它是事故研究的主要对象。被碰撞体也是事故单元之一,它是与事故发生有关的事故参加者(车或人)。

2. 交通安全性

交通由与它有关的参与人、车辆以及环境组成,如图1-3所示。

交通安全可划分为交通参与人的安全、交通工具的安全和交通环境的安全。道路交通安全仅限于研究人、道路车辆和环境的安全。

道路交通安全又包括主动安全和被动安全。主动安全是指可以降低道路交通事故率的事故避免措施,即预防性措施。被动安全是为了降低预计损害所采取降低事故后果的措施。主动安全措施由人、车辆和环境三个方面组成。

1)主动交通安全

(1)人的主动安全性。

①交通安全教育。可使交通参与人及早发现可能发生事故的各种关键状态(Critical Situation),从而避免交通事故的发生。

②交通医学。影响驾驶人感受信息量的界限值,例如疲劳预防和报警。

③交通的法律安全。血液酒精浓度检验,兴奋剂、麻醉剂、安定剂、吸毒检验及法律裁决。

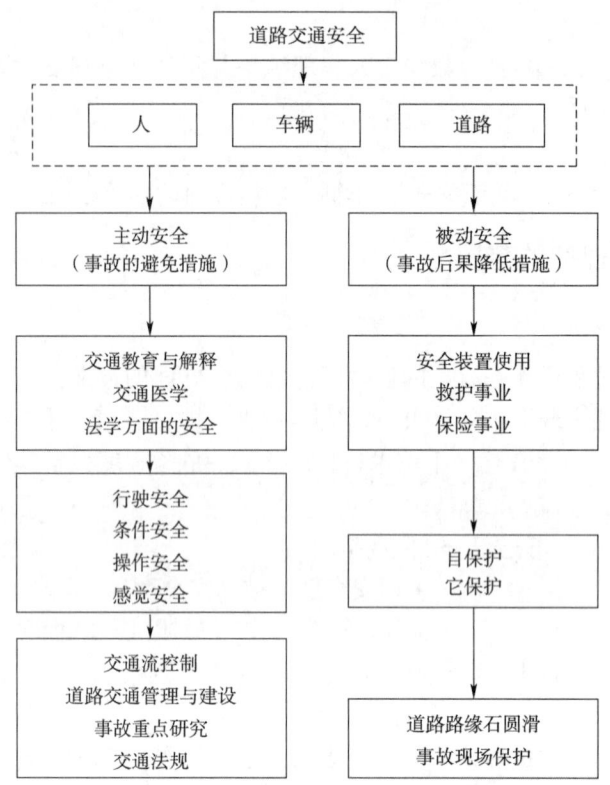

图1-3 道路交通安全的主要研究领域

(2) 车辆的主动安全。

①行驶安全。避免因驾驶不当或驾驶行为不当(例如违反交通法规),例如违反交通法规,而引起交通事故。

②工作环境安全。降低汽车驾驶人空间(驾驶室)的噪声、振动强度,改善通风和空调性能,从而减小造成驾驶人工作疲劳的可能性。

③操作安全。依据人体工程学的原理,正确布置驾驶人的操作元件以及降低误操作的可能性。

④感觉安全。改善驾驶人的工作视野(装饰物、大视野后视镜)范围,合理设计刮水器的工作范围,选择油漆色彩符合视觉舒适原理。

(3) 环境安全。

①交通流的控制。交通流诱导、速度监测、合理绿信比、道路标志合理、增加交叉/丁字路口等信号灯装备、限速期、限速横线、噪声路面限速等。

②道路管理与建设。避免将直线路段设计得过长,雾、雨、风、冰雪、动物经常出没等区域的改善或预告(预报);事故常发区(黑段或黑点)环境的改善,例如平曲线和竖曲线的搭配以及与自然环境的适应。

③使交通法规适应相应交通运输的发展,例如单义无矛盾的交通管理规则、先行权规则等。

2) 被动交通安全

被动安全研究范围以及概念如图1-4所示。

(1) 人的被动安全。

①预防性安全驾驶培训。

② 安全警示教育与技能提升相结合。
③ 全员佩戴安全带的意识(气囊必须和安全带联合使用)。

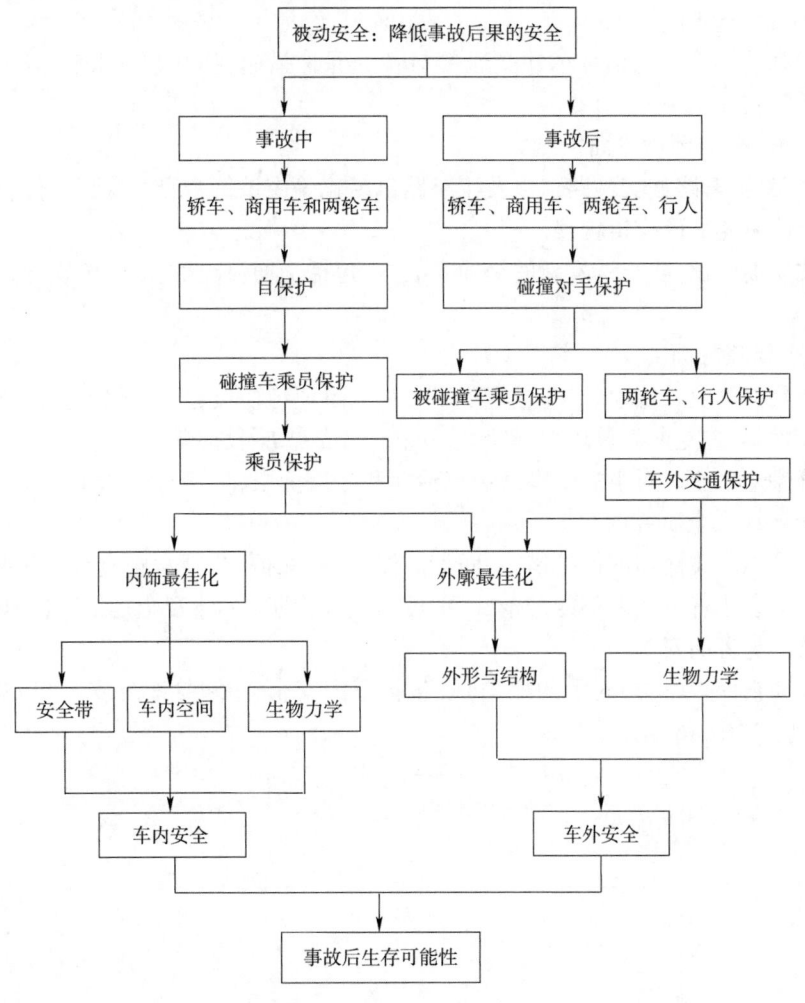

图 1-4　被动安全研究领域

（2）车辆的被动安全。
车辆自保护和它保护的研究范围如图 1-5 所示。

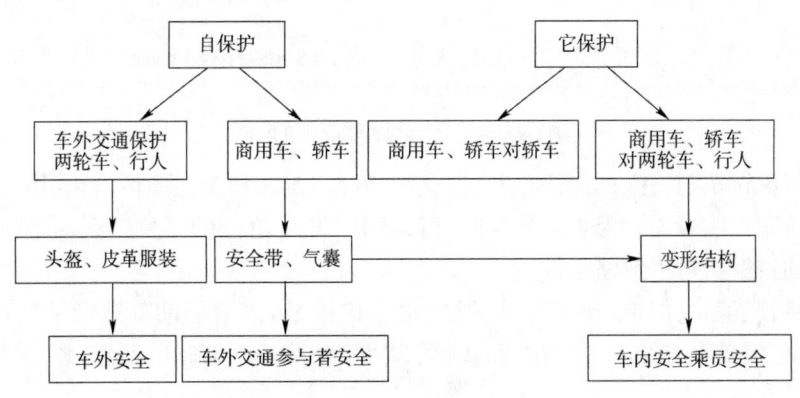

图 1-5　自保护和它保护

①自保护措施(相对碰撞对手而言)。例如,轿车乘员保护(正面气囊、侧面气囊以及防倾翻加强杆和横向加强杆),主要考虑与商用汽车(如载货汽车)的碰撞或者轿车与轿车的碰撞事故;两轮车用气囊(Airbag)。

②碰撞对手保护。汽车对车外交通参与者的保护措施,例如柔性装饰、埋藏式刮水器轴、防钻撞结构等。

(3)被动安全的环境方面。

①缓和路肩,弯路或交叉路口以及丁字路口绿化等应该符合交通视野条件,树木和防护栏的设立应该避免妨碍交通视线。

②事故现场保护,防止诱发新的交通事故,也包括交通流疏散、新闻传媒,这对高速公路尤其重要。

(4)社会保障方面。

①发展救护事业。快速救护,进行现场救护或迅速将伤员运送医院抢救,这也包括交通事故通信;事故救护专业人员培训,鼓励建立交通事故志愿救护队。

②完善保险事业。对事故受害者进行治疗和生活抚恤。

3)交通被动安全研究内容

自保护是相对碰撞体的保护措施,而被撞保护(它保护)是针对碰撞对手的保护措施。

车内安全意味着车辆内部的安全,即乘员的安全保护;车外安全是指车辆外部的安全,即车外交通参与者的安全。

自保护和它保护(碰撞对手的保护)既包括车内安全,也包括车外安全(以碰撞类型轿车-行人为例,如图1-6所示)。

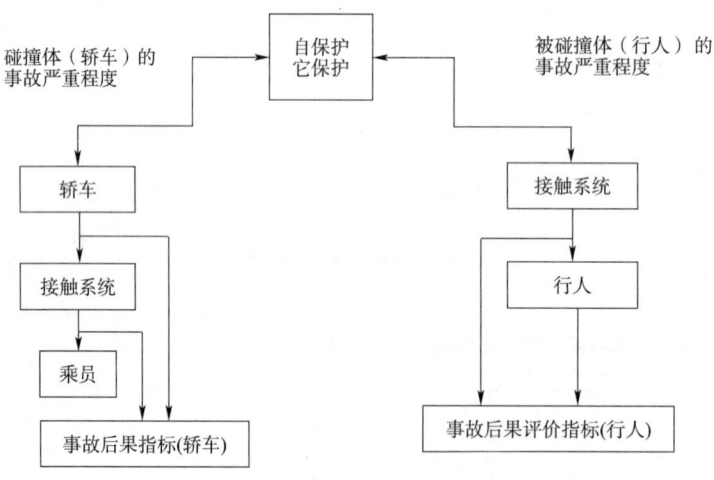

图1-6 轿车-行人碰撞事故研究内容

例如,考虑轿车与行人的碰撞事故,在这种情况下汽车作为碰撞体,行人作为碰撞对手,所以,对于轿车仅需考虑它保护问题,即对行人的保护问题;由于此时轿车乘员有很小的危险性,故它的自保护可以忽略不计。

在这种情况下,它保护(碰撞对手保护)措施应该是:汽车的前部造型采用可变形的柔性人造材料或蜂巢夹心结构、平滑外廓、埋藏式风窗玻璃刮水器轴以及碰撞时可变形的后视镜等。

如果考虑轿车为碰撞体的轿车与商用车发生碰撞的事故,以商用车作为被碰撞体,则轿车的自保护成为优先要考虑的保护问题(以碰撞种类轿车-商用车为例,参见图1-7)。而对于商用车而言,由于其质量相对很大,结构刚度也较大,因此其自保护可以不予以考虑。

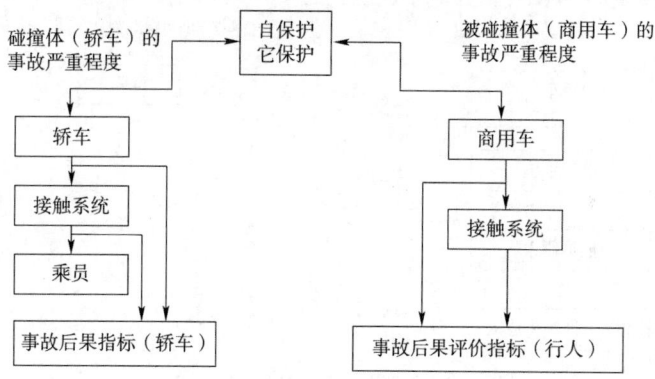

图1-7 轿车-商用车碰撞事故研究内容

同样,轿车的它保护问题如同商用车的自保护一样,也可以忽略不计。

下面简要介绍英国和美国的汽车安全评价系统。

①英国的轿车安全评价方法。碰撞种类为轿车与轿车以及轿车与固定屏障的碰撞事故为基准,事故的特征参数为以60km/h的速度,正面斜角30°,或者以35km/h速度的侧面碰撞。英国的汽车安全评价系统如图1-8所示。

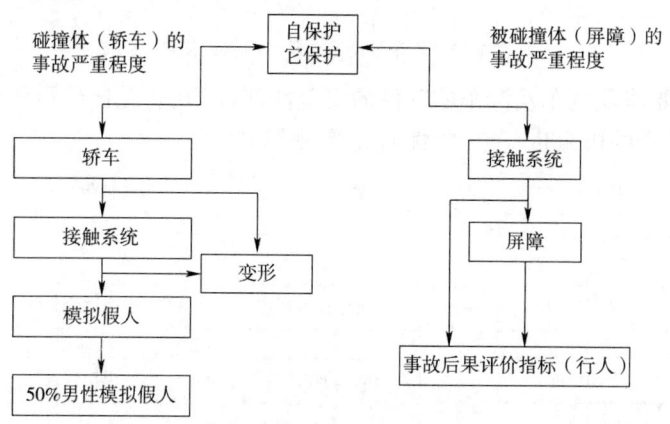

图1-8 英国的汽车安全评价系统
注:另外还要附加38种零部件试验。

②美国的轿车安全评价方法。碰撞种类以轿车与固定屏障的碰撞事故为基准,事故的特征参数为以56km/h的速度正面碰撞刚性屏壁。美国的汽车安全评价系统如图1-9所示。

评价:轿车作为碰撞体,被碰撞体是屏壁或者侧面屏障时,轿车的自保护是主要问题,这是因为屏壁、屏障无须考虑保护问题。

4)被动安全及其研究领域

事故研究包括事故勘查与统计、事故再现、事故分析(图1-10)。

汽车设计与制造的内容有:汽车的结构造型、汽车被动安全性措施的推广。生物力学主要研究人体受伤机理,通过试验和统计分析评价制订安全保护标准。

试验与测试技术包括安全措施的试验验证和认证试验(MVSS 和 ECE)。

利用计算机的高速性能,计算模拟解决事故"碰撞对"之间的互相作用关系、运动过程以及负荷。

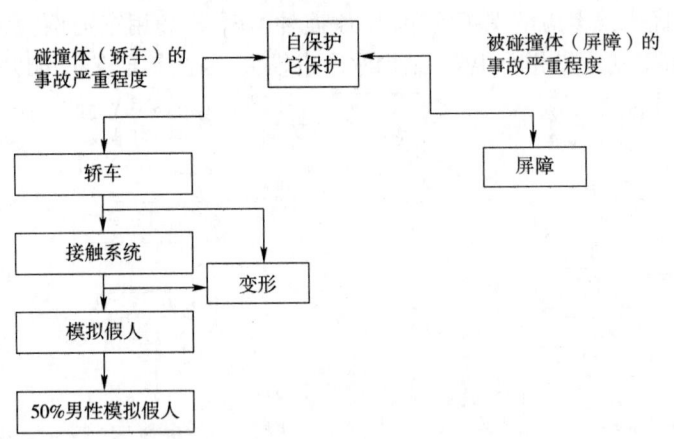

图 1-9　美国的汽车安全评价系统

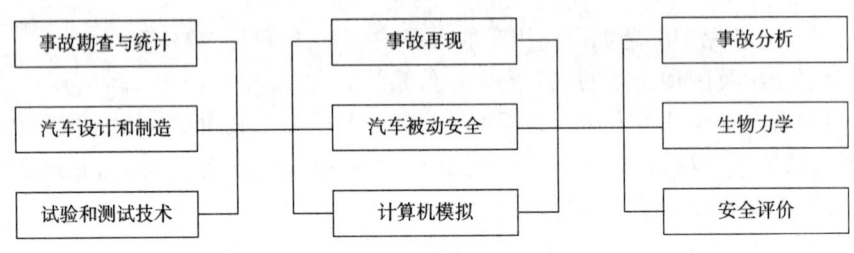

图 1-10　汽车被动安全研究的相关领域

安全评价主要涉及汽车及汽车零部件的安全性评价问题、受伤严重程度（烈度）的费用分析、人体能够忍受的极限负荷、危险性研究等（图 1-11）。

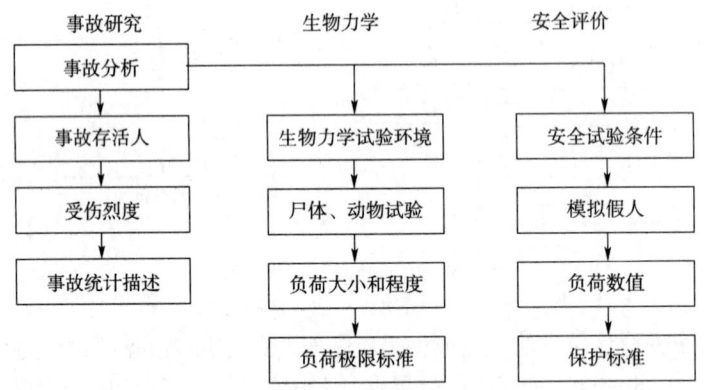

图 1-11　交通安全评价研究内容

第三节　交通事故研究

一、行驶过程

汽车的行驶过程可以抽象为一个控制过程。如图 1-12 所示，驾驶人作为系统的调节环节，通过不同的操作元件控制汽车运行，而汽车作为调节变量。驾驶人感知汽车与周围环境的反应（即控制变量），将控制变量与驾驶任务（输入变量）相比较，使得驾驶人能够采取恰当的措施,以减小调节参数值与输入值之差。例如,图1-13所示为儿童穿越道路时驾驶人的控制过程。

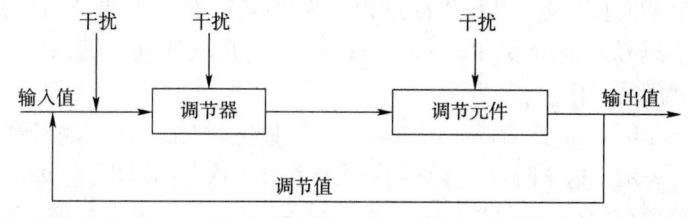

图1-12 驾驶人-汽车-环境调节回路的简化模型

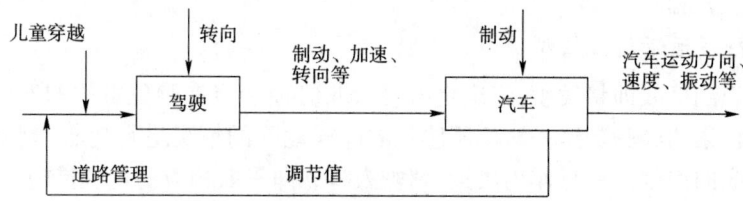

图1-13 儿童穿越道路时驾驶人的控制过程

这种考虑的目的在于用控制技术的方法,对系统进行人-车-环境的数学描述。汽车的过渡过程亦可由汽车的动力学方程描述,而人的过渡过程是无法完全用方程予以描述的。现有不同的模型用数学方法描述这个过渡过程。例如,所谓"两平面人-机操纵模型"(Donges,1978)。这个模型是汽车在两个平面,即输入平面和稳定性平面内工作,如图1-14所示。

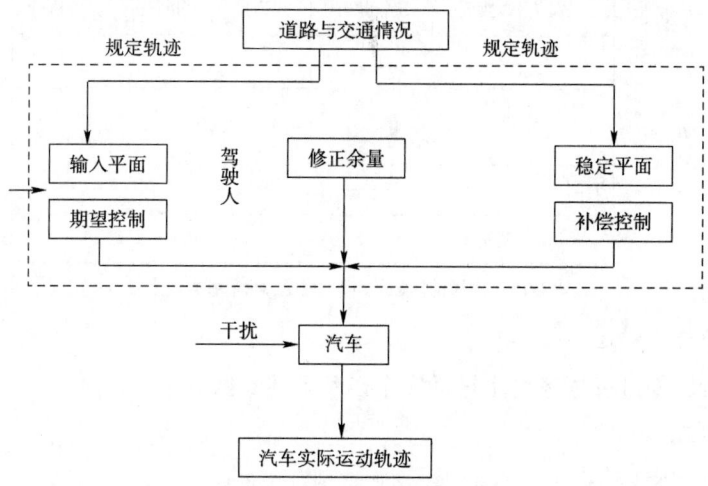

图1-14 两平面人-机操纵特性模型

输入平面的功能在于速度与汽车的实际方向一致,该平面将包括瞬时及未来对道路的感觉,作为行驶过程参数和对未来转向反应。

这种驾驶人活动是有预见性(期望性)的控制。根据可预测、可见的道路情况转动转向盘(例如在右转弯前转向盘向右转动),它的有效部分是运动方向。

在稳定平面内,驾驶人通过对汽车相对道路走向的观察,调节汽车运动方向。在有干扰的情况下,使运动尽可能小地偏离所预计的方向。在闭环回路中,偏差是通过转向修正得到补偿的。这种修正误差的驾驶活动称为补偿调节。

二、事故阶段的时间剖分

根据事故发生的时间历程,可将事故过程分为碰撞前、碰撞和事故后果三个阶段。

①碰撞前或事故开始前阶段(Pre-crash phase)。它是从驾驶人认识到危险至"碰撞对"第一次接触的时间间隔,用 $t_{pre-crash}$ 表示。

②碰撞阶段(Crash phase 或 Collision phase)。从"碰撞对"第一次接触至停止不动时所经历的时间长度,用 t_{crash} 表示。这个阶段至少包括一次接触和一次分离过程,它也包括多重碰撞。

③事故后果阶段(Post-crash 或 Phase of accident result)。从汽车停止至被碰撞者静止所经过的时间 $t_{post-crash}$。

1. 碰撞前阶段运动过程模型

驾驶人认识到事故即将发生,将决定需要采取何种措施来避免事故的发生,此时,驾驶人将利用以往积累的经验与这一时刻所感觉的同样危险的情况进行比较,判断是否对所驾的车辆实施相应的控制。一旦作出决策,驾驶人将立即采取相应的处理措施。

识别、决策、执行三个部分组成碰撞前阶段,且碰撞前阶段可以仅由一个或多个相继发生的基本要素组成。图1-15所示为一个发生碰撞或几乎发生碰撞事故的碰撞前阶段汽车-驾驶人-环境基本元素。

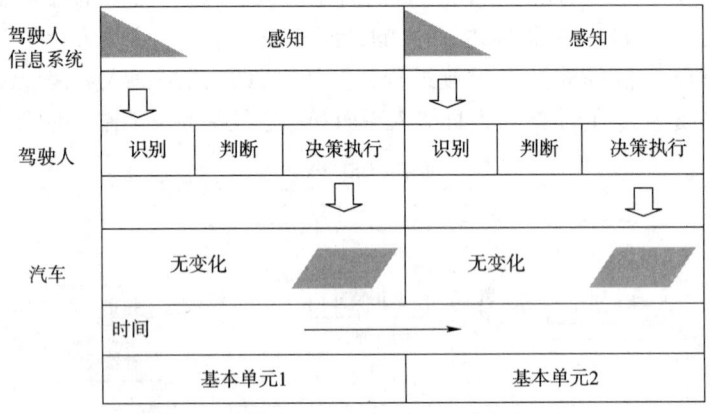

图1-15 碰撞前阶段汽车-驾驶人-环境基本元素

2. 事故碰撞阶段描述

事故碰撞阶段的过程描述可由被动安全以及下述参数确定。

(1)运动过程;

(2)一次及二次碰撞;

(3)反弹效应;

(4)乘员负荷;

(5)受伤;

(6)伤害力学。

3. 事故后阶段的过程描述

事故后阶段的过程描述既可由主动安全,也可用被动安全方面因素确定。

(1)救护事业;

(2)痕迹保护;

(3) 事故研究、事故力学；
(4) 事故数据采集、统计和分析；
(5) 法律范畴鉴定；
(6) 车辆与道路等技术鉴定。

三、事故分类方法

1. 事故种类

事故种类是按照参与道路交通的事故参与者而划分的，它仅涉及所要研究事故的当事者，例如轿车事故、行人事故等。轿车事故包括由轿车参与的各种碰撞种类。事故的分类方法如图 1-16 所示，不同事故类型的分布如图 1-17 所示。

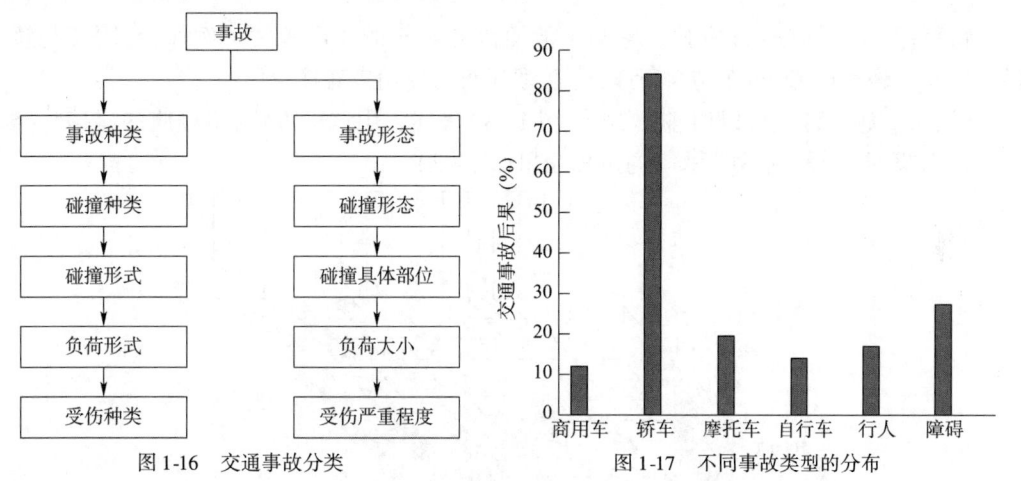

图 1-16　交通事故分类　　　　图 1-17　不同事故类型的分布

2. 事故形态

事故形态描述导致事故的冲突状态或形态，主要涉及事故主要责任者。各国对事故形态的分类是不同的。

我国将交通事故形态分为正面相撞、侧面相撞、尾随相撞、对向剐蹭、同向剐蹭、碾压、倾翻、坠车、失火、撞击固定物以及其他形态。实际上，这种分类未将事故形态和碰撞形态区分开来。

德国交通事故统计引用的事故形态划分为 7 种。

1) 行驶(失控)事故

行驶(失控)事故是指当驾驶人选择的车速与道路的线形、坡度和路况不相适应，或者驾驶人对道路线形以及横向变化识别太晚，而导致其失去对车辆的控制。车辆与其他参与者、与在道路上的动物和障碍物的冲突，以及身体的突然不适、机件的突然损坏，而导致驾驶人失去对车辆控制的事故，不属于失控事故。失控事故可能形成与其他交通参与者的碰撞，因此，失控事故不一定是单独事故。

2) 转弯事故

转弯事故是指涉及在丁字路口或十字路口，一个应该等待转弯或直行车辆与它同向或逆向行驶的交通参与者的冲突事故。拥有转弯先行权者不是转弯事故者。

3) 转弯、交叉事故

转弯、交叉事故是涉及在十字或丁字路口上，一个按照交通规则应该等待转弯或直行的车辆与有先行权交通参与者的冲突事故。

4) 横穿事故

横穿事故是横穿道路的行人与一个车辆之间的冲突事故。

5) 静止交通事故

静止交通事故是一个在交通流中行进的车辆与在道路上停放或正在停放的车辆之间的冲突事故。但是,与等待交通信号的交通参与者的冲突事故不属于静止交通事故。

6) 纵向交通事故

纵向交通事故是同向或迎面行驶的车辆之间的冲突,但不属于上述事故形态的事故。

7) 其他事故

其他事故是所有不属于上述事故形态的事故。

3. 碰撞种类

碰撞种类是为区分"碰撞对",它与事故原因和参与的先后无关。例如,商用车与轿车碰撞、轿车与轿车碰撞、轿车与自行车碰撞、摩托车与商用车碰撞。

交通事故碰撞种类可以用碰撞矩阵(图1-18)表述。用这种方法,将相应的碰撞种类填入相应"碰撞对(同种或不同种)"的矩阵表里(表1-3)。

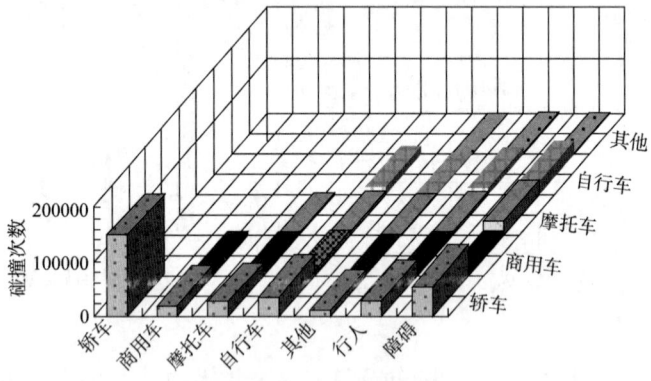

图 1-18 碰撞矩阵

碰撞事故碰撞次数矩阵表　　　　　表 1-3

种类	轿车	商用车	摩托车	自行车	其他	行人	障碍
轿车	150953	22988	31866	44675	3902	31027	5528
商用车	—	2488	2290	3205	682	2404	2842
摩托车	—	—	1128	2235	660	1984	9006
自行车	—	—	—	4926	981	4140	8239
其他					94	906	605

用这种方法,将各种事故分别放在矩阵的相应单元上,例如,在商用车-轿车单元内,既不表示轿车碰撞商用车,也不意味着商用车碰撞轿车,而是两者兼有之。

4. 碰撞形态

借助于碰撞形态,一种碰撞事故状态可以用"碰撞对"之间的相对位置状态描述。图1-19就是轿车以不同偏置度(off-set)发生的斜正面碰撞。

碰撞形态 Ⅰ~Ⅲ属于正面碰撞形态;碰撞形态 Ⅴ~Ⅷ属于侧面碰撞形态;碰撞形态 Ⅸ~Ⅻ属于追尾碰撞形态。

图1-20a)所示为轿车单独事故的碰撞形态分类情况,图1-20b)所示为轿车与商用车事故的碰撞形态分类情况。

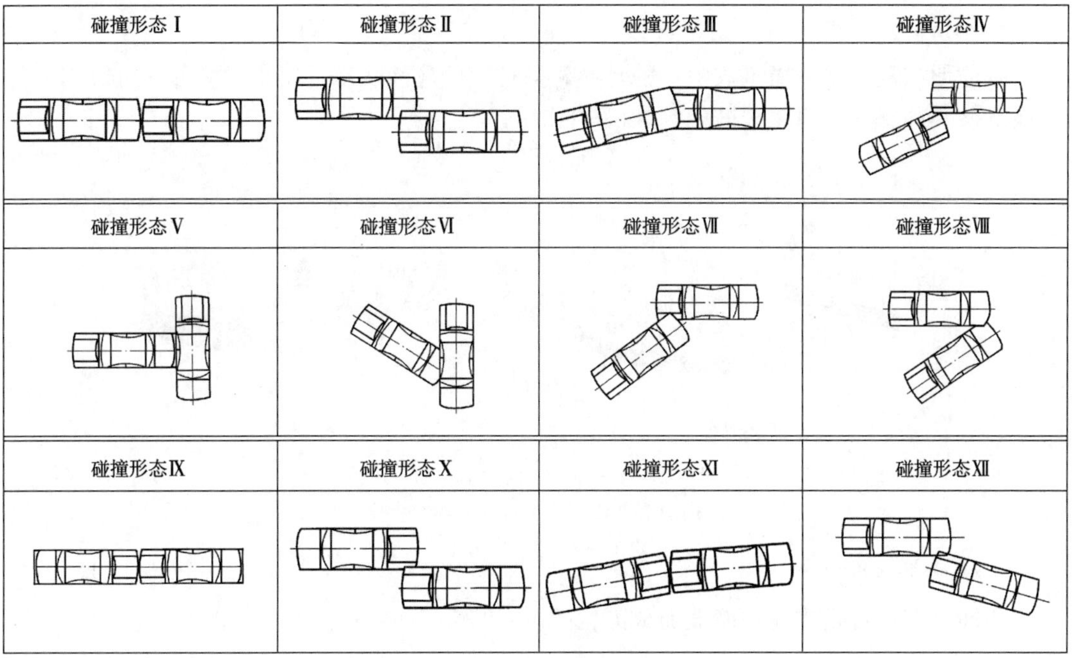

图 1-19　轿车与轿车事故的碰撞形态分类

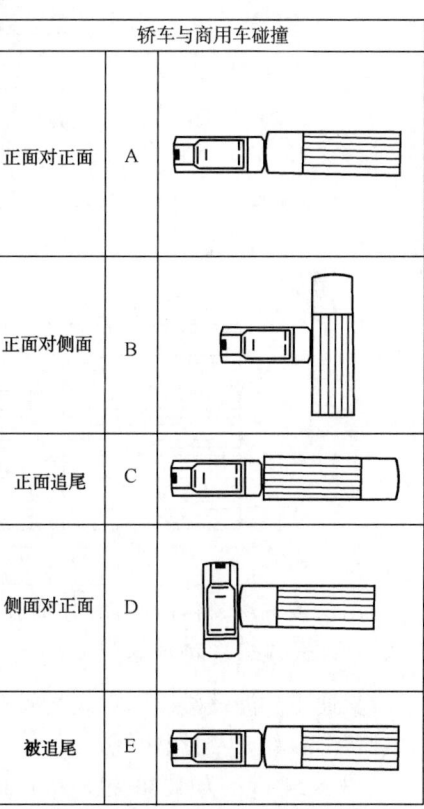

a) 轿车单独事故的碰撞形态　　　　b) 轿车与商用车事故的碰撞形态

图 1-20　轿车碰撞形态

注：a 为碰撞变形宽度；b 为车身宽度；l 为车身长度。

5. 碰撞形式

碰撞形式是考虑碰撞事故中一种具体碰撞种类的碰撞状态。汽车碰撞形式可以划分为正面碰撞、侧面碰撞、追尾碰撞和倾翻（图1-21）。

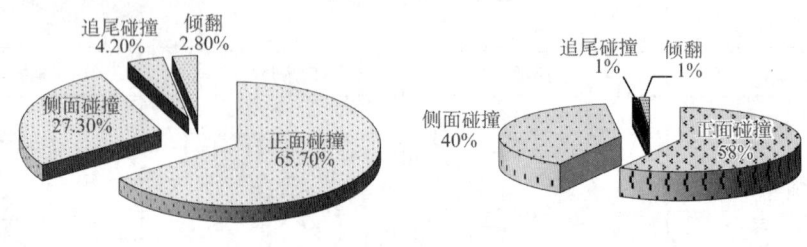

a) 事故分布　　　　　　　　　　b) 事故损失

图1-21　轿车事故不同碰撞形式的分布

注：图中共统计了11211辆轿车的数据。

6. 碰撞部位的划分

碰撞分布位置是描述碰撞被加载部位的（图1-22、图1-23）。

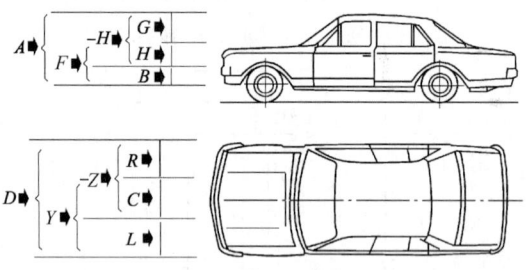

图1-22　汽车正面碰撞的碰撞部位的划分

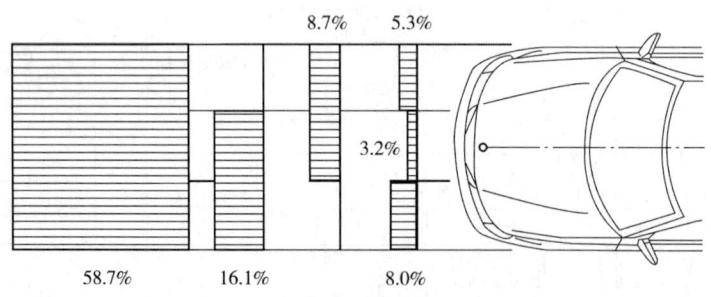

图1-23　轿车前部碰撞部位的统计分布规律

7. 人的碰撞负荷种类

交通事故涉及碰撞伤亡人员身躯受力部位，因此，可区分为头部、颈部、胸部、上肢、下肢、脚部、腹部以及骨盆受伤。

图1-24所示为1288起轿车正面碰撞事故中，乘员身体不同部位受伤的累积频度。图1-25所示为汽车正面碰撞时不同座位乘员的受伤分布。

因为在驾驶人座位与副驾驶人座位之间以及是否系安全带的乘员之间受伤差别最大，所以，考虑乘员运动学和受伤频度的特点，下面引入负荷类型。

借助负荷类型，可从根本上回答乘员防护系统的安全问题，从而找出负荷的方向及座位与安全带使用情况之间的关系。即,通过负荷类型的分布情况,对乘员与其安全带系统进行分类。

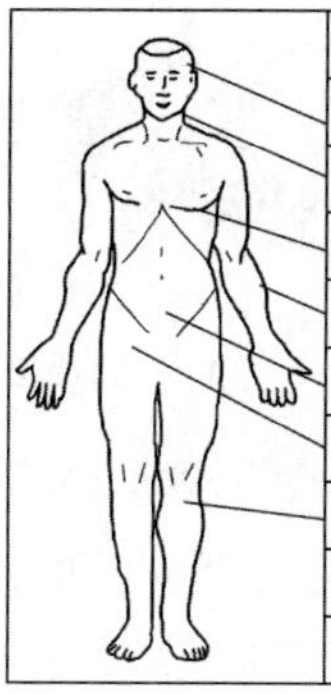

身体部位	受伤(次)	频次(%)
头部	2033	33.4
颈部	132	2.2
胸部	875	14.4
上肢	825	13.5
腹部	199	3.3
骨盆	243	4.0
下肢	1777	29.1
不详	7	0.1
合计	6091	100

图 1-24　人的碰撞负荷种类

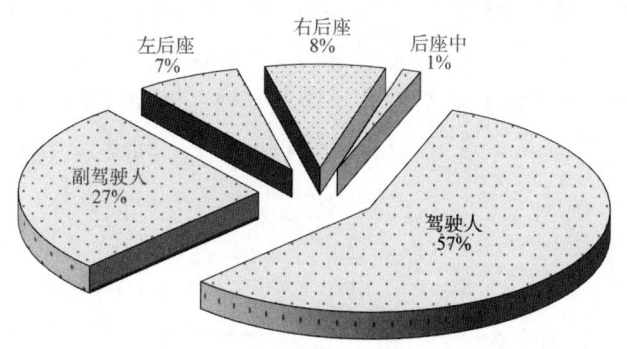

图 1-25　正面碰撞时轿车中不同座位成员的受伤分布

8. 受伤种类

受伤种类可划分为软组织、器官、脉管、肌韧带受伤以及骨折等(图 1-26)。

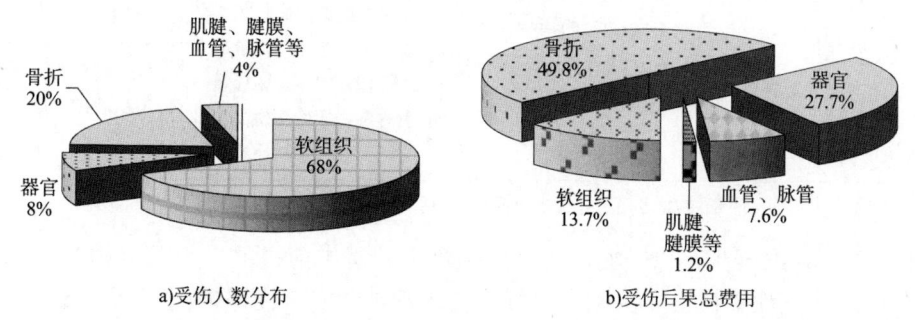

a) 受伤人数分布　　　　b) 受伤后果总费用

图 1-26　不同受伤种类的分布以及 1022 名前座乘员受伤后果费用分摊(总人数:16179 人)

9. 受伤类型

受伤类型是根据事故后乘员模拟描述不同力学原因形成的机械负荷(图 1-27)。

四、交通事故后果及其评价指标

在实际生活中,有人用小事故或事故重大这样的概念描述一起事故的严重程度或事故后果严重程度,但这种不确切的说法容易造成法律上的误解。在实际中,应该根据事故的因果关系区别事故严重程度和事故后果严重程度。

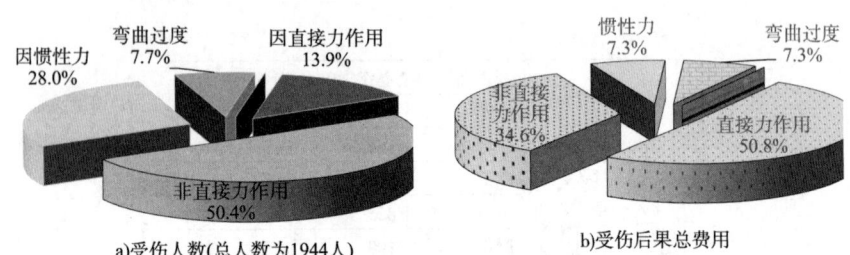

图1-27 系安全带前座乘员受伤和后果费用的百分比分布

例如,如果两辆汽车的对屏障碰撞仅区别于是否系安全带,则这种情况下两辆车的事故严重程度(速度、相对屏障的位置和状态)是同样的。但是,乘员的事故后果严重程度可能具有各种不同的可能性。这说明在不同的前提条件下,乘员会有不同的接触位置、姿态、碰撞速度和运动。换而言之,在这两种条件下,两车乘员具有不同的事故后果。

1. 人机系统的组成

对于一起交通事故,首先有一个或几个无法详细描述的原因作用于人或物上,并且相对有关安全因素产生后果。这个人机系统可分成"人"和"物"两个子系统,如图1-28所示。

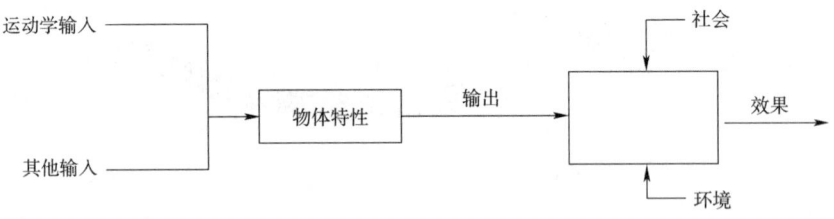

运动学输入: 位移、速度、加速度	物体特点	输出	效果
	形状、质量、质量联系、质量分布、变形特点、刚度分布、能量吸收等特点	位移、速度、加速度变化、质量联系变化、质量分布变化、温度变化、氧气量变化、有毒物质的接触	人体损伤、物损、其他事故后果
其他输入: 温度、氧气量、有毒有害气体			环境条件:地点环境、交通环境、救护事业
			社会条件:法律、保险

图1-28 用于评价事故后果的有关事故输入与后果的关系

在交通事故中,至少是以一辆运动着的车辆为其基本前提的。所以,"物"子系统可被分成"车辆"和"其他事物"(如大树、护栏等)。对于被动安全性评价,子系统"其他事物"必须加以考虑。

依据交通事故的种类,"人"子系统可分为车辆乘员、行人及两轮车乘用者等。

对于交通事故参与人具有意义的,是其与车辆的哪个部位碰撞接触。从这个角度出发,重点通过各种造型和材料,改进车辆的接触部件(车内空间接触部件、车辆与行人的接触部位),它们也概括在"接触"子系统之内。

这个系统可以被划分为汽车、接触系统和人三个子系统(图1-29)。根据参与事故的车辆以及人的种类与数量进行细分。

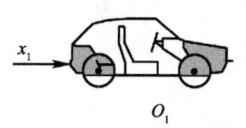 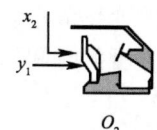 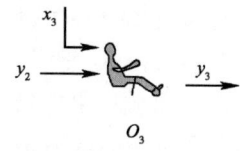

	$i=1$：汽车	$i=2$：接触系统	$i=3$：乘员
运动学输入 x_i	初始位置 碰撞速度	安全带应力 楔入深度	乘员位置和运动 制动减速度
物体特性 O_i	汽车形状 结构刚度 发动机布置	接触结构刚度 安全带种类与位置 内空间几何	性别 年龄 工作性质
输出 y_i	外部变形量 变形能量 速度变化量 车身减速度	车内损坏情况 安全带及接触应力	受伤 机械负荷

图 1-29 碰撞交通事故的汽车-接触-乘员系统

首先，总系统必须完全按其本身特点描写，这些特点包括初始输入（作用）参数、输出结果参数等。

这些输入参数的作用影响输出结果。参与事故的汽车具有相对几何尺寸（变形）、局部质量（碰撞部分）以及速度等。

除此之外，还要根据自然环境和社会环境条件，输出结果参数要经过一定的评价，最后断定其效果。

2. 事故严重程度评价

交通事故严重程度即交通事故烈度。

汽车以速度 V_c 碰撞时，一般用汽车速度的改变量来描述事故的严重程度。速度改变量 ΔV 的计算主要使用碰撞理论（例如塑性对心直碰撞），并结合考虑汽车运动学的一个输入参数对其他运动学参数的影响。譬如，汽车质量对碰撞后速度的影响。

考虑汽车其他特性（如结构刚度、结构形状），可以计算出汽车的减速度-时间历程，由它可以求导出诱导参数。例如碰撞分离速度、碰撞后瞬间速度。因为仅由减速度曲线积分的速度变化量 ΔV，还不能完成描述汽车-乘员空间的时间函数。

通过利用一些较多的特征参数来研究减速度特征，以适应于事故严重程度和乘员机械负荷之间的相互依赖关系。已经证明，这比仅使用 ΔV 的离散分布带要小。

汽车损坏程度的具体描述可以用于评价事故的严重程度。

下面引入几个评价事故严重程度的评价指标。

①EBS（Equivalent Barrier Speed）。汽车对平面刚性屏障碰撞，使得其产生损坏程度和变形形式与该车的实际事故情况相同。

②ETS（Equivalent Test Speed）。汽车与适合实际的固定或运动障碍相碰撞，使之产生与实际汽车同样的损坏和变形。

③EES（Equivalent Energy Speed）。汽车对任意固定屏障碰撞速度，使其变形功与实际事故的相等。

④速度改变量 ΔV。汽车碰撞速度的变化量作为评价汽车乘员负荷的指标。

⑤速度改变量 ΔV 和加速度 a。减速度的时间历程、最大和平均减速度值、重心的时间位移作为评价汽车事故后果的指标。

⑥事故特征负荷(Spezifische Unfall-Leistung, Spul)。这个事故特征值把作用在被碰撞物体上的动能与作用在被碰撞物体上的负荷视为相等，即：

$$\text{Spul} = a\Delta V = \frac{\Delta EC}{mT} \tag{1-2}$$

式中：C——比例常数；
　　　ΔE——动能的变化量；
　　　m——汽车总质量；
　　　T——碰撞持续时间。

⑦侧碰事故特征值(Side Unfall Kenngrösse, UKG_{side})。特殊事故的特征值，它仅适用侧面碰撞时事故后果严重程度的评价，即：

$$\text{UKG}_{\text{side}} = V_A \mu^{\frac{1}{6}} \xi \tag{1-3}$$

式中：V_A——碰撞时汽车的速度；
　　　μ——质量比，$\mu = m_a/m_b$，m_a 是碰撞车的质量，m_b 是被碰撞汽车的质量；
　　　ξ——两个汽车的刚度比，$\xi = C_a/C_b$，C_a 为碰撞车的刚度，C_b 是被碰车的刚度。

⑧汽车变形指数(Vehicle Deformation Index, VDI)是国际上广泛采用的事故汽车变形评价指标。它根据碰撞位置、碰撞方向和变形侵入深度等共 7 位代码(SAE J224—1986)描述汽车的损坏程度，如图 1-30 所示，具体变形指数参见图 1-31。

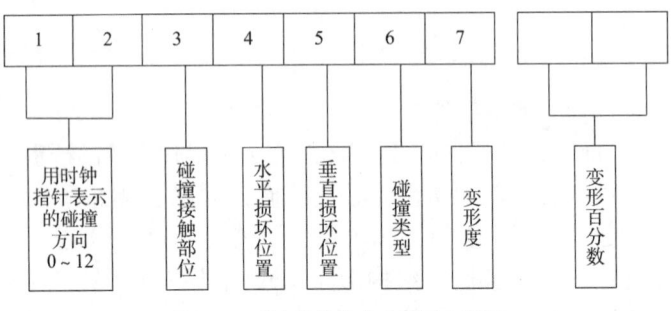

图 1-30　汽车事故汽车变形评价指标

⑨汽车车内变形指数(Vehicle Interior Deformation Index, VIDI)是 VDI 的补充和完善，即描述汽车的内部变形。VIDI 也用 7 位代码表示，如图 1-32 所示。

第 1~2 位用于表示车内变形部位，例如：LF(左前)、RF(右前)、LR(左后)、RR(右后)、AS(各侧)、RS(右侧)、LS(左侧)、FS(前侧)、BS(后侧)。第 3~7 位表示汽车变形后尺寸与原始尺寸之差。

VDI 和 VIDI 虽然描述适用不同汽车形状损坏和侵入的统计评价，但是，它们对事故严重程度还缺乏统一的评价。

3. 事故后果评价

依据事故的定义，一个事故必须有一定的种类和程度的损失发生。这种直接与事故有关联的损失被称为直接事故后果。

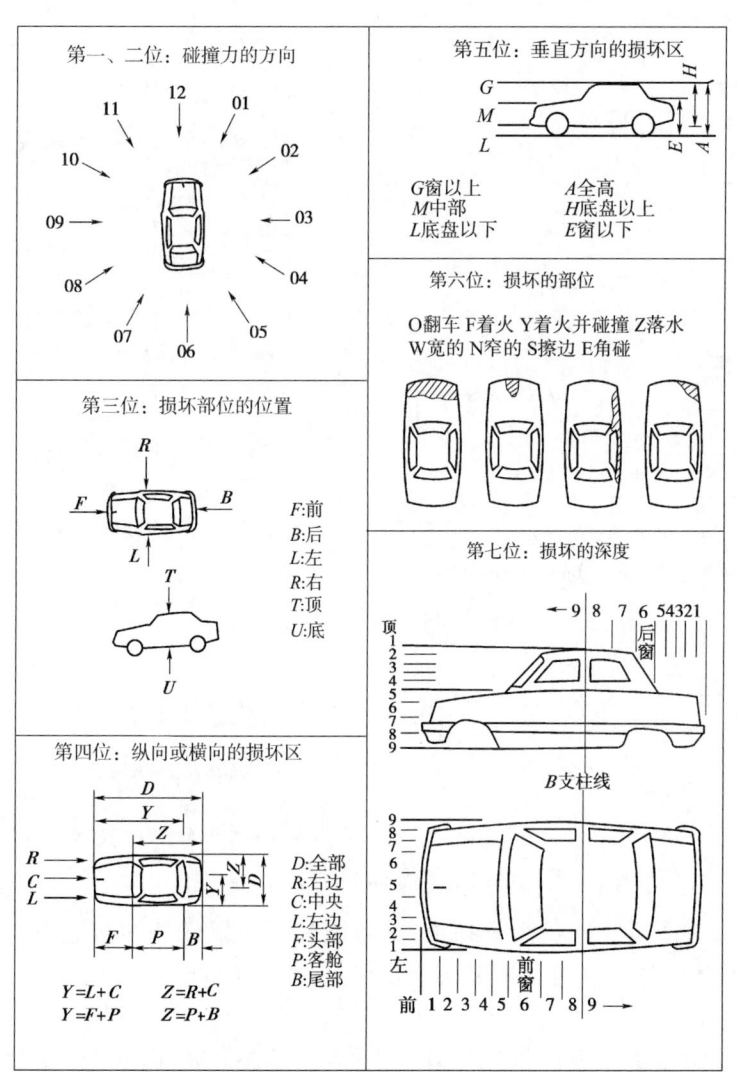

图1-31 汽车事故汽车变形评价指标的描述

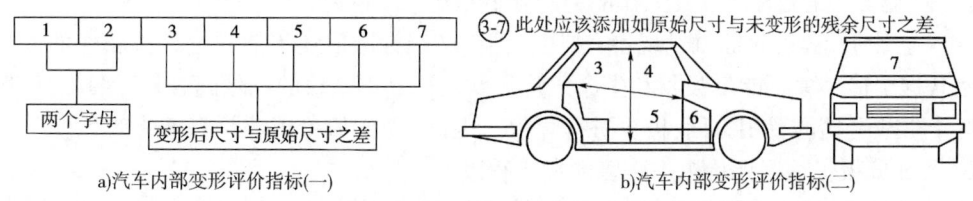

a) 汽车内部变形评价指标(一)　　b) 汽车内部变形评价指标(二)

图1-32 汽车内部变形指标

  事故的间接后果是通过环境和社会条件对事故的直接后果产生影响（图1-33）。环境的影响不仅体现在事故现场（如地点、时间、天气及交通量），而且也有救护事业、人康复以及材料的复原、修理和互换可能性等诸方面。

  事故后果的社会条件是法律问题处理、损失规律、家庭和社会范围的后果（关系的认定和关系的变更）以及事故总数对法律制定和汽车制造商的影响（图1-34）。

  事故的直接后果由人员伤亡和物质损失组成。物质损失主要发生在汽车上（外部变形）和接触系统（汽车内部碰撞部位、安全带系统、座椅等）。事故与后果的关系如图1-35所示。

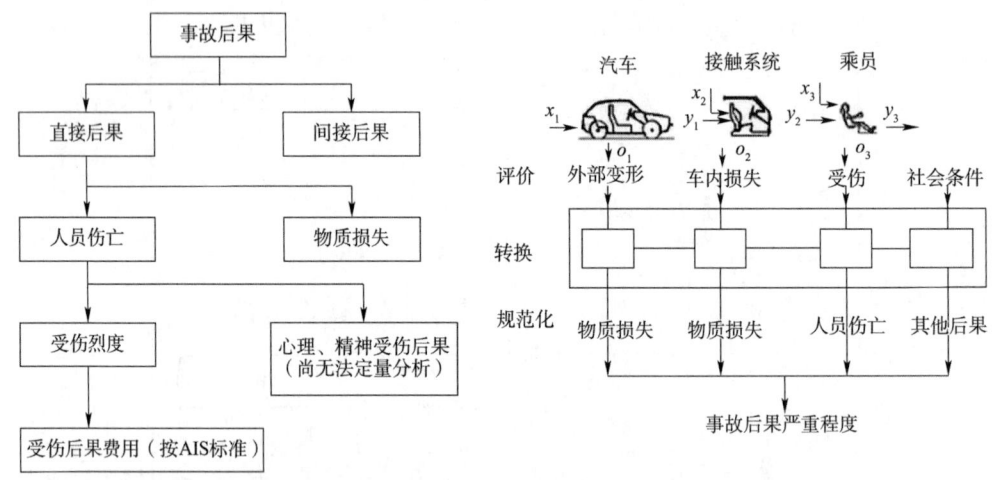

图 1-33 事故后果的划分

注：简明受伤标准(Abbreviated Injury Scale, AIS)。

图 1-34 事故后果严重程度评价模式

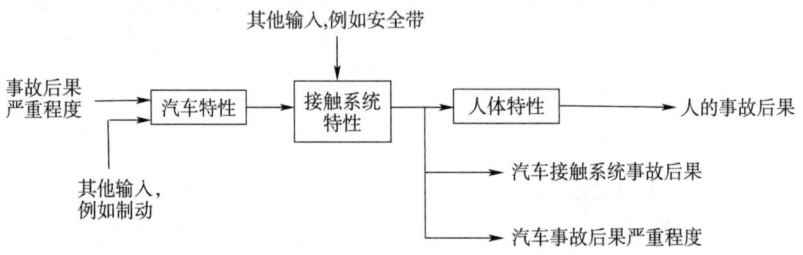

图 1-35 交通事故与后果的关系

人员上的损失既可能涉及汽车乘员，也可能涉及车辆以外的交通参与者；既可能是物理损失（受伤、死亡），也可能是心理方面的后果，而心理后果至今还无法进行定量分析。

为了使得受伤程度规范化，世界各国经过多年的事故研究，提出 AIS 指数评价受伤。

当初 AIS 标准仅顾及事故对生命的威胁程度以及规范化事故伤害的评价，并评价受伤引起的丧失工作能力时间以及工作能力的降低情况。

AIS 应用后不久，人们就发现，单独用所谓的 7 级标准值还不能完全评价受伤的 4 个方面，尤其这个标准关于能量吸收和生命危险程度往往是不一致的。除此之外，因缺乏可用数据，对于事故受伤的费用方面，极少进行评价。因此，受伤的费用评价目前尚难以实行量化评价。AIS 分级仅适用评价单一伤害的危险程度。

AIS 分级标准依据受伤严重程度分 7 级描述，见表 1-4。

AIS 分级标准　　　　　　　　　　　　　　　　表 1-4

级别	描述	死亡率(%)
AIS 0	未受伤	0
AIS 1	轻微受伤	0.6
AIS 2	轻度受伤	3.2
AIS 3	重伤，但没有生命危险	9.3

续上表

级别	描述	死亡率(%)
AIS 4	重伤,有生命危险,但有存活的可能性	28.3
AIS 5	重伤,无法肯定是否能够存活	78.4
AIS 6	最大受伤,无法医治,死亡	100

AIS 受伤分级仅能给出受伤程度。其中,AIS1 受伤者也可能死去,这也可能导致不同受伤等级的死亡率有相同值的现象。目前,各国对死亡的定义是不同的,由此统计的死亡人数也就不一样。例如,某国规定受伤者直接因交通事故而在 30 天之内死亡的都统计在死亡数里。

思考题

1. 德国交通部对官方事故统计引用的 7 种事故形态是什么?
2. 简述安全度与危险度两者之间的关系。
3. 简述主动安全与被动安全两者之间的关系。
4. 说明交通事故的分类方法。
5. 说明交通事故后果评价指标。

第二章 道路车辆力学基础

第一节 牛顿运动定律

牛顿运动定律是研究物体受力及其运动状态的基础。由于汽车事故中,道路交通参与者(行人、机动车等)的运动都属于机械运动,因此,可将牛顿运动定律应用在汽车事故工程的研究中。此外,用牛顿三定律推导出的定律或者公式,例如动量定理、动能定理、能量守恒定律等在道路交通事故中也很适用,它们中的部分内容将在下一章中进行介绍。

牛顿运动定律包含以下三个定律。

一、牛顿第一运动定律

在没有外力作用下,孤立质点将保持平衡状态,即质点保持静止或做匀速直线运动。

牛顿第一定律指出:力不是维持物体状态的原因,力是改变物体状态的原因。我们可以想象:在一条平直的道路上行驶一台小汽车,对小汽车进行受力分析。在竖直方向上,有小汽车所受重力与路面给小汽车的支持力,二力平衡;在水平方向上,如果驾驶人松开加速踏板,则水平方向的受力只有行进中的滚动阻力和空气阻力。如果阻力很小甚至减小为零,那么小汽车就会维持当前的运动状态,做匀速直线运动。

牛顿第一定律也称为惯性定律,它与许多现象都有关联。例如,当汽车与前方障碍物相撞,速度迅速下降,但是车内乘员由于具有惯性,会继续向前运动,易发生危险。因此,安全带的设计可以减轻乘员伤害。但是骑自行车或者摩托车人员与车辆发生碰撞时,由于没有阻挡,骑车人会因为惯性被抛出,在道路上滑行一段距离后停下。

二、牛顿第二运动定律

若质点的质量不随时间变化,则质点运动的加速度大小同作用在该质点上的外力的大小成正比,与质点本身的质量成反比,加速度的方向和外力的方向相同。

牛顿第二定律体现出物体的运动与力的关系,其表达式如下:

$$a = \frac{F}{m} \tag{2-1}$$

式中:a——物体的加速度(m/s^2);

m——物体的质量(kg);

F——物体受到的外力。

三、牛顿第三运动定律

相互作用的两个质点之间的作用力和反作用力总是大小相等,方向相反,作用在同一条直线上。

根据牛顿第三定律可知:在一起小轿车与大型货车的迎面碰撞事故中。小轿车被撞后倒退,而撞击时小轿车和大型货车对彼此的撞击力是一样大的。但是,由于小轿车的质量要比大型货车小得多,力相同,因此小轿车产生了更大的加速度。且由于加速度方向与其运动方向相反,小轿车由前进变为后退;相反地,大型货车也受到了向后的加速度,但是加速度较小,只是减小了当前的速度,运动方向不变。

第二节 摩 擦 力

一、静摩擦力

两个相互接触的物体,当它们具有相对运动趋势时,在接触面上产生的阻碍相对运动的力,且随外力的增大而增大。但是经验告诉我们,静摩擦力不能无限增大,当两个物体将要滑动但是并未滑动时,此时静摩擦力达到最大值,称为最大静摩擦力。其计算公式如下:

$$f_{smax} = \mu_s N \tag{2-2}$$

式中:f_{smax}——最大静摩擦力;

μ_s——静摩擦系数,其大小与物体材料、表面粗糙程度、温度等有关,可通过试验测定;

N——接触面间的正压力。

事实上,汽车的起动、加速、制动等都与静摩擦力有关。例如,汽车起动时,发动机产生的动力使驱动轮顺时针旋转,汽车驱动轮有向后转动的趋势,因此地面产生一个向前的静摩擦力。这一摩擦力就是汽车想要起动时的驱动力。同理,加速时,驾驶人猛踩加速踏板,也会产生一个向前的静摩擦力,使车辆实现加速。

汽车制动时,驾驶人踩下制动踏板,车轮有被车辆拖着向前滑动的趋势,因此产生一个向后的静摩擦力阻碍汽车的运动,车辆实现减速。此时,车轮仍然处于滚动状态;但当驾驶人将制动踏板踩到底,使车轮开始滑动,即车轮完全抱死,此时的摩擦力发生改变,改为滑动摩擦力。可知,汽车缓慢制动,车轮未完全抱死时,汽车也可实现制动。

再例如,汽车转弯时,假设汽车在一个半径为 R 的圆形弯道内行驶,速度为 v,可知汽车做匀速圆周运动的向心力大小 $F = \dfrac{mv^2}{R}$,汽车的向心力由静摩擦力提供,保证车辆顺利转弯。但是汽车的静摩擦力不能无限增大,当路面湿滑或者汽车转弯的速度过大时,静摩擦力不足以提供汽车转弯所需的向心力,因此车辆向弯道外侧滑动,易发生侧滑事故。

二、滑动摩擦力

当物体受到的外力增大到大于最大静摩擦力时,物体由静止开始滑动,此时的摩擦力为滑动摩擦力。其计算公式为:

$$f = \mu N \tag{2-3}$$

式中:μ——滑动摩擦系数,它的大小也与物体的材料、表面粗糙程度、温度等有关。

在汽车事故研究中,通过汽车的制动、侧滑等运动状态可以推算汽车事故中车辆的碰撞速度。因此,滑动摩擦系数影响着事故中车速鉴定的结果的准确性。通过大量的专业的试验,公安部发布了行业标准《典型交通事故形态车辆行驶速度技术鉴定》(GA/T 643—2006),其中就规定了在不同条件下摩擦系数的取值范围。从表2-1中我们可以看出,摩擦系数的大小与车辆的行驶速度、路面的品质和干湿程度都有关。

汽车滑动摩擦系数参考值 表2-1

路面状况		干燥		潮湿	
		速度在48km/h以下	速度在48km/h以上	速度在48km/h以下	速度在48km/h以上
混凝土路面	新铺装	0.80~1.00	0.70~0.85	0.50~0.80	0.40~0.75
	路面磨损较小	0.60~0.80	0.60~0.75	0.45~0.70	0.45~0.65
	路面磨损较大	0.55~0.75	0.50~0.65	0.45~0.65	0.45~0.60
沥青路面	新铺装	0.80~1.00	0.60~0.70	0.50~0.80	0.45~0.75
	路面磨损较小	0.60~0.80	0.55~0.70	0.45~0.70	0.40~0.65
	路面磨损较大	0.55~0.75	0.45~0.65	0.45~0.65	0.40~0.60
	焦油太多	0.50~0.60	0.35~0.60	0.30~0.60	0.25~0.55
砂石路面		0.40~0.70	0.40~0.70	0.45~0.75	0.45~0.75
灰渣路面		0.50~0.70	0.50~0.70	0.65~0.75	0.65~0.75
冰路面		0.10~0.25	0.07~0.20	0.05~0.10	0.05~0.10
雪路面		0.30~0.55	0.35~0.55	0.30~0.60	0.30~0.60

三、滚动摩擦力

一物体在另一物体表面做无滑动的滚动或有滚动的趋势时,由于两物体在接触部分受压发生形变而产生的对滚动的阻碍作用,叫"滚动摩擦"。在数值上,滚动阻力也可以写成滚动阻力系数与正压力的乘积的形式。

$$F_r = \mu_r N \tag{2-4}$$

式中:μ_r——滚动摩擦系数。

相比较而言,滚动摩擦要比滑动摩擦小很多。例如在上述标准中,在沥青路面上的滚动摩擦系数为0.01,因此在交通事故研究中,有时可以忽略不计。不同路面的滚动摩擦系数见表2-2。

汽车滚动摩擦系数参考值 表2-2

路面状况	滚动摩擦系数μ_r	路面状况	滚动摩擦系数μ_r
良好的平滑沥青铺装路	约0.01	修正不良的石块铺装路	约0.08
良好的平滑混凝土铺装路	约0.011	新的砂路	约0.12
良好的粗石混凝土铺装路	约0.014	砂或石质路	约0.16
良好的石块铺装路	约0.02	松散的砂石或黏土道路	0.2~0.3
修正好的平坦无铺装路	约0.04		

第三节 车辆动力性

一、汽车行驶方程式

驾驶汽车出行的目的,是操纵汽车沿着行驶方向,安全、准确、快捷地运动。为此,需要掌握沿汽车行驶方向作用于汽车的各种力,即驱动力与行驶阻力。根据这些力的关系,建立汽车行驶方程式,就可以估算汽车的最大车速、加速度和最大爬坡度。

汽车行驶方程式为:

$$F_t = \sum F \quad (2\text{-}5)$$

式中:F_t——驱动力;

$\sum F$——行驶阻力之和。

汽车驱动力 F_t 是由发动机曲轴输出的转矩经传动系统传至驱动轮上得到的。行驶阻力有滚动阻力 F_f、空气阻力 F_w、加速阻力 F_j 和坡度阻力 F_i。

车辆在直线道路上变速行驶时,根据动静法,作用在车辆上的全部外力和惯性力组成平衡力系,满足平衡方程。把旋转质量换算为平移质量,整个车辆可以简化为平移运动,推动它前进的力与各种阻力相平衡。即车辆行驶方程式为:

$$F_t = F_f + F_w + F_i + F_j \quad (2\text{-}6)$$

不管车辆是等速还是变速,也不管有没有上下坡,方程式(2-6)总是满足的。

二、驱动力

1. 驱动力与发动机转矩的关系

汽车发动机产生的转矩,经传动系统传至驱动轮上。此时,作用于驱动轮上的转矩 M_t 产生对地面的圆周力 F_0,地面对驱动轮的反作用力 F_t(方向与 F_0 相反),即是驱动汽车的外力(图2-1),此外力称为汽车的驱动力,单位为 N。其数值为:

$$F_t = \frac{M_t}{r} \quad (2\text{-}7)$$

式中:M_t——作用于驱动轮上的转矩(N·m);

r——车轮半径(m)。

车轮处于空载时的半径称为自由半径。汽车静止时,车轮中心至轮胎与道路接触面间的距离称为静力半径。由于径向载荷的作用,轮胎发生显著变形,所以静力半径小于自由半径。如以车轮转动圈数与实际车轮滚动距离之间的关系换算,则可求得车轮的滚动半径 r_r(单位:m)为:

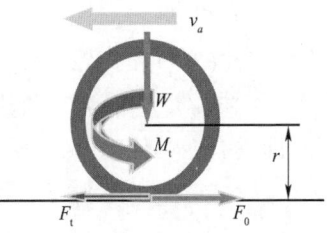

图2-1 汽车驱动力

$$r_r = \frac{S}{2\pi n} \quad (2\text{-}8)$$

式中:n——车轮转动的圈数;

S——在转动 n 圈时车轮滚动的距离。

作用于车轮上的转矩 M_t,是由发动机产生并经传动系传至驱动轮上的。若令 M_e 表示发动机转矩,i_k 表示变速器的传动比,i_0 表示主减速器的传动比,η_t 表示传动系统的机械效

率,则有:

$$M_t = M_e i_k i_0 \eta_t \tag{2-9}$$

对于装有分动器、轮边减速器、液力传动等装置的汽车,式(2-9)应计入相应的传动比和机械效率。

驱动力 F_t(单位为 N)为:

$$F_t = \frac{M_e i_k i_0 \eta_t}{r} \tag{2-10}$$

2. 发动机外特性曲线

发动机转矩 M_e 与发动机转速 n_e 之间存在一定的函数关系,用曲线表示称为发动机速度特性曲线。当发动机节流阀全开时,速度特性曲线也称为外特性曲线(M_e-n_e 曲线)。图 2-2 所示为发动机外特性曲线的一般形状,不同型号的发动机都有各自的外特性曲线,通常需要试验才能确定。

3. 发动机转速与车速的关系

发动机的转速 n_e 经过变速器传动比 i_k 和主减速器传动比 i_0 变为后轮转速 n_t,根据传动比的定义,有:

$$i_{12} = \frac{\omega_1}{\omega_2} = \frac{n_1}{n_2} \tag{2-11}$$

式(2-11)说明传动比是角速度之比,或者转速之比。同时,根据轮系多级传动中,总传动比等于各级传动比的乘积,可得:

$$n_e/n_t = i_k i_0 \text{ 或 } n_t = n_e/(i_k i_0) \tag{2-12}$$

根据转速及只滚动不滑动的条件,便可以计算驱动轮轴心的速度(也就是车辆的速度)为:

$$V = r\omega = r\left(\frac{2\pi}{60}\right) n_t = \left(\frac{\pi}{30}\right) \frac{r n_e}{(i_k i_0)} (\text{m/s})$$

速度单位(m/s)通常需换算为(km/h),所以有:

$$V = 3.6 \frac{\pi r n_e}{30 i_k i_0} = 0.377 \frac{r n_e}{i_k i_0} (\text{km/h}) \tag{2-13}$$

4. 驱动力图

把式(2-9)和式(2-12)联合起来,中间加上发动机外特性曲线(M_e-n_e),就得到驱动力 F_t 与车速 v_a 之间的关系曲线(F_t-v_a),即如图 2-3 所示的驱动力图。假定变速器有四个挡位,即具有四种传动比 i_k,相应地得到四条驱动力曲线。其中,I 挡(低挡)车速最低,驱动力 F_{t1} 最大。而 IV 挡(高挡)车速最高,驱动力 F_{t4} 最小。

三、汽车的行驶阻力

汽车在水平道路上等速行驶时,必须克服来自地面的滚动阻力及空气阻力。当汽车上坡行驶时,其必须克服重力沿坡道的分力,这个分为称为坡度阻力。汽车加速行驶时所需克服的阻力称为加速阻力。

1. 滚动阻力

在平坦路面行驶的汽车轮胎上会产生滚动阻力。形成滚动阻力的原因,是轮胎与路面的接触产生切向和法向的相互作用力以及相应的轮胎和支承路面的变形。当弹性轮胎在硬路面上(混凝土、沥青路)滚动时,轮胎的变形是主要的。

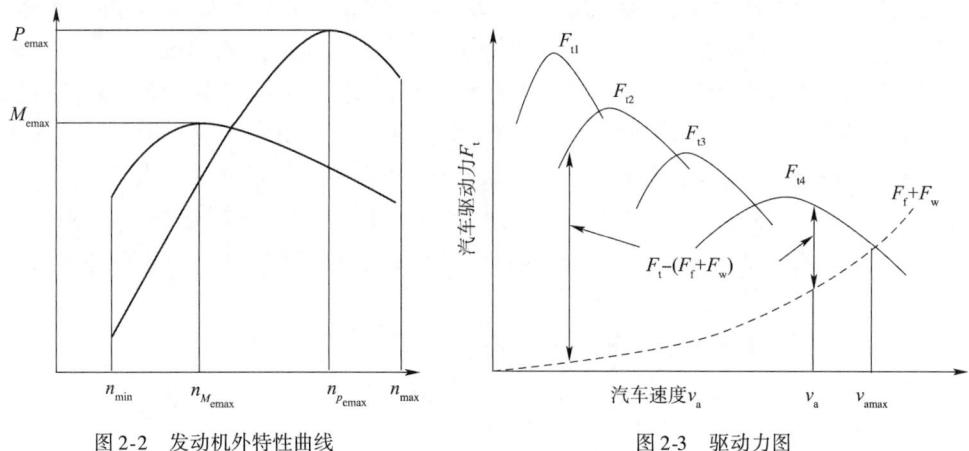

图 2-2　发动机外特性曲线　　　　图 2-3　驱动力图

滚动阻力的大小,用车轮的负荷和滚动阻力系数表示为:

$$F_f = fG \tag{2-14}$$

式中:G——车轮负荷或重力或地面法向力,$G = mg$;
　　　f——滚动阻力系数。

汽车在凹凸路面上行驶时,力作用于轮胎的垂直、切向和侧向的三个方向上。因此,轮胎变形引起附加摩擦力,滚动阻力增大。在砂石路面和泥泞松软地面上,轮胎使路面发生变形,留下车辙印。车辙要消耗相当大的能量,与铺装路面相比,其滚动阻力甚至高达 10 倍以上。在潮湿路面上,滚动阻力要加上附加的车轮阻力分量,即涉水阻力。

在干燥路面上,汽车在低速范围内行驶时,随着速度增加,摩擦系数几乎无变化。而在潮湿路面上,摩擦系数则随着速度增加而急剧变小。高速时,轮胎与路面间的积水不能排除,水的阻力会使车轮产生上浮现象,严重时将产生"水滑"现象。在这种情况下,轮胎与路面间便失去附着能力,使汽车无法被控制。轮胎花纹槽沟变浅或气压低时,更易发生这种现象。

汽车转弯行驶时,在离心力的作用下,汽车会产生向外甩的离心惯性力(侧向力)。与此相对应,在轮胎接地部位上便产生了向心力(侧偏力)。

若驾驶人转动转向盘时,轮胎偏转方向与汽车前进方向不完全一致,则会出现侧偏现象。侧偏严重时,则发生侧滑。由于路面和轮胎表面的摩擦而产生了转向侧偏力。轮胎偏转方向与汽车行进方向的夹角 β 称为侧偏角。侧偏角在 5° 以内,转向侧偏力大致随之直线上升;超过 5β 时,其上升幅度逐渐减小,甚至降低。

在一般行驶状态下(侧向加速度 $a_y \leqslant 0.4g$),侧偏角的范围通常在 3° 以内。急转弯,出现"吱吱"声时,侧偏角在 4°~8° 之间。与干燥路面相比,潮湿路面时转向侧偏力显著下降。

2. 空气阻力

汽车行驶时受到空气的作用力,这个作用力在行驶方向上的分力,称为空气阻力。空气阻力分为压力阻力与摩擦阻力两部分。作用在汽车外形表面上的法向压力的合力在行驶方向的分力,称为压力阻力。摩擦阻力是空气的黏性在车身表面产生的切向力的合力在行驶方向的分力。压力阻力又分为形状阻力、干扰阻力、内循环阻力和诱导阻力。形状阻力占压力阻力的大部分,与车身主体形状有很大关系;干扰阻力是车身表面突出物如后视镜、门把、引水槽、悬架导向杆、驱动轴等引起的阻力;发动机冷却系统、车身通风等所需空气流经车体内部时构成的阻力即为内循环阻力;诱导阻力是空气升力在水平方向的投影。

通常,空气阻力与车速平方成正比。当汽车以超过 27.8m/s(100km/h)的速度高速行驶时,发动机的输出功率中约有 80% 被用来克服空气阻力,致使汽车燃料消耗量大大增加。再者,在大风中行车,风力会扰乱行驶方向,驾驶人会不由得紧握转向盘。大风中行车,汽车显然是在与空气力不断对抗中行进的。空气阻力的大小是由车身形状决定的。所以,若能采用与发动机、悬架、轮胎等系统完美协调的车身形状,就会制造出经济性能良好,且又安全、可靠的汽车。

在汽车行驶速度范围内,空气阻力 F_w 的数值可表示为:

$$F_w = \frac{1}{2} C_D A \rho V_r^2 \tag{2-15}$$

式中:C_D——空气阻力系数;

ρ——空气密度,一般取 $\rho = 1.2258 \text{kg/m}^3$;

A——迎风面积,即汽车行驶方向的投影面积(m^2);

V_r——相对速度(m/s)。

在无风时,V_r 即汽车行驶速度。逆风行驶时 $V_r = V + \omega$,其中 V 为车速,ω 为风速;在顺风时,$V_r = V - \omega$。一般情况下,风向与汽车行驶方向成某任意角时,则 V 应当是风向与车纵轴线方向的矢量和。

由式(2-15)可以看出,汽车的外形(包括表面凸起物,如后视镜、门把、引水槽、驱动轴等)与行驶速度决定了空气阻力的大小。

但是,来自空气的作用力是各个方向的,不一定都是阻力。空气力对汽车形成三种力:使车身向后的作用力即阻力;使车身向上的作用力即升力;使车身偏航的为侧向作用力。另外,由于这些空气力的作用点和汽车质心的相对位置的影响,同时还作用围绕质心的三种力矩。

这些空气力对汽车操纵稳定性有很大影响。汽车在直线行驶条件下,无风时侧向力和偏转力矩均为零。然而,当承受侧向风吹时,由于侧向力和偏转力矩急剧变大,会导致汽车摇晃。另外,由于举升力的作用,使汽车从地面向上飘浮,使轮胎对地的附着力下降。举升力如果作用在汽车质心的前方,则俯仰力矩加大,前轮附着力变小,这就加强了不足转向的趋势;如举升力作用在汽车质心之后,则削弱了不足转向的趋势。举升力也同侧向力一样,在受侧向风时,会急剧增大,因而,它会严重恶化行驶方向的稳定性。

普通汽车在正常使用中,轮胎和悬架可充分地补救这种举升力和侧向力的影响。然而,对于高速赛车,空气力的微小差别都将对操纵稳定性产生重大影响。

汽车受侧向风作用时,产生的侧向力和偏转力矩与侧向风的方向(偏摆角)成比例增加。这时,压力作用点如果在汽车质心之前,则使汽车顺风偏转。其结果是愈发使侧向力和偏转力矩增大(此现象叫作"空力不稳")。相反,如果压力作用点在质心之后时,则使汽车逆风偏转,其结果是使侧向力和偏转力矩变小,此现象称为"空力稳定"。对汽车来说,追求稳定偏转力矩的车身是困难的。这就是汽车之所以会在强侧风中行驶产生偏转,而导致特殊情况下的交通事故的原因。汽车在侧风气流的作用下,绕汽车的纵轴线上产生力矩。通常汽车高度低、宽度大,则侧倾力矩就小,对操纵稳定性影响也小,反之亦然。

3. 坡度阻力

当汽车上坡行驶时,汽车重力 G 沿坡道的分力表现为汽车坡度阻力 F_i,即:

$$F_i = G\sin\alpha \tag{2-16}$$

道路坡度是用坡高与底长之比来表示的,即 $i = h/S = \tan\alpha$。根据行业标准《公路工程技术标准》(JTG B01—2020),平原微丘区Ⅰ级公路路面,最大坡度为 4%,山岭重丘区Ⅳ级路面最大坡度为 9%。所以在一般路面上,可近似取值为:

在坡度较大时,近似等式误差较大,坡度阻力必须按式(2-16)计算。图 2-4 所示为汽车上坡时的受力情况。

$$\sin\alpha \approx \tan\alpha = i$$

$$F_i = G\sin\alpha \approx G\tan\alpha = Gi \tag{2-17}$$

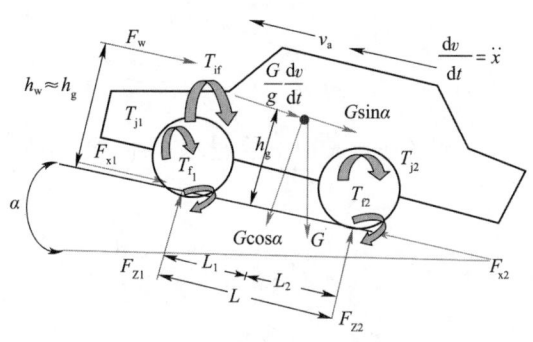

图 2-4 汽车加速上坡受力图

图中:α-道路坡度角;h_g-汽车质心高;h_w-风压中心高;T_{f1}、T_{f2}-作用在前、后轮上的滚动阻力偶矩;T_{j1}、T_{j2}-作用在前、后轮上的惯性阻力偶矩;F_{Z1}、F_{Z2}-作用在前、后轮上的地面法向反作用力;F_{x1}、F_{x2}-作用在前、后轮上的地面切向反作用力(摩擦力);L-汽车轴距;L_1、L_2-汽车质心至前、后轴之距离。

若将作用在汽车上各力对前、后轮与道路接触面中心取力矩,则得出:

$$\begin{cases} F_{Z1} = \dfrac{GL_2\cos\alpha - Gh_g\sin\alpha - \dfrac{Gh_g}{g}\dfrac{dv}{dt} - \sum T_j - F_w h_w}{L} \\ F_{Z2} = \dfrac{GL_1\cos\alpha + Gh_g\sin\alpha + \dfrac{Gh_g}{g}\dfrac{dv}{dt} + \sum T_j + F_w h}{L} \end{cases} \tag{2-18}$$

其中:$\sum T_j = T_{j1} + T_{j2}$

若不计滚动阻力偶矩 T_j、空气阻力 F_w 的影响,且设 $\alpha = 0$,则式(2-18)可改写为:

$$\begin{cases} F_{Z1} = (GL_2\cos\alpha - Gh_g\sin\alpha)\dfrac{1}{L} \\ F_{Z2} = (GL_1\cos\alpha + Gh_g\sin\alpha)\dfrac{1}{L} \end{cases} \tag{2-19}$$

由式(2-19)可知,汽车行驶时,作用于前轮、后轮的法向反作用力与汽车质心位置及其行驶状态有关。在上坡行驶时,法向反作用力 F_{Z1} 减小,而 F_{Z2} 增大。由式(2-18)可知,加速行驶时情况也是如此。

4. 加速阻力

汽车加速行驶时,需要克服因质量引起的惯性力。惯性力的方向与加速度方向相反,构

成加速阻力 F_j。汽车质量分为平移质量和旋转质量两部分。加速时不仅平移质量产生惯性力,旋转质量也要产生惯性力偶矩,其方向与加速旋转方向相反。为了便于计算,一般把旋转质量的惯性力偶矩转化为平移质量的惯性力,并以 δ 作为转换系数。因而,汽车加速时加速阻力为:

$$F_j = \delta \frac{G \mathrm{d}v}{g \mathrm{d}t} \tag{2-20}$$

式中:δ——汽车旋转质量转换系数($\delta > 1$)。

δ 主要与飞轮的转动惯量、车轮的转动惯量以及传动系的传动比有关。可通过试验或计算求得,也可通过查有关资料获得。

四、车辆行驶的驱动条件与附着条件

1. 车辆行驶驱动条件

车辆行驶方程式为:

$$F_t = F_f + F_w + F_i + F_j \tag{2-21}$$

要想使车辆从静止起动,或者在行驶中不减速,必须使加速度 $\frac{\mathrm{d}v}{\mathrm{d}t} \geq 0$。代入式(2-19)和式(2-1),得到:

$$F_j = F_t - (F_f + F_w + F_i) = \delta \frac{G \mathrm{d}v}{g \mathrm{d}t} \geq 0$$

这就要求:

$$F_t \geq F_f + F_w + F_i \tag{2-22}$$

式(2-22)称为汽车行驶的驱动条件。它表明,驱动力必须大于或等于滚动阻力、空气阻力及坡道阻力三项之和,车辆才能加速起动,或者保持等速行驶。驱动条件是车辆行驶的必要条件,不是充分条件。因为路面不一定能提供根据发动机转矩需提供的驱动力 F_t,所以还要满足附着条件。

2. 车辆行驶驱动条件附着条件

为了满足式(2-22),可加大驱动力 F_t 或者仅加大发动机输出转矩 M_e。实际上,加大驱动力 F_t 有时会受路面附着条件的限制。如图 2-5 所示,路面给轮胎的切向反作用力 F_{X2} 为(式中 φ 为附着系数,f 为滚动阻力系数):

$$F_{X2} \leq F_{\varphi 2} = \varphi F_{Z2} \tag{2-23}$$

对轮心 O_2 取矩,可得平衡方程式为:

$$\sum M_{o2} = F_{X2} r + M_{f2} - M_t = 0$$

所以:

$$F_{X2} = \frac{M_t}{r} - \frac{M_{f2}}{r} = F_t - F_{f2}$$

代入式(2-23),则有:

$$F_t - F_{f2} \leq \varphi F_{Z2}$$
$$F_t \leq \varphi F_{Z2} + f F_{Z2} = (\varphi + f) F_{Z2}$$

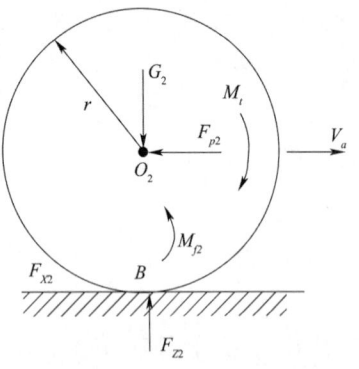

图 2-5 附着条件约束

或者

$$F_t \leq F_{\varphi 2} + F_{f2} \tag{2-24}$$

式(2-24)称为附着条件。它表明,驱动力不能超过驱动轮的附着力和滚动阻力之和。考虑到滚动阻力与附着力相比很小,往往加以忽略,使式(2-24)改写为:

$$F_t \leq F_{\varphi 2} = \varphi F_{Z2} \tag{2-25}$$

联立式(2-25)和式(2-22),则得到汽车的驱动和附着条件为:

$$F_f + F_w + F_i \leq F_t \leq \varphi F_{Z2} \tag{2-26}$$

式(2-26)就是车辆行驶所要满足的必要与充分条件,称为汽车的驱动和附着条件。

如上所述,驱动力受路面附着条件的限制。由式(2-26)右边不等式可知,要增大驱动力必须增大附着系数 φ 和驱动轴地面反力 F_{Z2}。整车前后轴受到路面的法向反力分别为:

$$F_{Z1} = \frac{1}{L}\left[G\cos\alpha(L_2 - fr) - Gh_g\sin\alpha - F_w h_w - \left(\frac{G}{g}\frac{dv}{dt}h_g + \sum M\right)\right] \tag{2-27}$$

$$F_{Z2} = \frac{1}{L}\left[G\cos\alpha(L_1 + fr) + Gh_g\sin\alpha + F_w h_w + \left(\frac{G}{g}\frac{dv}{dt}h_g + \sum M\right)\right] \tag{2-28}$$

将以上两式进行比较可知,第一项是由分配的轴重,其余四项分别对应滚动阻力、坡度阻力、空气阻力及惯性阻力。这四项阻力在上述两个公式中符号相反,它们使路面对前轴的法向反力减小,对后轴的法向反力增大。这种现象即所谓的"重量从前轴转移到后轴",而重量转移的结果使附着条件得到提高,正好满足车辆上坡时或加速时对增加驱动力的需要。这就是后轴驱动的优点,也是绝大多汽车商用汽车采用后轴驱动的主要理由。

在近似分析中,可以忽略比较小的滚动阻力和空气阻力(低速时),并且令加速度为零,得到正常上坡行驶时的前、后轴法向反力分别为

$$\begin{cases} F_{Z1} = \frac{1}{L}(GL_2\cos\alpha - Gh_g\sin\alpha) \\ F_{Z2} = \frac{1}{L}(GL_1\cos\alpha + Gh_g\sin\alpha) \end{cases} \tag{2-29}$$

五、汽车动力性评价指标

汽车动力性的评价指标主要包括爬坡能力、加速能力及最大车速。

1. 爬坡能力

坡道阻力 F_i 与道路的纵坡度 i 有关,即:

$$F_i = iG \tag{2-30}$$

坡道阻力为:

$$F_i = F_t - (F_f + F_w + F_j)$$

讨论最大上坡度 i_{max} 时,假设车辆做等速行驶,加速度为零,即令加速阻力 $F_j = 0$,则有:

$$F_i = F_t - F_f - F_w = i_{max}G$$

所以

$$i_{max} = \frac{F_t - (F_f + F_w)}{G} \tag{2-31}$$

式(2-31)表明,驱动力克服滚动阻力和空气阻力后,全部用来爬坡时,车辆将达到最大爬坡度。低挡行驶时,驱动力最大,所能达到的坡度也最大。高挡行驶时,驱动力虽然比较小,但是高挡行驶时所能达到的最大坡度也是重要的参考数据,因为它是在不减速的条件下

所能爬上的最大坡度。

2. 加速能力

加速阻力 F_j 是加速度的函数，即：

$$F_j = \delta \frac{G}{g} \frac{dv}{dt} = \delta m \frac{dv}{dt} \tag{2-32}$$

式中：m——汽车总质量；
δ——旋转质量换算系数。

加速阻力 F_j 为：

$$F_j = F_t - (F_f + F_w + F_i)$$

汽车达到最大加速度 j_{max} 时，假定在水平的路面上，即令坡道阻力 $F_i = 0$，则有：

$$F_j = F_t - F_f - F_w = \delta m j_{max}$$

所以

$$j_{max} = \frac{F_t - (F_f + F_w)}{\delta m} \tag{2-33}$$

式(2-33)表明，驱动力克服滚动阻力和空气阻力后，全部用来加速车辆，使车辆达到最大加速度。低挡行驶时，驱动力大，加速度就大，常用于起动，但速度低。高挡行驶时，随着驱动力的减小，滚动阻力和空气阻力的增加，使加速度越来越小，不过速度却越来越大；最后达到最大车速时，加速度等于零。

3. 最大车速

加速度等于零时，速度达到最大值。因此，令式(2-33)等于零，得到：

$$F_t = F_f + F_w \tag{2-34}$$

式(2-34)表明，驱动力克服滚动阻力和空气阻力没有剩余时，速度达到最大值。对此，在驱动力图上画一条($F_f + F_w$)曲线，如图2-3中虚线所示，则此虚线与驱动力曲线 F_{t4} 的交点，就是满足式(2-34)的位置，它的横坐标就是最大车速 v_{amax}。从图2-3中可看到，实线与虚线高度之差就是驱动力克服滚动阻力和空气阻力之后的剩余部分。它可以用于上坡行驶或加速行驶。当速度越来越大时，实线与虚线越来越靠近，两者之差越来越小，直到两者相交时，车速达到最大值。

第四节　车辆制动性评价指标

车辆制动系统的效率如何，是否有效，需要用制动过程有关的物理量进行评价。

一、制动减速度

在平直路面上，车辆制动到全部车轮出现滑动，其最大滑动减速度为：

$$a_{max} = g\varphi \tag{2-35}$$

式中：φ——路面的滑动附着系数。

在被测试的车辆上，安装制动减速度仪，将该车加速到一定速度后进行紧急制动，就可读出最大减速度数值。国家标准《机动车运行安全技术条件》(GB 7258—2017)规定的汽车减速度和制动稳定性检验标准见表2-3。

制动减速度和制动稳定性要求（$\varphi = 0.7$）　　　　表 2-3

车辆类型	制动初速度（km/h）	满载检验充分发出的平均减速度（m/s²）	空载检验充分发出的平均减速度（m/s²）	制动稳定性要求车辆任何部位不得超出的试车道宽度（m）
座位数≤9 的载客汽车	50	≥5.9	≥6.2	2.5
其他总质量≤4.5t 的汽车	50	≥5.4	≥5.8	2.5[1)]
其他汽车、汽车列车及无轨电车	50	≥5.0	≥5.4	3.0

注：1. 对总质量大于 3.5t 并小于或等于 4.5t 的汽车，试车道宽度为 3m。
　　2. 满载检验时：
　　　　气压制动系统：气压表的指示气压≤额定工作气压；
　　　　液压制动系统：踏板力，座位数小于或等于 9 的载客汽车 ≤500N。
　　3. 空载检验时：
　　　　气压制动系统：气压表的指示气压 ≤600kPa；
　　　　液压制动系统：踏板力，座位数小于或等于 9 的载客汽车 ≤400N；其他车辆 ≤700N。
　　4. 两轮、边三轮摩托车的轻便摩托车检验时，踏板力应不大于 400N，手握力应不大于 250N。
　　5. 农用运输车、正三轮摩托车和运输用拖拉机检验时，踏板力应不大于 600N。

用制动减速度作为评价标准，方法简单易行，而且测试时初速度的大小对所测量结果影响很小。但是最大制动减速度只能反映地面制动力达到最大时的情形，并不能保证制动一定最有效。因为从开始制动到制动减速度达到最大这段时间如果很长，则制动效果大受影响，所以在用制动减速度评价制动性能时，还要附加制动时间的检验。

二、制动时间

车辆制动过程所需时间可以分为三个阶段（图 2-6）。

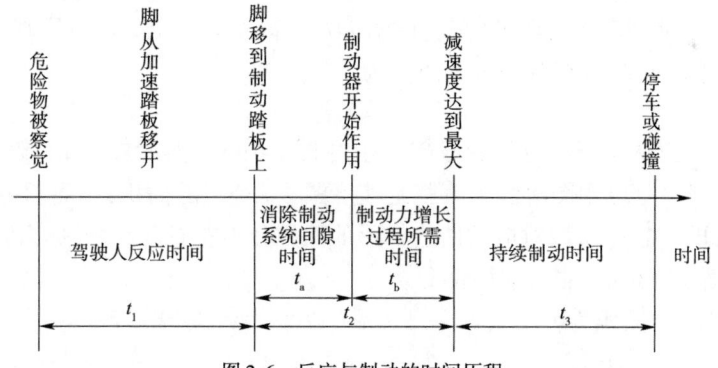

图 2-6　反应与制动的时间历程

第一阶段时间 t_1 称为驾驶人反应时间。它包括从驾驶人发现危险物，开始意识到需要紧急制动，然后控制右脚把它移动到制动踏板上为止所需的时间。这一段反应时间与驾驶人的年龄、技术水平、健康状况等许多因素有关。一般驾驶人的反应时间为 0.3～1.0s，反应慢的可达 1.7s，酒后开车可达 2.0s 以上。通常取 t_1 的平均值为 1.0s。

第二阶段时间 t_2 称为制动系统协调时间。它是从驾驶人踩下制动踏板到产生最大制动减速度所需时间。其中又可分为两段。前一段时间 t_a，驾驶人的脚虽然踩下去了，但制动力并没有立即产生，制动减速度还是零。这是由于制动系统存在自由行程，制动蹄与制动鼓之间有间隙等原因所致。到后一阶段时间 t_b，制动力和制动减速度才从零开始逐渐增加，直到最大值 $a_{\max}$。整个第二阶段制动系统协调时间为：

$$t_2 = t_a + t_b \tag{2-36}$$

国家标准《机动车运行安全技术条件》(GB 7258—2017)规定的汽车制动系统协调时间检查标准见表2-4。

汽车制动系统协调时间检查标准　　　　表2-4

汽车总质量 m(t)	制动系协调时间(s)	汽车总质量 m(t)	制动系协调时间(s)
$m < 4.5$	≤0.33	$m > 12$	≤0.56
$4.5 \leq m \leq 12$	≤0.45		

第三阶段时间 t_3 称为持续制动时间。它是从达到最大减速度 a_{max} 开始,保持减速度不变,直到停车所经历的时间。根据匀变速运动,可求得持续制动时间为:

$$t_3 = \frac{V_a - V_{a0}}{3.6 a_{max}} = \frac{V_{a0}}{3.6 g\varphi} \tag{2-37}$$

式中:V_{a0}——t_3 阶段开始时的速度,近似等于制动开始时的速度(km/h);

V_a——t_3 阶段结束时的汽车速度(km/h);

φ——路面的滑动附着系数。

因此,车辆的总制动时间 t 为:

$$t = t_1 + t_2 + t_3 \tag{2-38}$$

制动时间越短,制动效果越好。在一般情况下,它不作为独立的评价指标,只是作为一个辅助的检验标准。

三、制动距离

车辆制动距离是指从驾驶人踩下制动脚板到完全停止,车辆所行驶的距离。从时间上讲,它是指 t_2 和 t_3 期间车辆行驶的距离,由图2-7a)知,$t_2 = t_a + t_b$。t_a 阶段减速度为零,初速 v_0(m/s)尚未变化。t_a 阶段车辆驶过的距离为:

$$S_a = V_0 t_a \tag{2-39}$$

在 t_b 阶段,车速从 V_0 开始按曲线减速到 V_b 图2-7b)。然后在 t_3 阶段,车速按直线减小,直到停车。制动距离用图解法计算就是速度图2-7b)中的面积,此面积可以近似等于梯形 ABCDE 的面积。把 t_b 阶段对应的曲边梯形的面积分为左右两部分,那么整个 $t_2 + t_3$ 制动期间所对应的面积 ABCDE 也分成两部分。

四边形 ABDE 的面积为:

$$S_{ABDE} = V_0(t_a + t_b/2) \tag{2-40}$$

三角形 BCD 的面积为:

$$S_{BCD} = (V_0/2)(t_3 + t_b/2) = (V_0/2)(v_0/a_{max}) = \frac{V_0^2}{(2g\varphi)} \tag{2-41}$$

所以,整个 $t_2 + t_3$ 阶段总制动距离 S 为:

$$S = V_0(t_a + t_b/2) + \frac{V_0^2}{2g\varphi} \tag{2-42}$$

有时忽略 t_b 期间的速度损失,即令:

$$V_b \approx V_0 \tag{2-43}$$

则持续制动 t_b 阶段,车辆做匀减速运动,得到 t_3 阶段的制动距离 S_3 为:

$$S_3 = (V^2 - V_0^2)/(2a_{max}) = \frac{V_0^2}{2g\varphi} \qquad (2\text{-}44)$$

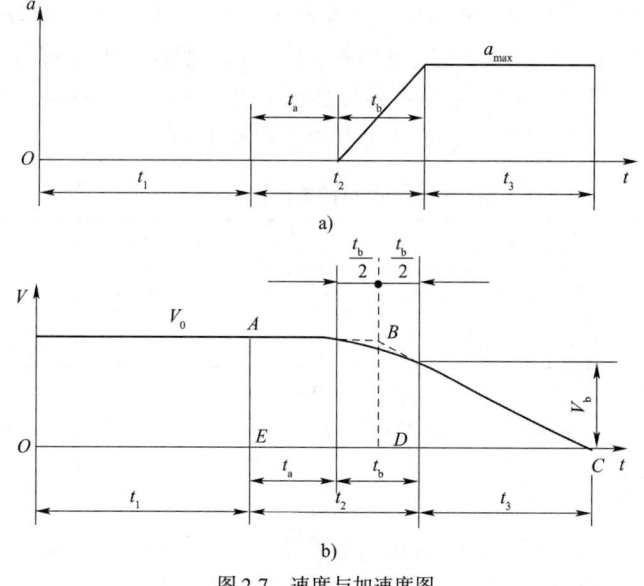

图 2-7 速度与加速度图

用制动距离检验车辆的制动性比较直观、方便,试验重复性好。所以,我国仍以在一定初速情况下的制动距离作为主要评价指标。国家标准《机动车运行安全技术条件》(GB 7258—2017)的有关规定见表 2-5。

汽车制动距离检验标准($\varphi = 0.7$,干沥青或混凝土平路)   表 2-5

检验项目	空载检验的制动距离(m)		满载检验的制动距离(m)		紧急制动跑偏量(m)		点制动(m)	
车速限值(km/h)	20	30	20	30	20	30	30~40	40~60
$m < 4.5t$ 的汽车	≤6.5		≤7.0		≤80		不跑偏	
$4.5t \leq m \leq 12t$ 的汽车和汽车列车及无轨电车	≤3.8		≤8.0		≤80	≤200	不跑偏	
$m > 12t$ 的汽车和汽车列车及无轨电车	≤4.4		≤9.5		≤80	≤200	不跑偏	
轻便车及二、三轮摩托车	≤4.0				≤4.0			
转向盘式拖拉机带挂车	≤5.4		≤6.0		≤80			

注:1. 对总质量大于 3.5t 并小于或等于 4.5t 的汽车,试车道宽度为 3m。
 2. 满载检验时:
  气压制动系统:气压表的指示气压≤额定工作气压;
  液压制动系统:踏板力,座位数小于或等于9 的载客汽车 ≤500N。
 3. 空载检验时:
  气压制动系统:气压表的指示气压 ≤600kPa;
  液压制动系统:踏板力,座位数小于或等于9 的载客汽车 ≤400N;其他车辆 ≤700N。
 4. 两轮、边三轮摩托车的轻便摩托车检验时,踏板力应不大于 400N,手握力不大于 250N。
 5. 农用运输车、正三轮摩托车和运输用拖拉机检验时,踏板力应不大于 600N。

四、地面制动力

用制动距离评价车辆制动性能只反映了整车的总体性能,不能反映各车轮的制动状况,前后轴制动力分配及左、右轮制动力的差别等,不利于制动系统的维修与性能提高。为此,需要通过制动试验台测定各车轮制动时受到的地面制动力。国家标准《机动车运行安全技术条件》(GB 7258—2017)规定的地面制动力测试标准见表2-6。

汽车地面制动力测试标准　　　　　　　　　　表 2-6

车辆状况	空载	满载
制动力总和占整车重量的百分比(%)	≥60	≥50
主要承载轴的制动力占该轴轴荷的百分比(%)	≥60	≥50

注:1. 前轴左右轮制动力不均衡应小于空载前轴负荷的5%。
　　2. 后轴左右轮制动力不均衡应小于空载后轴负荷的8%。

五、制动跑偏量

车辆在平直道路上紧急制动时,保持转向盘居中不动,车身自动向左向右偏驶,这种现象称为制动跑偏。制动跑偏引起的车身最大横向位移称为制动跑偏量。国家标准《机动车运行安全性技术条件》(GB 7258—2017)对跑偏量的检验标准见表2-4 和表2-6。

制动过程中车辆维持直线行驶,或按预定弯道行驶的能力称为方向稳定性。影响方向稳定性的包括跑偏和侧滑两种情况。跑偏的原因主要是左、右轮特别是左、右转向轮制动力不相等引起的,通过维修和调整可以减轻,以致消除跑偏现象。但侧滑却不同,侧滑是指车轮连车轴的侧向滑移,这常常是由于紧急制动车轮被抱死后,侧向附着系数趋于零,使路面丧失了抵抗侧滑的能力造成的。只要各车轮制动力与惯性力稍不平衡,车辆就出现甩尾、回转的现象,完全失去了方向操纵稳定性。

第五节　车辆横向稳定性分析

一、车辆转向特性

1. 低速时车辆转向半径

车辆由直道往弯道上行驶时,驾驶人需要转动转向盘,通过转向机构的传动,使前轴上的内外轮按一定的关系转过相应的角度(图 2-8),保证内外前轮的垂线与后轮的垂线交在同一点 O,车辆将绕 O 点做圆弧运动,O 点称为转动中心,或称轨迹的曲率中心。O 点到后轴中点 B 的距离 R 就是车辆的转向半径。假设内外前轮的平均转向角度为 θ,前后轴间距为 L,则车辆转向服从阿克曼(Ackermann)几何关系:

$$\tan\theta = L/R$$
$$R = L/\tan\theta \tag{2-45}$$

当平均转向角 θ 较小时:

$$\tan\theta \approx \theta$$

则
$$R = L/\theta \tag{2-46}$$

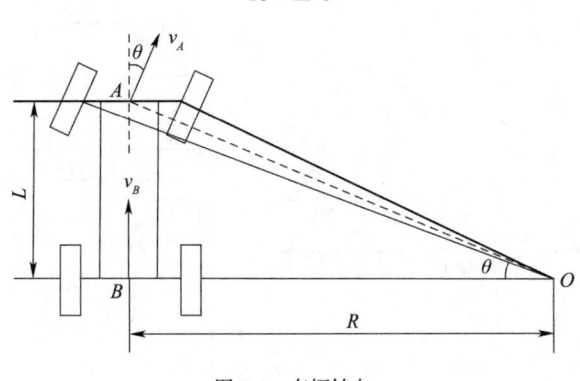

图 2-8 车辆转向

2. 车轮的侧偏角

车辆转弯有向心加速度，需要有向心力，它只能由路面提供，也就是路面对轮胎着地点作用有侧向力 F_y（图 2-9），也称为转向力。同时在轮心处作用着由轮轴传过来的离心力 F_g。由于这一对力的存在使车轮滚动的轨迹不在自身平面 $ab_1c_1d_1$ 线上，而是在偏离 α 角的 $ab_2c_2d_2$ 线上，因为轮胎有弹性，在着地点附近侧向弯曲，使 b 点不是落在 b_1 点，而是落在 b_2 点。紧接着，c 点不落在 c_1 点，而落在 c_2 点……，结果使滚动的轨迹相对车轮平面向外偏了一个 α 角（称为偏离角或侧偏角），而且侧向力越大，侧偏角也越大。侧偏角还与轮胎结构、轮胎花纹、胎内气压、路面法向反力等因素有关。

3. 考虑侧偏角时的转向半径

车辆侧向时，由于向外的离心力使车轮出现侧偏角，特别是当车速较高时，侧偏角较大。如图 2-10 所示，假设前轮在向内转过平均转向角 θ 的基础上，再向外转过平均侧偏角 α_1，才得到前轴中点 A 的速度方向。后轮向外转过平均侧偏角 α_2，得到后轮中点 B 的速度方向。过 A 点和 B 点分别作速度 v_A 和 v_B 方向的垂线，它们的交点 O 就是该车辆的瞬时转动中心，距离 OD 就是转向半径 R。根据三角形 OAD 和 OBD 的几何关系，有：

$$\tan(\theta - \alpha_1) = \overline{AD}/R$$
$$\tan\alpha_2 = \overline{BD}/R$$
$$\tan(\theta - \alpha_1) + \tan\alpha_2 = (\overline{AD}/R) + (\overline{BD}/R) = \overline{AB}/R = L/R$$

所以
$$R = \frac{L}{\tan(\theta - \alpha_1) + \tan\alpha_2} \tag{2-47}$$

近似地用弧度代替正切，则：
$$\tan(\theta - \alpha) \approx \theta - \alpha_1$$
$$\tan\alpha_2 \approx \alpha_2$$

代入式(2-47)，得到：
$$R = \frac{L}{\theta - \alpha_1 + \alpha_2} = \frac{L}{\theta - (\alpha_1 - \alpha_2)} \tag{2-48}$$

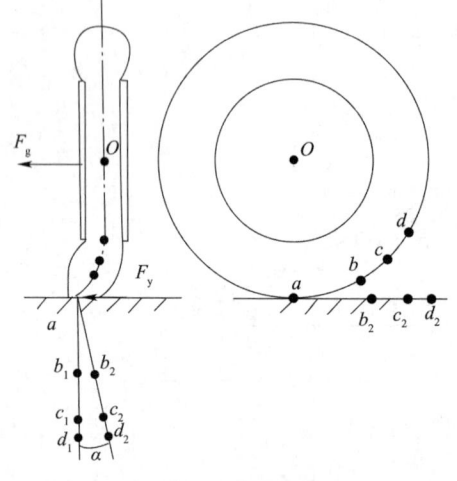
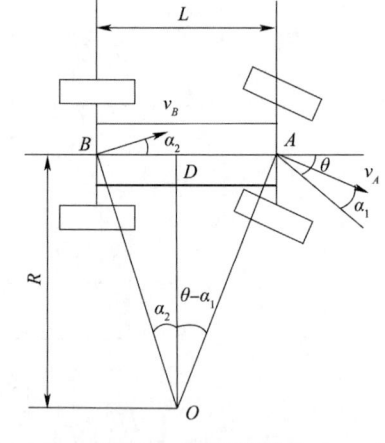

图 2-9 车辆侧偏角　　　　图 2-10 车辆三种转向

将式(2-48)和未考虑侧偏角的式(2-46)相比,差别在于分母多减了 $(\alpha_1 - \alpha_2)$。根据前后轮侧偏角 α_1 和 α_2 的不同,存在以下三种情况:

(1) $\alpha_1 > \alpha_2$,称为不足转向。因为此时式(2-46)的分母减小,半径 R 增大,实际转向程度达不到 θ 的要求。

(2) $\alpha_1 < \alpha_2$,称为过度转向。因为此时式(2-46)的分母增大,半径 R 减小,实际转向程度超过了 θ 角的要求。

(3) $\alpha_1 = \alpha_2$,称为中性转向。此时侧偏角的存在并不影响驾驶人的转向控制。过度转向时 $(\alpha_1 < \alpha_2)$,转弯半径减小,离心力增大,进一步加剧过度转向,使转弯半径越来越小,存在失去控制的危险,应设法避免。由于过度转向的汽车有失去稳定性的风险,故汽车都应该具备适度的不足转向特性。

二、车辆横向稳定性

车辆转弯时,由于侧向力 F_y 和离心力 F_g 的存在,可能出现侧翻和侧滑两种失稳情况。

1. 侧翻的临界速度

图 2-11 为车辆在水平横断面上的示意图。假设整车重量为 G,质心高度为 h_g,左右轮距为 b,内外两侧接地点的地面法向反作用力分别为 F_{zi}、F_{zo},并假定路面有足够的横向附着力 F_y,保证不产生侧滑。当车辆直线行驶时,左右车轮各承受一半的重量。但在车辆转弯时,离心力 F_g 与侧向力 F_y 组成倾覆力矩,引起内侧车轮所承受的重量向外侧车轮转移。当离心力增大到使内侧车轮脱离路面时,便出现侧向倾翻。假设内侧车轮刚要脱离路面的临界状态时,临界车速为 v_h。利用内轮地面法向反力 $F_{zi}=0$ 的条件,对外轮着地点 O 建立力矩方程:

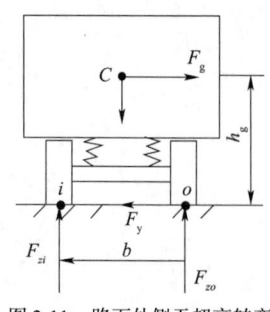

图 2-11 路面外侧无超高转弯

$$\sum m_O = G(b/2) - F_g h_g = 0$$

$$F_g = \frac{(b/2)G}{h_g} \tag{2-49}$$

离心力为:
$$F_g = ma_y = (G/g)(v_h^2/R)$$

与式(2-49)比较得到:
$$\frac{G}{g}\frac{V_h^2}{R} = \frac{b}{2h_g}G \tag{2-50}$$

所以
$$V_h = \sqrt{\frac{b}{2h_g}gR} \tag{2-51}$$

这就是车辆转弯时将要出现侧翻的临界速度。

随着离心力(或侧向加速度 a_y)的增大,内轮地面法向反作用力 F_{zi} 逐渐减小。当 F_{zi} 减小到零时,汽车在侧倾平面内不能保持平衡,从而开始侧翻。汽车开始侧翻时所受的侧向加速度,称为侧翻阈值(rollover threshold)。汽车侧翻阈值见表2-7。

典型汽车侧翻阈值　　表2-7

车辆类型	质心高度(cm)	轮距(cm)	侧翻阈值(g)
跑车	46~51	127~154	1.2~1.7
微型轿车	51~58	127~154	1.1~1.5
豪华轿车	51~61	154~165	1.2~1.6
轻型客货车	76~89	165~178	0.9~1.1
客货两用车	76~102	165~178	0.8~1.1
中型货车	114~140	165~190	0.6~0.8
重型货车	154~216	178~183	0.4~0.6

2. 侧滑的临界速度

当车辆的质心比较低或者横向附着系数比较小时,车辆将产生侧滑,而不是翻倒。假设刚要侧滑时车辆的临界速度为 v_φ。侧滑的临界条件是侧向附着力 F_y 达到最大值。
$$F_y = (F_i + F_o)\varphi$$

由路面法向平衡条件得到内外轮法向反力之和:
$$F_i + F_o = G$$

由路面切向平衡条件得到离心力:
$$F_g = F_y = G\varphi \tag{2-52}$$

而离心力与车速的关系为:
$$F_g = ma_n = (G/g)(V_\varphi^2/R)$$

比较得到:
$$(G/g)(V_\varphi^2/R) = G\varphi$$

所以
$$V_\varphi = \sqrt{gR\varphi} \tag{2-53}$$

这就是车辆转弯时将要出现侧滑的临界速度。

将式(2-51)与式(2-53)进行比较可知:

当 $\dfrac{bh_g}{2} < \varphi$ 时, $V_h < V_\varphi$,先侧翻。

当 $\dfrac{bh_g}{2} > \varphi$ 时，$V_h > V_\varphi$，先侧滑。

3. 路面外侧超高时的临界速度

为了提高车辆在弯道上行驶的侧向稳定性，各城市之间的公路总是把弯道上的横断面做成由外侧向内侧倾斜（称为外侧超高）。假设内倾角为 β，则有：

$$\tan\beta = i_y \tag{2-54}$$

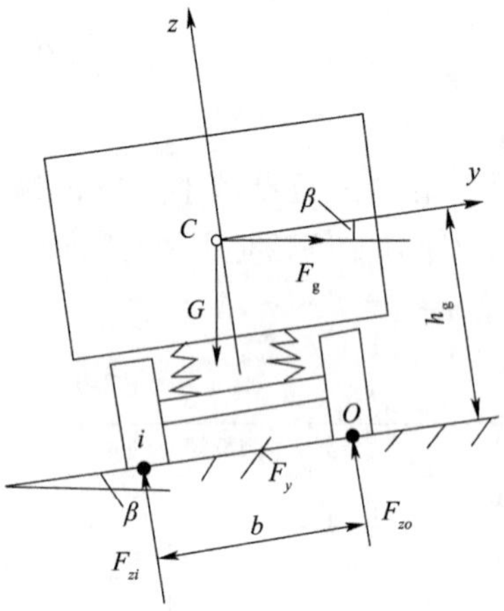

i_y 称为超高的横向坡度。

当路面存在横向坡度时，以路面切向为 y 坐标，法向为 z 坐标，水平向外的离心力 F_g 和铅垂的重力 G 都可沿 y、z 方向分解为两个分力（图 2-12 中没有把分力画出来）。

（1）根据侧翻的临界条件——内侧车轮路面反力 $F_{zi} = 0$，对外侧轮胎接地点建立力矩方程为：

$$\sum m_o = \dfrac{Gb}{2}\cos\beta + Gh_g\sin\beta - F_g h_g\cos\beta + F_g \dfrac{b}{2}\sin\beta = 0$$

移项并除 $\cos\beta$ 得到：

$$F_g \cdot \left(h_g - \dfrac{b}{2}\tan\beta\right) = G\left(\dfrac{b}{2} + h_g\tan\beta\right)$$

引入式（2-54）得到：

$$F_g = \dfrac{b + 2h_g i_y}{2h_g - bi_y}G \tag{2-55}$$

图 2-12 路面外侧有超高转弯

并比较

$$F_g = (G/g)(V^2/R)$$

得到侧翻的临界速度为：

$$V_h = \sqrt{\dfrac{b + 2h_g i_y}{2h_g - bi_y}gR} \tag{2-56}$$

将此式与式（2-51）比较可见，外侧超高横坡 i_y 的出现，使临界速度增加，车辆行驶稳定性得到提高。

（2）根据侧滑的临界条件：

$$F_y = (F_i + F_o)\varphi \tag{2-57}$$

路面法向和切向平衡方程：

$$\sum F_Z = F_i + F_o - G\cos\beta - F_g\sin\beta = 0$$
$$F_i + F_o = G\cos\beta + F_g\sin\beta$$
$$F_y = F_g\cos\beta - G\sin\beta$$

代入式（2-57）得到：

$$F_g\cos\beta - G\sin\beta = (G\cos\beta + F_g\sin\beta)\varphi$$

整理得到：

$$F_g(\cos\beta - \varphi\sin\beta) = G(\varphi\cos\beta + \sin\beta)$$
$$F_g = [(\varphi + \tan\beta)/(1 - \varphi\tan\beta)]G$$

比较

$$F_g = (G/g)(V_\varphi^2/R)$$

得到侧滑时的临界速度为:

$$V_\varphi = \sqrt{\frac{\varphi + i_y}{1 - \varphi i_y} gR} \tag{2-58}$$

将式(2-58)与式(2-53)比较可见,超高横坡 i_y 的出现,使临界速度增加,车辆行驶稳定性提高。

同样可以比较式(2-56)和式(2-58),得到先侧翻还是先侧滑的条件,其结果与式(2-54)完全一样。

例如,某汽车在半径 $R = 800$m 的弯道上行驶,路面横向外侧超高坡度 $i_y = 5\%$,路面横向摩擦系数 $\varphi = 0.65$,内外轮距 $b = 1.5$m,质心高度 $h_g = 0.6$m。试求侧翻和侧滑这两种临界速度,并加以比较。

根据式(2-56),侧翻的临界速度为

$$V_h = \sqrt{\frac{b + 2h_g i_y}{2h_g - bi_y} gR}$$

$$= \sqrt{\frac{1.5 + 2 \times 0.6 \times 0.05}{2 \times 0.6 - 1.5 \times 0.05} \times 9.81 \times 800} = 104.3 \text{(m/s)} = 375 \text{(km/h)}$$

根据式(2-47),侧滑的临界速度为:

$$V_h = \sqrt{\frac{\varphi + i_y}{1 - \varphi i_y} gR}$$

$$= \sqrt{\frac{0.65 + 0.05_y}{1 - 0.65 \times 0.05} \times 9.8 \times 800} = 75.3 \text{(m/s)} = 271 \text{(km/h)}$$

比较结果 $V_\varphi < V_h$,侧滑先出现。但实际车速达不到那么高,两种危险都不会出现。

三、横向与纵向联合的附着条件

1. 路面与轮胎间附着力的各种可能状况

路面与轮胎之间的附着力 F_φ(摩擦力)可以沿接触面作用在任何方向,总是与相对滑动的方向相反,如图 2-13 所示。根据车辆行驶的状态不同,附着力可能出现以下各种情况(为了突出概念,暂不考虑滚动阻力 F_f)。

(1)轮胎沿直线自由滚动,轮胎与路面间没有相对滑动趋势,附着力等于零。

(2)车辆转弯,轮胎自由滚动,轮胎与路面之间纵向没有相对滑动趋势,但在横向,轮胎有向外滑动趋势,因此受到路面给轮胎的一个向内的转向力 F_y,如图 2-14 所示,其最大值为:

$$F_{y\max} = \varphi F_y \tag{2-59}$$

(3)车辆直线驱动,驱动轮胎有向后滑动的趋势,因此受到路面给它的向前的驱动力 F_t,如图 2-15 所示。它的最大值为:

$$F_{t\max} = \varphi F_Z \tag{2-60}$$

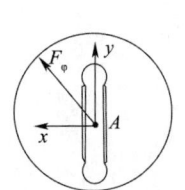
图 2-13 任意方向附着力

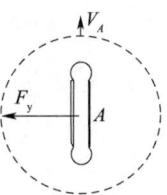
图 2-14 车辆转弯

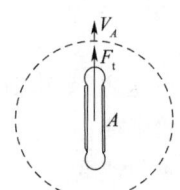
图 2-15 车辆直线驱动

(4)车辆直线制动,制动轮有向前滑动趋势,因此受到路面给它的向后的制动力 F_b,如图 2-16 所示,它的最大值为:

$$F_{b\max} = \varphi F_Z \qquad (2\text{-}61)$$

(5)车辆转弯同时驱动时,驱动轮上既受到向内的转向力 F_y,又受到向前的驱动力 F_t,如图 2-17 所示。把两者按矢量合成,其合力 F_φ 不能超过路面所能提供的附着力,即:

$$F_\varphi = \sqrt{F_t^2 + F_y^2} \leqslant \varphi F_Z \qquad (2\text{-}62)$$

(6)车辆转弯同时制动时,在制动轮胎上既受到向内的转向力 F_y,又受到向后的制动力 F_b,如图 2-18 所示。同理,把两者按矢量合成,其合力 F_φ 不能超过路面所能提供的附着力,即:

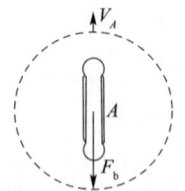
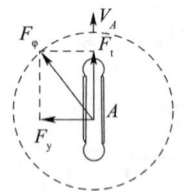

图 2-16　车辆直线制动　　图 2-17　车辆转弯驱动

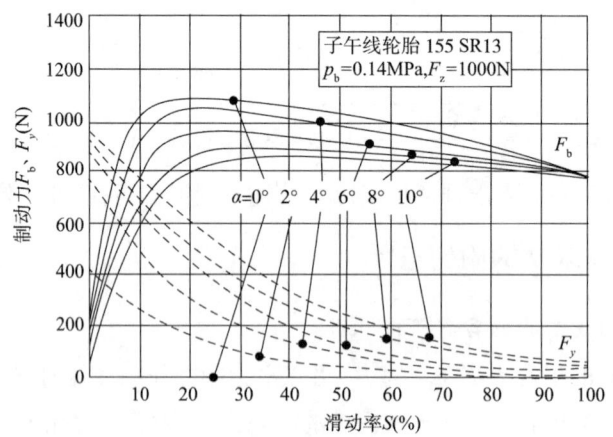

图 2-18　车辆转弯制动

$$\sqrt{F_b^2 + F_y^2} \leqslant \varphi F_Z \qquad (2\text{-}63)$$

式(2-62)和式(2-63)表示,当车辆转弯同时驱动或制动时,路面作用在轮胎上附着力 F_φ(摩擦力)的方向,既不是横向,也不是纵向,而是两者合成的方向。随着横向转向力 F_y 和纵向的驱动力 F_t 或制动力 F_b 的变化,由它们合成的附着力 F_φ 的方向也跟着变化。把可能的 F_φ 矢量尖端连起来是一个圆,通常称为摩擦图,也可称为附着圆。

在驱动条件下,车轮的滑转率 S 为:

$$S = \frac{r\omega - V_A}{r\omega} \times 100\% \qquad (2\text{-}64)$$

式中:V_A——汽车速度(或轮轴心速度、轮缘速度);

　　　r——轮胎半径;

　　　ω——车轮角速度。

在制动条件下,车轮的滑动率 S 为:

$$S = \frac{V_A - r\omega}{V_A} \cdot 100\% \qquad (2\text{-}65)$$

附着圆实际上近似为一个椭圆。因为横向附着力与纵向附着力之间并不存在圆形函数关系。图 2-18 所示为某轮胎在不同滑动率条件下横向附着力与纵向附着力与侧偏角的关系。当滑动率 $S=0$ 时的横向附着系数,比 $S=100\%$ 时的纵向附着系数要大一些。而且在 $S=10\% \sim 20\%$ 附近,横向与纵向附着力按矢量合成将更大一些。图 2-19 为一般轮胎实验结果。不同的侧偏角轮胎的侧向附着力和横向附着力也不同,通常侧偏角增加,使得横向附着力增加。尽管如此,把附着力近似地看作沿各个方向大小相等而引入附着圆的概念,适用于分析车辆在各种行驶条件下的受力状态。

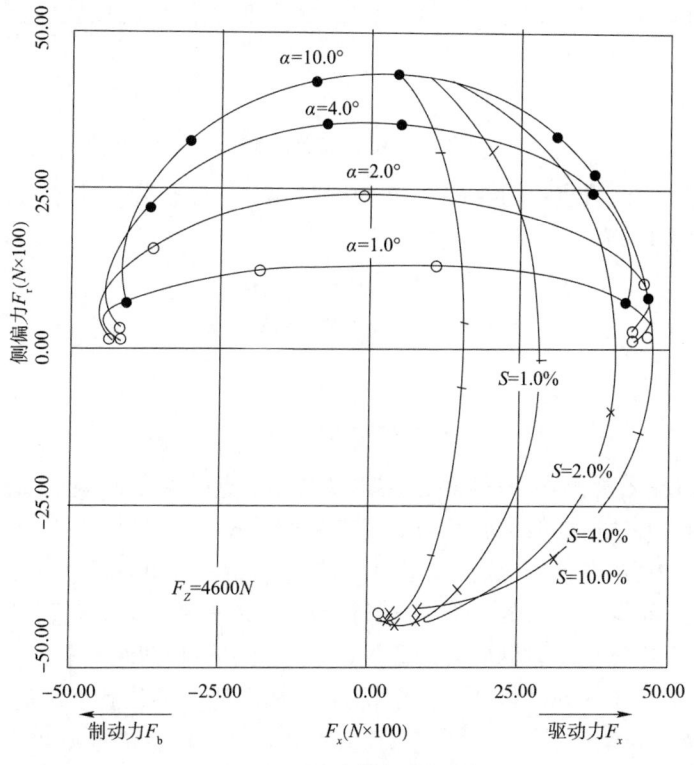

图 2-19 纵向与横向附着系数

2. 制动对转向的影响

根据附着圆的概念,在转向过程中进行制动,路面所能提供的横向附着力 F_y 将小于 φF_Z。当车轮全抱死($S=100\%$)时,F_y 将趋近于零,从而导致车轮侧滑。

(1) 若前轮抱死,后轮没有抱死,虽然后轮仍有相当的横向附着力不至于发生侧滑,但前轮不能提供横向转向力,即使前轮转过一定角度,车辆仍将向前滑动,以致冲出弯道,也就是说,前轮的转向控制失效。

(2) 若后轮抱死,前轮没有抱死,虽然前轮转向仍有效,但后轮却得不到足够的横向附着力而向外甩尾,甚至整个车辆旋转 180° 而造成事故。

(3) 为了防止上述两种情况,最好采用防抱死装置,使车轮又滚又滑,既有较大的纵向制动力,又有相当的横向转向力,避免侧滑的发生。

3. 根据侧滑轨迹估算制动初速度

在车辆转向的同时制动时,路面上留下轨迹曲线如图 2-20 所示。如果轨迹上不仅有纵向的拖印,而且还有横向的擦印,就能表明路面附着力已达到最大值,可以按照式(2-53)或式(2-58)计算制动开始时车辆的速度。式中的曲率半径 R 需要根据现场留下的轨迹进行测定。

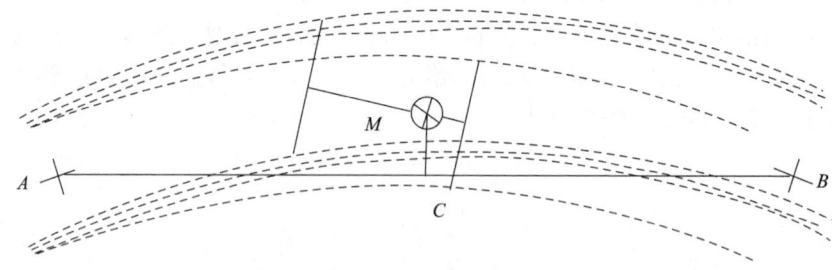

图 2-20 现场测定弦长与矢高

如图 2-21 所示,假设有一段半径为 R 的圆弧 AB,其弦长为 l,中点 M 的矢高 $MC = h$。根据直角三角形 OAC,有:

$$R^2 = (l/2)^2 + (R-h)^2$$
$$R^2 = (l^2/4) + R^2 - 2Rh + h^2$$

所以

$$R = \frac{l^2}{8h} + \frac{h}{2} \tag{2-66}$$

式(2-66)表明,若能测得一段圆弧的弦长 l 及其中点的矢高 h,就可算出半径 R。

要测定车辆质心轨迹曲线的弦长与矢高有两种方法。

第一种方法是直接在现场确定车辆质心的轨迹,如图 2-20 所示。为此,需用管子做一个工字形模具代表车架。工字的上下横管长度等于左右轮距,中间竖管长度等于前后轴距,竖管中部安上一个小牌标志车辆质心的位置。因为上下横管两端代表四个车轮的位置,所以将它们对准相应车轮的拖擦印,中部小牌就表示相应质心的位置。然后就可选取三个位置,量得弦长 l 及矢高 h。

第二种方法是先测定各车轮留在路面上的拖擦印,按缩小的比例画在纸上,如图 2-21 所示。然后按同样的比例剪一张纸片,图 2-22 轨迹半径代表车架,它的宽度代表左右轮距,长度代表前后轴距,四个角点就代表四个轮子。在纸片的中间留一个小孔代表质心的相对位置。当把纸片的四个角点对准相应的车轮轨迹时,小孔就表示相应的质心位置。将各个小孔位置连起来就是质心轨迹曲线。在此基础上量取弦长 l 和矢高 h。

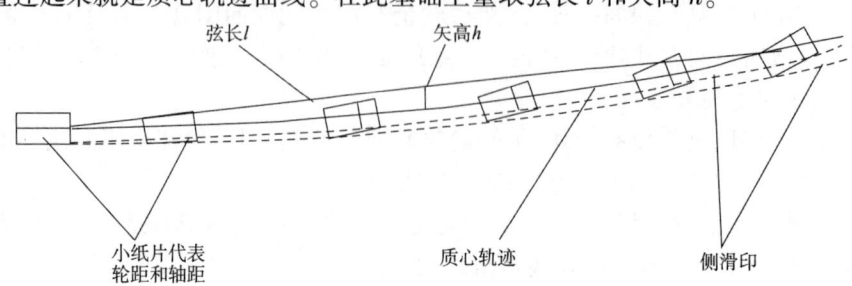

图 2-21 纸上测定弦长与弦高

由于制动过程中车辆的速度在不断减小,车辆质心的轨迹并不是严格的圆弧,因此用上述方法估算制动开始时的初速度存在相当的误差,为了提高精度,尽量做到:

(1) 弦长选在制动开始的位置;

(2) 中间矢高应量取多次再取平均值。

例如,若从某事故现场量取制动开始处轨迹的弦长 $l = 30\mathrm{m}$,中间矢高 $h = 0.61\mathrm{m}$。路面沿滑动方向的上坡度 $i = 3\%$,附着系数 $\varphi = 0.7$。试求制动开始时的初速度。

首先,按式(2-66)计算侧滑轨迹的半径 R:

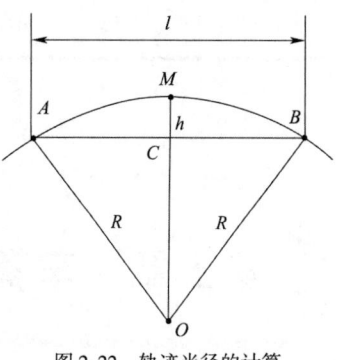

图 2-22 轨迹半径的计算

$$R = \frac{l^2}{8h} + \frac{h}{2} = \left(\frac{30 \times 30}{8 \times 0.61} + \frac{0.61}{2}\right) = 184.7(\mathrm{m})$$

然后,根据式(2-66),计算制动开始时的速度 V:

$$V = \sqrt{\frac{\varphi + i}{1 - \varphi i}gR} = \sqrt{\frac{0.7 + 0.03}{1 - 0.7 \times 0.03} \times 9.8 \times 184.7}\,(\mathrm{m/s}) = 36.4(\mathrm{m/s}) = 131(\mathrm{km/h})$$

 **思考题**

1. 说明静摩擦力、滑动摩擦力、滚动摩擦力的区别。
2. 试说明车辆制动性能评价指标。
3. 试说明汽车侧翻、侧滑的产生原因。

第三章 车辆事故力学

第一节 事故力学基础

一、刚体运动学

汽车在碰撞前和碰撞后两个阶段的运动可近似视为刚体平面运动。刚体的位置可用通过刚体上两个不同点的坐标或者固连于刚体上一个点的坐标和一个角度(极坐标)来唯一描述。

一个刚体的运动轨迹可由其随时间运动的质心位置形成(图 3-1)。

二、公共极点 M 的确定

欧拉(Euler)定理定义的转动中心 M 为：做平面运动的刚体，其位置的任何变化都可以用围绕一个定轴的转动来实现,该轴垂直于运动平面,则该转轴与运动平面的交点被称为公共极点 M。

用刚体上任意两个不同点 A 和 B 或者其连线 $\overline{AB}$，就足以描述一个刚体的平面运动,如图 3-2 所示。

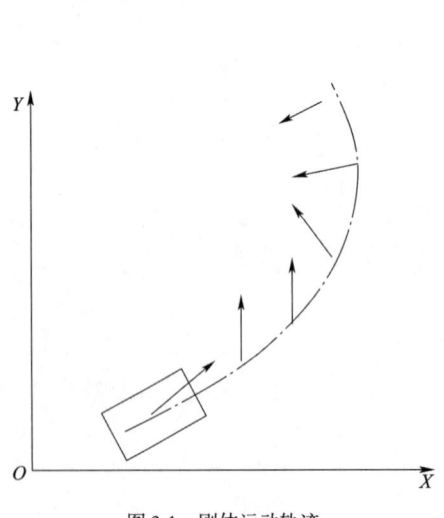

图 3-1 刚体运动轨迹

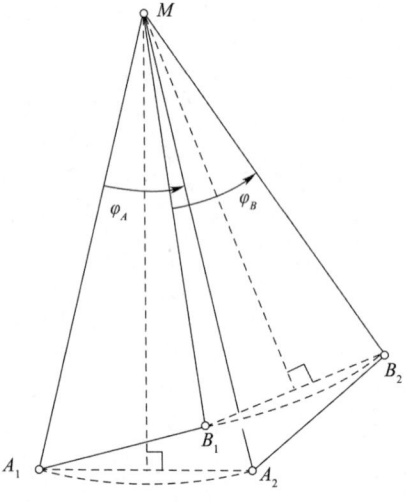

图 3-2 旋转极点的确定

如果存在公共极点 M，则它在 Δt 间隔位移连线 $\overline{A_1A_2}$ 的中垂线上，因为 A_2 是由 A_1 旋转得到的。同理，M 必定在线段 $\overline{B_1B_2}$ 的中垂线上，因此，M 点线段 $\overline{A_1A_2}$ 和 $\overline{B_1B_2}$ 中垂线的交点。

M 点既在 $\overline{B_1B_2}$ 和 $\overline{A_1A_2}$ 中垂线的交点上，也位于 A、B 两点运动轨迹的法线上。A、B 两点运动轨迹法线的交点亦称瞬时极点 M_{Pi}（图3-3）。

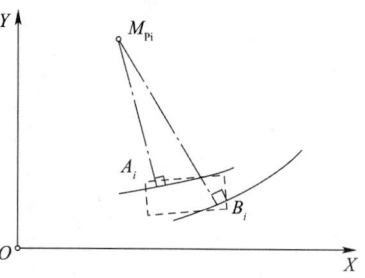

图3-3 时刻 t_i 瞬时极点的确定

M_{Pi} 在事故再现中的意义可描述为：在事故的碰撞前或碰撞后的任一时刻 t_i，至少有两个轮胎 A 和 B 的印迹。这样，轮胎在 A_i 和 B_i 两点的法线的交点，即为汽车的瞬时极点 M_{Pi}。

在固定平面（比如道路）上，瞬时极点随时间变化的轨迹定义为驻点轨迹，与刚体（例如车辆）固连的平面的瞬时极点称为运动极点轨迹。

根据定义，驻点轨迹和运动极点轨迹曲线在 t_i 时刻都在 M_{Pi} 点。运动极点轨迹是沿着驻点轨迹滚动移动的。它们的接触点依次对应于 M_{Pi}、M_{Pi+1}、M_{Pi+2}、$\cdots$。即任何平面运动都可以视为由一条曲线（运动极点轨迹）在同一条固定曲线（驻点轨迹）上移动而形成的。

三、刚体运动

刚体的运动一般由其转动和平移运动来描述（图3-4）。在刚体上，任意点 P 的无限小移动为：

$$\mathrm{d}\vec{r} = \mathrm{d}\vec{r}_0 + \mathrm{d}\vec{\varphi} \times \vec{r} \tag{3-1}$$

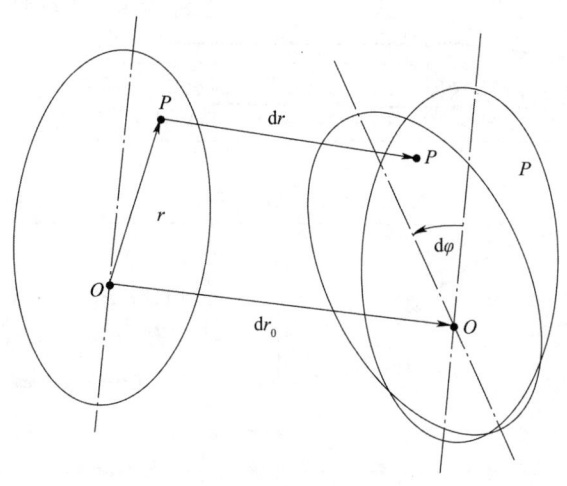

图3-4 刚体运动（转动和平移）

对式(3-1)求导，得：

$$\vec{V} = \vec{V}_0 + \vec{\omega} \times \vec{r} \tag{3-2}$$

式(3-2)说明，刚体运动的状态可以完全由参考点速度 V_0 和刚体的角速度 ω 描述（图3-5），角速度 ω 与参考点的选取无关。平面运动是其特例。

当取质心为参考点时（图3-5），则有：

$$\vec{V} = \vec{V}_S + \vec{\omega} \times \vec{r} \tag{3-3}$$

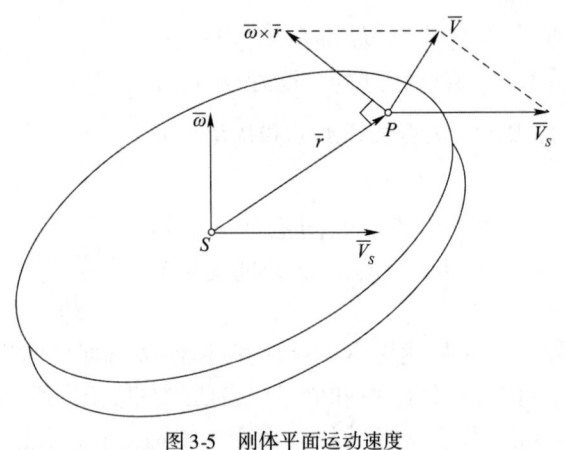

图 3-5　刚体平面运动速度

第二节　碰撞规律

一、变形特征曲线

在分析参与碰撞汽车的受力时，通常需要通过试验获得车身或汽车材料的特性（图 3-6）。可将试验中测量的加速度-时间变化曲线转换成力-位移曲线。

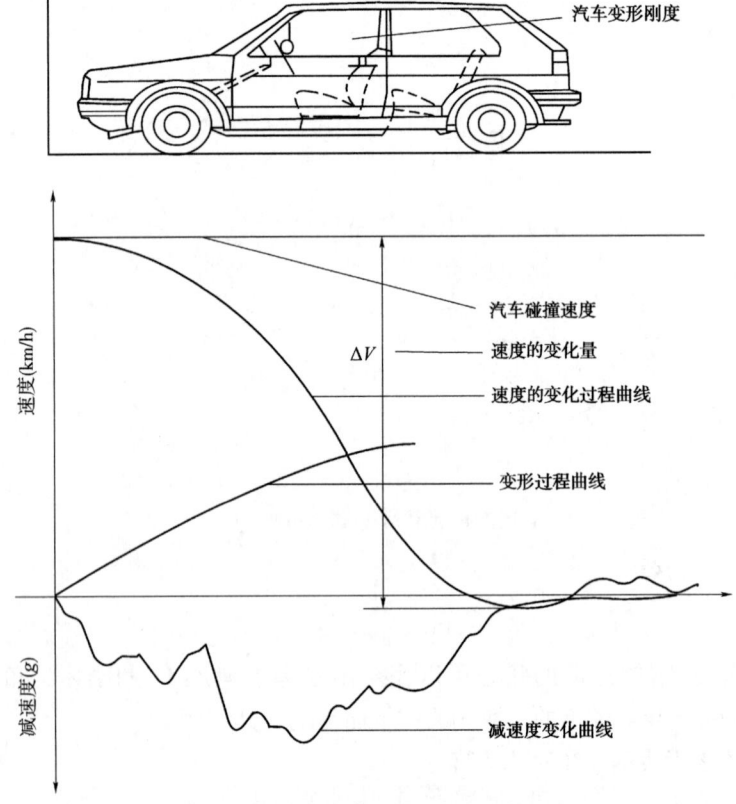

图 3-6　汽车正面屏壁碰撞时的减速度、速度和位置相对时间的变化曲线

由牛顿第二定律,有:

$$\vec{F} = m_{crash}\vec{a} \tag{3-4}$$

质量 m_{crash} 在碰撞过程中是逐渐下降的(图3-7),即参与碰撞的质量是时间的函数:

$$m_{crash} = m(t) \tag{3-5}$$

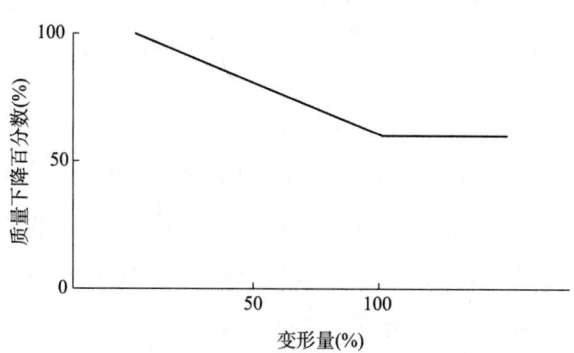

图 3-7 前置发动机汽车碰撞过程中质量下降与变形的关系

在变形过程中,在变形区最前端的质量逐渐进入接触而处于静止状态,而汽车剩余部分的质量仍处于运动状态,静止部分的质量就是汽车质量的下降量 Δm。

在确定惯性力时,这部分已静止不动的质量必须从总质量中减去,即:

$$m_{crash} = m - \Delta m \tag{3-6}$$

在试验时,通常只是测定碰撞汽车的加速度-时间变化曲线,然后通过对加速度进行一次积分求得速度-时间曲线,再进行一次积分得到位移-时间曲线。

例如,某轿车以 $V_0 = 14 \text{m/s}$ 的试验速度对固定屏障碰撞,加速度-时间变化规律经过简化得到如例图 3-8a)所示的加速度随时间的变化曲线。

假定碰撞过程中碰撞质量不随位移变化,现在要求计算下述参数:
(1) 汽车速度的时间历程 $V(t)$;
(2) 汽车位移的时间历程 $S(t)$;
(3) 按比例绘制汽车速度和位移的时间曲线;
(4) 汽车开始反向运动的时刻 T_B;
(5) 汽车的最大弹性和塑性变形量。

解:汽车的减速度 $a(t)$ 为:

$$\begin{cases} a_1(t) = -1.2 \times 10^3 gt & (0 \leqslant t \leqslant 10 \times 10^{-3} \text{s}) \\ a_2(t) = -(9g + 0.3 \times 10^3 gt) & (10 \times 10^{-3}\text{s} \leqslant t \leqslant 20 \times 10^{-3}\text{s}) \\ a_3(t) = -(13g + 0.1 \times 10^3 gt) & (20 \times 10^{-3}\text{s} \leqslant t \leqslant 30 \times 10^{-3}\text{s}) \\ a_4(t) = -16g & (30 \times 10^{-3}\text{s} \leqslant t \leqslant 80 \times 10^{-3}\text{s}) \\ a_5(t) = -(48 - 0.4 \times 10^3 gt) & (80 \times 10^{-3}\text{s} \leqslant t \leqslant 120 \times 10^{-3}\text{s}) \end{cases}$$

(1) 分别将 $a_1(t) \sim a_5(t)$ 对时间积分,并代入相应的积分上、下限,得到碰撞汽车的速度变化方程为:

$$\begin{cases} V_1(t) = 14 - 0.6 \times 10^3 gt^2 & (0 < t \leq 10 \times 10^{-3} \text{s}) \\ V_2(t) = 14.44 - (9gt + 0.15 \times 10^3 gt^2) & (10 \times 10^{-3}\text{s} < t \leq 20 \times 10^{-3}\text{s}) \\ V_3(t) = 14.83 - (13gt + 0.05 \times 10^3 gt^2) & (20 \times 10^{-3}\text{s} < t \leq 30 \times 10^{-3}\text{s}) \\ V_4(t) = 15.28 - 16gt & (30 \times 10^{-3}\text{s} < t \leq 80 \times 10^{-3}\text{s}) \\ V_5(t) = 27.83 - (48gt - 0.2 \times 10^3 gt^2) & (80 \times 10^{-3}\text{s} < t \leq 120 \times 10^{-3}\text{s}) \end{cases}$$

(2) 分别将 $V_1(t) \sim V_5(t)$ 对时间积分,并代入相应的积分上、下限,得到碰撞汽车的位移变化方程为:

$$\begin{cases} S_1(t) = 14t - 0.2 \times 10^3 gt^3 & (0 < t \leq 10 \times 10^{-3}\text{s}) \\ S_2(t) = 1.47 \times 10^{-3} + 14.44t - 4.5gt - 0.05 \times 10^3 gt^4 & (10 \times 10^{-3}\text{s} < t \leq 20 \times 10^{-3}\text{s}) \\ S_3(t) = 7.68 \times 10^{-3} + 14.83t - 6.5gt^2 - 0.167 \times 10^3 gt^3 & (20 \times 10^{-3}\text{s} < t \leq 30 \times 10^{-3}\text{s}) \\ S_4(t) = -36.46 \times 10^{-2} + 15.27t - 8gt^2 & (30 \times 10^{-3}\text{s} < t \leq 80 \times 10^{-3}\text{s}) \\ S_5(t) = 0.372 + 27.83t - 24gt^2 + 6.67 \times 10 gt^3 & (80 \times 10^{-3}\text{s} < t \leq 120 \times 10^{-3}\text{s}) \end{cases}$$

(3) 汽车速度和位移的时间曲线图如图 3-8b)所示。

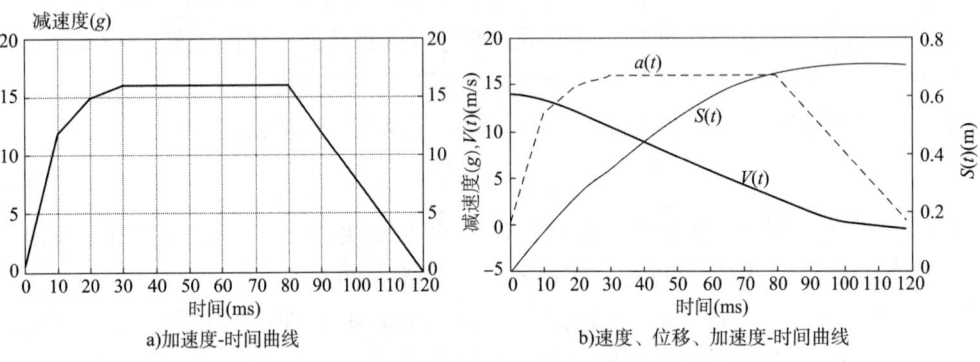

a) 加速度-时间曲线　　　　　　b) 速度、位移、加速度-时间曲线

图 3-8　轿车对屏障碰撞的速度、位移、加速度-时间曲线

(4) 当 $V(t)=0$ 时,汽车开始反向运动,即 $V_5(t) = 27.83 - 48gt + 0.2 \times 10^3 gt^2$,解得 $t_1 = 0.1346(\text{s}) = 134.6(\text{ms})$, $t_2 = 0.1054(\text{s}) = 105.4(\text{ms})$。由图 3-8b)可知,不存在使得汽车反弹的 $t_1 = 0.1346(\text{s})$ 时刻,所以 $t=0.1054(\text{s})$ 时,汽车开始反向运动。

(5) 在汽车最大变形 $S_{\max}$ 时存在关系式:

$$\frac{\mathrm{d}S_{\max}(t)}{\mathrm{d}t} = 0$$

由此,解出: $t^* = 0.1054(\text{s}) = 105.4(\text{ms})$

$$S_{\max} = 0.372 + 27.83t - 24gt^2 + 66.67gt^3 = 1.457(\text{m})$$

汽车的塑性变形为: $S_P = S_5(t=120\text{ms}) = 1.4536(\text{m})$

汽车的弹性变形为: $S_E = S_{\max} - S_P = 0.34 \times 10^{-3}(\text{m})$

在上述计算过程中,未考虑碰撞过程中汽车质量的逐渐减小效应,下面将讨论碰撞质量变化对研究汽车碰撞参数的影响。

为了解决碰撞质量的确定问题,可以通过测力的办法处理,即利用安装在屏壁上的测力板测量力。通过作用在汽车上的碰撞力,直接用压电传感器测取,计算出 m_{crash}。

图 3-9 为一个汽车对屏蔽不同部位碰撞测得的力-位移曲线。

图3-10为不同汽车以50km/h的速度正面对壁碰撞的加速度-时间曲线。

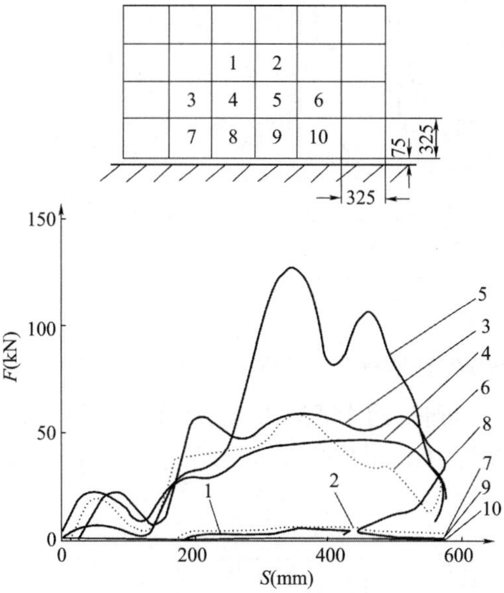

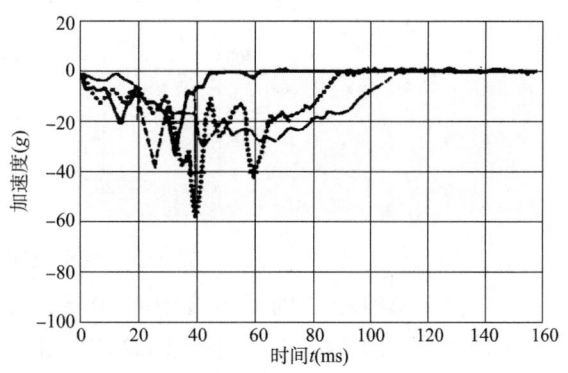

图3-9 汽车用不同部位对屏壁碰撞
测得的力-位移曲线

图3-10 不同汽车以50km/h的速度正面
对壁碰撞的加速度-时间曲线

图3-11为不同轿车以50km/h的速度对固定屏壁碰撞的加速度-位移曲线。

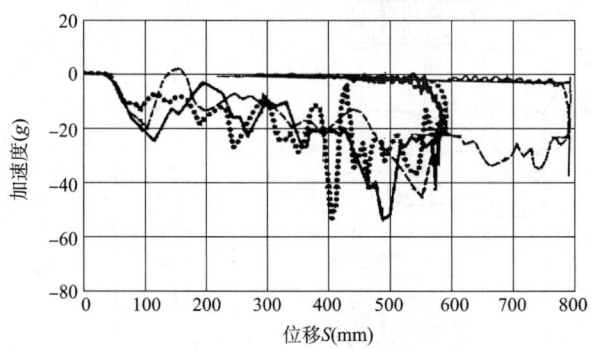

图3-11 不同轿车以50km/h的速度对固定屏壁碰撞的加速度-位移曲线

虽然汽车的质量不同,但是,以50km/h碰撞速度对壁碰撞时,汽车的变形量基本保持在450~750mm的范围内(图3-12)。由于汽车结构有部分弹性变形(约占10%)引起的反弹,对固定屏壁碰撞的速度变化约是反弹速度的11倍。图3-13所示为不同汽车正面碰撞速度对总变形的影响。

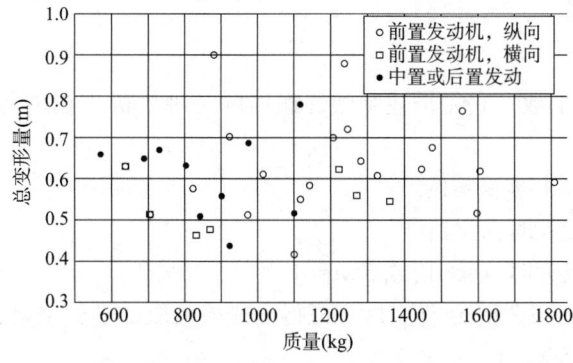

图3-12 不同质量和结构汽车以50km/h的速度对固定屏壁碰撞的总变形量

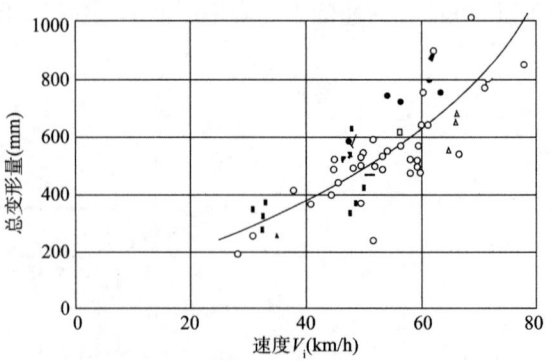

图 3-13 汽车速度对正面碰撞变形的影响

当两个"碰撞对"的质量或力-变形特征曲线不同时,两个汽车的变形特性也不同。图 3-14 所示为两辆具有不同质量和结构、相对速度为 100km/h 的汽车正面碰撞时,它们的加速度和速度随时间的变化过程。

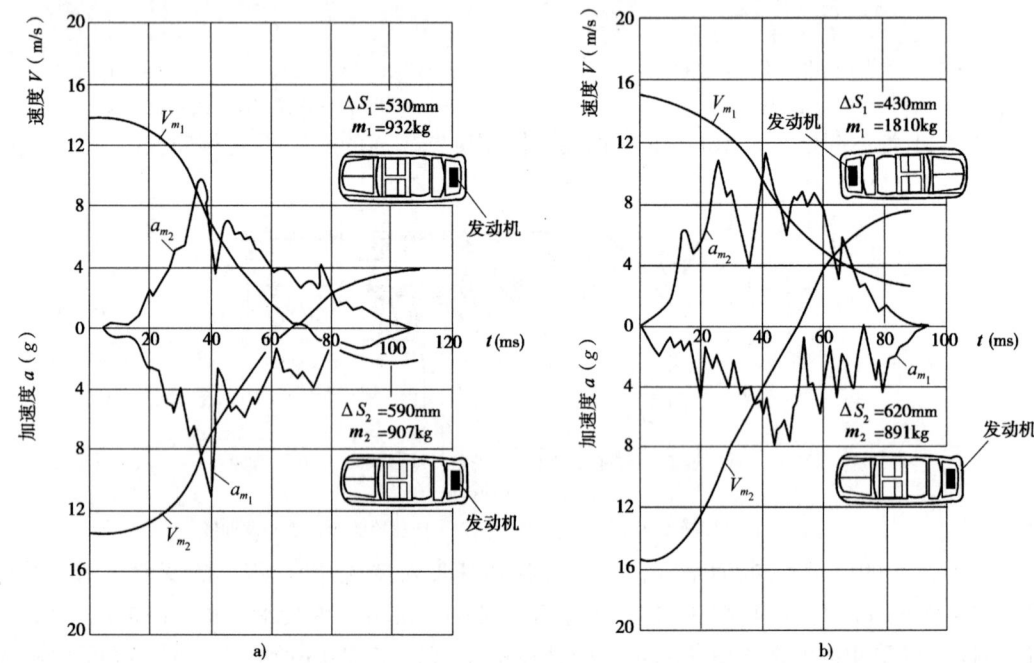

图 3-14 具有不同质量碰撞汽车碰撞数据的比较

二、碰撞数

碰撞数也称恢复系数。它是描述弹塑性碰撞的一种量标。在进行碰撞计算时,需要提供材料碰撞数 ε。

当碰撞速度 V_C 很小时,$\varepsilon \approx 1$;

当碰撞速度 V_C 较大时,$\varepsilon < 1$;

当碰撞速度 V_C 很大时,$\varepsilon \ll 1$,或者 $\varepsilon \approx 0$。

从有限的碰撞时间-碰撞力变化过程,可得出碰撞数取决于其恢复阶段相对压缩阶段的比值 ε 的大小(图 3-15)。

$$\varepsilon = \int_{t_w}^{t} F(t)\,\mathrm{d}t \Big/ \int_{t}^{t_u} F(t)\,\mathrm{d}t = \frac{P_R}{P_C} \tag{3-7}$$

式中：P_R、P_C——恢复过程、压缩过程的冲量。

如图 3-15 可知，$\varepsilon \approx 1$，弹性变形，V_C 极小；$0 < \varepsilon < 1$，弹塑性变形；$\varepsilon \approx 0$，塑性变形，V_C 极大。

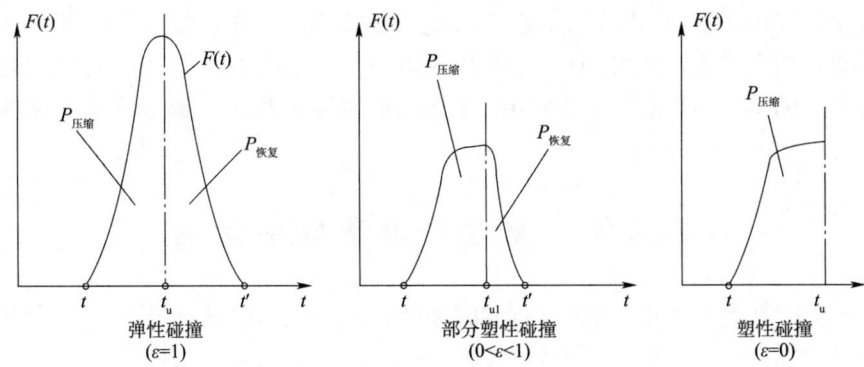

图 3-15　不同弹性特性的碰撞力随时间变化历程

碰撞数 ε 是参与碰撞体碰撞后和碰撞前相对速度之比（图 3-16）。它除了与材料性质有关之外，还与物体的形状、相对速度的大小和方向以及碰撞部位有关。

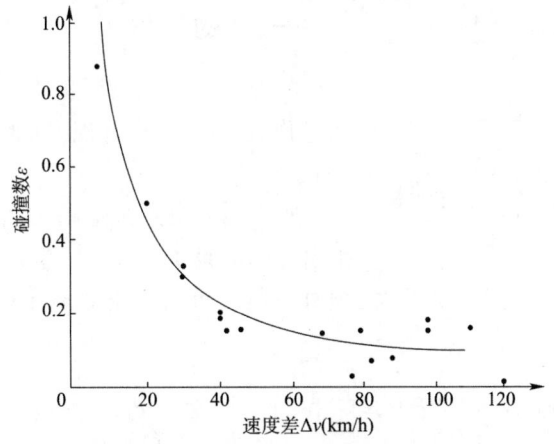

图 3-16　碰撞数与碰撞速度的关系

几种典型材料碰撞的碰撞数如下：

木—木，$\varepsilon = 0.5$；

钢—钢铁，$\varepsilon = 0.8$；

玻璃—玻璃，$\varepsilon = 0.94$。

在交通事故再现（例如，轿车对轿车）中经常需要利用碰撞数来计算碰撞事故参数，并且把碰撞数作为再现的控制（或校验）标准。根据有限的试验结果，存在关系式：

$$\varepsilon = \frac{V_2' - V_1'}{\Delta V} = \frac{A}{\Delta V} \approx \frac{2.5}{\Delta V} \tag{3-8}$$

式中：V_1'、V_2'——两个碰撞体在碰撞后的速度；

ΔV——两个碰撞体在碰撞前的速度差；

A——常数。

在交通事故再现的实践中,有时会遇到碰撞数为负值的现象,例如偏置度小的偏碰和小偏角碰撞。这显然与其物理意义相矛盾。但对动量计算的输入数据(碰撞分离速度、碰撞开始速度方向角和分离速度方向角)仍有意义,而且用它们计算的碰撞速度也与损坏尺寸相适应。

碰撞事故的模拟试验和事故鉴定的实例表明,因为按牛顿定律所定义的碰撞力方向在整个碰撞过程中不变,所以没有必要重新定义碰撞数(恢复系数),即通常计算碰撞参数时不需要重新定义 ε。因此,确定一个特别理想化、合理的碰撞力方向,使得碰撞力本身保持为时间的函数,这就是在某种意义上所谓的贯穿在整个碰撞过程中为常量的平均碰撞力。

第三节 碰撞动力学微分方程

事故再现从原理上可以分为力计算和碰撞计算(动量定理)两种方法,力计算即求解运动微分方程方法。

对于碰撞计算,"事故对"之间的互相作用被视为"系统内力",在极短时间间隔内出现的力向量导致质量冲量的突然变化。对于力计算,应尽可能地对影响参与碰撞物体运动的所有力以连续的形式确定。

一、力的分类

内力可通过隔离原理确定。内力对系统内的单元起作用,且成对出现,除此之外的力均为外力(图 3-17)。

所有因约束系统运动自由度而引起的力都是反作用力(如:地面切向力、地面法向力),其他力均为

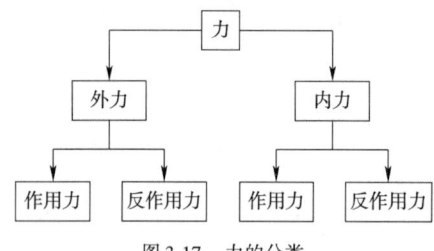

图 3-17 力的分类

作用力(重力)。后者取决于物理常数,例如依赖于重力加速度 g 或者摩擦系数 μ(或附着系数 φ),如图 3-18 所示。

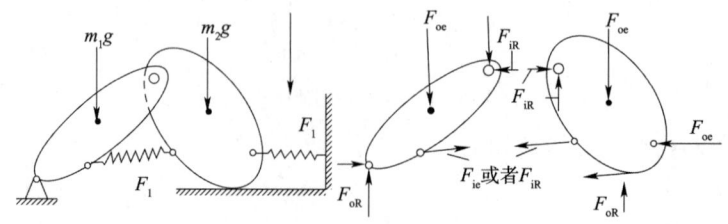

图 3-18 作用力与反作用力

图 3-18 中,F_{oe} 是外作用力,例如重力、外弹簧的弹簧力以及外摩擦力;F_{oR} 是外反作用力(在系统和外部环境之间起作用),如附着力、约束力、导向力;F_{ie} 是作用力(在系统内不同部位之间起作用的力);F_{iR} 是内反作用力(在系统内不同部位之间起作用的力)。

在建立运动方程和碰撞方程时,作用力应按照其作用方向在其前面加上正确的符号(正号或负号)。而反作用力的符号则可以任意假定。如果选择的作用方向不对,计算结果为负值。

二、质心定理

如果考虑质量元素 dm(图3-19),可由牛顿第二定律得出:

$$\int \mathrm{d}m \frac{\mathrm{d}^2}{\mathrm{d}t^2}\vec{r}(t) = \int \mathrm{d}\vec{F} \tag{3-8}$$

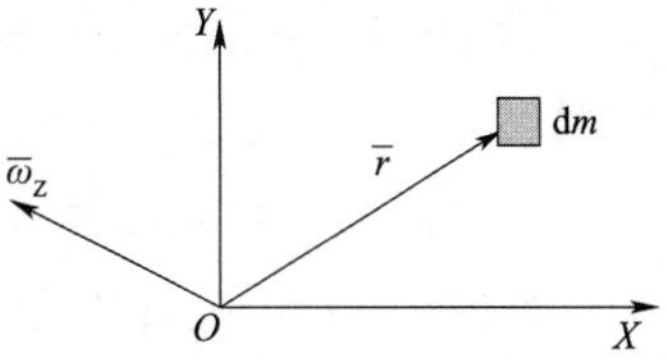

图 3-19 动量矩原理

若 dm 是时间常数,由式(3-4)左边可导出:

$$\int \mathrm{d}m \frac{\mathrm{d}^2}{\mathrm{d}t^2}\vec{r}(t) = \frac{\mathrm{d}^2}{\mathrm{d}t^2}\int \vec{r}(t)\,\mathrm{d}m \tag{3-9}$$

$$\frac{\mathrm{d}^2}{\mathrm{d}t^2}(\int \vec{r}\,\mathrm{d}m) = \frac{\mathrm{d}^2}{\mathrm{d}t^2}(\vec{r}_s m) \tag{3-10}$$

$$m\vec{a}_s = \vec{F} \tag{3-11}$$

$$\int \mathrm{d}\vec{F} = \vec{F}(合外力) \tag{3-12}$$

引入总动量:

$$\vec{I} = \int \vec{V}\,\mathrm{d}m \tag{3-13}$$

冲量微分为:

$$\frac{\mathrm{d}}{\mathrm{d}t}(\int \vec{V}\,\mathrm{d}m) = \frac{\mathrm{d}\vec{I}}{\mathrm{d}t} = \vec{F} \tag{3-14}$$

设 $\vec{r}_s$ 是质心的向量,$\vec{a}_s$ 是质心的加速度,则有质心定理:

$$\begin{cases} \frac{\mathrm{d}^2}{\mathrm{d}t^2}(\vec{r}_s m) = \frac{\mathrm{d}}{\mathrm{d}t}(m\vec{V}_s) \\ m\vec{a}_s = \vec{F} \end{cases} \tag{3-15}$$

式(3-12)说明,一个物体的质心是如此运动,就好像所有的外力(作用力和反作用力)作用在其质心一样。所以,一个物体的运动可以通过其质心的运动当作质点描述。

三、角动量定理(动量矩定理)

将式(3-14)乘以外力的臂长 $\vec{r} = \vec{r}(t)$,就可得出在整个物体(图3-20)的积分:

$$\frac{\mathrm{d}}{\mathrm{d}t}(\int \vec{r} \times \mathrm{d}m\vec{V}) = \int \vec{r} \times \mathrm{d}\vec{F} \tag{3-16}$$

忽略剪切应力,可以得到物体的角动量(动量矩)之和作用在物体上合力矩向量:

$$\begin{cases} \int \vec{r} \times \mathrm{d}m\vec{V} = T \\ \int \vec{r} \times \mathrm{d}\vec{F} = \vec{M}(0) \end{cases} \tag{3-17}$$

由这两个方程式可以得到角动量或动量矩定理为:

$$\frac{\mathrm{d}}{\mathrm{d}t}\vec{T} = M(0) \tag{3-18}$$

作用在物体上的外力矩等于动量矩对时间的导数,动量矩等于转动惯量与角速度向量的乘积。

动量矩定理既适用于参考点 O 固定的情况，也适用于任选运动质心 S 作为参考点的情况。

1. 平面运动的角动量矩定理

如图 3-20 所示，相对参考点 O 的角动量矢量 T_O 满足：

$$\vec{T}_O = J\vec{\omega}_z, \text{此时} \vec{\omega}_x = 0, \vec{\omega}_y = 0$$

式中： J——转动惯量；

$\vec{\omega}_x$、$\vec{\omega}_y$、$\vec{\omega}_z$——相对坐标轴 (X, Y, Z) 的角速度。

写成三维空间坐标系矩阵的形式为：

$$\begin{vmatrix} J_{XX} & J_{XY} & J_{XZ} \\ J_{YX} & J_{YY} & J_{YZ} \\ J_{ZX} & J_{ZY} & J_{ZZ} \end{vmatrix} \cdot \begin{vmatrix} 0 \\ 0 \\ \vec{\omega}_Z \end{vmatrix} = \begin{vmatrix} 0 \\ 0 \\ J_{ZZ}\vec{\omega}_Z \end{vmatrix} \quad (3\text{-}19)$$

关于参考点 O 的转动惯量 J_{ZZ} 为：

$$J_{ZZ} = \int r^2 \mathrm{d}m \quad (3\text{-}20)$$

2. 刚体空间运动的角动量矩定理

若选择参考点没有平移速度，则：

$$\vec{V} = \omega \times \vec{r} \quad (3\text{-}21)$$

对 O 点的转动动量矩 T_0 为：

$$\vec{T}_0 = \int \vec{r} \times (\vec{r} \times \vec{\omega}) \mathrm{d}m = J_0 \vec{\omega} \quad (3\text{-}22)$$

式中：J_0——相对 O 点的转动惯量。

3. 平面刚体动力学方程

如图 3-21 所示，平面刚体动力学方程为：

$$\begin{cases} mX''_S = \sum F_{Xi} & (X \text{方向外力}) \\ mY''_S = \sum F_{Yi} & (Y \text{方向外力}) \\ J_S \varphi'' = \sum M_{Si} & (\text{相对} S \text{点的力矩}) \end{cases} \quad (3\text{-}23)$$

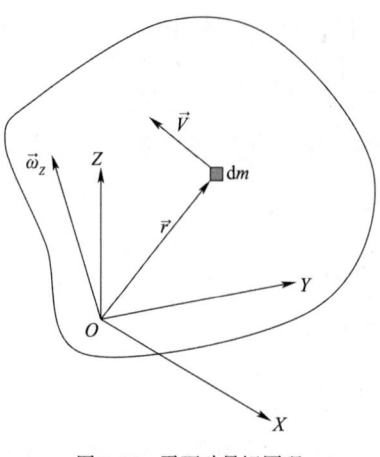
图 3-20 平面动量矩原理

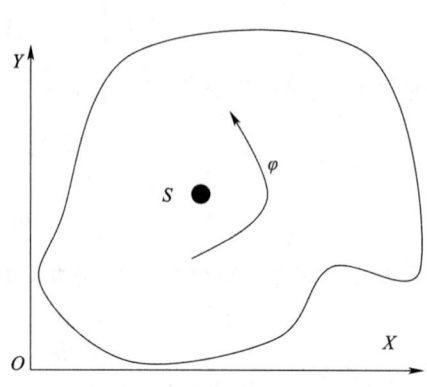
图 3-21 平面质心动量矩

第四节 碰撞方程计算

一、碰撞分类

碰撞分类是根据碰撞前瞬间的相互运动形态和碰撞力是否经过质心而划分的(图3-22)。

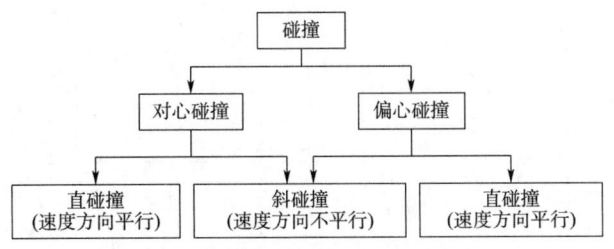

图 3-22 碰撞分类(速度向量是否经过质心)

对心碰撞或偏心碰撞是指碰撞法线冲量是否经过两车质心的连线,直碰撞或斜碰撞是指碰撞前速度方向是否与碰撞法向力平行。图 3-23 所示为汽车的碰撞形式。

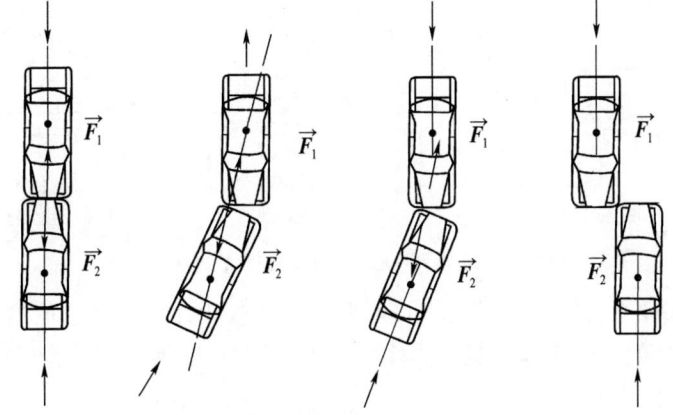

图 3-23 碰撞分类(速度向量和它是否经过质心)

碰撞的法向力定义为两个碰撞接触点的公共法线,其与摩擦力无关,所以碰撞方向对碰撞法线起作用(图3-24)。

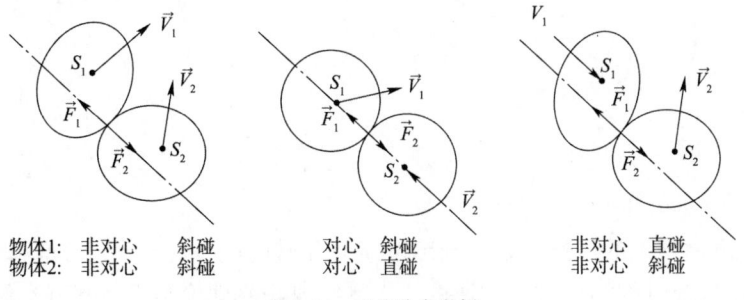

图 3-24 碰撞分类举例

二、碰撞理论

在求解动力学微分方程时,"碰撞对"之间的作用力被视为系统的内力,因此,在极短时间内产生一个沿着力方向冲量的阶跃变化。与动力学微分方程计算(力计算)不同,用碰撞理论进行计算时,速度、力以及时间-位移是不对称的。

图 3-25 所示为汽车碰撞过程中,实际物理特性与碰撞计算时简化模型的对比。在实际碰撞过程中,速度、力以及位移随时间变化特性是平滑的过渡过程,而在碰撞计算中,对变化特性进行了简化,将碰撞视为瞬间完成的。因此,在碰撞接触时刻,汽车的速度、接触力发生巨变,而位移几乎不发生变化。

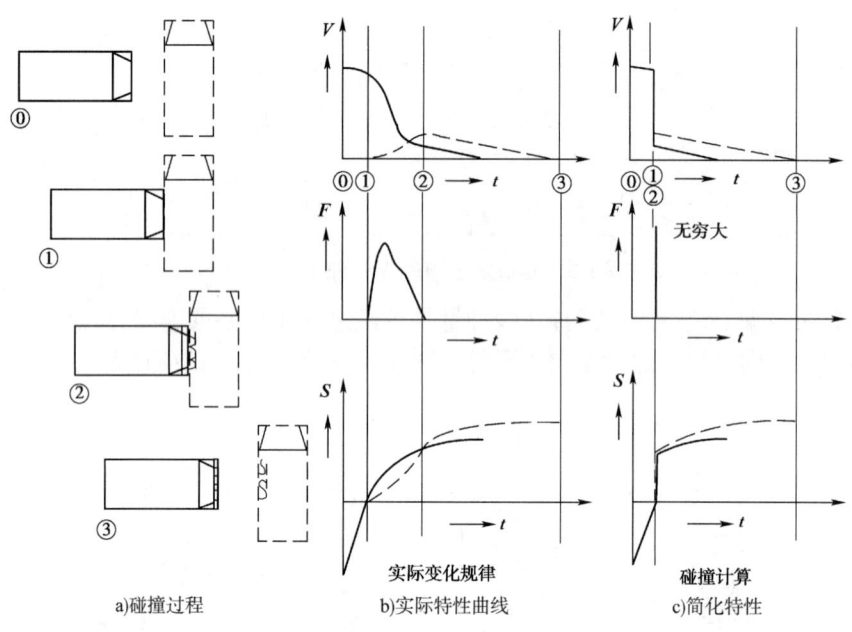

图 3-25 碰撞计算模型与实际碰撞事故过程的比较

在使用碰撞理论时,仅选择了汽车的某些特定状态,因此,仔细选取这些瞬时状态是十分重要的。碰撞时刻一般选择为最大力作用时刻,即动量交换时刻,而不能选择在开始接触或脱离接触时刻。

1. Hertz 和 Sait Venaut 的碰撞理论

弹性体碰撞理论是用虎克变形理论,来确定最大碰撞力和碰撞持续时间。这个理论试图用静变形理论解决碰撞问题,这与实际情况相差较大。这种理论的主要模型为虎克定律,即:

$$F = -CX \tag{3-24}$$

式中:F——弹性力;
C——刚度;
X——变形量。

2. 牛顿(Newton)经典碰撞理论

牛顿经典碰撞理论的目标不是来确定碰撞力和其时间变化历程,而是利用碰撞开始时的速度,来确定碰撞过程结束时刻的速度。牛顿经典碰撞理论基于下述基本假设:

碰撞持续时间非常短,碰撞力非常大,即 $t \to 0, F \to \infty$;

合外力(附着力或摩擦力)与碰撞力相比很小,可以忽略不计;

碰撞力对时间的积分 $\int F \mathrm{d}t = P$ 存在;

在碰撞期间其运动学结构特征保持不变;

在碰撞期间,由物体变形而产生的物体几何尺寸变化,在计算时不予以考虑。

三、碰撞理论假设的改进

刚体作为质点的假设仅适用于弹性碰撞的范围。碰撞理论用于可变形的碰撞时,因物体运动方向的变化,需要进一步作出假设。

1. 牛顿(Newton)假设(碰撞数假设)

关于碰撞数 ε,至今已有很多的假设。碰撞数 ε 描述"碰撞体对"在碰撞方向上的弹塑性特征:

若是塑性碰撞,则 $\varepsilon=0$;

而是弹性碰撞,则 $\varepsilon=1$。

它们是碰撞的两种极端情况。

2. 马考德(Marquard)假设

碰撞冲量取决于第一次接触时刻质心的相对速度方向,与碰撞开始时刻的接触部位无关。这种方向假设有时失效,因为接触部位的几何尺寸和材料特性互相影响。

3. 斯理巴(Slibar)的黏着碰撞假设

对于碰撞冲量,在摩擦圆范围内,即 $P_t \leqslant \mu P_n$(其中:$\vec{P}=\vec{P}_t+\vec{P}_n$。$\vec{P}$、$\vec{P}_t$、$\vec{P}_n$ 分别为冲量、切向冲量、法向冲量),在碰撞对之间的切线方向的相对速度等于零,即 $V_t=0$。在这种情况下,碰撞物体只有法向变形。

4. 伯厄姆(Böhm)的黏着与滑移假设

当碰撞物体之间存在相对滑移运动时,黏着假设理论就失去了有效性。此时,假设 $P_t = \mu P_n$。这种黏着及滑移假设存在法向、切向平面的确定以及摩擦系数 μ 的确定问题。

碰撞冲量方向不但与运动学有关,而且与材料特性、碰撞位置的静力学特性以及形状有关。同时,黏着假设也存在难以准确地确定冲量方向的问题。

四、动量守恒定理

一个系统不受外力或所受外力之和为零,则这个系统的总动量保持不变,这个结论叫作动量守恒定律。对于两轮汽车发生追尾碰撞而言,可以分为三个过程:

(1) 碰撞前,质量为 m_1、m_2 的汽车分别以速度 v_{10}、v_{20} 向前行驶。

(2) 两车发生碰撞,并达到共同速度 v_c。

(3) 碰撞结束后,两车又分别以速度 v_1、v_2 开始分离。

物体的动量为自身质量与其速度的乘积。速度为矢量,因此物体的动量也为矢量。在碰撞前,质量为 m_1 和 m_2 的汽车分别的动量分别是 m_1v_{10}、m_2v_{20};发生追尾碰撞事故后,两车的动量分别是 m_1v_1 和 m_2v_2,则动量守恒定理可表示为:

$$m_1v_{10}+m_2v_{20}=m_1v_1+m_2v_2 \tag{3-25}$$

式中:v_{10}——汽车 1 的碰撞前车速;

v_{20}——汽车 2 的碰撞前车速;

v_1——汽车 1 的碰撞后车速;

v_2——汽车 2 的碰撞后车速。

这是一个矢量式,有时我们也可以建立坐标系,将动量投影到相应的坐标轴上,就得到了动量定理的分量式。

五、碰撞理论——动量定理的数学推导

如果一个质点在极短时间间隔内速度发生急剧变化,而位置几乎保持不变,则该质点 m 就受到了一个碰撞。

假设碰撞期间,参与碰撞的物体质量不变,则由牛顿定律对时间间隔 Δt 进行积分,令:

$$\vec{I}' = m\vec{V}'_S$$
$$\vec{I} = m\vec{V}'_S$$
$$\vec{P} = \int_t^{t'} \vec{F} dt \tag{3-26}$$

式中:V'_S、V_S——碰撞后质点的速度、碰撞前质点的速度;

$\vec{I}'$、$\vec{I}$、$\vec{P}$——碰撞后质点的动量、碰撞前质点的动量、质点的冲量。动量的变化等于冲量,即:

$$\begin{cases} \int_{V_S}^{V'_S} d(m\vec{V}_S) = \int_t^{t'} \vec{F} dt \\ m\vec{V}'_S - m\vec{V}_S = \int_t^{t'} \vec{F} dt \end{cases} \tag{3-27}$$
$$\vec{I}' - \vec{I} = \vec{P}$$

依据角动量矩定理:

$$\frac{d}{dt}\vec{T}_S = \sum \vec{M}_{Si} = \vec{M}_S$$

对 t 进行积分,则有:

$$\vec{T}'_S - \vec{T}_S = \sum(\vec{M}_{Si}\Delta t_i) = \int_t^{t'} \vec{M}_S dt \tag{3-28}$$

式中:$\vec{T}'_S$——刚体碰撞后角动量;

T_S——刚体碰撞前角动量,$T_S = T'_S \omega$。

因为作用在刚体上的外力矩就是作用在物体质心上的冲量产生的力矩,则:

$$J_S\vec{\omega}' - J_S\vec{\omega} = \int_t^{t'} \vec{M}_S dt$$

式中:J_S——刚体相对质心的转动惯量;

ω'——刚性碰撞后的角速度;

ω——刚性碰撞前的角速度。

第五节 功 能 原 理

一、刚体平面运动所做功

刚体由外力或者外力矩从始点 B 至终点 E 所做的功等于刚体在此时间内动能的改变

量。为了使功能原理能够用于事故再现的实践中,还必须将其从 B 点到 E 点的运动路程的变形功考虑进去,则功能原理的方程式为:

$$W\Big|_B^E = E_E - E_B + W_i\Big|_B^E \tag{3-29}$$

式中:$W\Big|_B^E$——外力经过路程所做的功;

E_E——在考虑的终点处,物体具有的动能;

E_B——在考虑的始点处,物体具有的动能;

$W_i\Big|_B^E$——从 B 点至 E 点由内力引起物体变形所做的功。

平移运动的功能原理为:

$$\vec{F} = m\frac{d\vec{V}_S}{dt} \tag{3-30}$$

经坐标变换,有:

$$\begin{cases} d\vec{r}_S = \vec{V}_S dt \\ \vec{F}d\vec{r}_S = m\dfrac{d\vec{V}_S}{dt}\vec{V}_S dt = m\vec{V}_S d\vec{V}_S \\ dW = d\left|\dfrac{mV_S^2}{2}\right| \end{cases} \tag{3-31}$$

方程等式左边为功的微分值,表示在时间 dt 内,合外力经臂长 dr_S 所做的功;方程等式右边是质心平移运动动能的变动量。其积分为:

$$\int_B^E F dr_S = \frac{1}{2}m(V_E^2 - V_B^2)_S \tag{3-32}$$

则刚体从 B 点运动到 E 所做的功等于期间动能的变化,即:

$$W_{BE} = E_E - E_B = \Delta E \tag{3-33}$$

转动惯量乘以角加速度表示转动刚体的动量矩,它表明:质点系对某定点 O 的动量矩对时间的导数等于点系所受诸外力对该点的力矩和矢量和。旋转平面刚体的功能原理为:

$$M = \frac{dT}{dt} = \frac{d}{dt}(J\omega) = J\frac{d\omega}{dt} = J\frac{d^2\varphi}{dt^2} \tag{3-34}$$

角位移 $d\varphi$ 与角速度 ω 的关系为:

$$d\varphi = \omega dt \tag{3-35}$$

合并两式,有:

$$\begin{cases} Md\varphi = \dfrac{d}{dt}(J\omega)\omega dt = J\omega d\omega \\ dW_{ROT} = d\left|\dfrac{J\omega^2}{2}\right| \end{cases} \tag{3-36}$$

方程的左边表示外力矩所做功的微分,方程的右边表示平面刚体环绕其质心 S 旋转的动能变化量。

对方程进行积分,则有:

$$\int_B^E M d\varphi = \frac{1}{2}J(\omega_E^2 - \omega_B^2)_{rot} = \Delta E_{rot} \tag{3-37}$$

旋转平面刚体转动 φ 角所做的旋转功等于期间转动动能的变化,即:

$$W_\varphi = (E_{E\varphi} - E_{B\varphi})_{rot} = \Delta E_{rot} \tag{3-38}$$

二、变形功

1. 变形功

变形功可以用计算平移运动做功类似的方法,用碰撞对手的功能改变来描述,即系统总能量为常数。

$$E_{kin} + E_{rot} + E_{pos} + E_{in} = const$$

式中:E_{kin}、E_{pos}、E_{in}——系统平动动能、系统势能、系统内能;

E_{rot}——转动动能;

const——常量。

或者系统总能量不变。

$$\Delta E_{kin} + \Delta E_{rot} + \Delta E_{pos} + \Delta E_{in} = 0 \tag{3-39}$$

若 $\Delta E_{rot} = 0$,则为平移运动;若 $\Delta E_{pos} = 0$,则为平面运动。若碰撞时摩擦功很小,可忽略不计,而仅有变形功,则 $\Delta E_{kin} = \Delta E_{def}$。

在碰撞时间内能量的损失为 ΔE_{kin}。

将 V_1' 和 V' 用 V_1、V 和 ε 替换,则得出碰撞变形能 ΔE_{Def} 为:

$$\begin{cases} \Delta E_{Def} = -\frac{1}{2}(1-\varepsilon^2)\frac{m_1}{m_1+m_2}(V_1-V_2)^2 = W\big|_B^E \\ \Delta D_{Def} = W\big|_B^E \end{cases} \tag{3-40}$$

对于非对心碰撞,"碰撞对"不仅产生平移速度变化,而且也将发生角速度的变化。同样,用 V' 和 ω' 可求出碰撞过程能量损失 ΔE 为:

$$\Delta E = -\frac{1}{2}[(m_1 V_1'^2 + m_2 V_2'^2 + J_1 \omega_1'^2 + J_2 \omega_2'^2) - (m_1 V_1^2 + m_2 V_2^2 + J_1 \omega_1^2 + J_2 \omega_2^2)] \tag{3-41}$$

此式为 ω' 的计算提供了一种可行途径。

2. 应用举例

下面以物理摆(图 3-26)为例进行计算。

(1) 参考点设在质心 S。

$$mx''_S = F_X$$
$$my''_S = F_y - mg$$
$$J_{SZ}\varphi'' = -F_X r_S \cos\varphi - F_Y r_S \sin\varphi$$

其中:

$$x_S = r_S \sin\varphi$$
$$x'_S = r_S \varphi' \cos\varphi$$
$$x''_S = r_S(\varphi'' \cos\varphi - \varphi'^2 \sin\varphi)$$
$$y_S = r_S \cos\varphi$$
$$y'_S = -r_S \varphi' \sin\varphi$$
$$y''_S = -r_S(\varphi'' \sin\varphi + \varphi'^2 \cos\varphi)$$

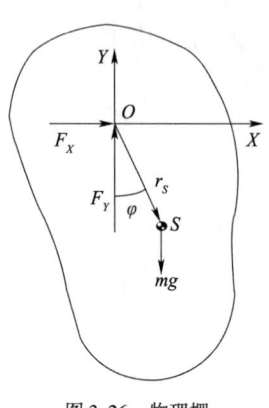

图 3-26 物理摆

(2) 参考点设在悬挂点 O。

$$mx''_S = F_X$$

$$my''_S = F_Y - mg$$
$$J_{OZ}\varphi'' = -mgr_S\sin\varphi$$

其中：
$$J_{SZ} = m\rho^2$$
$$J_{OZ} = J_{SZ} + mr_S^2$$
$$T = 2\pi\sqrt{\frac{J_{OZ}}{mgr_S}}$$

式中：ρ——相对质心的惯性半径。

从式求得关于 $\varphi(t)$ 的微分方程为：
$$\varphi'' + \frac{r_S}{\rho^2 + r_S^2}g\sin\varphi = 0$$

显然，在解微分方程前，正确选择参考点对于减少计算工作量是十分重要的。

定义 $i_r = r_S/(r_S^2 + \rho^2)$ 为缩减摆长，则方程为：
$$\varphi'' + \frac{g}{i_r}\sin\varphi = 0 \tag{3-42}$$

用 i_r 近似描述线摆长度，其前提是 $i_r \gg \rho$ 并且，$m_{线} \ll m_{摆}$。

从物理摆可以获得一个数学摆（图 3-27）：整个质量集中在一个质点上，并且通过一个无质量的长度为 i_r 的线与转动点连在一起。

如果物体从距转动点的距离为 I_R 受到碰击，在摆悬挂点无冲击响应，这个对碰击力无响应的自由点，称为碰撞中性点。

图 3-28 为理想圆盘的振动周期 T 和转动惯量 J_O 之间的关系，即：
$$T = 2\pi\sqrt{\frac{J_O}{C}} \tag{3-43}$$

式中：C——扭杆刚度。

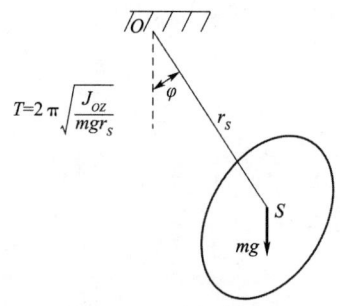

图 3-27 单摆的振动周期

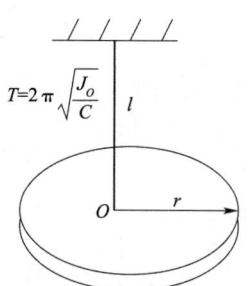

图 3-28 圆盘的振动周期

三、碰撞结束后汽车运动所做的功

功能原理可以从碰撞后汽车的最后静止位置来确定碰撞速度，碰撞结束后的运动由平移和旋转两部分组成，且：

$$\begin{cases} E_E = 0 \\ E_B = \frac{1}{2}(mV'^2_S + J_S\omega'^2) \\ W\big|_B^E = mg\mu\Delta S + mg\varphi\dfrac{I_R}{2}\Delta\psi \end{cases} \tag{3-44}$$

式中:ΔS——汽车质心平移距离;
μ——地面纵向摩擦系数;
φ——旋转摩擦系数;
$\Delta \psi$——旋转角度增量;
I_R——轴距;
$W\vert_B^E$——汽车从始点 B 到终点 E 所做的功。

其中:式(3-44)第一项 $mg\mu\Delta S$ 是平移摩擦功,第二项是旋转摩擦功。也就是说,碰撞结束后无变形功,而且至静止时动能等于零。

碰撞后阶段开始时刻的动能等于碰撞结束瞬间的动能,有:

$$\frac{1}{2}(mV_S'^2 + J_S\omega'^2) = mg\mu\Delta S + mg\varphi\frac{I_R}{2}\Delta\psi \tag{3-45}$$

在事故再现实践中,简化计算所假设旋转和平移分量(图 3-29)分别为:

$$\frac{1}{2}mV_S'^2 = mg\mu\Delta S \quad (平移分量) \tag{3-46}$$

$$\frac{1}{2}J_S\omega'^2 = mg\varphi\frac{I_R}{2}\Delta\psi \quad (旋转分量) \tag{3-47}$$

从功能原理求对柱碰撞的碰撞数 ε:

$$\begin{cases} E = \frac{1}{2}mV^2 & (碰撞前) \\ E' = \frac{1}{2}mV'^2 & (碰撞后) \end{cases} \tag{3-48}$$

$$\varepsilon = -\frac{V'}{V} = \sqrt{\frac{E'}{E}} \tag{3-49}$$

碰撞前的动能在碰撞时转换成变形能(图 3-30)为:

$$\begin{cases} W_i\vert_B^E = W_{pla} & (塑性变形分量) \\ E = W_{ela} + W_{pla} \end{cases} \tag{3-50}$$

式中:W_{ela}——弹性变形功;
W_{pla}——塑性变形功。

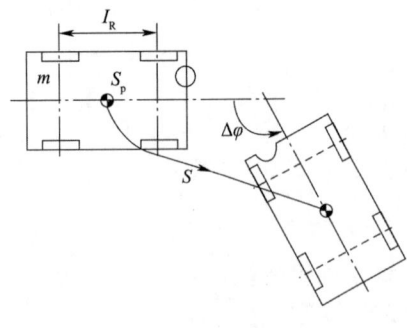

图 3-29 汽车对刚性柱碰撞运动

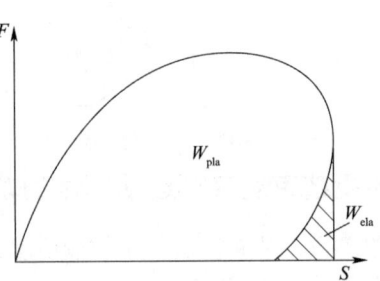

图 3-30 汽车对柱碰撞的力-变形特性

碰撞后变形能的弹性部分重新转换为汽车的动能 W_{ela},即:

$$\begin{cases} W_{ela} = E' \\ \varepsilon = \sqrt{\dfrac{W_{ela}}{W_{ela} + W_{pla}}} \end{cases} \tag{3-51}$$

第六节 汽车碰撞

一、一维碰撞

1. 正面碰撞

1）恢复系数

汽车碰撞事故是一种碰撞现象。碰撞有三种形式,即弹性碰撞、非弹性碰撞和塑性碰撞。碰撞形式可用恢复系数 ε 表示,即:

$$\varepsilon = \frac{V_2 - V_1}{V_{10} - V_{20}} \tag{3-52}$$

式中:V_{10}、V_{20}——碰撞物体 A、B,在碰撞前瞬间的速度(正碰时 V_{20} 为负值);

V_1、V_2——碰撞物体 A、B,在碰撞后瞬间的速度。

用速度为 3m/s 的两个橡皮球正面碰撞,当变形到速度为零后,又分别以 3m/s 的速度分开,则碰撞后的相对速度 $V_2 - V_1 = 3 - (-3) = 6$m/s,故恢复因数为:

$$\varepsilon = \frac{V_2 - V_1}{V_{10} - V_{20}} = \frac{6}{6} = 1$$

如果同样的两黏土球碰撞的能量全部由永久变形而吸收,则碰撞后的相对速度为零,$\varepsilon = 0$。所以,弹性碰撞 $\varepsilon = 1$,塑性碰撞 $\varepsilon = 0$,非弹性碰撞 $0 < \varepsilon < 1$。

2）碰撞的基本规律

虽然汽车是具有一定尺寸的物体,但是,如果在碰撞过程中,两个汽车的总体形状对质量分布影响不大,就可将它们简化为两个只有质量大小的质点,从而使用质点的动量原理和能量守恒定理求解。由于恢复系数 ε 等于两个碰撞物体离去动量与接近动量之比。所以,汽车正面碰撞时,若忽略其外力的影响,根据动量守恒的原理,有:

$$\begin{cases} m_1 V_{10} + m_2 V_{20} = m_1 V_1 + m_2 V_2 \\ m_1 V_1 = m_1 V_{10} - m_2 V_2 + m_2 V_{20} \end{cases} \tag{3-53}$$

式中:m_1、m_2——A、B 两车的质量,kg;

V_{10}、V_{20}——A、B 两车的初速度,m/s。

而

$$\varepsilon = \frac{V_2 - V_1}{V_{10} - V_{20}}$$

则

$$V_2 = V_1 + \varepsilon(V_{10} - V_{20}) \tag{3-54}$$

把式(3-55)代入式(3-54),有:

$$m_1 V_1 = m_1 V_{10} + m_2 V_{20} - m_2 V_1 - m_2 \varepsilon (V_{10} - V_{20})$$

$$(m_1 + m_2) V_1 = m_1 V_{10} + m_2 V_{20} - m_2 V_{10} + m_2 V_{10} - m_2 \varepsilon (V_{10} - V_{20})$$

$$= (m_1 + m_2) V_{10} - m_2 (1 + \varepsilon)(V_{10} - V_{20})$$

则

$$V_1 = V_{10} - \frac{m_2}{m_1 + m_2} (1 + \varepsilon)(V_{10} - V_{20}) \tag{3-55}$$

同理,由式(3-54)可得:

$$\begin{cases} m_2 V_2 = m_1 V_{10} + m_2 V_{20} - m_1 V_1 \\ V_1 = V_2 - \varepsilon(V_{10} - V_{20}) \\ m_2 V_2 = m_1 V_{10} + m_2 V_{20} - m_1 V_2 + m_1 \varepsilon(V_{10} - V_{20}) \\ (m_1 + m_2) V_2 = m_1 V_{10} + m_1 V_{20} - m_1 V_{20} + m_2 V_{20} + m_1 \varepsilon(V_{10} - V_{20}) \\ \qquad\qquad = (m_1 + m_2) V_{20} + m_1(V_{10} - V_{20}) + m_1 \varepsilon(V_{10} - V_{20}) \\ V_2 = V_{20} + \dfrac{m_1}{m_1 + m_2}(1+\varepsilon)(V_{10} - V_{20}) \end{cases} \quad (3\text{-}56)$$

在非弹性碰撞中,碰撞前两车具有的总动能 E_{k0} 为:

$$E_{k0} = \frac{1}{2} m_1 V_{10}^2 + \frac{1}{2} m_2 V_{20}^2 \tag{3-57}$$

碰撞后的总动能 E_k 为:

$$E_k = \frac{1}{2} m_1 V_1^2 + \frac{1}{2} m_2 V_2^2 \tag{3-58}$$

碰撞中的能量损失 ΔE 应是碰撞前后总动能之差 ΔE:

$$\begin{aligned} \Delta E &= \left(\frac{1}{2} m_1 V_{10}^2 + \frac{1}{2} m_2 V_{20}^2\right) - \left(\frac{1}{2} m_1 V_1^2 + \frac{1}{2} m_2 V_2^2\right) \\ &= \frac{1}{2} m_1 V_{10}^2 + \frac{1}{2} m_2 V_{20}^2 - \frac{1}{2} m_1 \left[V_{10} - \frac{m_2}{m_1+m_2}(1+\varepsilon)(V_{10}-V_{20})\right]^2 - \\ &\quad \frac{1}{2} m_2 \left[V_{20} - \frac{m_1}{m_1+m_2}(1+\varepsilon)V(V_{10}-V_{20})\right]^2 \\ &= \frac{1}{2} m_1 V_{10}^2 + \frac{1}{2} m_2 V_{20}^2 - \frac{1}{2} m_1 V_{10}^2 + \frac{1}{2} m_1 2 V_{10} \frac{m_2}{m_1+m_2}(1+\varepsilon)(V_{10}-V_{20}) - \\ &\quad \frac{1}{2} m_1 \left[\frac{m_2}{m_1+m_2}(1+\varepsilon)(V_{10}-V_{20})\right]^2 - \frac{1}{2} m_2 V_{20}^2 + \frac{1}{2} m_2 2 V_{20} \cdot \\ &\quad \frac{m_1}{m_1+m_2}(1+\varepsilon)(V_{10}-V_{20}) - \frac{1}{2} m_2 \left[\frac{m_1}{m_1+m_2}(1+\varepsilon)(V_{10}-V_{20})\right]^2 \\ &= \frac{m_1 m_2}{m_1+m_2}(1+\varepsilon)(V_{10}-V_{20})^2 - \frac{1}{2}\left(\frac{m_1 m_2}{m_1+m_2}\right)^2 \frac{m_1+m_2}{m_1+m_2}(1+\varepsilon)^2 (V_{10}-V_{20})^2 \\ &= \frac{m_1 m_2}{m_1+m_2}(V_{10}-V_{20})^2 \left[(1+\varepsilon) - \frac{1}{2}(1+\varepsilon)^2\right] \\ &= \frac{1}{2} \frac{m_1 m_2}{m_1+m_2}(1-\varepsilon^2)(V_{10}-V_{20})^2 \end{aligned} \tag{3-59}$$

对于弹性碰撞,因 $\varepsilon = 1$,两车在碰撞过程中无能量损失,故 $\Delta E = 0$。

3)汽车正面碰撞的等效模型

设正面碰撞中的两车是同型号汽车,即质量 $m_1 = m_2$。若以 60km/h 的速度正面碰撞与用同样速度向墙壁碰撞相比较,前者碰撞激烈,相对速度达 120km/h,后者只有 60km/h。但是,两车的运动和变形却是相同的,两车在对称面的接触处,如图 3-31 所示,各点的运动均为零,这样就可将接触面完全等效为刚性墙壁。

如果两车不是同型车,即 $m_1 \neq m_2$。设 A 车和 B 车碰撞时速度分别为 V_{10} 和 V_{20},在碰撞后,两车必然某一时刻变为相同速度为V_C(图3-32)。

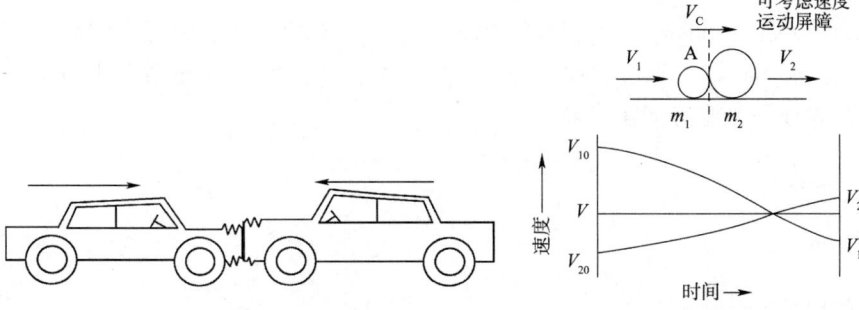

图3-31 汽车正面碰撞示意图　　图3-32 有效碰撞速度的概念

此时,根据动量守恒定律,有:

$$m_1 V_{10} + m_2 V_{20} = (m_1 + m_2) V_C \tag{3-60}$$

$$V_C = \frac{m_1 V_{10} + m_2 V_{20}}{(m_1 + m_2)}$$

式中:m_1、m_2——A、B两车的质量(kg);

V_{10}、V_{20}——A、B两车的碰撞前速度(m/s);

V_C——A、B两车同速时的速度(m/s)。

因此,A车的速度变化为:

$$V_{e1} = V_{10} - V_C = \frac{m_2}{m_1 + m_2}(V_{10} - V_{20}) \tag{3-61}$$

B车的速度变化为:

$$V_{e2} = V_{20} - V_C = \frac{m_1}{m_1 + m_2}(V_{20} - V_{10}) \tag{3-62}$$

此时,可认为两车是向以速度V_C移动的固定壁冲撞。V_{e1}和V_{e2}被称为有效碰撞速度。

4) 正面碰撞前后速度

汽车正面碰撞时,相互作用的时间极短,而冲击力却极大。根据动量守恒定律,可得:

$$m_1 V_{10} + m_2 V_{20} = m_1 V_1 + m_2 V_2 \tag{3-63}$$

汽车内乘员和载荷质量也包括在m_1、m_2中。根据式(3-52)和式(3-63),可以求得碰撞后的速度为:

$$V_1 = V_{10} - \frac{m_2}{m_1 + m_2}(1 + \varepsilon)(V_{10} - V_{20}) \tag{3-64}$$

$$V_2 = V_{20} + \frac{m_1}{m_1 + m_2}(1 + \varepsilon)(V_{10} - V_{20}) \tag{3-65}$$

这说明碰撞后的速度取决于两碰撞车的相对速度$V_{10} - V_{20}$、两车的质量比以及恢复系数。

当$\varepsilon = 0$时,A、B两车的速度变化为:

$$\Delta V_1 = V_{10} - V_1 = \frac{m_2}{m_1 + m_2}(V_{10} - V_{20}) \tag{3-66}$$

$$\Delta V_2 = V_{20} - V_2 = \frac{-m_1}{m_1 + m_2}(V_{10} - V_{20}) \tag{3-67}$$

当$m_1/m_2 = 0$、1/2、1、2时,A车速度变化如图3-33所示。

摩托车、自行车和行人等与载货汽车碰撞时，由于载货汽车的质量相对很大，即 $m_1/m_2 \approx 0$，故速度的变化为 $\Delta V_1 = V_{10} - V_{20}$。

若两车为同型车，即 $m_1 = m_2$，则速度变化为 $\Delta V_1 = (V_{10} - V_{20})/2$。若碰撞车是对方质量的 2 倍，即 $m_1/m_2 = 2$，则速度变化 $\Delta V_1 = (V_{10} - V_{20})/3$。图 3-34 是轿车正面碰撞时，恢复系数 e 与有效碰撞速度的试验结果。

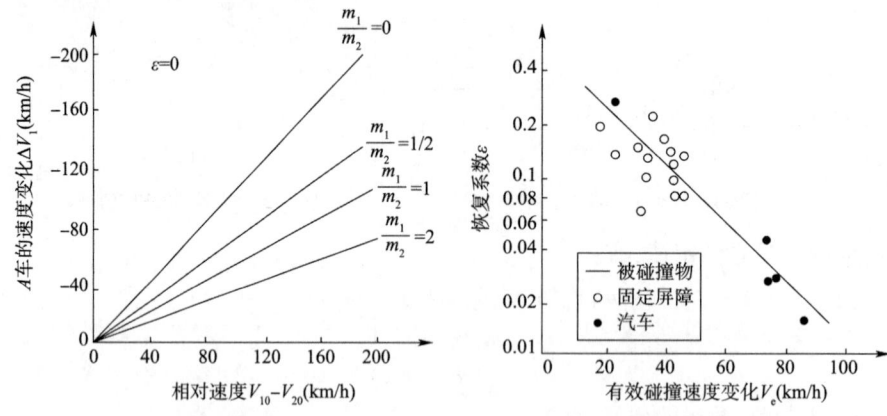

图 3-33　塑性碰撞后速度的变化（A 车）　　图 3-34　轿车有效碰撞速度与恢复系数的关系

把上述实验结果进行数据拟合，用公式表示为：

$$\varepsilon = 0.574 e^{-0.0396 V_e} \tag{3-68}$$

式中：V_e——有效碰撞速度（km/h）。

有效碰撞速度越高，恢复系数越小，碰撞越激烈，越接近塑性变形。在有乘员伤亡的事故中，一般可按塑性变形（$\varepsilon \approx 0.1$）处理。

在汽车正面碰撞的事故中，因伴随有人身的伤亡和车体的塑性变形，为此，必须了解车身变形与碰撞速度的关系。根据轿车正面碰撞试验，车身塑性变形量 x（凹损深度）与有效碰撞速度的关系如图 3-35 所示。

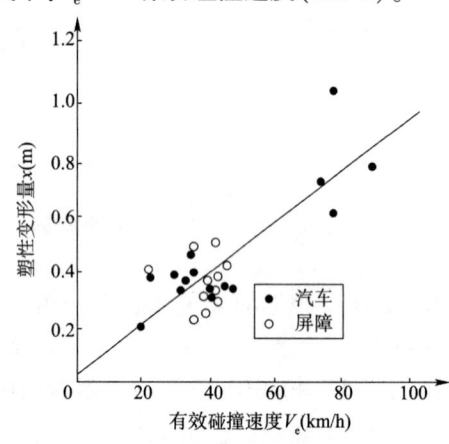

图 3-35　轿车有效碰撞速度与车体塑性变形量的关系

若用方程式表示，则为：

$$\begin{cases} x = 0.0095 V_e \\ V_e = 105.3 x \end{cases} \tag{3-69}$$

式中：x——塑性变形量（m）；

V_e——有效碰撞速度（km/h）。

塑性变形量的确定方法，如图 3-36 所示。

碰撞后汽车的剩余动能，要由轮胎和路面的摩擦做功来消耗，其表达式为：

$$\begin{cases} m_1 V_1^2/2 = \varphi_1 m_1 g L_1 k_1 \\ V_1 = \sqrt{2 \varphi_1 g L_1 k_1} \end{cases} \tag{3-70}$$

同理

$$\begin{cases} m_2 V_2^2/2 = \varphi_2 m_2 g L_2 k_2 \\ V_2 = \sqrt{2 \varphi_2 g L_2 k_2} \end{cases} \tag{3-71}$$

式中：m_1、m_2——A 车和 B 车的质量(kg)；

φ_1、φ_2——A 车和 B 车滑移时的纵滑附着系数；

L_1、L_2——A 车和 B 车碰撞后的滑移距离(m)；

k_1、k_2——附着系数的修正值。

全轮制动时 $k = 1$，只有前轮和后轮制动时，k 的取值视汽车形式而定。对于发动机前置驱动的轿车，在良好路面制动时 $k_1 = 0.6 \sim 0.7$，$k_2 = 0.2 \sim 0.3$。

由式(3-70)和式(3-71)可求得 v_1 和 v_2，再由式(3-69)求出有效碰撞速度。联立方程并求解，可得出碰撞前的速度 v_{10} 和 v_{20}。图 3-37 是推算正面碰撞前速度的流程图。

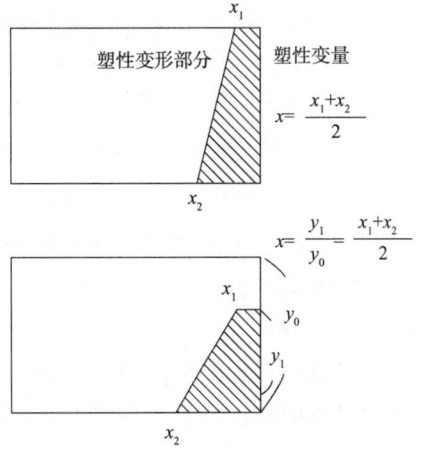

图 3-36　塑性变形量的计算方法

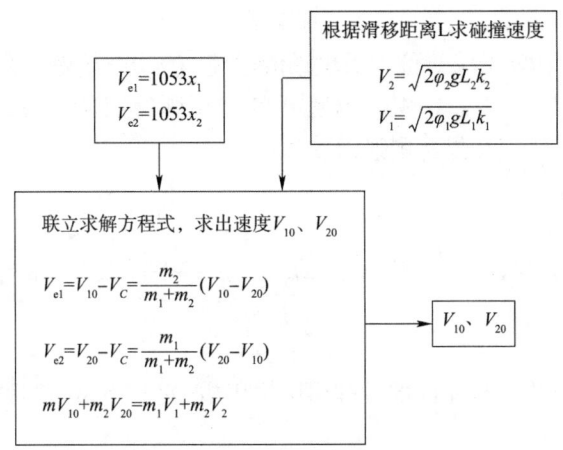

图 3-37　推算正面碰撞前速度的流程

因此，在汽车正面碰撞的事故现场，只要能准确测量出汽车变形量和碰撞后汽车滑移距离，即可迅速地计算出碰撞前 A 车和 B 车的速度。这种计算方法也适用于计算前置式发动机的轻型载货车的碰撞速度。

5) 碰撞中的能量损失

在实际的交通事故中，汽车质量越轻碰撞中的损坏就越严重，乘员的伤亡也越大。其原因是碰撞能量的吸收与质量的平方成反比，如质量分别 m_1、m_2 的汽车，碰撞时吸收的能量分别为 E_1、E_2，其变形量分别为 x_1、x_2，则：

$$\frac{E_1}{E_2} = \left(\frac{m_2}{m_1}\right)^2 \tag{3-72}$$

$$\frac{x_1}{x_2} = \frac{m_2}{m_1} \tag{3-73}$$

所以，碰撞时对方车重若是自车重的 2 倍时，自车碰撞时将吸收的能量为对方车的 4 倍，自车的变形量是对方车的 2 倍。

图 3-38 是自车对墙壁正面碰撞的力学模型，在模型中 m 是汽车的质量，k 是与质量无关的弹簧刚度系数。

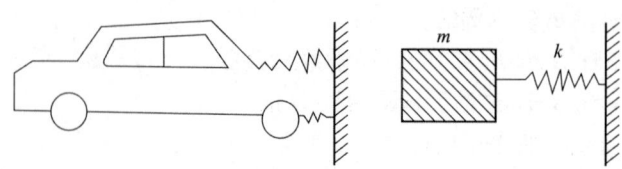

图 3-38 汽车对墙壁正面碰撞的力学模型

根据胡克定律,物体受弹簧弹性力 F 的作用和弹簧的伸长量或物体以平衡位置为起点位移 x 的关系为:

$$F = -kx \tag{3-74}$$

对静止状态的弹簧刚度因数 k,可由此测定加到弹簧上的外力 F 与弹簧的变形 x 求得。式(3-74)中的负号表示力 F 与位移 x 的方向相反。根据牛顿第二定律,其加速度 a 为:

$$\omega^2 = \frac{k}{m} \tag{3-75}$$

$$a = -\omega^2 x \tag{3-76}$$

汽车与汽车正面碰撞,可以等价为对墙壁的碰撞,其力学模型如图 3-39 所示。

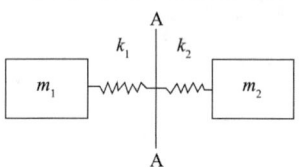

图 3-39 汽车正面碰撞的力学模型

由此模型可知,2 个弹簧因数 k_1、k_2 是串联的,故有效的弹簧倔强因数为:

$$k = \frac{k_1 k_2}{k_1 + k_2} \tag{3-77}$$

因为 $\omega^2 = k/m$,$k_1 = m_1\omega^2$,$k_2 = m_2\omega^2$,若令 $c = \omega^2$,则:

$$k = c \frac{m_1 m_2}{m_1 + m_2} \tag{3-78}$$

式中:c——汽车每单位质量车体前部的弹簧刚度因数,它几乎是与车种无关的固定值,约为 41.0g/m。

故碰撞时由于塑性变形而损失的能量为:

$$\int_0^s F dx = \int_0^s kx dx = 0.5ks^2 = 0.5c \frac{m_1 m_2}{m_1 + m_2} s^2 \tag{3-79}$$

式中:s——m_1 和 m_2 的移动距离差,$s = x - x_0$,即两车变形量之代数和。

此外,在非弹性碰撞中,碰撞前两车具有的总动能为:

$$E_{k0} = 0.5(m_1 V_{10}^2 + m_2 V_{20}^2) \tag{3-80}$$

碰撞后的总动能为:

$$E_k = 0.5(m_1 V_1^2 + m_2 V_2^2) \tag{3-81}$$

则碰撞中的能量损失 E 为:

$$E = E_{k0} - E_k = \left(\frac{1}{2} m_1 V_{10}^2 + \frac{1}{2} m_2 V_{20}^2\right) - \left(\frac{1}{2} m_1 V_1^2 + \frac{1}{2} m_2 V_2^2\right)$$

$$= \frac{1}{2} \frac{m_1 m_2}{m_1 + m_2} (1 - \varepsilon^2)(V_{10} - V_{20})^2 \tag{3-82}$$

在有伤亡的交通事故中,可视为完全塑性碰撞,即 $\varepsilon \approx 0$。故由式(3-79)、式(3-80)得:

$$\begin{cases} \frac{1}{2} k \frac{m_1 m_2}{m_1 + m_2} S^2 = \frac{1}{2} \frac{m_1 m_2}{m_1 + m_2} (V_{10} - V_{20})^2 \\ S = \frac{V_{10} - V_{20}}{\sqrt{k}} \end{cases} \tag{3-83}$$

A 车和 B 车的变形量分别为：

$$|x_1| = \frac{m_2}{m_1+m_2}\frac{V_{10}-V_{20}}{\sqrt{k}} \quad (A \text{ 车})\tag{3-84}$$

$$|x_2| = \frac{m_1}{m_1+m_2}\frac{V_{10}-V_{20}}{\sqrt{k}} \quad (B \text{ 车})\tag{3-85}$$

按图3-40中虚线可近似地把1390kg的轿车的塑性变形量 x（单位为m）与冲击力 F（单位为N）看成直线关系，则表达式为：

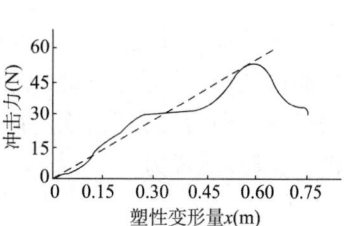

图 3-40　轿车（1390kg）对墙壁碰撞时的变形量与碰撞力的关系

$$F = 98100x \tag{3-86}$$

因此，按塑性变形吸收的能量为：

$$E_1 = \int_0^{x_1} F\mathrm{d}X = 49050 x_1^2$$

$$= 49050 \frac{(V_{10}-V_{20})^2}{c}\left(\frac{m_2}{m_1+m_2}\right)^2 \tag{3-87}$$

$$E_2 = \int_0^{x_2} F\mathrm{d}X = 49050 x_2^2$$

$$= 49050 \frac{(V_{10}-V_{20})^2}{k}\left(\frac{m_1}{m_1+m_2}\right)^2 \tag{3-88}$$

两车正面碰撞时，其变形量与车质量成反比，吸收的冲击能量和车重的平方成反比。因此在碰撞事故中，车质量小的损失严重，伤亡也大。

2. 汽车的追尾碰撞

1）汽车追尾碰撞特点

尾撞碰撞又称追尾碰撞，同正面碰撞一样也是一维碰撞。因此，正面碰撞中的方程式也适用于追尾碰撞，但追尾碰撞有其以下特点：

（1）被碰撞车认知的时间很晚，很少有回避的举动。因此，追尾碰撞中斜碰撞少，碰撞现象与正面碰撞相比比较单纯。

（2）恢复因数比正面碰撞小得多。因为汽车前部装有发动机，刚度大，而车身后部（轿车）是空腔，刚度小。而追尾变形主要是被碰撞车的后部，故恢复系数比正面碰撞小得多。

当有效碰撞速度达到20km/h以上时，恢复系数近似为零，如图3-41所示。碰撞车停止后，有时被碰撞车还会继续向前滚动一段距离。

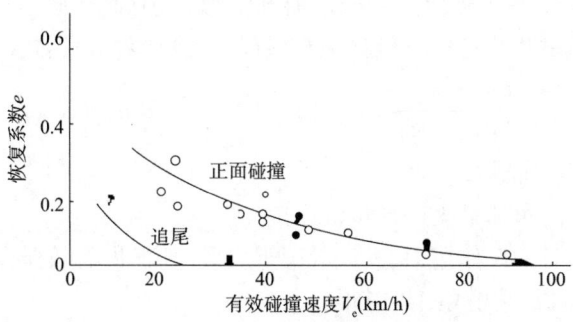

图 3-41　尾撞碰撞速度和恢复因数的关系

2) 追尾碰撞速度推算

追尾碰撞的力学关系,除两碰撞车的速度方向相同外,其他的和正面碰撞相同。由图 3-41 可知,当尾撞碰撞速度超过 20km/h 时,恢复因数接近于零,故碰撞是相当激烈的。在这种情况下,碰撞后两车成一体(黏着碰撞)运动。另外,碰撞车驾驶人在发现有追尾发生的可能时,必定要采取紧急制动措施,而在路面上留下明显的制动印迹(非 ABS 汽车)。被碰撞车因为没有采取制动,碰撞后两车的运动能量,几乎由碰撞车的轮胎和地面的摩擦来消耗,其计算式为:

$$\frac{1}{2}(m_1 + m_2)V_C^2 = \varphi_1 m_1 g L_1 k_1 \quad (3-89)$$

式中:m_1、m_2——碰撞车和被碰撞车质量(kg);

V_C——碰撞后两车的速度(m/s),因为 $\varepsilon = 0$,故两车的速度相等;

φ_1——碰撞车的轮胎与路面的纵滑附着因数;

L_1——碰撞车碰撞后的滑移距离(m);

k_1——附着因数的修正值。

其中:

$$V_C = \frac{m_1 V_{10} + m_2 V_{20}}{m_1 + m_2} \quad (3-90)$$

由式(3-89)得:

$$V_C = \sqrt{\frac{2\varphi_1 m_1 g L_1 k_1}{m_1 + m_2}} \quad (3-91)$$

如果考虑碰撞车停止后,被碰撞车与碰撞车分开,继续向前滚动也会消耗一部分能量,则得:

$$\frac{1}{2}(m_1 + m_2)V_C^2 = \varphi_1 m_1 g L_1 k_1 + f_2 m_2 g L_2 \quad (3-92)$$

式中:f_2——被碰撞车的滚动阻力因数;

L_2——与碰撞车分开后,被碰撞车的滚动滑行距离(m)。

由式(3-90)得:

$$V_C = \sqrt{\frac{2g(\varphi_1 m_1 L_1 k_1 + f_2 m_2 g L_2)}{m_1 + m_2}} \quad (3-93)$$

在追尾事故中,如果是同类型车,则碰撞车的减速度等于被碰撞车的加速度;如果不是同类型车,减速度则与质量成反比。碰撞车前部变形很小,而被碰撞车的后部有较大的变形,故尾撞事故中的机械损失应等于被碰撞车后部的变形能。根据式(3-82),得:

$$\frac{1}{2}\frac{m_1 m_2}{m_1 + m_2}(V_{10} - V_{20})^2(1 - \varepsilon^2) = m_2 a_2 x_2 \quad (3-94)$$

式中:a_2——被碰撞车的加速度(m/s²);

x_2——被碰撞车的车体最大变形量(m);

$m_2 a_2$——塑性变形时的反作用力,其值取决于变形速度(即有效碰撞速度)。

在塑性碰撞中 $\varepsilon = 0$,则由式(3-91)得:

$$\frac{1}{2}\frac{m_1 m_2}{m_1 + m_2}(V_{10} - V_{20})^2 = m_2 a_2 x_2 \quad (3-95)$$

被碰撞车的有效碰撞速度 V_{e2}，由式(3-62)得：

$$V_{e2} = \frac{m_1}{m_1 + m_2}(V_{10} - V_{20}) \quad (3-96)$$

故式(3-65)可改写成：

$$\frac{1}{2}\left(\frac{m_1}{m_1 + m_2}\right)^2 (V_{10} - V_{20})^2 \frac{m_1 + m_2}{m_1} m_2 = m_2 a_2 x_2$$

$$\frac{1}{2}V_{e2}^2 \frac{m_1 + m_2}{m_1} = a_2 x_2$$

$$V_{e2}^2 = \frac{2m_1}{m_1 + m_2} a_2 x_2 \quad (3-97)$$

对于同类型车，$m_1 = m_2$，则

$$V_{e2}^2 = a_2 x_2 \quad (3-98)$$

在同类型车追尾碰撞中，V_{e2}^2（被碰撞车的有效碰撞速度）和 x_2（被碰撞车的变形量）的关系如图 3-42 所示。该图是在碰撞试验中，用高速摄影机直接记录和用加速度计测量计算的结果是一致的。

当有效碰撞速度 $V_{e2}^2 < 32$ km/h 时，其表达式为：

$$V_{e2}^2 = 17.9x_2 + 4.6 \quad (3-99)$$

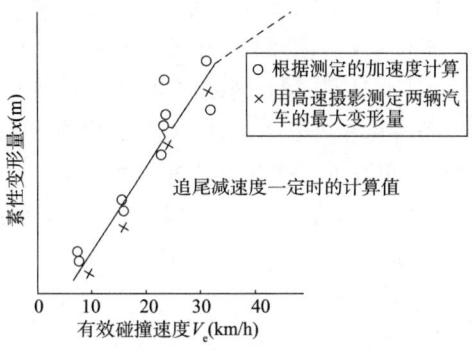

图 3-42　尾撞碰撞的有效速度和塑性变形量

当速度较高时，因车尾后部空腔已被压扁，变形触及刚性很强的后轴部分，故随有效碰撞速度的增加，变形增加不多，如图 3-42 中的虚线所示。

若两台车的质量不同，由式(3-95)和式(3-96)可知，采用等价变形量 $2m_1/(m_1 + m_2)x_1$ 代替式(3-97)中的 x_2 即可。图 3-43 是追尾碰撞速度推算的流程。

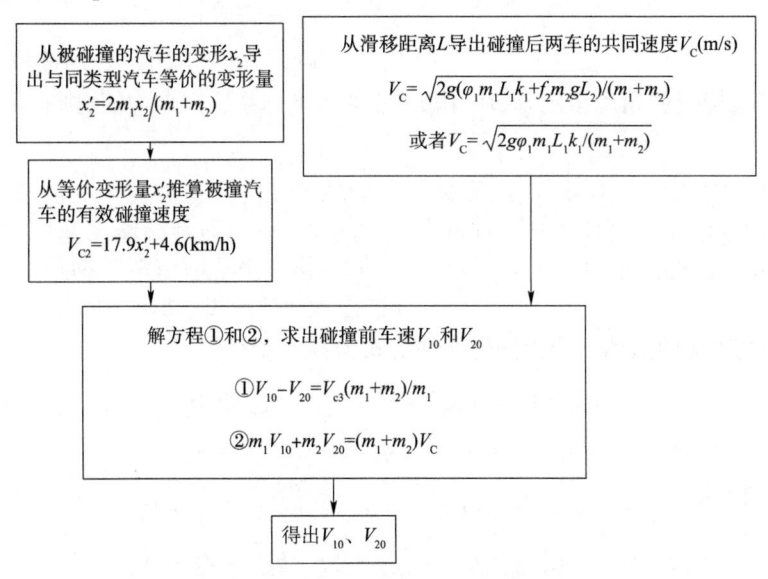

图 3-43　追尾撞碰撞速度推算的流程

这些分析适用于轿车之间的追尾碰撞。对于轿车与载货汽车之间的追尾碰撞,由于结构的巨大差异而有所不同,往往发生"斩头效应"的钻碰现象。

二、二维碰撞

道路交通事故中较为复杂的是二维碰撞,碰撞前后两车的位置需用平面上两个直角坐标及一个转角才能准确描述,即两车在碰撞的过程中不仅发生了平动,而且车身有了角度的变化。车辆的二维碰撞又分为多种,根据车辆碰撞时其质心是否位于碰撞点的法线上可分为非对心正碰撞、对心斜角正碰撞、对心直角侧碰撞、非对心直角侧碰撞和非对心斜角侧碰。

汽车二维碰撞指汽车碰撞后做非一维的平面运动的碰撞类型。汽车二维碰撞模型的前提假设为:车体仅有纵向、横向平动和绕 z 轴的横摆运动三个自由度;汽车碰撞与路面在同一平面;仅考虑车体间惯性碰撞力的作用,忽略其他外力,碰撞遵循动量守恒;碰撞过程极短,是瞬时完成的,忽略时间的影响;车体为有质量的刚体,不考虑碰撞变形;车体运动的约束条件由汽车的切向和法向恢复因数来描述;碰撞前后,汽车质量分布和几何结构参数不变;汽车合冲量作用在汽车碰撞中心。

图 3-44 是汽车二维碰撞法切坐标系。坐标系以碰撞中心为坐标原点。根据动量定理,在法向、切向可建立方程组:

$$\begin{cases} m_1(V_{1n} - V_{10n}) = P_n \\ m_1(V_{1t} - V_{10t}) = P_t \\ m_2(V_{2n} - V_{20n}) = -P_n \\ m_2(V_{2t} - V_{20t}) = -P_t \end{cases} \tag{3-100}$$

式中:m_1、m_2、V_{1n}、V_{2n}、V_{10n}、V_{20n}、V_{1t}、V_{2t}、V_{10t}、V_{20t}——汽车 1 和汽车 2 的质量、碰撞后法向速度、碰撞前法向速度、碰撞后切向速度、碰撞前切向速度;

P_n、P_t——碰撞过程中法向、切向冲量。

因为汽车碰撞遵循角动量定理,P_n 和 P_t 分别向坐标系原点取力矩,则有:

$$\begin{cases} m_1 J_1(\omega_1 - \omega_{10}) = -P_n a_1 + P_t b_1 \\ m_2 J_2(\omega_2 - \omega_{20}) = P_n a_2 - P_t b_2 \end{cases} \tag{3-101}$$

式中:J_1、J_2、ω_1、ω_2、ω_{10}、ω_{20}、a_1、a_2、b_1、b_2——汽车 1 和汽车 2 的横摆转动惯量、碰撞后角速度、碰撞前角速度、切向坐标、法向坐标。

根据动量守恒和角动量守恒定理,合并上式为:

$$m_1(V_{1n} - V_{10n}) + m_2(V_{2n} - V_{20n}) = 0 \tag{3-102}$$

$$m_1(V_{1t} - V_{10t}) + m_2(V_{2t} - V_{20t}) = 0 \tag{3-103}$$

$$m_1 J_1(\omega_1 - \omega_{10}) + a_1 m_1(V_{1n} - V_{10n}) - b_1 m_1(V_{1t} - V_{10t}) = 0 \tag{3-104}$$

$$m_2 J_2(\omega_2 - \omega_{20}) + a_2 m_2(V_{2n} - V_{20n}) - b_2 m_2(V_{2t} - V_{20t}) = 0 \tag{3-105}$$

汽车二维碰撞为弹塑性碰撞,法向恢复因数 ε_n、切向恢复因数 ε_τ 分别为:

$$\varepsilon_n = -\frac{V_{2n} - a_2\omega_2 - V_{1n} + a_1\omega_1}{V_{20n} - a_2\omega_{20} - V_{10n} + a_1\omega_{10}} \tag{3-106}$$

$$\varepsilon_t = -\frac{V_{2t} + b_2\omega_2 - V_{1t} - b_1\omega_1}{V_{20t} + b_2\omega_{20} - V_{10t} - b_1\omega_{10}} \tag{3-107}$$

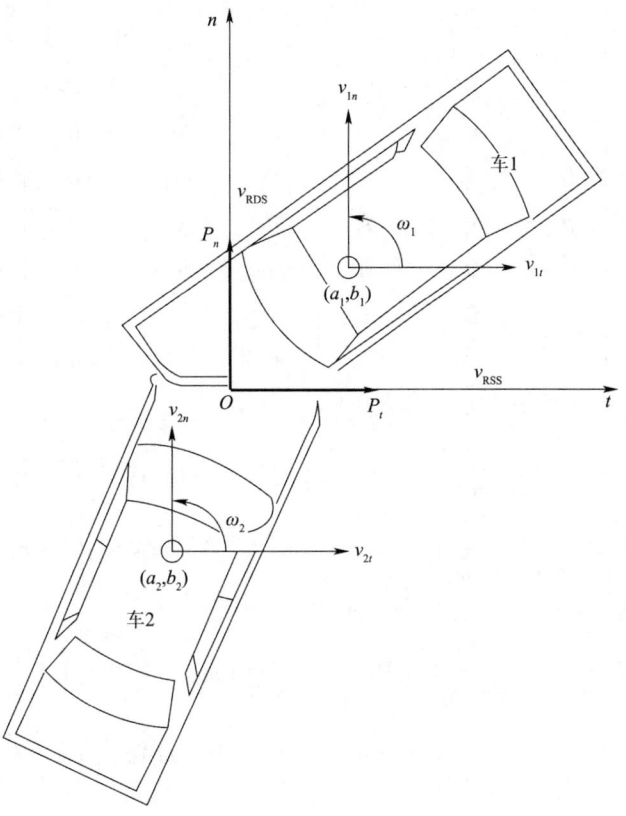

图 3-44 汽车碰撞的二维模型

则有：

$$\varepsilon_n = -\frac{\mathrm{RDS}}{\mathrm{RDS}_0}, \quad \varepsilon_t = -\frac{\mathrm{RSS}}{\mathrm{RSS}_0} \tag{3-108}$$

其中：

$$\mathrm{RDS} = V_{2n} - a_2\omega_2 - V_{1n} + a_1\omega_1$$

$$\mathrm{RDS}_0 = V_{20n} - a_2\omega_{20} - V_{10n} + a_1\omega_{10}$$

$$\mathrm{RSS} = V_{2t} + b_2\omega_2 - V_{1t} - b_1\omega_1$$

$$\mathrm{RSS}_0 = V_{20t} + b_2\omega_{20} - V_{10t} - b_1\omega_{10}$$

根据动量守恒和角动量守恒定理，以法向、切向恢复因数为约束，式(3-100)~式(3-105)合为矩阵(3-109)。

矩阵(3-109)右端为 1×6 的矩阵，令其为 B，令矩阵左端 6×6 矩阵为 A，矩阵左端 1×6 的矩阵为 X，得到一个方程矩阵为：

$$AX = B$$

利用高斯消元法可得到矩阵解 X，X 为碰撞后汽车运动的初始状态。

$$\begin{bmatrix} m_1 & 0 & 0 & m_2 & 0 & 0 \\ 0 & m_1 & 0 & 0 & m_2 & 0 \\ a_1 m_1 & -b_1 m_1 & J_1 & 0 & 0 & 0 \\ 0 & 0 & 0 & a_2 m_2 & -b_2 m_2 & J_2 \\ -1 & 0 & a_1 & 1 & 0 & -a_2 \\ 0 & -1 & -b_1 & 0 & 1 & b_2 \end{bmatrix} \begin{bmatrix} V_{1n} \\ V_{1t} \\ \omega_1 \\ V_{2n} \\ V_{2t} \\ \omega_2 \end{bmatrix} \quad (3\text{-}109)$$

$$= \begin{bmatrix} m_1 & 0 & 0 & m_2 & 0 & 0 \\ 0 & m_1 & 0 & 0 & m_2 & 0 \\ a_1 m_1 & -b_1 m_1 & J_1 & 0 & 0 & 0 \\ 0 & 0 & 0 & a_2 m_2 & -b_2 m_2 & J_2 \\ \varepsilon_n & 0 & -a_1 \varepsilon_n & -\varepsilon_n & 0 & a_2 \varepsilon_n \\ 0 & \varepsilon_t & b_1 \varepsilon_t & 0 & -\varepsilon_t & -b_2 \varepsilon_t \end{bmatrix} \begin{bmatrix} V_{10n} \\ V_{10t} \\ \omega_{10} \\ V_{20n} \\ V_{10t} \\ \omega_{20} \end{bmatrix}$$

用汽车碰撞前的状态参数表示碰撞冲量 P_n 和 P_t 为：

$$P_n = \frac{1}{1 - m_n m_t m_0^2}[m_n \text{RDS}_0(1+\varepsilon_n) + m_n m_t m_0 \text{RSS}_0(1+\varepsilon_t)] \quad (3\text{-}110)$$

$$P_t = \frac{1}{1 - m_n m_t m_0^2}[m_n m_t m_0 \text{RDS}_0(1+\varepsilon_n) + m_t \text{RSS}_0(1+\varepsilon_t)] \quad (3\text{-}111)$$

同理，运用汽车碰撞后的状态参数表示 P_n 和 P_t 为：

$$\begin{cases} P_n = \dfrac{-1}{1 - m_n m_t m_0^2}\left[m_n \text{RDS}\left(1+\dfrac{1}{\varepsilon_n}\right) + m_n m_t m_0 \text{RSS}\left(1+\dfrac{1}{\varepsilon_t}\right)\right] \\ P_t = \dfrac{-1}{1 - m_n m_t m_0^2}\left[m_n m_t m_0 \text{RDS}(1+\varepsilon) + m_t \text{RSS}\left(1+\dfrac{1}{\varepsilon_t}\right)\right] \end{cases} \quad (3\text{-}112)$$

其中：

$$m_n = \frac{\gamma_{1n} m_1 \gamma_{2n} m_2}{\gamma_{1n} m_1 + \gamma_{2n} m_2}$$

$$m_t = \frac{\gamma_{1t} m_1 \gamma_{2t} m_2}{\gamma_{1t} m_1 + \gamma_{2t} m_2}$$

$$m_0 = \frac{a_1 b_1}{J_1} + \frac{a_2 b_2}{J_2}$$

$$\gamma_{1n} = \frac{J_1}{J_1 + m_1 a_1^2}$$

$$\gamma_{2n} = \frac{J_2}{J_2 + m_2 a_2^2}$$

$$\gamma_{1t} = \frac{J_1}{J_1 + m_1 b_1^2}$$

$$\gamma_{2t} = \frac{J_2}{J_2 + m_2 b_2^2}$$

以上是当 ε_n 和 ε_t 均非零时的计算方程。碰撞过程中的冲量可通过碰撞前和碰撞后的运动参量得到。即知道碰撞过程中的冲量，由动量定理就可得到碰撞前后运动参量间关系。

二维碰撞能量损失 E_L 为：

$$E_L = \frac{1}{2}m_1(V_{10n}^2 - V_{1n}^2) + \frac{1}{2}m_1(V_{10t}^2 - V_{1t}^2) + \frac{1}{2}J_1(\omega_{10}^2 - \omega_1^2) +$$

$$\frac{1}{2}m_2(V_{20n}^2 - V_{2n}^2) + \frac{1}{2}m_2(V_{20t}^2 - V_{2t}^2) + \frac{1}{2}J_2(\omega_{20}^2 - \omega_2^2)$$

$$= \frac{1}{1 - m_n m_t m_0^2}\left[\frac{1}{2}m_n \text{RDS}_0^2(1 - \varepsilon_n^2) + \frac{1}{2}m_t \text{RSS}_0^2(1 - \varepsilon_t^2) + m_n m_t m_0 \text{RDS}_0 \text{RSS}_0(1 - \varepsilon_n \varepsilon_t)\right] \tag{3-113}$$

当 $\varepsilon_n = 1$ 且 $\varepsilon_t = 1$ 时，碰撞为弹性碰撞，$E_{L\min} = 0$；当 $\varepsilon_n = 0$ 且 $\varepsilon_t = 0$ 时，碰撞为完全塑性碰撞，碰撞能量损失最大。即：

$$E_{L\max} = \frac{1}{1 - m_n m_t m_0^2}\left[\frac{1}{2}m_n \text{RDS}_0^2 + \frac{1}{2}m_t \text{RSS}_0^2 + m_n m_t m_0 \text{RDS}_0 \text{RSS}_0\right] \tag{3-114}$$

一般汽车碰撞中，$0 < \varepsilon_n < 1, 0 < \varepsilon_t < 1$，$E_{L\min} < E_L < E_{L\max}$。

联立式(3-105)~式(3-107)，得到 E_L 与 P_n 和 P_t 的关系为：

$$\frac{1 - \varepsilon_n}{2m_n E_L(1 + \varepsilon_n)}P_n^2 + \frac{1 - \varepsilon_t}{2m_t E_L(1 + \varepsilon_t)}P_t^2 + \frac{(1 - \varepsilon_n \varepsilon_t)m_0}{E_L(1 + \varepsilon_n)(1 + \varepsilon_t)}P_n P_t = 1 \tag{3-115}$$

式(3-112)表示一个椭圆(图 3-45)。图中矢量表示碰撞冲量，由图可知碰撞冲量的最大值和最小值为椭圆的长半轴和短半轴。即：

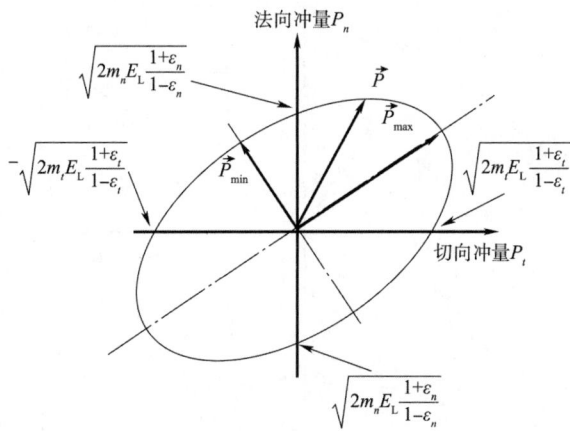

图 3-45 冲量(有效碰撞速度)与能量损失的关系

$$\begin{cases} P_{\max} = 2\sqrt{\dfrac{m_n m_t E_L(1 + \varepsilon_n)(1 + \varepsilon_t)}{m_n(1 + \varepsilon_n)(1 - \varepsilon_t) + m_t(1 - \varepsilon_n)(1 + \varepsilon_t) + \Delta}} \\ P_{\min} = 2\sqrt{\dfrac{m_n m_t E_L(1 + \varepsilon_n)(1 + \varepsilon_t)}{m_n(1 + \varepsilon_n)(1 - \varepsilon_t) + m_t(1 - \varepsilon_n)(1 + \varepsilon_t) - \Delta}} \end{cases} \tag{3-116}$$

其中：$\Delta = \sqrt{\{m_n(1 + \varepsilon_n)(1 - \varepsilon_t) + m_t(1 - \varepsilon_n)(1 + \varepsilon_t)\}^2 + 4m_n^2 m_t^2 m_0^2(1 - \varepsilon_n \varepsilon_t)^2}$

得到 $P_{\max}$ 和 $P_{\min}$ 以后，可得到碰撞中车速变化值，即：

$$\begin{cases} \Delta V_{\max,i} = \dfrac{P_{\max}}{m_i} \\ \Delta V_{\min,i} = \dfrac{P_{\min}}{m_i} \end{cases} \tag{3-117}$$

从式(3-114)可知,汽车碰撞中速度变化的极限,有助于确定碰撞力作用方向(PDOF),在事故再现中确定 PDOF 是比较困难的。有效碰撞能损失为:

$$\Delta E_L = E_{L\max} - E_L \tag{3-118}$$

联立式(3-111)、式(3-112)~式(3-115)和式(3-117),得到:

$$\frac{\varepsilon_n^2}{\Delta E_L/E_{0t}} + \frac{\varepsilon_t^2}{\Delta E_L/E_{0n}} + 2\varepsilon_n\varepsilon_t \frac{\sqrt{m_n m_t m_0^2}}{\Delta E_L/\sqrt{E_{0n}E_{0t}}} = 1 \tag{3-119}$$

其中:

$$E_{0n} = \frac{m_n \mathrm{RDS}_0^2}{2(1 - m_n m_t m_0^2)}$$

$$E_{0t} = \frac{m_t \mathrm{RSS}_0^2}{2(1 - m_n m_t m_0^2)}$$

式(3-118)体现了 ΔE_L 与 ε_n 和 ε_t 关系。式(3-118)表示一椭圆(图3-46)。对于一维碰撞,有:

$$\eta = \sqrt{\frac{\Delta E_L}{E_0}} \tag{3-120}$$

式中:E_0——碰撞前能量。

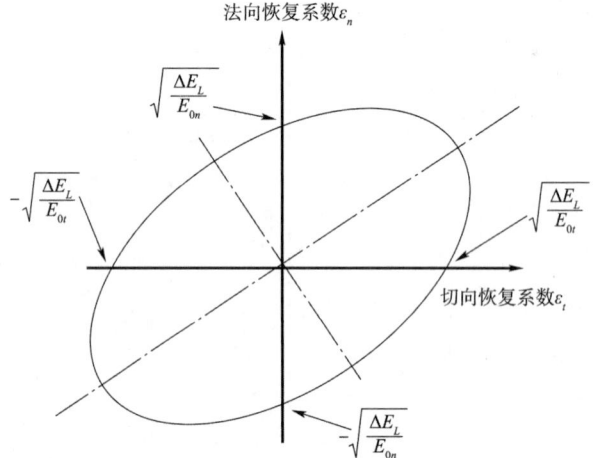

图 3-46 恢复因数与能量损失的关系

第七节 碰撞模型中的有关问题

一、碰撞中心

在汽车碰撞过程中,碰撞合冲量作用于碰撞中心。碰撞模型假设车体间为点接触。在汽车实际碰撞过程中,碰撞冲量的作用点和方向随车体的变形而变化,碰撞中心是时间的函数。汽车碰撞模型中碰撞冲量实质是实际碰撞冲量的合冲量。因此,确定合冲量的作用点的问题就是确定碰撞中心的问题。碰撞中心在事故再现前须事先确定。一般认为碰撞中心位于车体最大变形中心附近,最初的碰撞变形可忽略,汽车碰撞最终的碰撞中心是碰撞阶段结束时刻的碰撞中心,位于变形最大段的中心位置。以碰撞中心为原点,根据汽车变形建立法向-切向坐标系。法向轴垂直于碰撞平面,切向轴平行于碰撞平面。

1. 碰撞平面的方程

选择碰撞平面,选择碰撞大的平面为碰撞平面,定义 x-y 平面为 $Ax + By + C = 0$。

2. 碰撞中心坐标 (x_p, y_p)

$$x_p = \frac{BJ\omega - Cp_x}{AP_x + BP_y}$$

$$y_p = \frac{-AJ\omega - Cp_y}{AP_x + BP_y}$$

式中:ω——角速度;

P_x、P_y——汽车碰撞时冲量在 x 轴、y 轴方向的分量。

根据汽车碰撞区域变形选取碰撞中心时,非接触变形区应除外。试验表明,碰撞过程中碰撞中心位置变化不大。车体的最大变形在碰撞后 60~80ms 之间出现。此时汽车的角位移很小,为 1°~5°。它表明碰撞阶段最初的变形可忽略,最终碰撞中心是碰撞结束时的碰撞中心,碰撞中心位于最大变形区域的中心位置,在 100~150ms 之间出现。在 60~80ms 之间,两汽车的碰撞中心重叠。轮胎力会影响碰撞中心的位置,特别是在汽车低速状态。

二、碰撞冲量的方向

碰撞冲量为合冲量,碰撞中碰撞冲量方向是时间的函数,但合冲量的方向是唯一的,可根据式(3-111)确定汽车合冲量的变化范围;根据碰撞中碰撞摩擦印记确定汽车的冲量方向;根据汽车变形最严重程度处的变形方向来估计冲量作用方向。

三、碰撞恢复因数的选择

汽车碰撞能损失有助于理解碰撞恢复系数。汽车碰撞能损失与车体弹性变形和车体结构有关,采用 ε_t 和 ε_n 进行描述。当切向恢复系数 ε_t 和法向恢复因数 ε_n 均为 0 时,碰撞能损失最大,碰撞为完全塑性碰撞;当 ε_t 和 ε_n 均为 1 时,碰撞为完全弹性碰撞,碰撞能损失为零。除上述两种类型外,其他类型的碰撞能损失介于 $0 \sim E_{Lmax}$ 之间。恢复因数可体现碰撞能的损失;同时,车体运动维数将影响碰撞中的回弹能量;车体结构特点和碰撞条件决定碰撞能损失变化和存储在车体中的能量。

当 $\varepsilon_n = 0, \varepsilon_t = 0$ 时,式(3-107)和式(3-108)可改写为:

$$P_{n0} = \frac{1}{1 - m_n m_t m_0^2}(m_n \text{RDS}_0 + m_n m_t m_0 \text{RSS}_0) \tag{3-121}$$

$$P_{t0} = \frac{1}{1 - m_n m_t m_0^2}(m_n m_t m_0 \text{RDS}_0 + m_t \text{RSS}_0) \tag{3-122}$$

式(3-120)、式(3-121)根据汽车碰撞前的初始条件确定。令:

$$\text{GIR} = \frac{P_{t0}}{P_{n0}} = \frac{m_n m_t m_0 \text{RDS}_0 + m_t \text{RSS}_0}{m_n \text{RDS}_0 + m_n m_t m_0 \text{RSS}_0} \tag{3-123}$$

GIR 为 P_{n0} 和 P_{t0} 的比值,称为车体间当量摩擦因数,由碰撞初始条件确定。试验表明 ε_t 和 ε_n 随碰撞类型变化,GIR 是联系这种关系的纽带。

车体间摩擦因数,指碰撞中 P_n 和 P_t 的比,表示为:

$$\mu = \frac{P_t}{P_n} = \frac{m_n m_0 m_t \text{RDS}_0(1+\varepsilon_n) + m_t \text{RSS}_0(1+\varepsilon_t)}{m_n \text{RDS}_0(1+\varepsilon_n) + m_n m_0 m_t \text{RSS}_0(1+\varepsilon_t)} \tag{3-124}$$

式(3-124)通过实际碰撞冲量比确定。e_t 和 e_n 影响 μ。因此,式(3-123)可改写为:

$$\varepsilon_n = \frac{m_t \text{RSS}_0(1+\varepsilon_t)(1-\mu m_n m_0)}{m_n \text{RDS}_0(\mu - m_t m_0)} - 1 \tag{3-125}$$

$$\varepsilon_t = \frac{m_n \text{RDS}_0(1+\varepsilon_n)(\mu - m_t m_0)}{m_t \text{RSS}_0(1-\mu m_n m_0)} - 1 \tag{3-126}$$

试验表明,侧面碰撞中,ε_n 的变化范围为 0.3~0.5,当 $\varepsilon_n<0$ 时,碰撞结束时碰撞中心处车体间相互入侵。侧面碰撞中,当 $0<\text{GIR}<4.5$ 时,随 GIR 增加,ε_t 从 0.5 到 -0.9 递减;当 $\text{GIR}>5$ 时,ε_t 接近于 -1.0;当 $\varepsilon_t>0$ 时,切向有回弹现象。对碰撞中心处,只有 $\text{GIR}<1$ 时,才能观察到 $\varepsilon_t>0$,则 ε_t 与 GIR 的关系表示为:

$$\varepsilon_t = 0.0396\text{GIR}^2 - 0.4501\text{GIR} + 0.3066 \tag{3-127}$$

通过初始条件得到 GIR;根据式(3-126)得到 ε_t;根据初始条件得到式(3-119),最后根据式(3-125)就能得到相应的 ε_n。

此外,试验得到 μ_{ct} 和 GIR 的关系为:

$$\mu_{ct} = -0.207\text{GIR}^2 + 0.971\text{GIR} + 0.046 \tag{3-128}$$

同样,通过碰撞初始条件得到 GIR 值;再根据式(3-126)和式(3-128)得到 ε_t 和 μ_{ct} 以后,最后根据式(3-125)就能得到 ε_n。

对于汽车迎面碰撞,$0<\varepsilon_n<0.15$,ε_t 和 GIR 的关系还不清楚。但随 GIR 从 0~0.6 增加,在侧面和迎面碰撞中,ε_t 趋于 0.8~0.9。

四、汽车转动惯量的确定

汽车横摆转动惯量 J_1 和 J_2 对汽车碰撞再现有很大影响。影响转动惯量的因素有载荷、车型和车辆几何参数等。J_1 和 J_2 选择恰当与否将直接影响再现模拟的效果。试验表明,模拟时只增大 J_1 或 J_2 原值130%时,欲使模拟结果与实际事故结果一致,须分别增加碰撞前速度3%和2%。当 J_1 和 J_2 误差不超过10%时,模拟得到碰撞后汽车速度误差不超过1%;当 J_1 和 J_2 被高估30%时,模拟得到的碰撞后汽车速度高估不低于3%;当转动惯量低估30%时,模拟得到碰撞后汽车速度比真实值小;当转动惯量的误差不超过30%时,估计的置信度为95%。较准确地确定的转动惯量的估计方法(车辆分为五类)具体如下。

1. 前轮驱动的轿车

$$J = 0.1478 m \cdot i \cdot l \pm 4.8\% \tag{3-129}$$

式中:m——车辆的质量;
  i——车辆轮距;
  l——车辆的长度。

2. 后轮驱动的轿车

$$J = 1.105\left[2(1-x)\frac{ml^2}{12} + (2x-1)m\frac{i^2}{4}\right] \pm 5.9\% \tag{3-130}$$

式中:x——前轴荷占汽车总重的比例。

3. 运动车

$$J = 0.4622m \cdot t \cdot i \pm 6.7\% \tag{3-131}$$

式中：t——前车轮轨宽度。

4. 轻型客货两用车

$$J = 0.958mL_1L_2 \pm 4.6\% \tag{3-132}$$

式中：L_1——质心到前轴距离；

L_2——质心到后轴距离。

5. 载货汽车

$$J = 0.1525m \cdot i \cdot l \pm 7.4\% \tag{3-133}$$

五、坐标系选取与变换

事故再现分析时，正确地选择坐标系可使分析简化。常用的坐标系有两种：一种是以事故环境选取的固定坐标系（坐标系 X-Y）；另一种是以相对碰撞的两个车体选取的坐标（坐标系 n-t）。具体选哪一种坐标系以便于分析为前提，两种坐标间是可相互变换的。

图 3-47 是坐标系的变换关系。图中 $A(x_t, y_n)$ 为坐标系 n, t 中的点；$A'(x, y)$ 为坐标系 (X, Y) 中的点；事实上，两点为同一点，只是处于不同坐标系。(X, Y) 坐标系到 (n, t) 坐标系的角度为 θ。两种坐标系具体转换关系为：

$$\begin{cases} x = x_t\cos\theta + y_n\sin\theta \\ y = -x_t\sin\theta + y_n\cos\theta \end{cases}$$

或为

$$\begin{cases} x_t = x\cos\theta - y\sin\theta \\ y_n = x\sin\theta + y\cos\theta \end{cases}$$

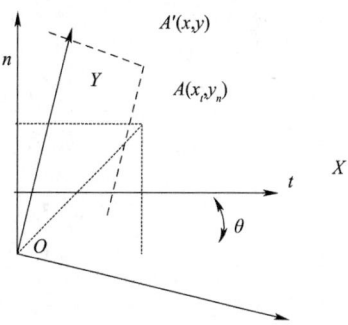

图 3-47　坐标系间的变换关系

上述的坐标值可以是汽车运动过程中位移、速度、角速度和加速度等任意变量。

思考题

1. 简述公共极点的概念。
2. 如何确定平面刚体运动的公共极点？
3. 简述恢复因数的概念。
4. 碰撞恢复因数 ε 也是参与碰撞体在碰撞（　）和碰撞（　）相对速度之比，除了与物体的（　）有关外，还与物体的（　）、（　）的大小和方向以及碰撞（　）有关。
5. 质心定理表达式是什么？
6. 角动量定理表达式是什么？
7. 简述碰撞的概念。
8. 碰撞能量损失表达式是什么？
9. 叙述恢复因数与碰撞速度的关系。
10. 推导正面碰撞的碰撞数并叙述其与碰撞速度的关系。

11. 简述现有的碰撞理论。

12. 试说明一维碰撞、二维碰撞的分类与碰撞模型。

13. 一个平面运动刚体的位置可用刚体上(两个不同点)的坐标或者固连于刚体上(一个点)的坐标和一个(角度)来描述。

14. 叙述牛顿经典碰撞理论的基本假设。

15. 写出功能原理表达式,并说明。

16. 写出动量守恒表达式,并说明。

17. 写出角动量守恒原理表达式,并说明。

18. 请由 $m_1 V_{10} + m_2 V_{20} = + m_1 V_1 + m_2 V_2$ 和 $\varepsilon = \dfrac{V_2 - V_1}{V_{10} - V_{20}}$ 导出碰撞后汽车速度表达式。

19. 请由 $m_1 V_{10} + m_2 V_{20} = + m_1 V_1 + m_2 V_2$ 和 $\varepsilon = \dfrac{V_2 - V_1}{V_{10} - V_{20}}$ 导出碰撞后汽车能量损失表达式。

第四章　汽车碰撞事故参数的不确定性分析

第一节　汽车碰撞事故再现的作图法

本节以汽车碰撞事故的特点结合不确定性理论为基础,为汽车二维碰撞事故分析提出一种新的途径,来处理不确定因素对输入参数的影响,以解决单参数的局限性问题。本节将主要阐述以动量平衡理论作为作图的理论基础及输入参数的不确定性分析。

一、冲量平衡原理及其应用

1. 冲量平衡原理

动量原理和动量守恒原理适用于解决质点和质点系碰撞问题。发生碰撞事故的汽车具有一定的外形尺寸,并且还存在变形、质量损失等问题。但在此人们关注的重点不是计算碰撞力及其随时间的变化,而是依据输入速度来确定输出速度;反之亦然。汽车参与碰撞的过程极短,一般为 0.1~0.2s,动量的交换可以近似看成在瞬间完成。因此,可对汽车进行简化,然后利用动量守恒原理,求解汽车间的碰撞问题。因为实际碰撞过程与理论存在一些差异,故在处理实际碰撞问题时,需进行一些简化,但必须建立在以下假设条件的前提下:

(1) 碰撞时间非常短(通常为 0.1~0.2s),冲力很大,即时间 $t\to 0$,冲力 $F\to\infty$。

(2) 作用于碰撞车辆系统的外力(如地面摩擦力或附着力、车体间的摩擦力等)远小于碰撞力,可忽略不计。

(3) 冲量 P 存在,即 $P = \int F\mathrm{d}t$。

(4) 在碰撞过程中,汽车的运动学结构特征保持不变,汽车变形产生的几何尺寸变化可不予考虑,即汽车可简化为刚体。

经过上述假设后,碰撞汽车就简化成为只有质量、没有大小的质点。这样汽车的运动就可以用质点的平移运动描述。

因此,一般汽车碰撞事故(图 4-1)可用动量原理描述,即:

$$\vec{I}_{11} - \vec{I}_{10} = \vec{P} \quad \text{或} \quad m_1(\vec{V}_{11} - \vec{V}_{10}) = \vec{P} \tag{4-1}$$

$$\vec{I}_{21} - \vec{I}_{20} = \vec{P}' \quad \text{或} \quad m_2(\vec{V}_{21} - \vec{V}_{20}) = \vec{P}' \tag{4-2}$$

$$\vec{P} = -\vec{P}' \tag{4-3}$$

式中:$\vec{I}_{10}$、$\vec{I}_{11}$——车辆 1 碰撞前、后的动量;

$\vec{I}_{20}$、$\vec{I}_{21}$——车辆 2 碰撞前、后的动量;

m_1、m_2——参与碰撞车辆1和车辆2的质量;

$\vec{V}_{10}$、$\vec{V}_{11}$——车辆1碰撞前后的速度;

$\vec{V}_{20}$、$\vec{V}_{21}$——车辆2碰撞前、后的速度;

$\vec{P}$、$\vec{P}'$——在碰撞过程中车辆1和车辆2获得的冲量。

由式(4-1)~式(4-3)可导出:

$$\vec{I}_{10} + \vec{I}_{20} = \vec{I}_{11} + \vec{I}_{21} \tag{4-4}$$

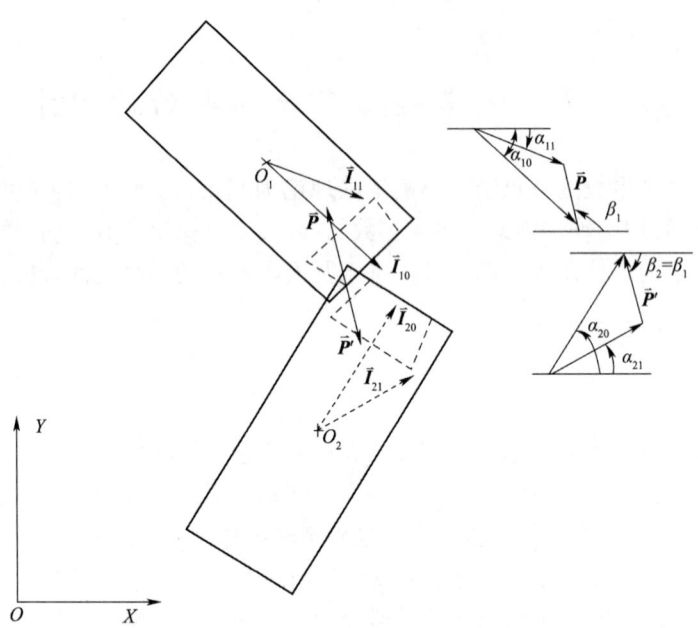

图4-1 斜碰撞简化示意

式(4-1)~式(4-4)是动量平衡方法和动量反射方法的理论基础。

2. 汽车碰撞前动量的计算

将式(4-4)中的动量分解成 X 方向和 Y 方向的分量形式为:

$$\begin{cases} I_{10x} + I_{20x} = I_{11x} + I_{21x} \\ I_{10y} + I_{20y} = I_{11y} + I_{21y} \end{cases} \tag{4-5}$$

即

$$\begin{cases} I_{11}\cos\alpha_{11} + I_{21}\cos\alpha_{21} = I_{10}\cos\alpha_{10} + I_{20}\cos\alpha_{20} \\ I_{11}\sin\alpha_{11} + I_{21}\sin\alpha_{21} = I_{10}\sin\alpha_{10} + I_{20}\sin\alpha_{20} \end{cases} \tag{4-6}$$

式中:I——$\vec{I}$ 的标量,$I = |\vec{I}|$。

在交通事故分析再现的实践中,一般通过现场图测量和计算,可较精确地得到碰撞车辆在碰撞前速度(或动量)的方向以及碰撞后速度(或动量)的大小和方向,而碰撞前汽车的动量(或速度)的大小却未知,并且是最重要的事故参数。因此,式(4-5)和式(4-6)中的 α_{10}、α_{20}、α_{11}、α_{21} 为已知,同样,碰撞后动量 I_{11} 和 I_{21} 也是已知量,且有:

$$I_{11} = m_1 V_{11} \tag{4-7}$$

$$I_{21} = m_2 V_{21} \tag{4-8}$$

结合式(4-7)、式(4-8),将式(4-5)、式(4-6)变形为矩阵形式,可得:

$$\begin{bmatrix} m_1\cos\alpha_{11} & m_2\cos\alpha_{21} \\ m_1\sin\alpha_{11} & m_2\sin\alpha_{21} \end{bmatrix}\begin{bmatrix} V_{11} \\ V_{21} \end{bmatrix} = \begin{bmatrix} m_1V_{01}\cos\alpha_{10} + m_2V_{20}\cos\alpha_{20} \\ m_1V_{01}\sin\alpha_{10} + m_2V_{20}\sin\alpha_{20} \end{bmatrix} \quad (4-9)$$

由此可得碰撞后两车的速度为:

$$\begin{bmatrix} V_{11} \\ V_{21} \end{bmatrix} = \begin{bmatrix} m_1\cos\alpha_{11} & m_2\cos\alpha_{21} \\ m_1\sin\alpha_{11} & m_2\sin\alpha_{21} \end{bmatrix}^{-1}\begin{bmatrix} m_1V_{10}\cos\alpha_{10} + m_2V_{20}\cos\alpha_{20} \\ m_1V_{10}\sin\alpha_{10} + m_2V_{20}\sin\alpha_{20} \end{bmatrix} \quad (4-10)$$

同理,若碰撞前两车的动量 I_{10} 和 I_{20} 也是已知量,则:

$$\begin{bmatrix} m_1\cos\alpha_{10} & m_2\cos\alpha_{20} \\ m_1\sin\alpha_{10} & m_2\sin\alpha_{20} \end{bmatrix}\begin{bmatrix} V_{10} \\ V_{20} \end{bmatrix} = \begin{bmatrix} m_1V_{11}\cos\alpha_{11} + m_2V_{21}\cos\alpha_{21} \\ m_1V_{11}\sin\alpha_{11} + m_2V_{21}\sin\alpha_{21} \end{bmatrix} \quad (4-11)$$

由式(4-11),可求出碰撞前的两车速度为:

$$\begin{bmatrix} V_{10} \\ V_{20} \end{bmatrix} = \begin{bmatrix} m_1\cos\alpha_{10} & m_2\cos\alpha_{20} \\ m_1\sin\alpha_{10} & m_2\sin\alpha_{20} \end{bmatrix}^{-1}\begin{bmatrix} m_1V_{11}\cos\alpha_{11} + m_2V_{21}\cos\alpha_{21} \\ m_1V_{11}\sin\alpha_{11} + m_2V_{21}\sin\alpha_{21} \end{bmatrix} \quad (4-12)$$

如果取车辆 1 的碰撞前行驶方向为 X 轴,即 $\alpha_{10}=0$,则式(4-12)可简化为:

$$V_{10} = \frac{m_1V_{11}\cos\alpha_{11} + m_2V_{21}\cos\alpha_{21} - m_2V_{20}\cos\alpha_{02}}{m_1} \quad (4-13)$$

$$V_{20} = \frac{m_1v_{11}\sin\alpha_{11} + m_2v_{21}\sin\alpha_{21}}{m_2\sin\alpha_{20}} \quad (4-14)$$

根据矢量图解法原则,求得图 4-1 中冲量 P 和 P' 的大小和方向分别为

$$P = \sqrt{(m_1V_{11})^2 + (m_1V_{10})^2 - 2m_1^2V_{11}V_{10}\cos(\alpha_{11}-\alpha_{10})} = P' \quad (4-15)$$

$$\beta_1 = \tan^{-1}\left(\frac{m_1V_{11}\sin\alpha_{11} - m_1V_{10}\sin\alpha_{10}}{m_1V_{10}\cos\alpha_{11}\cos\alpha_{10}}\right) = \beta_2 \quad (4-16)$$

二、矢量四边形法

矢量四边形法所需参数包括参与碰撞车辆的质量、碰撞前两车速度的方向、碰撞后两车的速度方向和大小。

依据事故现场草图可得出相应汽车碰撞矢量四边形法的所需参数,其理论基础为动量守恒定律的向量表达式

$$\vec{I}_{10} + \vec{I}_{20} = \vec{I}_{11} + \vec{I}_{21} \quad (4-17)$$

式中,$\vec{I}_{10}$、$\vec{I}_{20}$、$\vec{I}_{11}$、$\vec{I}_{21}$ 四个向量组成一个封闭的四边形,定义利用此四边形作图推算碰撞前速度为矢量四边形法。下面用矢量四边形法推算碰撞前汽车动量以及速度,并建立其计算方法。

首先选择适当的比例尺,再选定 X-Y 坐标系;根据实际需要确定比例尺。例如,选取比例尺 Scale = 1 : 250(mm:kgm/s),如图 4-2 所示。

(1) 在 X-Y 平面上任意选择 A 点,由 A 点出发作线段 $AB = I_{11}$ Scale $= m_1V_{11}$ Scale,并与 X 轴成 α_{11} 角;

(2) 由 B 点出发作线段 $BC = I_{21}$ Scale $= m_2V_{21}$ Scale,并与 X 轴成 α_{21} 角;

(3) 过 A 点作射线 $\overrightarrow{AE}$ 与 X 轴成 α_{10} 角,此射线表示动量 $\vec{I}_{10}$ 作用的方向;

(4) 过 C 点作射线 $\overrightarrow{CF}$ 与 X 轴成 α_{20} 角,此射线表示动量 $\vec{I}_{20}$ 作用的方向,并且两射线交于

D 点；

(5) 由此可知 $\overrightarrow{AD}$ 代表 $\vec{I}_{10}$，$\overrightarrow{DC}$ 代表 $\vec{I}_{20}$（图 4-2）；

$$V_{10} = \overline{AD}/(m_1 \text{Scale})(\text{m/s}) \quad 或 \quad V_{10} = 3.6\overline{AD}/(m_1 \text{Scale})(\text{km/h}) \quad (4\text{-}18)$$

$$V_{02} = \overline{CD}/(m_2 \text{Scale})(\text{m/s}) \quad 或 \quad V_{02} = 3.6\overline{CD}/(m_2 \text{Scale})(\text{km/h}) \quad (4\text{-}19)$$

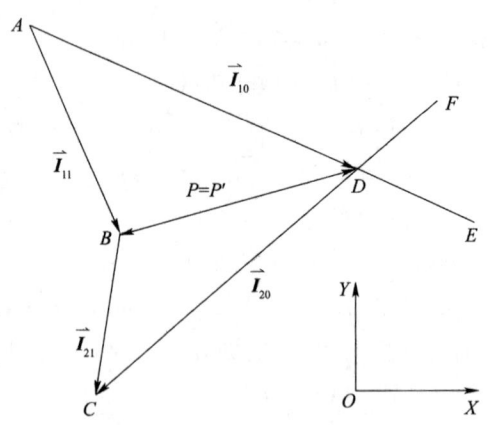

图 4-2　矢量四边形图解法示意

第二节　汽车碰撞事故分析参数的不确定性

在汽车碰撞事故再现中使用公式或等式计算时，一部分事故参数值由常数确定。这部分参数具有准确值，这就是参数的确定性。而另一部分参数虽具有一定的物理意义，但并不是确定的值，而是具有一定的变动范围，这便是所谓的汽车碰撞事故分析参数的不确定性。

在实际交通事故再现中，许多现场参数不可能是唯一的准确值，而是处于一定的范围。例如，现场制动拖痕长度一般不可能恰好是 8.8m，而经常是 8.6~8.9m。所以，由此得出的碰撞后速度大小也将位于一个范围内，而不是一个定值。在本节中用参数下标 max 表示相应参数的最大值，而下标 min 表示最小值。

导致这种不确定性的因素主要有：重复测量；具有一定物理意义但无法测量；可通过特殊值大概估计的物理量；公认有限定范围的参数；汽车交通事故发生的环境条件；人为因素造成各参数的不确定性等。

在处理这种不确定性事故参数时，可采用以下三种方法：边界值法、偏差法、数理统计法。

一、边界值法

边界值法是指在处理事故参数时，因一些相互独立的变量的变动导致相关变量具有不确定性，此时只处理相应变量的最大值和最小值两个边界值即可。边界值法是一种处理事故参数不确定性的最简单方法，也是最常用的方法。

首先必须明确所求参数相关变量的数量，再确定相关变量的变动范围，然后依据变量的上、下限值（最大值、最小值），计算所求参数的可能值。

以依据制动拖痕计算碰撞后的汽车速度为例来说明其处理过程。计算碰撞后车辆速度公式为：

$$V_1^2 - V_{1F}^2 = 2\varphi gs \text{ 或 } V_1 = \sqrt{V_{1F}^2 + 2\varphi gs} \tag{4-20}$$

式中：V_1——碰撞后分开瞬时车辆的速度（km/h）；

V_{1F}——碰撞后滑行距离 s 后的车速（km/h）；

φ——车轮地面附着因数；

s——碰撞后汽车滑行的制动拖痕长度（m）。

在实际交通事故中，通常 $V_{1F}=0$，即碰撞后经过 s 距离的制动就静止，故式（4-20）变为：

$$V_1 = \sqrt{2\varphi gs} \tag{4-21}$$

式中：重力加速度 g 为常数，而 φ 和 s 均具有不确定性，其取值为 $s_{\min} \leq s \leq s_{\max}$，$\varphi_{\min} \leq \varphi \leq \varphi_{\max}$。故可得：

$$\sqrt{2\varphi_{\min}gs_{\min}} \leq V_1 \leq \sqrt{2\varphi_{\max}gs_{\max}} \tag{4-22}$$

通过式（4-22）便可求出碰撞后分开瞬间车辆的速度，并写成 $V_1 \pm \delta V_1$ 的形式，其中 $\delta V_1 = (V_{1\max} - V_{1\min})/2$。

例如，$\varphi_{\min} = 0.6, \varphi_{\max} = 0.8, s_{\min} = 32.0\text{m}, s_{\max} = 34.0\text{m}$。通过式（4-22）计算可得 19.4m/s $\leq V_1 \leq$ 23.1m/s 或 $V_1 = (21.3 \pm 1.9)$m/s。

此处举例较简单，但不论多么复杂的计算公式，其处理的方法都相同。如果再结合计算机进行处理，就可使工作变得十分容易。但必须注意，并不是求不确定参数的最小值时，其相关的各变量参数均取最小值，应根据实际情况进行具体分析。

例如，$y = (a-b)/c$，可能存在 $y_{\min} = (a_{\min} - b_{\max})/c_{\max}$，而 $y_{\max} = (a_{\max} - b_{\min})/c_{\max}$。

此种方法与下文所述偏差法具有相同的局限性。此两种方法均没有考虑参数的统计特性，即所有不确定参数同时达到边界值的概率。边界值分布应运用统计方法，建立在统计数据的基础之上。

二、偏差法

偏差法采用误差分析的方法，常用在自然科学和工程学实验中，在此也可借用其理论。假设所求变量 y 是与一些具有不确定性，但相互独立的参数 $u, v, \cdots, w$ 等相关。

（1）首先考虑线性相关的情况。有函数表达式：

$$y = f(u, v, \cdots, w) \tag{4-23}$$

将式（4-23）按泰勒公式展开，并略去高次项，有：

$$\begin{aligned} y &= f(u, v, \cdots, w) \\ &= f(U, V, \cdots, W) + \left(\frac{\partial f}{\partial u}\right)du + \left(\frac{\partial f}{\partial v}\right)dv + \cdots + \left(\frac{\partial f}{\partial w}\right)dw \end{aligned}$$

式中，$U、V、W$ 为对应不确定参数的真值（在工程实际中，通常取其平均值代替）。

所以

$$dy = \left(\frac{\partial f}{\partial u}\right)du + \left(\frac{\partial f}{\partial v}\right)dv + \cdots + \left(\frac{\partial f}{\partial w}\right)dw$$

由此得出线性关系式为：

$$\delta y = \left(\frac{\partial f}{\partial u}\right)_{u,v,\cdots,w} \delta u + \left(\frac{\partial f}{\partial v}\right)_{u,v,\cdots,w} \delta v + \cdots + \left(\frac{\partial f}{\partial w}\right)_{u,v,\cdots,w} \delta w \tag{4-24}$$

（2）假如处理的为非线性关系，如：

$$y = au^p v^q w^m \tag{4-25}$$

式中：p、q、m——常数（其他形式进行类似处理即可）。

用本节(1)中的方法处理可得：

$$\delta y = p\frac{Y}{U}\delta u + q\frac{Y}{V}\delta v + m\frac{Y}{W} \qquad (4-26)$$

式(4-26)中的 δy 同时受 $\frac{Y}{U}$、$\frac{Y}{V}$、$\frac{Y}{W}$ 等比值的影响，即并不是所有的不确定性影响都相同，而是比值大的影响较大。式(4-21)此时为，$y=v_1, u=\varphi, v=s$，故其真值（取平均值）为 V_1、Φ、S。

由此推出关系式为：

$$\frac{\delta v_1}{V_1} = \frac{1}{2}\left[\left(\frac{\delta \varphi}{\varphi}\right) + \left(\frac{\delta s}{S}\right)\right] \qquad (4-27)$$

假设其取值与上文边界值法中所取值相同，即：

$$F = \frac{\varphi_{\min} + \varphi_{\max}}{2} = 0.7$$

$$S = \frac{s_{\min} + s_{\max}}{2} = 33.0(\text{m})$$

则计算结果为：

$$\delta v_1 = 10.64\left[\left(\frac{0.1}{0.7}\right) + \left(\frac{1.0}{33.0}\right)\right] = 1.8(\text{m/s})$$

很明显，在此附着因数对碰撞前速度的不确定性影响较大。

三、数理统计法

在前两种情况中，均对附着因数进行了现场测量。如果没有事故现场附着因数测量值，而只有类似的事故现场参数值或经验值（取自实验或手册），对这种特殊的变动范围，必须进行合理估计。但附着系数值的上、下限值并不明确。对于实际再现时选取的确定值，人们主要关注所选取值是否超出了所限定的范围，超出范围的可能性有多大。如上文边界值法中所举的例子，附着因数取 0.71、0.6、0.73、0.75 的可能性是否一样大？这时，变动范围究竟取多大合适？考虑此类问题时，必须应用数理统计的理论。在此，问题就转化为找出不确定性参数（此处考虑为随机变量）的分布。在统计中，正态分布和高斯分布对这种不确定性参数的处理十分有用。假设不确定性参数满足正态分布，即：

$$u = N(u_u, \sigma_u^2) \qquad (4-28)$$

式中：u_u——不确定性参数的数学期望；

σ_u——不确定性参数的均方差。

(1) 若 u 为独立变量且与 x 线性相关，即 $x = au + b$，其中 a、b 为常数。x 的分布为 $x = N(u_x, \sigma_x^2)$。其中，$u_x = au_u + b$，$\sigma_x^2 = a^2 \sigma_u^2$。

(2) 若 u 与 x 满足关系 $x = a\sqrt{u}$，其中 a 为常数，且 u 与上面一样满足正态分布。

由此可得出：

$$f(x) = \sqrt{\frac{2}{\pi}}\frac{x}{a\sigma_u}e^{-(\frac{x^2}{a} - u_u)^2/2\sigma_u^2} \qquad (4-29)$$

其中，$u_x = a\sqrt{u_u}$，$\sigma_x = (a\sigma_u/2\sqrt{u_u})$。$f(x)$ 并不是正态分布，但具有相同的形状。

(3) 对一般通用的不确定性参数，其所求 y 满足以下关系：

$y = f(u, v, \cdots, w)$,其中 $u, v, \cdots, w$ 为随机变量,且满足正态分布。将此式进行泰勒展开并略去高次项,可得

$$u_y = y(u_u, u_v, \cdots, u_w) \quad (4\text{-}30)$$

$$\sigma_y^2 = \left(\frac{\partial y}{\partial u}\right)^2 \sigma_u^2 + \left(\frac{\partial y}{\partial v}\right)^2 \sigma_v^2 + \cdots + \left(\frac{\partial y}{\partial w}\right)^2 \sigma_w^2 \quad (4\text{-}31)$$

在此种情况下,可估计初速度在 $(u_{v1} \pm 1.645\sigma_{v1})$ 中有90%的可能性。

由式(4-21)知,若 $u_\phi = 0.7$,$\sigma_\phi^2 = 5.0 \times 10^{-3}$ 可求出,$u_{v1} = 21.3$,$\sigma_{v1} = 1.08\text{m/s}$。即初速度为 $(21.3 \pm 1.08)\text{m/s}$ 有90%的可能性。

在处理交通事故再现问题中,用以上三种方法进行不确定性计算十分有效。边界值法最简单,但提供的信息最少,因未考虑达到上下边界值的可能性,故其结果现实意义较小;偏差法对数学公式的偏差较为敏感,故当偏差较小时其使用受到限制;数理统计方法提供了较多信息,但所需输入参数的信息也较多,即需考虑各相关参数的分布。在工程实际中,对非线性的公式常可用近似的分布函数进行简化,这对较多复杂的再现问题具有较大的实际意义。

另外,在交通事故再现中,考虑不确定性越来越普遍的同时,这种思想必须贯穿整个事故勘测过程,如在对制动拖痕测量时,当拖痕的模糊长度大约 1m 时,则应将其写成 $X\text{m} \pm \frac{1}{2}\text{m}$。

第三节 基于不确定性的事故再现图解法

作图法以动量平衡理论为理论基础,结合汽车碰撞事故的特点发展成矢量四边形法、动量平衡法、动量反射截面法、动量矩反射截面法、能量截环法、多角形截面法等多种方法。作图法是从碰撞后的状态推算碰撞前的速度的事故再现方法,其突出优点是能够考虑各种不确定因素对输入参数的影响,解决了单参数的局限性。

一、动量平衡法

冲量平衡方程 $\vec{P} = -\vec{P}'$ 可以用冲量的分量方程表示。如果将 $\vec{P}$ 和 $\vec{P}'$ 分解成平行于两车初始动量 $\vec{I}_{10}$ 和 $\vec{I}_{20}$ 两个方向的分量,则有:

$$\vec{P} = \vec{P}(//\vec{I}_{10}) + \vec{P}(//\vec{I}_{20}) \quad (4\text{-}32)$$

$$\vec{P}' = \vec{P}'(//\vec{I}_{10}) + \vec{P}'(//\vec{I}_{20}) \quad (4\text{-}33)$$

式中 $\vec{P}(//\vec{I}_{10})$、$\vec{P}(//\vec{I}_{20})$——$\vec{P}$ 在 $\vec{I}_{10}$ 和 $\vec{I}_{20}$ 两个方向的分量;

$\vec{P}'(//\vec{I}_{10})$、$\vec{P}'(//\vec{I}_{20})$——$\vec{P}'$ 在 $\vec{I}_{10}$ 和 $\vec{I}_{20}$ 两个方向的投影分量。由于两车受到的冲量大小相等、方向相反,故有:

$$\vec{P}(//\vec{I}_{10}) = -\vec{P}'(//\vec{I}_{10}) \quad (4\text{-}34)$$

$$\vec{P}(//\vec{I}_{20}) = -\vec{P}'(//\vec{I}_{20}) \quad (4\text{-}35)$$

动量平衡作图法的模型为:

(1)选择适当的作图比例 Scale,在 X-Y 平面经 O 点作射线 $\overrightarrow{OI_{10}}$ 与 X 轴成 α_{10} 角,作射线 $\overrightarrow{OI_{20}}$ 与 X 轴成 α_{20} 角(图4-3 取特例:$\alpha_{10} = \alpha_{20} = 0$),并且使得它们的箭头相交于 O 点。

(2)在$\overrightarrow{OI_{10}}$的射线上任意选取一点A',作线段$\overrightarrow{A'C}$且使$\overrightarrow{A'C} = I_{11}$Scale 并与$X$轴成$\alpha_{11}$角;在经$\overrightarrow{OI_{20}}$的射线上任意选取一点$B'$,作线段$\overrightarrow{B'D}$且使$\overrightarrow{B'D} = I_{21}$Scale 并与$X$轴成$\alpha_{21}$角。

(3)经过C点作直线CC'平行于$\overrightarrow{OI_{10}}$,并在$\overrightarrow{OI_{10}}$的另一侧作另一直线使其与CC'关于$\overrightarrow{OI_{10}}$对称。

(4)同理过D点作直线DD'平行于$\overrightarrow{OI_{20}}$,并在$\overrightarrow{OI_{20}}$的另一侧作另一直线使其与DD'关于$\overrightarrow{OI_{20}}$对称。

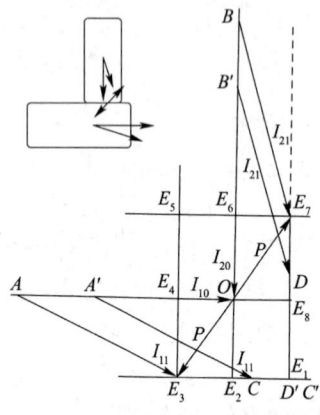

图4-3 动量平衡图解法示意图

(5)这四条直线相交并形成一个平行四边形,并由两直线$\overrightarrow{OI_{10}}$、$\overrightarrow{OI_{20}}$将其平分为四个完全相等的小平行四边形(图4-3),其顶点为$O, E_1 \sim E_8$ 共9个点,所以$\overrightarrow{E_2E_3} = \overrightarrow{E_6E_7}$,$\overrightarrow{OE_2} = \overrightarrow{OE_6}$。

(6)过E_3点作一条平行于$A'C$的平行线交$\overrightarrow{OI_{10}}$于A点,过E_7点作一条平行线$B'D$交$\overrightarrow{OI_{20}}$于B点,故可得:$\overrightarrow{AO} = I_{10}$,$\overrightarrow{BO} = I_{20}$,$\overrightarrow{E_7O} = \overrightarrow{E_3O} = P$。

(7)由此得:

$$V_{10} = \overrightarrow{AO}/(m_1\text{Scale})(\text{m/s}) 或 V_{10} = 3.6\overrightarrow{AO}/(m_1\text{Scale})(\text{km/h})$$

$$V_{20} = \overrightarrow{BO}/(m_2\text{Scale})(\text{m/s}) 或 V_{20} = 3.6\overrightarrow{BO}/(m_2\text{Scale})(\text{km/h})$$

二、动量反射截面法

在实际交通事故中,许多相关参数具有不确定性的特点,故由计算得到的动量I_{11}、I_{21}(实际上I_{11}、I_{21}是向量。由于不存在混淆,故写成标量,以下均同)等也具有不确定性,即:

$$I_{11\min} \leq I_{11} \leq I_{11\max} \tag{4-36}$$

$$I_{21\min} \leq I_{21} \leq I_{21\max} \tag{4-37}$$

式中:I_{11}、I_{21}——汽车1和汽车2碰撞后的动量。

将式(4-4)改写成在直角坐标系X-Y下的分量形式为:

$$I_{10\max}\cos\alpha_{10} + I_{20\max}\cos\alpha_{20} = I_{11\max}\cos\alpha_{11\max} + I_{21\max}\cos\alpha_{21\max} \tag{4-38}$$

$$I_{10\max}\sin\alpha_{10} + I_{20\max}\sin\alpha_{20} = I_{11\max}\sin\alpha_{11\max} + I_{21\max}\sin\alpha_{21\max} \tag{4-39}$$

$$I_{11\min}\cos\alpha_{10} + I_{20\min}\cos\alpha_{20} = I_{11\min}\cos\alpha_{11\min} + I_{21\min}\cos\alpha_{21\min} \tag{4-40}$$

$$I_{10\min}\sin\alpha_{10} + I_{20\min}\sin\alpha_{20} = I_{11\min}\sin\alpha_{11\min} + I_{21\min}\sin\alpha_{21\min} \tag{4-41}$$

在此基础上,引出动量反射截面法等考虑输入误差的反射截面法,从另一途径来处理这种参数不确定性的问题。

在上述算法的基础上,结合汽车碰撞事故分析参数的不确定性因素,建立其模型。其中:I_{111}、I_{112}、I_{211}、I_{212}为碰撞后汽车1动量的最小值、最大值和汽车2动量的最小值、最大值;α_{111}、α_{112}、α_{211}、α_{212}为碰撞后汽车1速度方向与X轴夹角的最小值、最大值和汽车2速度方向与X坐标轴夹角的最小值、最大值;I_{101}、I_{102}、I_{201}、I_{202}为碰撞前汽车1动量的最小值、最大值和汽车2动量的最小值、最大值;α_{01}、α_{02}为碰撞前汽车1速度方向与X坐标轴夹角和汽车2车速度方向与X坐标轴夹角。

(1)定出适当作图比例Scale和X-Y坐标系,作经$\overrightarrow{OI_{10}}$的射线与X轴成α_{10}角,作经$\overrightarrow{OI_{20}}$

的射线与 X 轴成 α_{02} 角,并且使得它们的箭头相交于 O 点。

（2）在 $\overline{OI_{10}}$ 上取任意点 A 作线段 $\overline{AA'}$,使 $\overline{AA'}=I_{111}$ Scale 且与 X 轴成 α_{111} 角,再作线段 $\overline{AA''}$,使 $\overline{AA''}=I_{211}$ Scale 且与 X 轴成 α_{211} 角。

（3）同理在 $\overline{OI_{20}}$ 上取任意点 B 作线段 $\overline{BB'}$,使 $\overline{BB'}=I_{211}$ Scale 且与 X 轴成 α_{121} 角,再作线段 $\overline{BB''}$,使 $\overline{BB''}=I_{212}$ Scale 且与 X 轴成 α_{212} 角。

（4）经过 A' 点和 A'' 点作两直线平行于 $\overline{OI_{11}}$,并在 $\overline{OI_{10}}$ 的另一侧作分别作关于 $\overline{OI_{10}}$ 对称的两直线。

（5）经过 B' 点和 B'' 点作两直线平行于 $\overline{OI_{20}}$,并在 $\overline{OI_{20}}$ 另一侧分别作关于 $\overline{OI_{20}}$ 对称的两直线,由碰撞前的行驶方向及汽车碰撞后瞬间动量大小可得出各自可能的解区间为夹在两直线间的部分(图 4-4)。

（6）经过前两步后,得到原两组平行线与它们的对称线相交的两个解的范围(图 4-4 中的阴影部分),它们代表碰撞结束瞬间动量可能位于的范围或者冲量向量可能处于的范围。

（7）汽车碰撞后瞬间动量可以在各自碰撞前运动方向线(I_{10} 或 I_{20})上平行移动,故沿着 $\overline{OI_{10}}$ 射线平行移动 $\overline{AA'}$ 和 $\overline{AA''}$,使得它们的顶点分别至阴影的两极限边缘,由此而得到 I_{101} 和 I_{102}(碰撞前汽车 1 动量的最小值和最大值,图 4-5)。

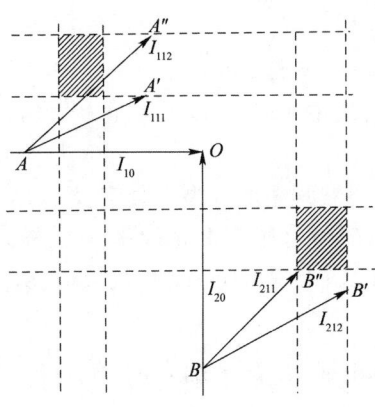

图 4-4 动量反射截面法解区间

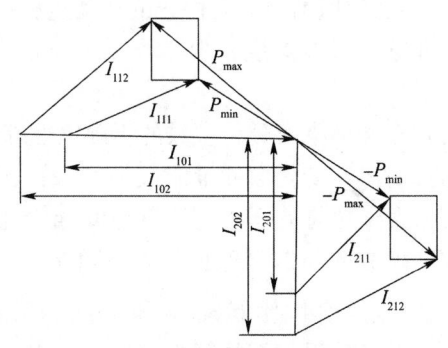

图 4-5 动量反射截面法示意图

（8）同理,沿着 $\overline{OI_{20}}$ 射线平行移动 $\overline{BB'}$ 和 $\overline{BB''}$,使得它们的顶点分别至阴影的两极限边缘,由此而得到 I_{201} 和 I_{202}(碰撞前汽车 2 动量的最小值和最大值,图 4-5)。

三、动量矩反射截面法

动量矩反射截面法以动量矩原理为理论基础,其碰撞前瞬间汽车动量矩解的范围与动量反射截面法不同,但必须知道碰撞点及发生碰撞时两车辆的具体位置。

非对心碰撞在碰撞时产生的冲量将对车辆有转动作用。就转动效果而言,可用一个等价冲量 P^* 来代替(图 4-6)。因在实际碰撞的事故中,实际所产生的冲量方向不容易确定,但用垂直于接触点与质心连线方向的等价冲量可克服此

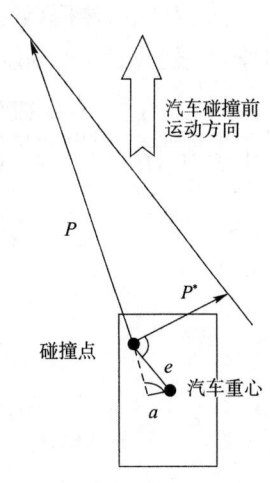

图 4-6 能量截环法:冲量与杠杆臂长

缺陷。等价冲量 P^* 为：
$$Pa = P^* e \tag{4-42}$$

又因 $Pa = J_s(\omega_1 - \omega_0)$ 且 $\omega_0 = 0$，由此可推出：
$$P^* = J_s \omega_1 / e \tag{4-43}$$

式中：P^*——等价冲量；

e——汽车质心至碰撞点的距离；

J_s——汽车转动惯量；

ω_0——汽车碰撞前瞬间的角速度；

ω_1——汽车碰撞结束瞬间的角速度。

汽车碰撞结束瞬间的转动动能为：
$$E_{r1} = \frac{1}{2} J_s \omega_1^2 \tag{4-44}$$

此转动动能将被轮胎横向滑动的路面摩擦功 W_F 所完全消耗，故有 $W_F = FS = ma_1 S = ma_1 \psi R/2$ 和 $E_{r1} = W_F$，可得：
$$W_1 = \sqrt{\frac{ma_1 \psi R}{J_s}} \tag{4-45}$$

式中：a_1——碰撞结束后运动的平均减速度；

R——汽车的轮距；

ψ——从碰撞结束后至停止的运动过程中所转动过的角度。

因转角 ψ 以及减速度 a_1 等参数具有不确定性，故角速度 ω_1 以及冲量 P^* 的值也具有不确定性。

结合汽车碰撞事故分析参数的不确定性理论，建立其离散模型。其中，P_{11}^*、P_{12}^*、P_{21}^*、P_{22}^* 分别为碰撞时 1 车受等效冲量的最小值、最大值和 2 车受等效冲量的最小值、最大值；I_{101}、I_{102}、I_{201}、I_{202} 为碰撞前 1 车动量的最小值、最大值和 2 车动量的最小值、最大值；α_{10}、α_{20} 为碰撞前 1 车速度方向和 2 车速度方向（图 4-7）。

(1) 定出适当作图比例 Scale 和 X-Y 坐标系，作射线 $\overline{OI_{10}}$ 与 X 轴成 α_{10} 角，作射线 $\overline{OI_{20}}$ 与 X 轴成 α_{20} 角，并且使得它们的箭头相交于 O 点。

(2) 过 O 点沿碰撞点与 1 车质心连线的垂线方向作线段 $\overline{OC}$ 使 $\overline{OC} = P_{11}^*$ Scale，同理沿此方向作 $\overline{OC'}$ 使 $\overline{OC'} = P_{12}^*$ Scale。

(3) 同理，过 O 点沿碰撞点与 2 车质心连线的垂线方向作线段 $\overline{OD}$ 使 $\overline{OD} = P_{21}^*$ Scale，沿此方向作 $\overline{OD'}$ 使 $\overline{OD'} = P_{22}^*$ Scale。

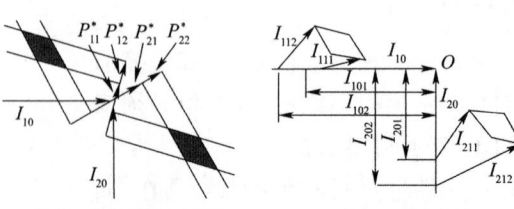

a) 最大、最小动量矩反射　　b) 最大、最小动量

图 4-7　动量矩反射截面法示意图

(4)作 C、C'、D 和 D' 关于 O 的中心对称点 E、E'、F 和 F'。

(5)经过 C' 和 C 两点分别作直线平行于碰撞点与 1 车质心连线,经过 F 和 F' 两点分别作直线平行于碰撞点与 2 车质心连线,四直线交成 1 车碰撞前动量的可行解区间。

(6)经过 E' 和 E 两点分别作直线平行于碰撞点与 1 车质心连线,经过 D 和 D' 两点分别作直线平行于碰撞点与 2 车质心连线,四直线交成 2 车碰撞前动量的可行解区间。

(7)剩下的步骤与动量反射截面法相同。

四、能量截环法

由汽车碰撞事故的过程可知,在数值上变形能 ΔE_d 等于动能的变化 ΔE_{sp},即 $\Delta E_d = -\Delta E_{sp}$,且在数值上有:

$$m_1(V_{11}-V_{10}) = P = -m_2(V_{21}-V_{20})$$

$$\begin{aligned}\Delta E_{sp} &= 0.5[m_1(V_{11}^2-V_{10}^2)+(V_{21}^2-V_{20}^2)]\\&=0.5P[(V_{11}+V_{10})-(V_{21}+V_{20})]\\&=0.5P[(V_{11}-V_{12})+(V_{01}-V_{02})]\\&=0.5P[\varepsilon(V_{20}-V_{10})-(V_{20}-V_{10})]\\&=0.5P(1-\varepsilon)(V_{20}-V_{10})\end{aligned}$$

$$\begin{aligned}\Delta E_d &= \frac{1}{2}(1-\varepsilon^2)\frac{m_1 m_2}{m_1+m_2}(V_{10}-V_{20})^2 = W\big|_B^E\\&=\frac{1}{2}(1-\varepsilon^2)\frac{m_1 m_2}{m_1+m_2}\left(\frac{-2E_d}{P(1-\varepsilon)}\right)^2\\&=\frac{2m_1 m_2}{m_1+m_2}\frac{1+\varepsilon}{1-\varepsilon}\frac{E_d^2}{I^2}\end{aligned}$$

$$P^2 = \frac{m_1 m_2}{m_1+m_2}\frac{1+\varepsilon}{1-\varepsilon}\Delta E_d^2$$

故

$$P = \sqrt{\frac{2E_d m_1 m_2(1+\varepsilon)}{(m_1+m_2)(1-\varepsilon)}} \tag{4-46}$$

上述过程没有考虑存在旋转的运动情况,若存在旋转运动则需修正 m 为:

$$m_{0i} = m_i r_i / (r_i^2 + a_{ij}^2) \tag{4-47}$$

式中: ε ——恢复因数;

a_{ij} ——冲量相对汽车质心的杠杆臂长(图 4-8),$i=1,2,j=1,2$;

r_i ——车辆惯性半径,$r_i = \sqrt{J_i/m_{0i}}$。

在此,冲量的方向及杠杆臂长等均具有不确定性,下面将依据上述理论结合汽车碰撞事故分析参数的不确定性理论建立模型。

能量截环法模型如图 4-9 所示。其中,P_{11}^*、P_{12}^*、P_{21}^*、P_{22}^* 为碰撞时 1 车受等效冲量的最小值、最大值和 2 车受等效冲量的最小值、最大值;I_{101}、I_{102}、I_{201}、I_{202} 为碰撞前 1 车动量的最小值、最大值和 2 车动量的最小值、最大值;α_{10}、α_{20} 为碰撞前 1 车速度方向和 2 车速度方向。

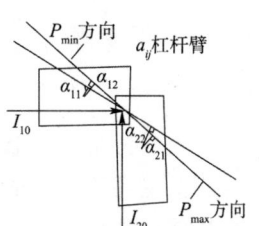

图 4-8 能量截环法:冲量与杠杆臂长

（1）定出适当作图比例 Scale 和 X-Y 坐标系，作射线 $\overline{OI_{10}}$ 与 X 轴成 α_{10} 角，作射线 $\overline{OI_{20}}$ 与 X 轴成 α_{20} 角，并且使得它们的箭头相交于 O 点。

（2）以 O 点为圆心、$\overline{OC} = P_{11}^* $Scale 为半径作圆，同理以 $\overline{OC'} = P_{12}^* $Scale 为半径作圆，得到一圆环。

（3）过 O 点沿分别沿冲量的方向作直线，因冲量方向具有不确定性，故方向角度存在最大值和最小值，由此得到两条直线。

（4）上述两直线与圆环相交得到两封闭的多边形，即为 1 车和 2 车碰撞后动量的可行解区间。

（5）剩下的步骤与动量反射截面法相同，但在判断极值点时还必须考虑圆弧上是否存在。

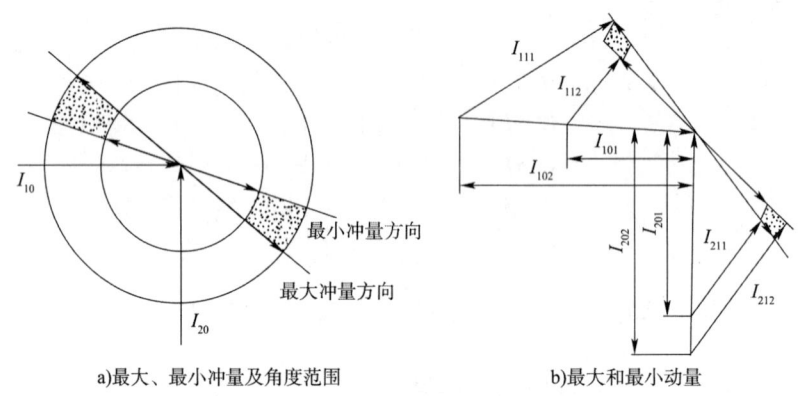

a）最大、最小冲量及角度范围　　　b）最大和最小动量

图 4-9　能量截环法示意图

五、多角形截面法

多角形截面法的实质是动量反射法和动量矩反射截面法联合，其解区间为两种方法叠加形成的多边形区域（图 4-10），其理论和模型在此将不再赘述，可参见动量反射法和动量矩反射截面法相应部分。

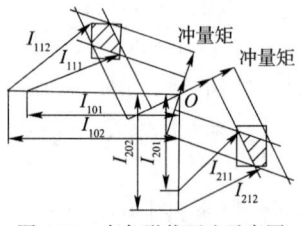

图 4-10　多角形截面法示意图

思考题

1. 说明矢量四边形法模型。
2. 简述事故再现中的不确定性参数的边界值法。
3. 简述事故再现中的不确定性参数的偏差法。
4. 简述事故再现中的不确定性参数的数理统计法。

第五章　车辆-行人事故

第一节　行人交通事故再现的意义

　　同典型的汽车-汽车碰撞事故相比，人们对涉及行人的交通事故的认识较肤浅。而在很多情况下，碰撞行人的交通事故颇为复杂，因此更需要人们去探索。行人事故再现主要包括推算汽车的初始速度、汽车的碰撞速度、事故地点（时刻）、碰撞点、行人的行走速度和方向。行人事故再现的基础数据是从事故现场痕迹和证词中提取的。像对汽车等机动车之间的碰撞事故分析一样，透彻地了解碰撞行人事故的碰撞或初始接触的过程是分析行人交通事故的重要环节。可惜在汽车碰撞行人事故的分析中，经常出现失误，原因是有关行人事故的证据提取比其他事故的要难且不充分，从而为事故分析带来了一定的难度。人们可能经常在事故案卷里看到这样的叙述：某行人进入行车道，被汽车碰撞倒地。在事故再现分析的实际工作中，这不能满足分析问题的最基本要求，而要知道行人如何进入车道的，这是较为复杂的问题。事故再现专家必须仔细研究事故现场图和案卷，并进行研讨：行人从何处进入车道，如何进入车道，汽车在何处碰撞行人，汽车行驶与行人运动方向之间的角度关系，行人在车的何处，如何倒向汽车以及抛出倒地。此外，行人的行进速度也应在考虑范围之内。

　　行人事故过程的过分简化可能会导致事故分析结论的错误。行人事故的事故前阶段可从紧急制动过程中驾驶人的反应阶段划分来分析。事故前阶段可划分为感知、反应和结果三个基本阶段。感知阶段依时间序列可具体分解为：危险（即行人）进入驾驶人视野，驾驶人看见行人，危险被辨识，直接危险的"阈值"被确定。假设行人已被观察并辨识到，则在此期间行人已经运动到可能被驾驶人看到的位置，并认识到将发生危险。但是，此时刻不一定是驾驶人或行人"真正"相互看见和辨识的位置，而只是"潜在"的可见位置。然后才是驾驶人和行人相互被看见，并辨识到危险。例如，行人可能进入道路，但驾驶人可能正在看后视镜；同一时刻，行人可能望向另一方向。对于玩耍的儿童，注意力此时可能集中在弹到道路上的皮球。在这种情况下，事故参与者双方可以看见对方，但实际上却都没有看见对方，当驾驶人前视时，才看见行人。但这也需要一定的分析、辨识和决策时间，对行人的动向进行判断。如果驾驶人观察到一个行人似乎犹豫不决、停止或视线瞥向汽车方向，则可能会作出行人不会穿越道路的判断。如果视线所及是一个追逐皮球冲向道路的儿童，则驾驶人会看见和辨别到事件已达到了危险"阈值"，从而发出相应动作的决策，来改变速度或方向，或者两者兼有之。

　　在再现行人交通事故时，常会提出一些不同于其他事故类型的问题，如事故的原因和事故是否可以避免等。回答前者需要了解诸如汽车的初速度、碰撞速度、反应时刻、碰撞形态、行人行走时间、可辨认位置、行走方向以及由这些数据测算的速度变化历程。回答后者包括事故的空间和时间避免潜力。

但是,事故再现的方法却依赖许多因素,如费用和原始资料等。

行人事故再现的基础是事故现场的勘查物证(如痕迹、证据)。勘查的主要内容涉及工程(汽车、行人、道路)、医学(受伤位置、伤势)、天气方面(道路状况、视野)、心理学方面(目击者、证人、当事人问询)等。

在汽车碰撞行人的交通事故中,被害者需要急救,并要求尽快地恢复交通,现场勘测有一定的困难。所以,交通警察会在现场物证没有被破坏、见证人没有离开之前尽早地进行勘测。特别是应注意碰撞接触地点的确认,这个问题对行人事故尚是难以解决的问题并容易被忽略或遗漏。

行人事故再现使用的方法主要依据物理定律(制动、转向等)、勘查结果和特殊模拟试验。

目前,行人事故再现的常用方法有位移-时间曲线图法、分布三角形法、区间约束法及数学模型法。

行人事故再现的可用数据包括事故汽车的终止位置、行人的终止位置、滑移物体的终止位置(如汽车附属物,玻璃碎片,撒落物,行人的鞋、帽、拎包、钱包、眼镜)、制动或侧滑印迹、道路附着因数、碰撞地点位置(通过行人鞋与地面的擦痕、交通环境特点、目击者证词等确定)、汽车车身的擦痕(有时辨认困难)、汽车损坏位置和特点、道路位置和路况、视线遮蔽、交通规则管制、行人受伤的种类与严重程度、衣服损坏与脏污以及当事人和证人的陈述等。

如果碰撞接触地点的准确位置已知,通常就有可能回答上述两个问题。反之,在回答上述两个问题之前的主要工作是确定碰撞点。

第二节　汽车-行人交通事故过程

汽车与行人碰撞后,行人的运动状态与汽车外形与尺寸、汽车速度、行人高矮、行人速度大小和方向等有关(图 5-1)。

接触点位于行人质心上部(碰撞类型 D),如大型客车、货车等与成年人碰撞、轿车与儿童碰撞时,碰撞可能直接作用在行人的胸部甚至头部。身体上部直接向远离汽车的方向抛向前方。如果汽车不采取制动,行人将被碾在车下。

如果碰撞接触点位于行人质心,行人整个身体几乎同时与汽车接触(碰撞类型 C),行人的运动状态基本同 D。在大多数情况下,碰撞作用在行人质心下面(碰撞类型 A 和 B),一般的船形轿车与成年人的碰撞事故均属于这种形式。汽车保险杠碰撞行人的小腿,随后大腿、臀部倒向汽车发动机舱盖前缘,然后上身和头部与发动机舱盖前部,甚至与风窗玻璃发生二次碰撞。图 5-1 中的 h/H 值越小,头部碰撞速度就越大。碰撞速度越高,汽车前端越低,行人身材越高,头部碰撞风窗玻璃的概率就越大。试验窗表明,当碰撞速度小于 15km/h,对于 A 和 B 两种类型的碰撞,模拟假人被撞击后直接抛向前方。当汽车(轿车)速度很高,并且在碰撞时没有采取制动措施,可能会使行人从车顶掠过,直接摔跌在汽车后面的路上。

对于船形轿车行人碰撞事故,行人运动过程如图 5-2 所示。图 5-2a)所示为汽车与行人的运动方向相同或者迎面碰撞时,行人的运动学规律;而图 5-2b)所示则是行人运动方向与汽车运动方向垂直碰撞时,行人运动学规律的抽象描述。

	类型 A	类型 B	类型 C	类型 D
高度比 h/H	$< \dfrac{1}{2}$	$\sim \dfrac{1}{2}$	≥ 1	> 1
碰撞位置 s/S	< 1	≤ 1	$= 1$	> 1
初始转动方向	+	+	+	+
二次转动方向	+	+	+ -	-
$\dfrac{V_{头-车}}{V_{碰}}$ 头部碰撞速度	1.0~1.4	0.8~1.2	1	0~1
$\dfrac{V_{分离}}{V_{碰}} = K$ 行人速度	0.6	0.75	0.8	1.0

图 5-1　行人与汽车相碰事故碰撞后行人运动状态与汽车外形和尺寸、汽车速度、行人身材的关系

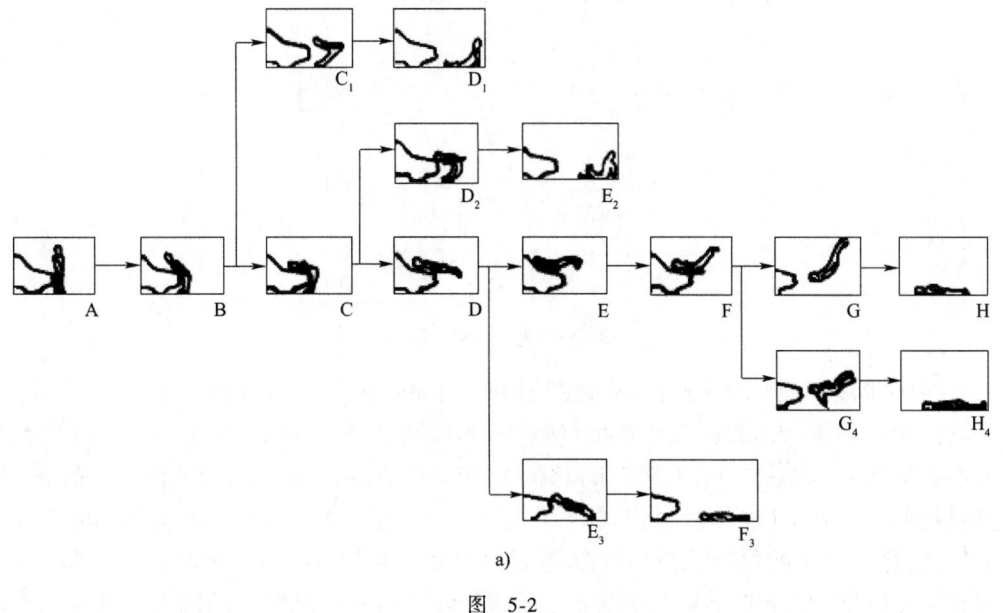

a)

图 5-2

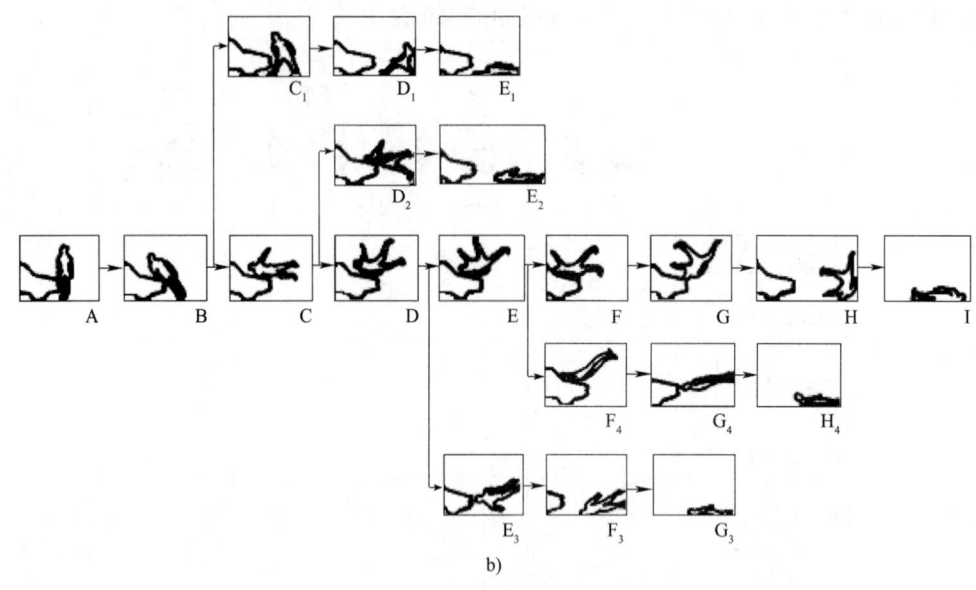

b)

图 5-2 轿车碰撞行人的运动形式

图 5-3 为常见的轿车与成年人碰撞时,行人运动过程的划分:①车、人接触,行人身体碰撞并加速,身体移向汽车发动机舱盖;②从发动机舱盖上抛出;③落地后继续向前运动至静止。即由接触、飞行和滑移三个阶段组成。

图 5-4 是利用模拟假人试验所得到的身体不同部位在碰撞过程和其后的运动规律。对于行人与汽车的擦碰,其运动形式较为复杂,第二阶段不存在。

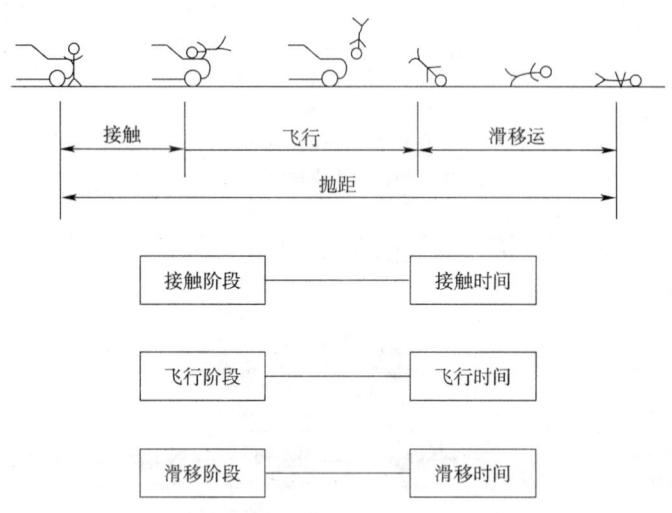

图 5-3 行人事故过程的阶段划分

对接触阶段影响较大的因素有碰撞速度、制动强度和行人与汽车前端的几何尺寸比。飞行阶段是因行人先被汽车加速,然后汽车因制动,而被加速的行人继续向前运动,行人被抛向前方。如果汽车未采取制动措施或者减速度很小,会出现两种情况:若速度超过某数值,行人就可能掠过风窗玻璃而从车顶飞出,跌落在车后;而速度较低时,行人倒地后,会遭遇汽车的碾压。滑移阶段是从行人第一次落地到滑滚至静止的过程。试验研究表明,在这个过程中行人亦可能离开地面弹起。影响接触阶段的因素对滑移(滚动)

运动同样有影响。此外,落地时刻的水平和垂直速度、路面种类、行人着装等因素对该过程也有影响。

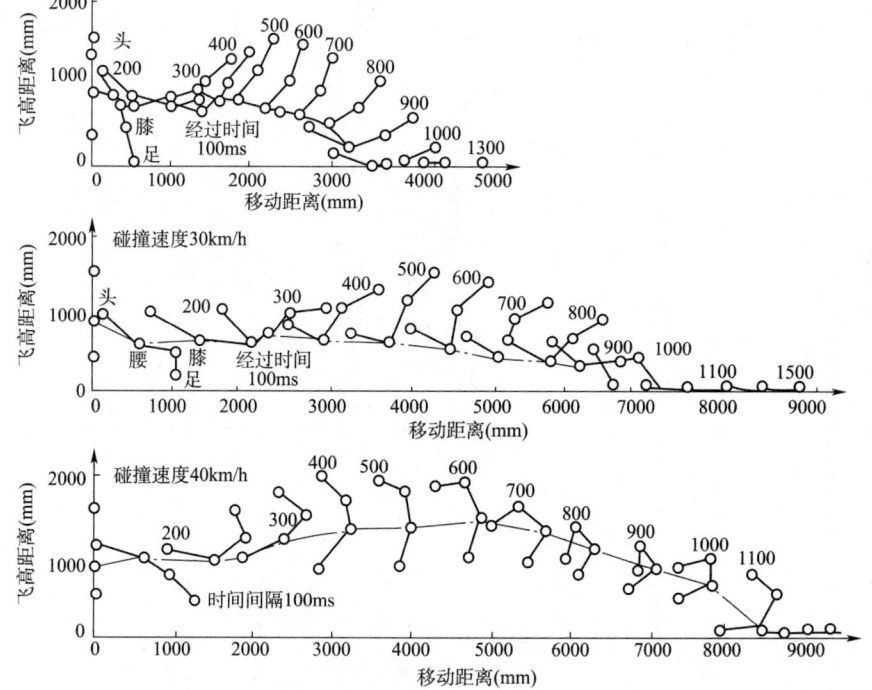

图 5-4 成年人(模拟假人)被船形轿车碰撞后的运动姿态

对于平头汽车碰撞成年人或船形轿车碰撞儿童,其运动过程如图 5-5 所示。碰撞后儿童被直接抛向汽车的前方,经滑移或滚动后停止。如果碰撞过程汽车没有采取制动措施,行人可能被汽车碾压。

图 5-5 船形轿车碰撞儿童的情形

为了便于分析行人事故,首先解释可用于推算或再现行人事故的基本术语(图 5-6)。

行人抛距 S,是指碰撞点至行人静止点之间的距离。行人抛距可分解为纵向抛距和横向抛距,前者为其在汽车行驶方向的分量 S_X,后者为垂直行驶方向的分量 S_Y,如图 5-6a)所示。

行人横偏距 Y_C,是指汽车与行人臀部的接触点至头部与发动机舱盖接触点之间的垂直于汽车纵轴的距离,如图 5-6b)所示。

上抛距离 X_C,是指在汽车上接触点至行人头部碰撞点之间的平行纵轴的水平距离,如图 5-6c)所示。

展开长度 L_C,是指从地面到头部与汽车发动机舱接触点行人身体包容汽车外廓的展开长度,它可分为静展距和动展距。前者为行人围绕汽车外廓展开时,从地面开始至头部与汽车的接触部位的展距(图 5-6c);后者为行人围绕汽车的外廓展开时,地面至头部碰撞点的展距。

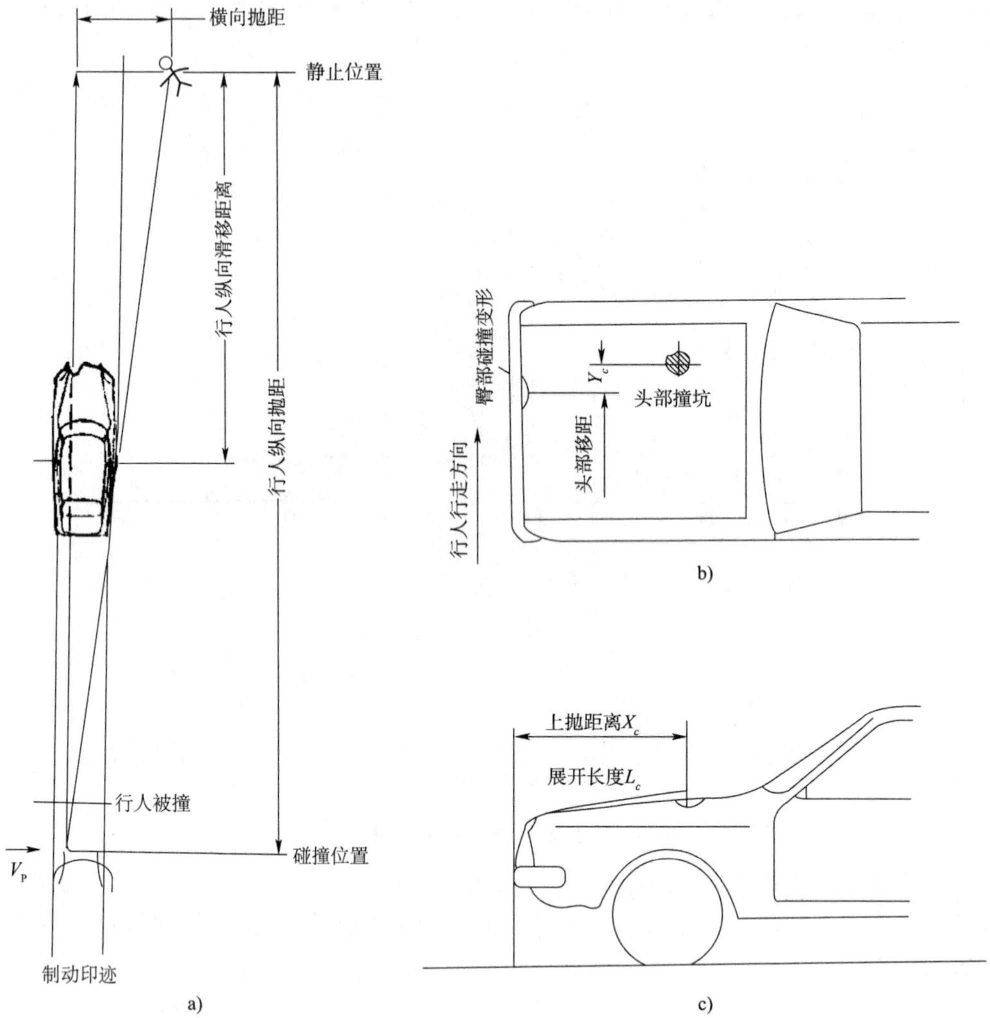

图 5-6 行人事故术语的定义

第三节 汽车-行人交通事故分析的约束方法

目前人们对汽车行人事故的一般运动学规律的了解相对较少,因而利用试验数据与所分析行人事故对比,较为容易为非专业人士所接受。为此,本节将介绍有关的试验结果和基于试验(及其经验公式)分析事故的约束方法。

一、有关试验结果

图 5-7 是根据试验结果绘制的不同制动减速度条件下车速与行人纵向抛距的关系曲线。其中,虚线表示行人事故的行人纵向抛距分布范围(Rau、Kühnel 和 Elsholz),实线为在不同制动强度的条件下,行人纵向抛距与碰撞速度或制动减速度的关系以及抛距的分布范围。

对图 5-7 进行回归得出的经验公式为:

$$Y_C = 0.0178 a V_C + 0.0271 V_C^2/a \tag{5-1}$$

式中:Y_C、a、V_C——行人的纵向抛距、制动减速度和碰撞速度。

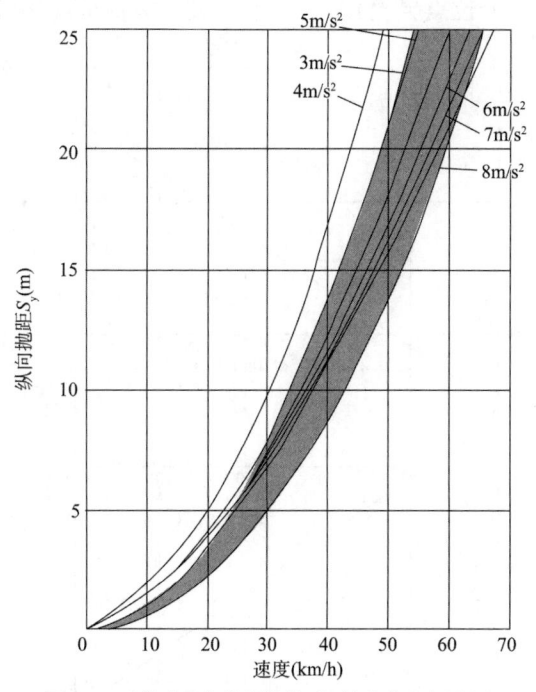

图 5-7 碰撞速度与抛距的关系（制动减速度不变）

图 5-8 所示为在不同形状轿车低速碰撞行人条件下行人抛距与碰撞车速之间的关系。由图可知，在碰撞速度相同的条件下，低发动机舱盖汽车碰撞行人时的抛距稍小于较高发动机舱盖汽车碰撞行人时的抛距。

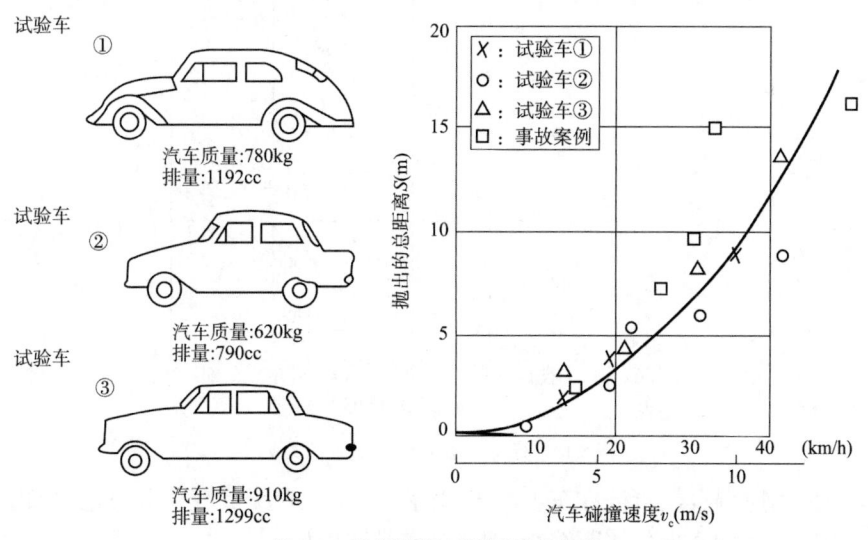

图 5-8 行人抛距与碰撞速度的关系

注：1cc = 1mL。

图 5-9 所示为行人横向抛距对碰撞速度的依赖关系。与纵向抛距不同，横向抛距的极限距离与碰撞速度呈线性关系。

行人上抛距也受碰撞速度的影响。图 5-10 表明，行人上抛距离 X_c 也与行人身体高度（成人或儿童）与汽车外形相对尺寸（VW-KAFER 为大众甲壳虫轿车，OPEL 为普通船形轿车）有关。显然，甲壳虫外形汽车的行人上抛距较大。这是因为甲壳虫汽车的发动机舱短，速度稍高，模拟假人(50%分位点男人)就与汽车 A 柱或风窗玻璃接触。

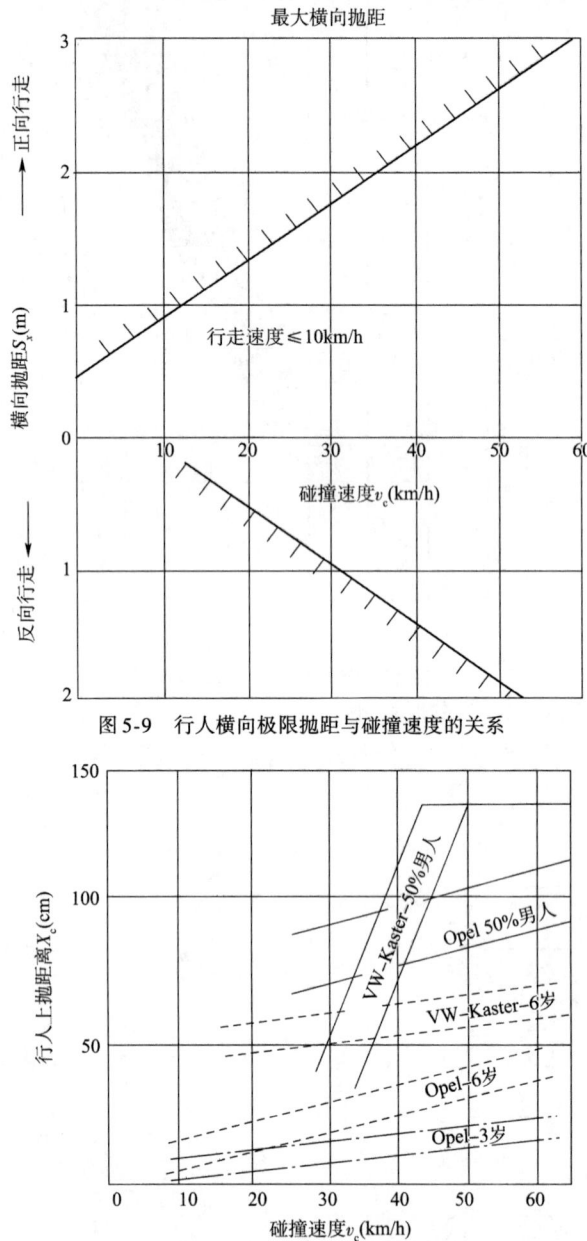

图 5-9　行人横向极限抛距与碰撞速度的关系

图 5-10　行人上抛距与碰撞速度的关系

汽车的碰撞速度越高，行人在车上的横偏(移)距 Y_c 越小，其变化分布范围如图 5-11 所示。车速增加，行人的横向偏移距缩小，但是分布带宽增加。

汽车与行人碰撞的情况，一般会在碰撞接触处发生凹陷变形。变形的深度通常与碰撞速度呈比例关系(图 5-12)。

发生碰撞行人的事故时，行人有可能将前照灯或风窗玻璃击破，形成碎块较均匀地在一定范围内的分布场。Schneider 取下缘离地高度 60cm，上缘离地高度 83cm 的汽车前照灯为试验对象，试验中利用特制工具击碎前照灯，并记录玻璃碎片的起点(最近抛距)和止点(最远抛距)，结果如图 5-13 所示。

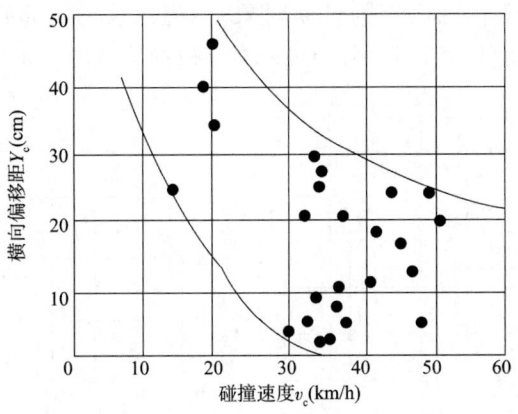

图 5-11　碰撞速度与行人在汽车上的横偏移距

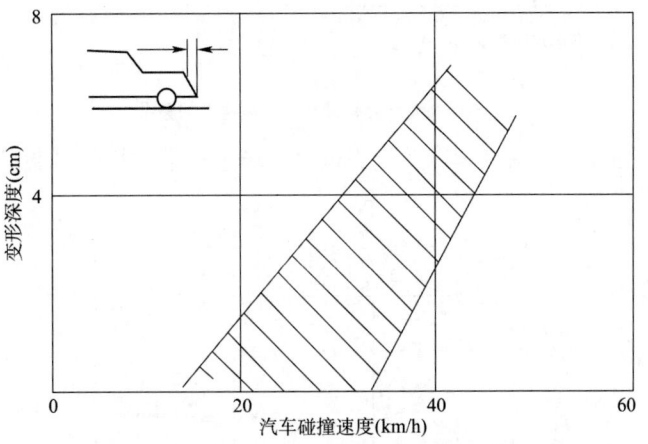

图 5-12　行人在车身上的压痕深度与碰撞速度

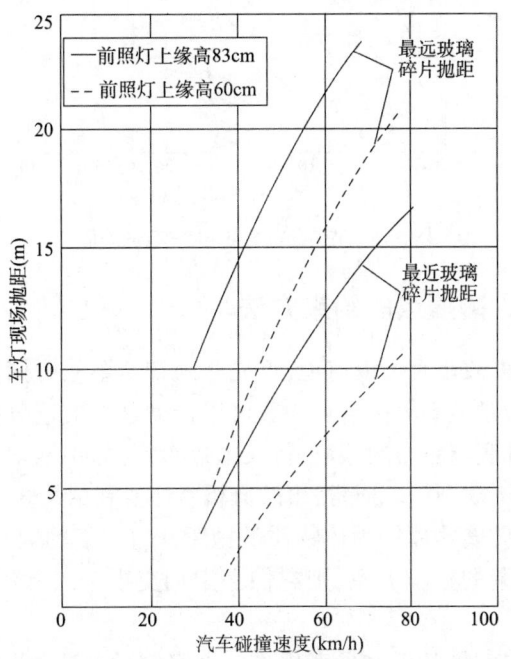

图 5-13　玻璃碎片抛距与碰撞速度的关系

Kühnel 取四种有代表性的汽车为试验对象,不但记录了玻璃碎片的起点和止点抛距(分布带宽,图 5-14a),而且还给出了分布主带宽与碰撞速度的关系(图 5-14b)。

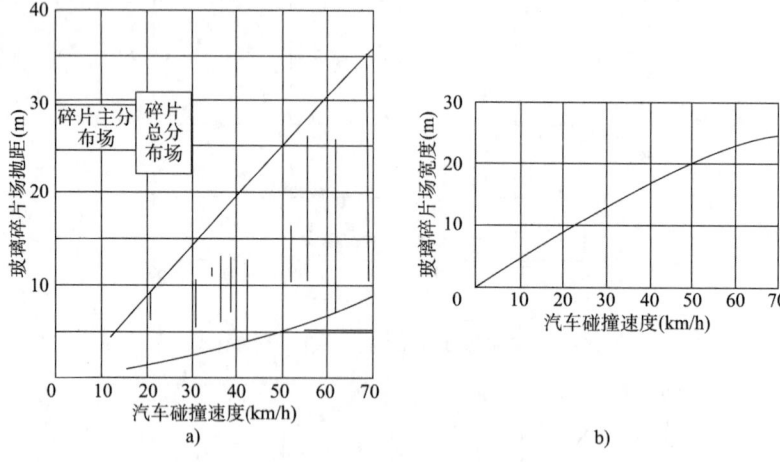

图 5-14 玻璃分布带宽与碰撞速度的关系

Braun 对汽车前照灯、平头汽车以及长头风窗玻璃进行了大量的试验,试验结果如图 5-15 所示。

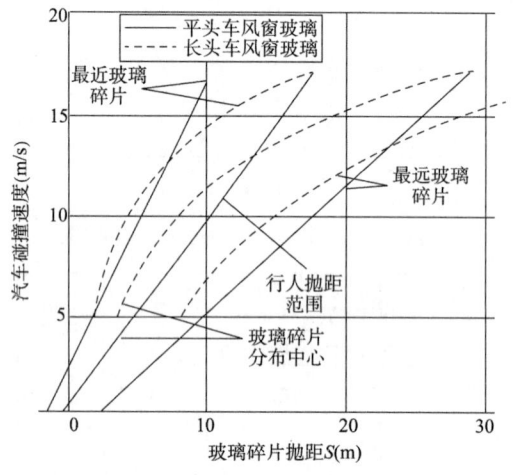

图 5-15 玻璃分布场与碰撞速度的关系

二、确定汽车-行人碰撞点的约束方法

为了确定一起行人事故是否可以避免,首先必须知道事故碰撞接触地点。事故现场一般或多或少会留下痕迹,碰撞事故接触点一般可以借助这些痕迹分析来得到。对于行人交通事故,可能存在行人鞋底与路面的擦痕、行人携带物体(如手推车、牵赶的牲畜及宠物等)在路面的位置或轨迹的不规则等。通常,事故分析者还要利用某些有规律的东西,如行人的抛距、制动压印或拖印、玻璃碎片等固体物质的抛距。将它们的规律曲线绘制到速度-位移坐标系上。如果存在单调的数学关系,则它们必定相交于一点,该点即为事故的碰撞接触地点。

Slibar 分散三角方法就是基于这种考虑的。他将制动拖印、行人抛距及玻璃碎片抛距相对碰撞速度的关系曲线绘制在速度-距离坐标系中,三条曲线所包围的三角区域就是碰撞点的可能分布区(图5-16),从而可得到碰撞速度的平均值。由于参数选择误差,有时三条曲线不能形成闭合三角形。

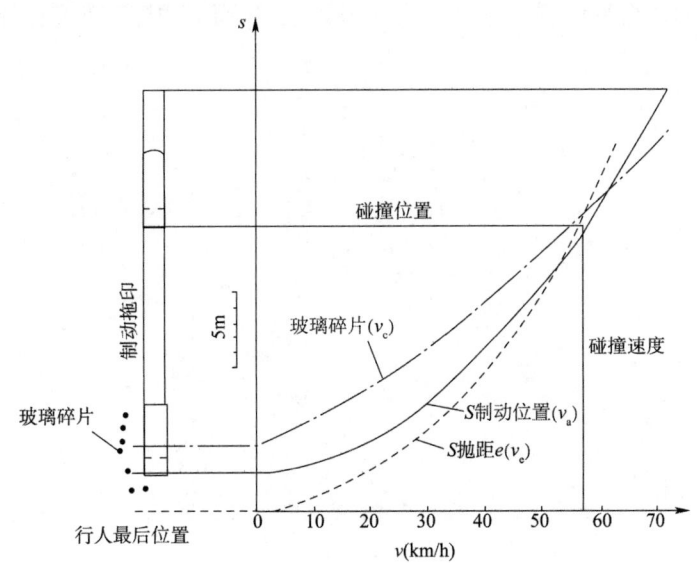

图 5-16　Slibar 分布三角形

但在民事和刑事诉讼中,通常分析问题的出发点是从对被告有利的角度考虑问题。对此,Kühnel 对 Slibar 分散三角方法进行了改进,提出了一种"约束方法"。比如,根据路面的状态和种类,确定在最小减速度为 a_1 和最大减速度 a_2 的条件下,得到制动位移与速度关系的下限和上限方程(图5-17)分别为：

$$\begin{cases} S_1 = f(v_C, a_1) \\ S_2 = f(v_C, a_2) \end{cases} \tag{5-2}$$

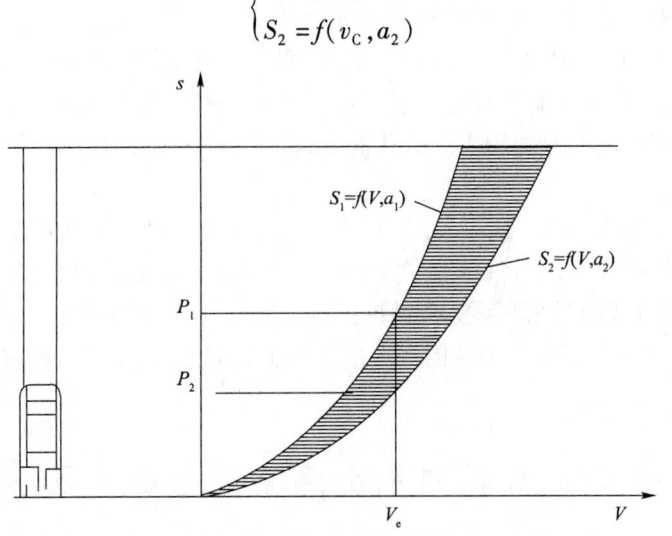

图 5-17　速度约束区

对于确定的碰撞速度 V_C,碰撞点的可能范围就限制在 P_1 和 P_2 之间,反之亦然。

在交通事故分析的实践中,碰撞速度一般都是未知的,但其他的痕迹以及某些规律可能是已知的。比如行人横向偏移距 Y_C,它是由头部与汽车的接触位置及汽车与行人的初始接触点来确定的。将行人横偏距 Y_c 与试验数据比较,可求出碰撞速度的下限 V_{C1} 和上限 V_{C2}。由 S_1、S_2、V_{C1} 和 V_{C2} 形成一个约束区域(图 5-18 中的阴影包围区)。

为了缩小约束区域,提高分析精度,通过把当事人的陈述、目击者的证词以及服从物理规律的各种痕迹曲线全部绘制在速度-位移坐标系上,从而把碰撞速度和碰撞点限制在更窄的区域。

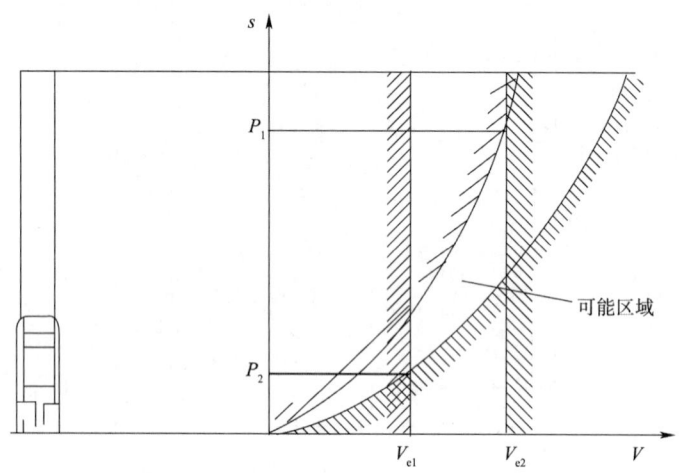

图 5-18　速度和制动减速度约束

存在三种不同的约束:碰撞地点约束、碰撞速度约束和速度-位移约束。这些约束意味着约束区域以外的数值将被排除。

碰撞地点约束一般是那些纯粹的地点陈述,如路边停止汽车之间的间隙、目击者证词、行人携带物体或牵领宠物位置。碰撞地点约束在速度-位移坐标系里以水平直线的形式出现。

碰撞速度约束从痕迹得出,即从痕迹推导出的最小和最大速度。例如行人横偏距(最大速度)、横抛距离(最小速度)、上抛距离(速度范围)。行人动力学特性也可得到碰撞速度推断。例如,行人从发动机舱盖直接抛到车后。另外,碰撞后保险杠和发动机舱前端残留变形深度无疑也可作为碰撞速度约束。这些碰撞速度约束在速度-位移坐标系上用垂直直线表示。

第三种约束是速度-位移约束。它直接描述事故现场痕迹与碰撞速度以及运动方向的关系。除了制动位移以外,主要是行人抛距(有时使用行人落地后的滑移距离)、玻璃(或塑料)碎片的位置以及碰撞时从车体分离抛出的其他物体。这种约束主要使用曲线描述。这种速度-位移约束在坐标系中以痕迹的终止位置为坐标的原点,位移坐标取与汽车运动平行的方向。

第四节　汽车-行人交通事故可避免性分析

在行人交通事故中,常涉及行人的速度和方向、汽车的运动状态(如等速、加速、制动减速)等。此外,还有关于驾驶人视线障碍,如路旁停放的汽车、弯道或交叉路口的交通设施、绿化植被(树木)等。这样就可把普通行人交通事故视为有至少两个参与者的交通事故。另外,同汽车相比行人的行走(或奔跑)速度一般较小,通常取平均值,因此其运动线是很陡的直线。

一、行人的行进速度

确定行人的行进速度是事故再现工作中一项比较棘手的问题。1977 年，Eberhardt 和 Himbert 进行了大量的试验工作，力图确定行人运动的平均速度与年龄、性别及运动的特点，如行走、跑步和赛跑的关系。事故调查时会遇到目击者这样说："这个行人走得特别快。"不同的人对"特别快"可能赋予不同的速度。就是说，行人速度的判定取决于观察者、被观察者以及被观察者所处的环境。表 5-1 给出了速度的平均值。

行人在不同运动状态下的平均速度（单位：m/s）　　表 5-1

年龄（岁）		6~14	14~15	20~30	30~50	50~60	70~80
性别		男/女	男/女	男/女	男/女	男/女	男/女
运动状态	行走	1.5/1.5	1.7/1.6	1.2/1.4	1.5/1.3	1.4/1.4	1.0/1.1
	快走	2.0/2.0	2.2/1.9	2.2/2.2	2.0/2.0	2.0/2.0	1.4/1.3
	跑动	3.4/2.8	4.0/3.0	4.0/3.0	3.6/3.6	3.5/3.3	2.0/1.7
	赛跑	4.2/4.0	5.4/4.8	7.4/6.1	6.5/5.5	5.3/4.6	3.0/2.3

二、事故可避免性计算

在行人交通事故警察调解和法庭裁决时，下面三个问题起着决定性的作用。

(1)驾驶人是否对危险及时作出反应？及时意味着在对应的视线条件下驾驶人最早可能看见行人时刻。及时也意味着，一旦明确地识别行人（儿童、残疾人、醉酒者）无力或无意让道，驾驶人就可作出反应。若没有及时反应，则应该检验：是否驾驶人能够及时作出反应，就可以避免事故的发生。

(2)汽车制动前的速度有多高？若反应及时，速度高于法规限值会导致是否承担事故责任的判决。

(3)如果事故汽车保持允许速度（譬如 50km/h），就要检验从时间或空间上事故是否可避免。

虽然某起行人事故是不可避免的，但是，保持允许速度行驶仍然可使碰撞速度降低，从而降低事故后果。

回答这三个问题的方法除了用公式计算外，亦可使用时间-位移图法。下面将举例加以阐述。

儿童从汽车行驶方向的右侧横穿道路时，被汽车右侧所撞。初始变形位置位于汽车发动机舱盖右前角 0.7m 处。事故时在路右侧有另一辆停放的汽车，从该停放车前端至碰撞点距离为 2.8m。汽车前轮制动拖印长为 19m。制动试验表明，汽车的减速度至少为 $7m/s^2$。从制动痕迹起点至碰撞点距离为 6m。事故地点允许最高速度为 50km/h（图 5-19）。

碰撞速度为：

$$V_C = \sqrt{2aS_{C\text{-}E}}\,[\text{最小制动减速度 } a = 7(m/s^2)]$$

$$S_{C\text{-}E} = 13(m)（碰撞点至汽车停止点的距离）$$

$$V_C = \sqrt{2 \times 13 \times 7} = 13.5(m/s) = 48.5(km/h)$$

初始速度为：

$$V_0 = \sqrt{2S_{B-E}a}$$
$$S_{B-E} = 19(m)（汽车前轮制动拖印长度）$$
$$V_0 = \sqrt{2 \times 19 \times 7} = 16.3 \text{m/s} = 58.7(\text{km/h})$$

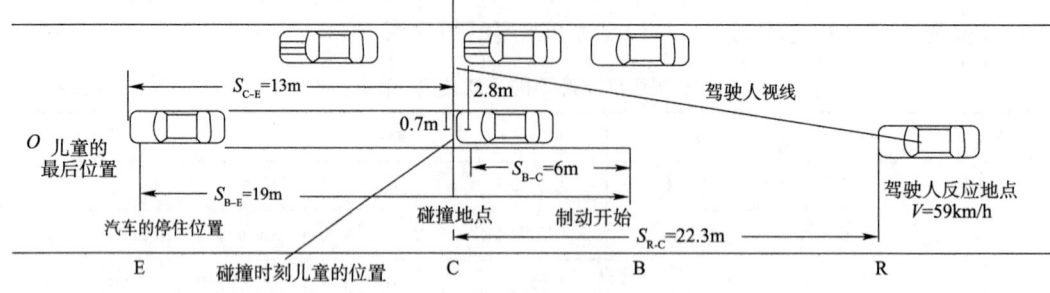

图 5-19 事故现场草图（考虑反应时间）

若初始速度大于允许速度，则驾驶人违反交通规则，应该对事故负一定的责任。

假设总反应损失时间为 1s，期间经过的路程则为 16.3m，则反应时刻至碰撞点之距离为 22.3m。反应时刻到碰撞经历的时间 t_{R-C} 为：

$$t_{R-C} = t_f + t_{B-C}$$

式中：t_f 和 t_{B-C} ——总反应损失时间和制动起点至碰撞地点经过的时间。

$$t_{B-C} = (V_0 - V_C)/a = 0.4(\text{s})$$
$$t_{R-C} = 1.0 + 0.4 = 1.4(\text{s})$$

在这种情况下，驾驶人反应是否及时，或者当儿童在停放车辆之间出现时刻是否能及时反应，与儿童的行进速度有很大的关系（图 5-20）。

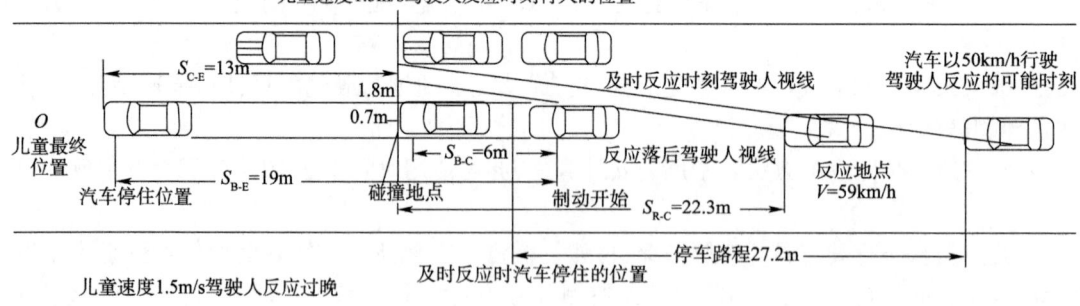

图 5-20 驾驶人反应过晚

三、儿童事故

以一个儿童为例（图 5-19），假设其跑动速度为 2m/s。从驾驶人反应到碰撞发生，儿童经过的路程 S_{P1} 为：

$$S_{P1} = V_P t_{R-C} = 2 \times 1.4 = 2.8(\text{m})$$

在碰撞点前 2.8m 以前,受害儿童恰好位于被路边停放汽车所遮挡,驾驶人视觉处于视线死角,即及时反应时刻。

为了研究该事故从时间和空间上的避免可能性,首先考虑汽车初始速度为 50km/h 的情况,计算汽车是否有足够的时间和空间来避免事故的发生。

为了避免事故发生,驾驶人需要的空间(路程)为:

$$\begin{aligned}S_{R-E} &= S_{R-B} + S_{B-E} \\ &= V_0 t_f + V_0^2/(2a) \\ &= 50/3.6 \times 1 + (50/3.6)^2/(2 \times 7) \\ &= 13.9 + 13.8 \\ &= 27.7 (\text{m})\end{aligned}$$

但实际上,只有 22.3m 的路程可用,因此即使驾驶人及时作出反应,也没有足够的空间避免事故发生。由于驾驶人反应期间汽车已行驶了 13.9m,则留下给制动起点至碰撞点的路程 S_{B-C} 仅有 8.4(22.3 - 13.9)m,碰撞速度为:

$$V_C = \sqrt{V_0^2 - 2aS_{B-C}} = 8.6(\text{m/s}) = 31.3(\text{km/h})$$

从驾驶人反应开始到碰撞所经历的时间 t_{R-C} 为:

$$t_{R-C} = (V_0 - V_C)/a + t_f = 0.75 + 1 = 1.75(\text{s})$$

该结果说明,汽车若以 50km/h 行驶,到达碰撞地点比实际事故晚 0.35s ($t_{R-C} = 1.4$s)。即使这样,行人(以 2m/s 的速度)仍然还在汽车的前端,因为在此期间行人移动路程为 $0.35 \times 2 = 0.7$m。由此可断定,没有足够的空间使得事故得以避免。

如果道路允许速度不存在足够的空间和时间避免事故,则下一步来探讨从空间和时间考虑,可避免碰撞事故的最大速度问题。

空间可避免速度 V_S 为:

$$\begin{aligned}V_S &= \sqrt{(at_f)^2 + 2aS_{R-C}} - at_f \\ &= \sqrt{(7 \times 1)^2 + 2 \times 7 \times 22.3} - 7 \times 1 \\ &= 12(\text{m/s}) = 43.2(\text{km/h})\end{aligned}$$

即如果驾驶人反应及时,汽车初速度为 43.2km/h,则有足够的空间,使驾驶人采取制动措施避免事故的发生。

时间可避免速度 V_T 为:

$$V_T = \frac{\frac{a}{2}(t_{B-C} + \Delta t)^2 + S_{R-C}}{t_{R-C} + \Delta t} \tag{5-3}$$

式中:Δt——行人从碰撞点至离开汽车前部所用的时间(图 5-21)。

$$\Delta t = S_{P2}/V_P = 0.9/2 = 0.45(\text{s})$$

式中,V_P 为行人的速度,S_{P2} 是从碰撞点至汽车前部的距离。

$$V_T = \frac{7/2 \times (0.4 + 0.45)^2 + 22.3}{1.4 + 0.45} = 13.4(\text{m/s}) = 48.3(\text{km/h})$$

四、老年人事故

假设其跑动速度为 $V_P = 1.3$m/s,$t_{R-C} = 1.4$s。老年人从驾驶人反应时刻到碰撞点所经

过的路程 S_{P1} 为：

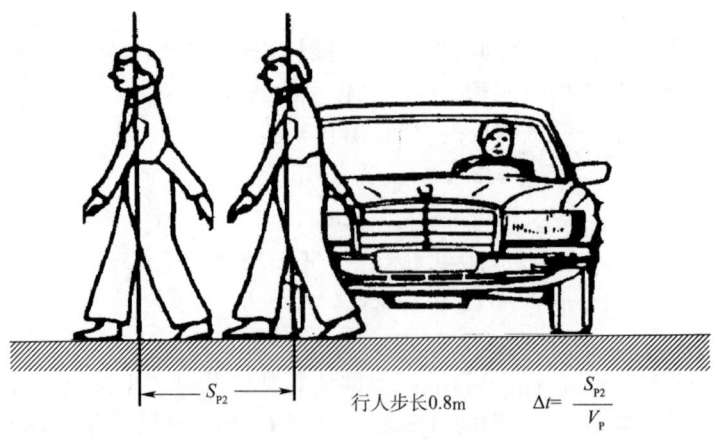

图 5-21 考虑行人步长

$$S_{P1} = V_P t_{R-C} = 0.82(m)$$

因为碰撞点离停放汽车 2.8m，所以反应时刻行人已离开停放汽车有 0.98m 的距离。这就意味着，如果驾驶人反应及时，则其应提前 0.75(0.98/1.3 = 0.75)s 作出反应。如果驾驶人反应及时，汽车离碰撞点的距离为 34.5(6 + 1.0×58.7/3.6 + 0.75×58.7/3.6)m，反应所需要的路程为 16.3m。从 58.7km/h 至停止经过的路程 S_{B-E} 为：

$$S_{B-E} = V_0^2/(2a) = (58.7/3.6)^2/(2\times 7) = 19.0(m)$$

从反应时刻至停止汽车所经过的距离为：

$$S_{R-E} = S_{R-B} + S_{B-E} = 16.3 + 19.0 = 35.3(m)$$

则在驾驶人及时反应的前提下，汽车不至于发生碰撞行人的初速度 V_S 为：

$$\begin{aligned}V_S &= \sqrt{(at_f)^2 + 2aS_{R-C}} - at_f \\ &= \sqrt{(7\times 1)^2 + 2\times 7\times 34.5} - 7\times 1 \\ &= 16.1(m/s) = 57.8(km/h)\end{aligned}$$

由此可知，当初速度小于 57.8km/h 时，有足够的空间供驾驶人采取措施来避免事故发生。

时间可避免速度 V_T 为：

$$\begin{aligned}V_T &= \frac{\dfrac{a}{2}(t_{B-C} + \Delta t)^2 + S_{R-C}}{t_{R-C} + \Delta t} \\ &= \frac{7/2 \times (0.4 + 2.8/1.3)^2 + 34.5}{1.4 + 2.8/1.3} \\ &= 16.13(m/s) = 58.7(km/h)\end{aligned}$$

因此，在驾驶人反应及时的前提下，若驾驶人保持交通规则规定的速度 50km/h，从空间上可保证该起事故不发生。

五、位移-时间图分析方法

将事故现场图按一定比例尺（通常为 1:200、1:100 或 1:50）绘制，并绘出位移-时间坐标及以一定时间间隔（如 1s）作一系列直线平行时间坐标。

取碰撞点作为位移坐标的原点,事故汽车停止点至制动起点的运动线(行驶线)的减速度为 $7m/s^2$,制动开始和反应时刻也作为特征点在图中标出。从图 5-20 中给出的碰撞点出发,取行人(第一种假设:行人是儿童,速度为 $2m/s$)画出行人运动线。从反应点出发,作水平线与行人运动线相交于 P_1。由此读取行人从反应至碰撞经过的距离 S_{P1},并将其转换到事故现场图上。

首先假定驾驶人反应及时。对于速度 $50km/h$ 事故的可避免性,可过反应时刻 t_R 作速度 $50km/h$ 的汽车在驾驶人反应时间内的位移-时间直线(虚线)。由于损失时间相同,所以可在时间-位移曲线上汽车经过一段距离后注上制动点。从制动点开始画出至汽车停住的时间-位移曲线。即汽车的行驶线是由直线和抛物线两段组成的。在此期间,行人经过的路程为 $S_{P1}+S'_P$,两条时间-位移线正好相交,因此事故空间不可避免(图 5-22)。

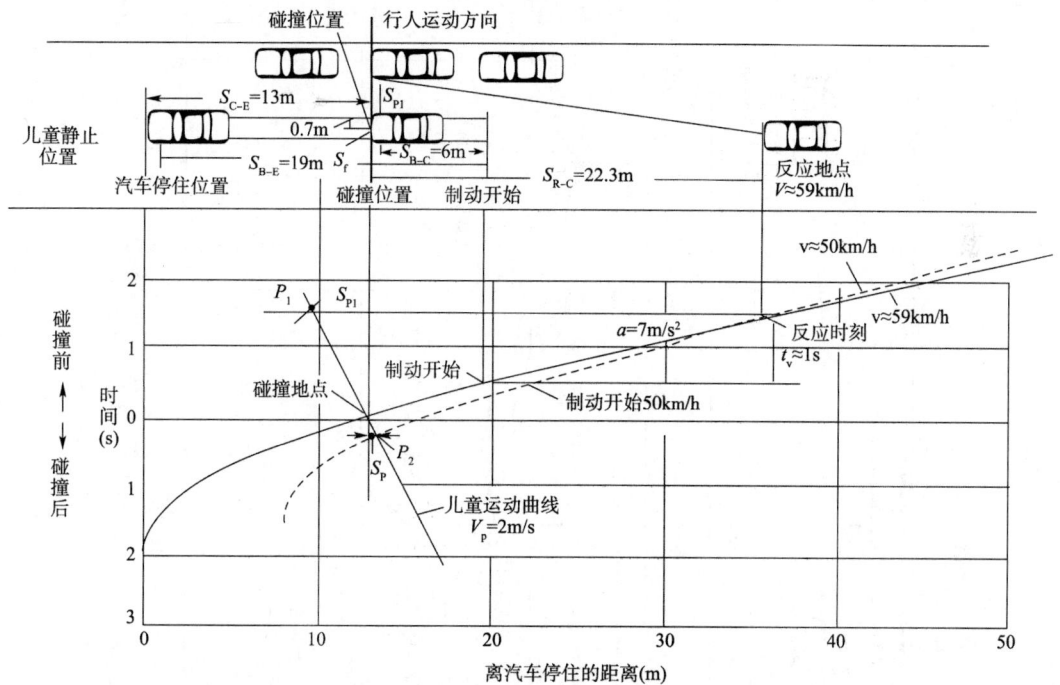

图 5-22 事故空间不可避免

再研究第二种情况:行人是老年人,其速度为 $1.3m/s$。同理,将行人运动线画到事故现场图上,显然驾驶人没有及时反应,及时反应时刻应该为 t_{R1}。

通过将汽车行驶线右移,即驾驶人反应及时。人们需要研究,虽然行驶速度提高,但如果驾驶人反应及时,事故是否可避免?$50km/h$ 速度线表明:驾驶人实际反应同假设行人速度为 $2m/s$ 一样,事故既在时间上不可避免,也在空间上不可避免。如果行人速度为 $1.3m/s$,驾驶人及时反应,即使初始车速为 $59km/h$,事故仍然在空间上可避免(图 5-23)。

最后还应注意,行人的运动速度对事故分析具有明显的影响。汽车的减速度和时间损失是在一定范围内变化的。对于每一起事故案例必须认真检查,哪些假设对当事人(例如司法诉讼)有利。在民事诉讼中,必须估算速度或反应分布区域,而分布区间是根据不同的假设得出的。在事故分析的实践中应避免给出精确速度,例如不可将 $49.5km/h$ 作为实际速度,而应指出速度分布及可避免事故距离。

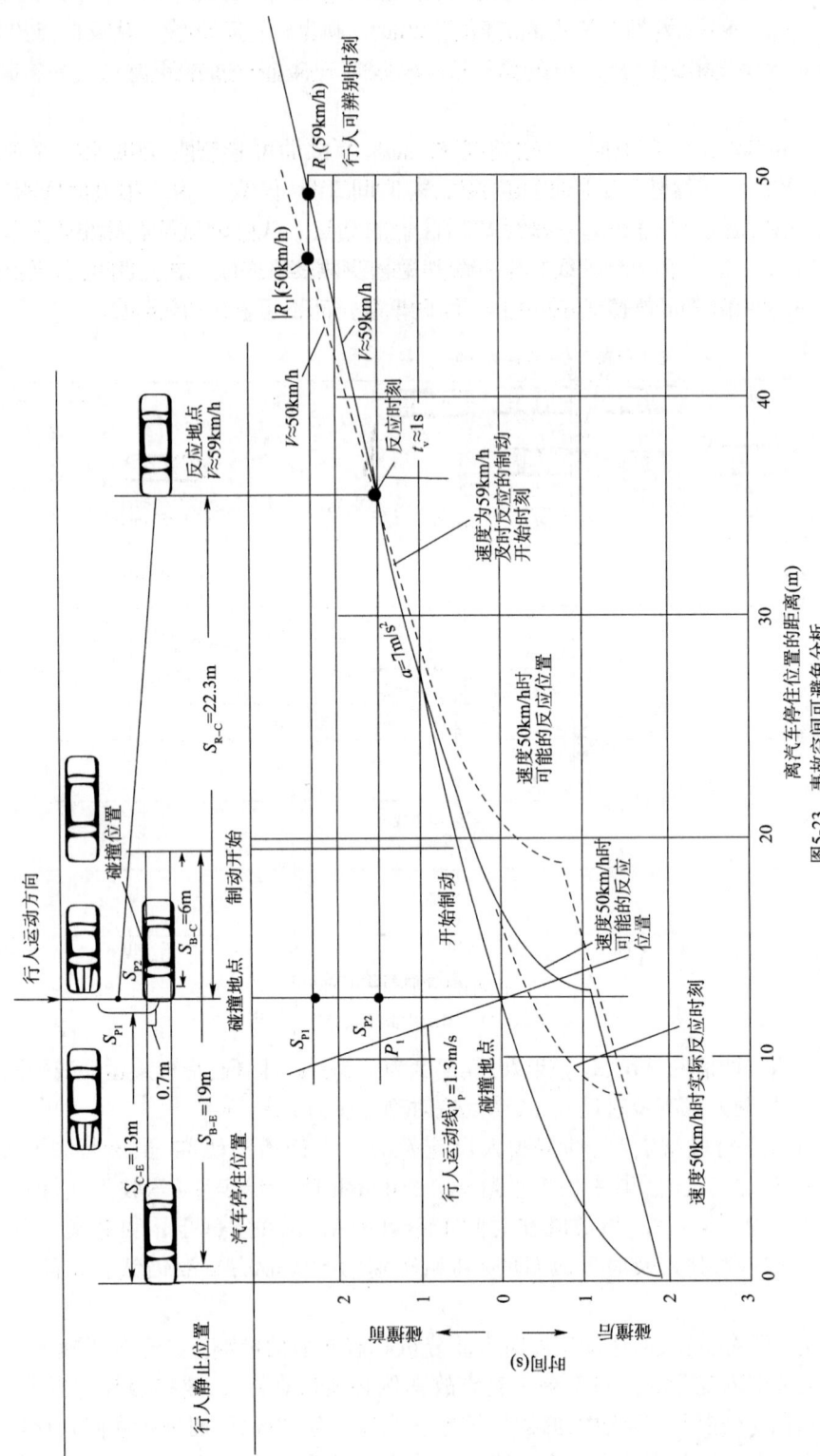

图5-23 事故空间可避免分析

第五节　行人横穿碰撞的界限范围

一、减速横穿加速返回

行人 B 从②点出发,减速行走到④点,发现 A 车来临后,行人加速返回到⑤点,初始条件如图 5-24 所示。B 的行走速度变化如图 5-25 所示。

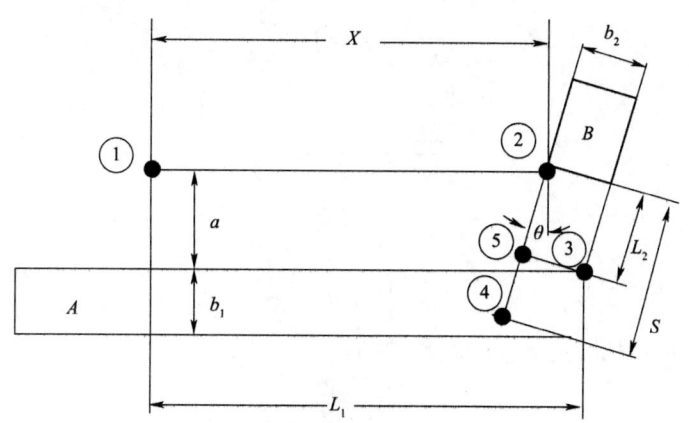

图 5-24　减速横穿加速返回的初始条件

由图 5-25 可知,B 的行走速度可表示为:

$$V = V_0 - \frac{V_0}{t_0}t \tag{5-4}$$

式中:V——B 的行走速度(m/s);
　　V_0——B 行走的初速度(m/s);
　　t_0——B 从②点出发到④点停止所需的时间(s);
　　t——B 的行走时间(s)。

若 B 从②点出发减速行走到④点停止后,又加速返回到⑤所需的时间为 t_2,而 B 在 t_2 时间内的实际行走距离为 L_2,则有:

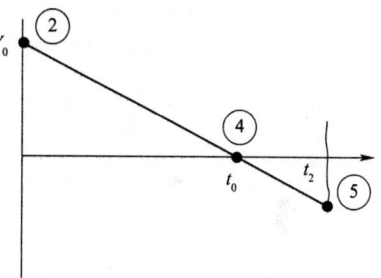

图 5-25　行人 B 的速度变化

$$L_2 = \int_0^{t_2} V d\nu = \int_0^{t_2} \left(V_0 - \frac{V_0}{t_0}t\right) dt = V_0 t - \frac{V_0}{2t_0}t_2^{\,2}$$

所以

$$\frac{V_0}{2t_0}t_2^{\,2} - V_0 t + L_2 = 0$$

$$t_2 = t_0\left(1 + \sqrt{1 - \frac{2L_2}{V_0 t}}\right) \tag{5-5}$$

保证行人安全的条件为:

$$L_1 - b_2 \cos\theta > V_1 t_2 \tag{5-6}$$

式中:L_1——A 车从初始状态行驶到③点的距离(m);
　　b_2——行人 B 行走所占路面宽度(m);
　　θ——行人 B 行走方向与 A 车行驶方向垂线的夹角(°);
　　V_1——A 车行驶速度(m/s)。

将式(5-5)代入(5-6),可得:

$$L_1 - b_2\cos\theta > V_1 t_0 \left(1 + \sqrt{1 - \frac{2L_2}{V_0 t}}\right)$$

$$\frac{1}{V_1 t_0}(L_1 - b_2\cos\theta) - 1 > \sqrt{1 - \frac{2L_2}{V_0 t}}$$

令

$$\frac{1}{V_1}(L_1 - b_2\cos\theta) = c$$

则

$$\left(\frac{c}{t_0} - 1\right)^2 > 1 - \frac{2L_2}{V_0 t_0}$$

解得

$$\frac{2L_2}{V_0 t_0} \cdot \frac{1}{2 - \frac{c}{t_0}} > V_0 \qquad (5-7)$$

又因为

$$s = \int_0^{t_0} V \mathrm{d}t = \frac{V_0 t_0}{2}$$

式中, s 为行人 B 从②走到④的距离,则有:

$$t_0 = \frac{2s}{V_0} \qquad (5-8)$$

将式(5-8)代入式(5-7),可得:

$$\frac{cV_0}{4\left(1 - \frac{L_2}{cV_0}\right)} > s \qquad (5-9)$$

因为

$$c = \frac{1}{V_1}(L_1 - b_2\cos\theta)$$
$$L_1 = x - L_2\sin\theta + b_2\cos\theta$$
$$L_2 = a\sec\theta - b_2\tan\theta$$

当 $\theta = 0$ 时, $\sec\theta = 1, \tan\theta = 0, \sin\theta = 0, \cos\theta = 1$

$$L_1 = x + b_2, L_2 = a, c = x/V_1$$

则式(5-9)为:

$$\frac{xV_0}{4V_1} \cdot \frac{1}{1 - \frac{L_2}{cV_0}} > s \qquad (5-10)$$

设 $x = 20\mathrm{m}, V_0 = 5\mathrm{m/s}, a = 1\mathrm{m}, b_1 = 1.7\mathrm{m}, \theta = 0$ 时,求 A 车行驶速度为 V_1 时,行人 B 行走的最大安全距离 s。

由式(5-7),得:

$$\frac{xV_0}{V_1} = \frac{3.6xV_0}{V_1} = \frac{360}{V_1}$$

$$\frac{aV_1}{xV_0} = \frac{1 \times \frac{V_1}{3.6}}{20 \times 5} = \frac{V_1}{360}$$

$$\frac{1}{4} \times \frac{360}{V_1} \times \frac{1}{1 - \frac{V_1}{360}} > s$$

计算结果见表 5-2。

车行驶速度与行人的最大安全距离之间的关系　　　　表 5-2

V_1(km/h)	10	20	30	40	50	60	70	80
s(m)	9.3	4.8	3.3	2.5	2.1	1.8	1.6	1.5

由计算结果可知,在上述的条件下,A 车的车速为 40km/h 时,行人 B 行走不超过 2.5m,则返回是安全的,否则返回就是危险的。

二、减速再加速横穿

初始条件如图 5-26 所示,行人 B 从②行走到③,瞬间发现 A 车到来,加速通过横道行至④,这时行人 B 的后端通过 A 车行驶路线右侧点⑤后,A 车的前端才到达⑤,即可安全横穿。此时,行人 B 的行走速度,如图 5-25 所示。但要注意减速度和加速度并不相等。

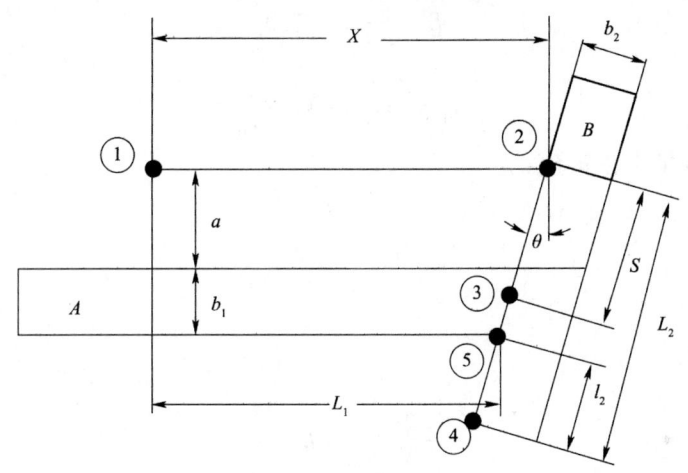

图 5-26　行人减速再加速横穿的初始条件

行人 B 安全横穿的条件可以这样考虑,即行人 B 从②行至④的时间内,A 车尚未到达⑤,也就是行人 B 从②到达④所用的时间 t_2 比 A 车由初始状态到达⑤的时间 t_1 短。

$$t_1 = \frac{L_1}{V_1}$$

$$L_1 = x - (a+b)\tan\theta$$

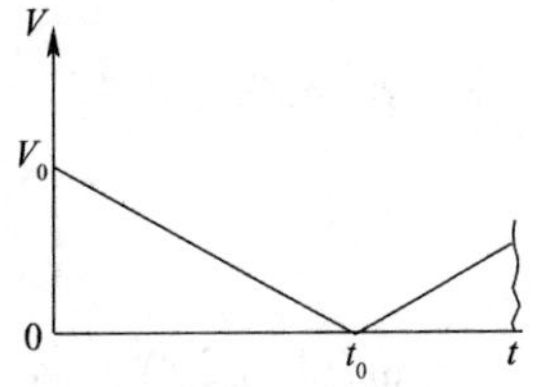

行人 B 从②到④的行走速度可分为两个阶段,如图 5-27 所示。

图 5-27　行人的速度变化

第一阶段减速行走速度的表达式为:

$$V_2 = V_0 - \beta t$$
$$= V_0 - \frac{V_0}{t_0}t$$
$$= V_0(1 - \frac{t}{t_0}) \tag{5-11}$$

式中:V_0——B 的初速度(m/s);

β——B 从②到③的减速度($\beta = V_0/t_0$,m/s²);

t_0——B 从②到③所需的时间(s)。

第二阶段加速行走速度的表达式为：
$$V_2 = a'(t - t_0) \tag{5-12}$$

式中：a'——B 从③到④的加速度(m/s^2)。

行人 B 从②到④的行走距离 L_2 为：
$$L_2 = (a - b)\sec\theta + l_2 \tag{5-13}$$

式中：l_2——行人 B 所占的路面长度(m)。

行人 B 从③加速到④的距离 L' 为：
$$L' = L_2 - s = \int_{t_0}^{t_2} a'(t - t_0)\mathrm{d}t = \int_{t_0}^{t_2} V_2 \mathrm{d}t = a'/2(t_2 - t_0)^2 \tag{5-14}$$

因为 $s = \dfrac{V_0 t_0}{2}$，$t_0 = \dfrac{2s}{V_0}$，得：

$$L' = \dfrac{a'}{2}\left(t_2 - \dfrac{2s}{V_0}\right)^2$$

$$t_2 = \dfrac{\sqrt{2}}{a'}(L_2 - s) + \dfrac{2s}{V_0} \tag{5-15}$$

则保证 B 横穿的安全条件为：
$$t_1 > t_2$$
$$\dfrac{L_1}{V_1} > \dfrac{\sqrt{2}}{a'}(L_2 - s) + \dfrac{2s}{V_0} \tag{5-16}$$

令 $\dfrac{L_1}{V_1} = c$，则：

$$c - \dfrac{2s}{V_0} > \dfrac{\sqrt{2}}{a'}(L_2 - s)$$

把上式乘方并整理，得到：

$$\left(\dfrac{2s}{V_0}\right)^2 + \left(\dfrac{2}{a'} - \dfrac{4c}{V_0}\right)s + c^2 - \dfrac{2L_2}{a'} > 0 \tag{5-17}$$

求解，得：

$$\begin{bmatrix} s_1 \\ s_2 \end{bmatrix} = \dfrac{V_0^2}{4}\left[\left(\dfrac{2c}{V_0} - \dfrac{1}{a'}\right) \pm \sqrt{\left(\dfrac{1}{a'} - \dfrac{2c}{V_0}\right)^2 + \dfrac{4}{V_0^2}\left(\dfrac{2L_2}{a'} - c^2\right)}\right] \tag{5-18}$$

当 $\left(\dfrac{1}{a'} - \dfrac{2c}{V_0}\right)^2 + \dfrac{4}{V_0^2}\left(\dfrac{2L_2}{a'} - c^2\right) > 0$ 时，式(5-18)存在两个实根，且 $s_1 > s_2 > 0$。

利用式(5-16)进行图解分析，可得到：

$$t_2 = \dfrac{\sqrt{2}}{a'}(L_2 - s) + \dfrac{2s}{V_0}$$

在 a'、L_2、V_0 已确定的条件下，t_2 的曲线如图 5-28a)所示，再以 $t_1 = L_1/V_1$ 引直线和 t_2 曲线相交于 s_1 点。所以，s 值大于 s_1 时，才能保证 $t_1 > t_2$，行人横穿才是安全的。

若改变 a'、L_2、V_0 的数值，t_2 的曲线变为图 5-28b)的形状时，这时和 t_1 线有两个交点(两个根)，当 $s > s_2$ 或 $s > s_1$ 时，行人横穿才安全，而在 $s_2 - s_1$ 的范围内是危险的。

把式(5-18)根号内的式子作进一步整理，得：

$$\frac{1}{(a')^2} - \frac{4c}{a'V_0} + \frac{4c^2}{V_0^2} + \frac{8L_2}{V_0^2 a'} - \frac{4c^2}{V_0^2} = \frac{4}{V_0 a'}\left(\frac{2L_2}{V_0} - c\right) + \frac{1}{(a')^2}$$

式(5-18)可简化为：

$$\begin{bmatrix} s_1 \\ s_2 \end{bmatrix} = \frac{V_0^2}{4a'}\left[\left(\frac{2ca'}{V_0} - 1\right) \pm \sqrt{1 + \frac{8L_2 a'}{V_0^2} - \frac{4ca'}{V_0}}\right] \quad (5\text{-}19)$$

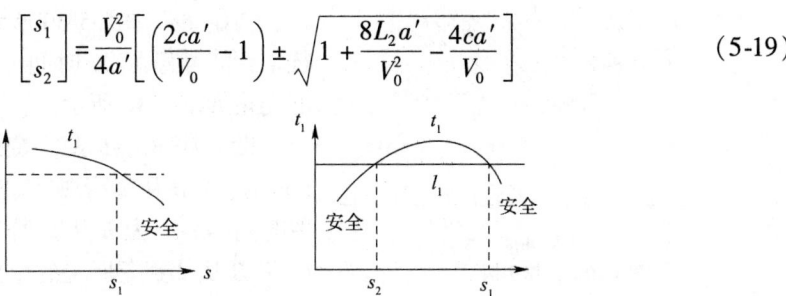

图 5-28　s 的图解法

设行人与 A 车单方向呈直角横穿车道，行人先是减速行走再加速横穿车道。设 $b_2 = 0.5\text{m}, l_2 = 0.5\text{m}, x = 10\text{m}, V_0 = 5\text{m/s}, a' = 5\text{m/s}^2, a = 1\text{m}, b_1 = 1.7\text{m}, \theta = 0$。有：

$$c = \frac{L_1}{V_1} = \frac{x}{V_1} = \frac{3.6x}{V_1}$$

$$\begin{bmatrix} s_1 \\ s_2 \end{bmatrix} = \frac{V_0^2}{4a'}\left[\left(\frac{2ca'}{V_0} - 1\right) \pm \sqrt{1 + \frac{8L_2 a'}{V_0^2} - \frac{4ca'}{V_0}}\right]$$

而

$$\frac{V_0^2}{4a'} = \frac{5^2}{4 \times 5} = 1.25$$

$$\frac{2ca'}{V_0} = \frac{2 \times \frac{36}{V_1} \times 5}{5} = \frac{72}{V_1}$$

$$\frac{4ca'}{V_0} = \frac{4 \times \frac{36}{V_1} \times 5}{5} = \frac{144}{V_1}$$

$$L_2 = a + b_1 + l_2 = 1 + 1.7 + 0.5 = 3.2$$

$$\frac{8L_2 a'}{V_0^2} = \frac{8 \times 3.2 \times 5}{5^2} = 5.11$$

所以

$$\begin{bmatrix} s_1 \\ s_2 \end{bmatrix} = 1.25\left[\left(\frac{72}{V_1} - 1\right) \pm \sqrt{1 + 5.11 - 144/V_1}\right]$$

当 A 车速度 V_1 为不同值时，可求出相应的 s，见表 5-3。

车速与临界距离的关系　　　　表 5-3

V_1(km/h)	40	60	80
s(m)	2.97	2.65	2.46

根据表 5-3 绘制曲线，如图 5-29 所示。

在上面曲线的上侧继续通过是安全的，在下面曲线的下侧返回是安全的，中间事故带是危险的。

三、减速、停留、再以恒速横穿

初始条件如图 5-30 所示。行人 B 先减速从②行走到③处停留 Δt 时间后,再以恒速横穿。其速度变化如图 5-31 所示。

设 s 为行人 B 从②减速行驶到③停止的距离(m);t_0 为 B 从②行驶到③所用的时间(s);Δt 停留时间(s);t_2 为 B 从②到⑤所用的全部时间(s);L_2 为 B 从②到⑤所走的全部距离(s);t_1 为 A 车由①驶到④的时间(s);L_1 为 A 车由①驶到④的距离(m)。

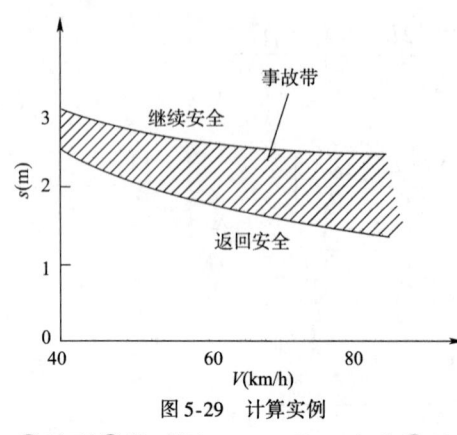

图 5-29 计算实例

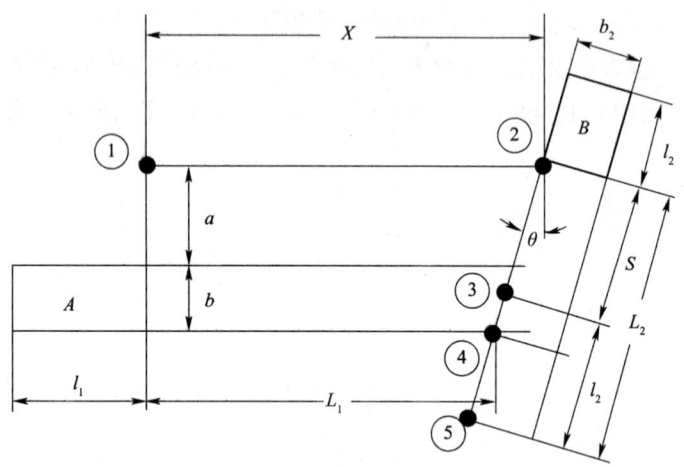

图 5-30 减速、停留、再恒速横穿

A 车从①行驶到④所需的时间 t_1 为:

$$t_1 = \frac{L_1}{V_1} = \frac{x-(a+b)\tan\theta}{V_1} \quad (5-20)$$

B 从②行走到③所需的时间,可用下述方法求得:

$$s = \frac{V_{20}t_0}{2}$$

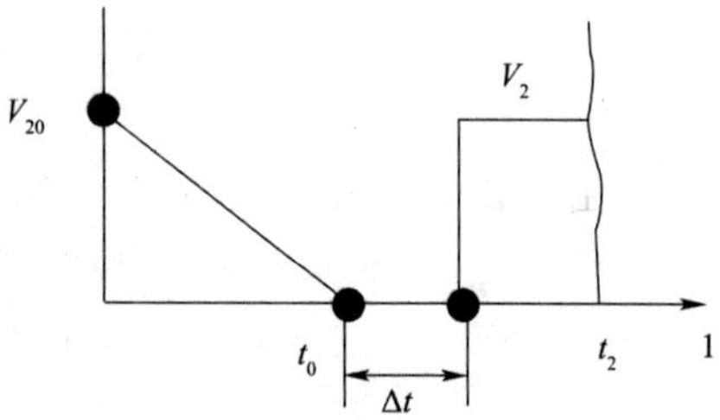

B 从③行走到⑤的距离 L_2' 为:

$$L_2' = L_2 - s = \int_{t_0+\Delta t}^{t_2} V_2' \mathrm{d}t = V_2'(t_2 - t_0 - \Delta t)$$

而

$$t_0 = 2s/V_{20}$$

$$L_2' = L_2 - s = V_2'\left(t_2 - \frac{2s}{V_{20}} - \Delta t\right)$$

$$t_2 = \frac{L_2 - s}{V_2'} + \frac{2s}{V_{20}} + \Delta t \quad (5-21)$$

图 5-31 行人 B 的速度变化

若行人 B 从②行至⑤的时间 t_2,比 A 车从①到达④的时间 t_1 短,即可保证横穿的安全。

$$t_1 > t_2$$

则
$$\frac{L_1}{V_1} > \frac{L_2 - s}{V_2'} + \frac{2s}{V_{20}} + \Delta t$$

令 $c = \frac{L_1}{V_1}$，则：

$$c > \frac{L_2 - s}{V_2'} + \frac{2s}{V_{20}} + \Delta t$$

故得

$$\frac{c - \frac{L_2}{V_2'} - \Delta t}{\frac{2}{V_{20}} - \frac{1}{V_2'}} > s \tag{5-22}$$

计算结果为：只要式(5-22)左边的数值大于右边的 s，即可保证行人横穿的安全。

行人 B 在 A 车前 $x = 20\text{m}$ 处直角横穿，行走的初速度 $V_{20} = 5\text{m/s}$，中间停留时间 $\Delta t = 0.1\text{s}$，再以 $V_2' = 5\text{m/s}$ 的恒速通过。行人占有路面的尺寸 $b_2 = 0.5\text{m}$，$a_1 = 1\text{m}$，$b_1 = 1.7\text{m}$，$\theta = 0$，要求计算有关数值。

$$c = \frac{L_1}{V_1} = \frac{3.6x}{V_1} = \frac{72}{V_1}$$

$$L_2 = a + b_1 + l_1 = 1 + 1.7 + 0.5 = 3.2 \text{ (m)}$$

$$\frac{c - \frac{L_2}{V_2'} - \Delta t}{\frac{2}{V_{20}} - \frac{1}{V_2'}} = \frac{\frac{72}{V_1} - \frac{3.2}{5} - 0.1}{\frac{2}{5} - \frac{1}{5}} = \frac{360}{V_1} - 3.7 > s$$

当 V_1 不同时，可求得临界距离 s，见表5-4。

不同速度对应的临界距离   表5-4

V_1(km/h)	40	60	80
s(m)	5.3	2.3	0.8

由表5-4可知，当 A 车速度为 40km/h 时，B 走到③时距离 S 为 5.3m，而行人 B 从②出发走过 $2.7(a + b_1 = 2.7)$m，即已越过④点，故无危险，停留时间长短均可。若车速分别为 60km/h、80km/h，这样横穿是危险的。

以上采用了数学方法对行人横穿交通事故进行了分析。这种分析方法是把横穿的行人考虑为几种不同的运动规律。实际上，行人的横穿行为有时很复杂，单纯用数学解析法尚存在一定的困难。

第六节 行人单自由度模型

因为行人的质量与汽车相比较小，碰撞后行人几乎是沿水平方向被掷出，并沿抛物线轨迹落到地面，着地后还要在地面滑滚一段后停止，如图5-32所示。

一、单自由度简化行人模型

将行人简化为一个质心高度为 h_S 单自由度数学模型，计算行人抛距与汽车碰撞速度的关系。

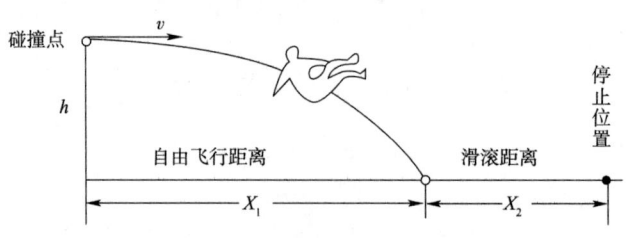

图 5-32 轿车与行人碰撞简化模型

在行人自由飞行过程,根据其运动轨迹列出动力学方程为:

$$h_S = \frac{1}{2}gt^2$$

解得

$$t = \sqrt{2h_S/g}$$

则

$$X_1 = v\sqrt{2h_S/g}$$

在行人滑滚过程,根据能量守恒,有:

$$\frac{1}{2}mv^2 = mg\mu X_2$$

其中,μ 为地面摩擦因数。

解得

$$X_2 = \frac{1}{2}\frac{1}{g\mu}v^2$$

则

$$X = X_1 + X_2 = v\sqrt{2gh_S} + \frac{1}{2}\frac{1}{g\mu}v^2$$

令 $a = 1/(2\mu g)$,$b = \sqrt{2h_S g}$,$c = -X$,上式可以写成一元二次方程为:

$$av^2 + bv + c = 0$$

解得

$$v = \mu g\left(\sqrt{2gh_S + \frac{2X}{\mu g}} - \sqrt{2gh_S}\right)$$

二、由行人抛距反推碰撞速度

自由抛体运动方程组为:

$$Z_S'' = g$$
$$Z_S' = gt$$
$$Z_S = \frac{1}{2}gt^2 - h_S$$

由 $Z_S = 0$,可计算自由飞行时间为:

$$t_1 = \sqrt{\frac{2h_S}{g}}$$

$$X''_S = 0, X'_S = V'_{2X}, X_S = V'_{2X} \times t$$

当 $t = t_1$ 时,有:

$$X_1 = V'_{2X}\sqrt{\frac{2h_S}{g}}$$

滑移运动方程组为:

$$X''_S = -\mu g$$
$$X'_S = -\mu g t + V'_{S2X}$$
$$X_S = \frac{1}{2}\mu g t^2 + V'_{S2X} t$$

滑行结束,t_2 和 X_2 分别为

$$t_2 = V'_{2X}/(\mu g)$$
$$X_2 = {V'_{2X}}^2/(2\mu g)$$

则整个抛距 X 为

$$X = X_1 + X_2 = V'_{2X}\sqrt{2h_S/g} + {V'_{X2}}^2/(2\mu g)$$

在实际事故再现时,整个抛距 X 是已知的,则上式可以写成一元二次方程为

$$a{V'_{2X}}^2 + bV'_{2X} + c = 0$$

其中

$$a = 1/(2\mu g)$$
$$b = \sqrt{2h_S g}$$
$$c = -X$$

解得

$$V_{2X} = \sqrt{2\mu g(X + \mu h_S)} - \sqrt{2\mu^2 h_S g}$$

三、综合分析实例

事故数据见表 5-5。

事故数据　　　　　　　　　　　　　　表 5-5

已知汽车数据	
质量	$m_1 = 1087\text{kg}$
最大变形量	$S_d = 0.04\text{m}$
制动距离	$S = 13.3\text{m}$(碰撞时刻至静止)
制动减速度	$a_{dec} = 8.7 \sim 9.1\text{m/s}^2$
已知行人数据	
身高	$h = 1.74\text{m}$
重心高度	$h_S = 0.90\text{m}$
行人质量	$m_2 = 79\text{kg}$
抛距	$X = 16.4\text{m}$
摩擦因数	$\mu = 1.1$(一般为 $0.6 \sim 1.4$)

由模拟假人试验得到的碰撞速度为：
$$V_C = 44 \sim 45 (\text{km/h})$$

由受伤行人抛距得到的碰撞速度为：
$$V_C = 43 \sim 58 (\text{km/h})$$

由汽车制动距离求得的汽车碰撞速度为：
$$V_C = 55 \sim 56 (\text{km/h})$$

由简化模型计算得到的碰撞速度为：
$$V_C = \sqrt{2\mu g (X + \mu h_S)} - \sqrt{2\mu^2 h_S g} = 53 (\text{km/h})$$

根据模拟假人和轿车试验的结果，行人和车体碰撞（一次碰撞）时，头部的冲击加速度和汽车的碰撞速度的关系如图 5-33 所示。被撞的行人若头部先着地（二次碰撞），头部受到的冲击加速度和汽车的碰撞速度关系如图 5-34 所示。

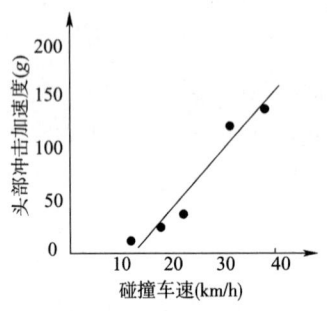

图 5-33　行人和车体碰撞时头部的冲击加速度　　图 5-34　行人和地面碰撞时头部的冲击加速度

由图 5-33 和图 5-34 可知，在同样的汽车碰撞速度下，二次碰撞头部所受的冲击加速度，远大于一次碰撞头部所受的冲击加速度。故头部和地面的冲击往往是致命的伤害。

冲击加速度越大，持续的时间越长，则人体的伤害程度越重。冲击加速度及持续时间和头部骨折程度的关系如图 5-35 所示。

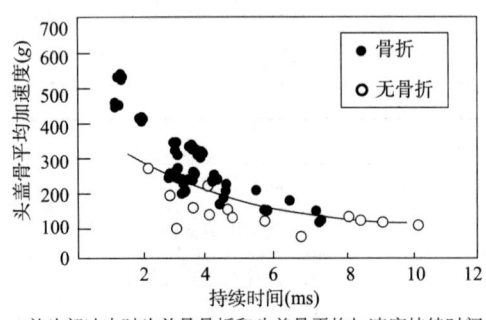
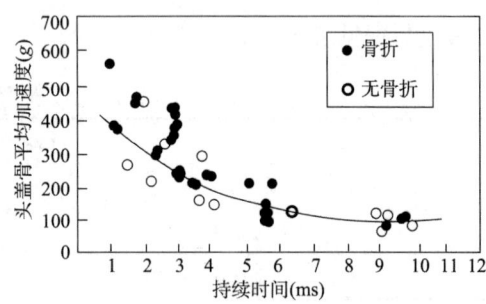

a) 前头部冲击时头盖骨骨折和头盖骨平均加速度持续时间　　b) 后头部冲击时头盖骨骨折和头盖骨平均加速度持续时间

图 5-35　头部和地面冲击时的骨折界限

因此，也可以根据伤害程度逆推理笼统地判断碰撞时的车速，如行人被汽车撞击后头部着地但无骨折，则可根据图 5-35 判断其冲击加速度在 150kg 以下，再由图 5-34 判断其碰撞时汽车的速度约在 30km/h 以下，这种推断法可作为碰撞速度判断的补充。

同样，也可用简明受伤标准 AIS 近似推断汽车的平均速度（图 5-36）。由于不同人的人体受伤严重程度的个体巨大差异，在行人的受伤严重程度（如用 AIS 表示）与汽车碰撞速度之间没有明显的对应关系。但是在西欧一些国家总有一些事故分析者在评价实际事故时，用它来表示 AIS 和碰撞速度之间的概率关系。从图 5-36 可知,虽然致命性伤害的起始碰撞速度可从 25km/h 计起。但在实际中,碰撞速度为 25km/h 时,事故的死亡率仅占事故人数的 3.5%;而 50km/h 时致命性受伤的可能性为 37%,70km/h 时事故致人死亡率约为 83%。车速 60km/h 时轻伤事故的可能性为 0%,40km/h 时轻伤可能性为 40%,车速为 10km/h 时事故参与行人有 80% 的可能性受轻伤。

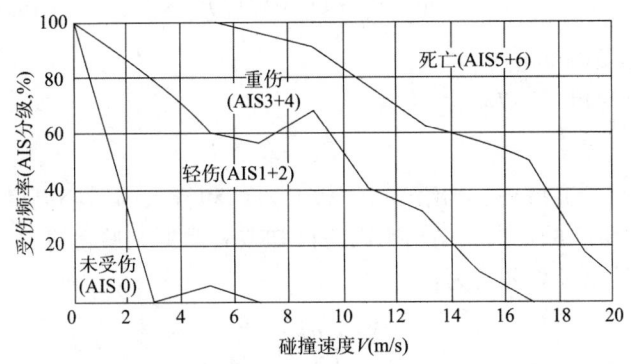

图 5-36 AIS 等级与碰撞速度关系

四、汽车碰撞行人速度的数学计算方法

由于事故的数据间的相互矛盾,并且提取数据较难;导致行人碰撞分析研究进展较慢。行人事故碰撞速度的推算如图 5-37 所示。目前可用的有说服力的数据主要是一些用模拟假人试验结果,因此,事故分析的信息源常限于数学模型或者根据理论原理的假设。自 1971 年以来,一些研究者开始尝试根据行人质量的运动,定量分析汽车的碰撞速度。现将这些数学计算式简单叙述如下。

1. 施密特-纳格耳方法

1971 年,施密特和纳格耳(SCHMIT-NAGEL)总结实验室试验结果,提出这个经验公式。

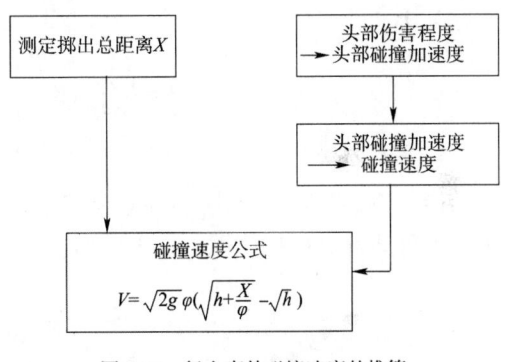

图 5-37 行人事故碰撞速度的推算

$$V_X = -\sqrt{\mu^2 h_P + 2\mu g d_t} - \mu h_P \tag{5-23}$$

式中:μ——摩擦因数;

g——重力加速度;

d_t——行人的抛出距离;

h_P——行人质心的抛出高度,只有使用高速摄像机,同时采用网格背景墙才能测量到该数据。

该公式考虑了碰撞时行人的质心高度和碰撞后其质心的最大抛出高度的差别。实际上,整个事故过程很短,观察者(如目击者)无法准确地确定质心的抛出高度,例如,目击者可能说,行人被撞,抛起比车稍微高一点。但这既不是准确高度,也无法通过事故勘测得到证实。

该公式虽然提出最早,但至今无人采用。此后,人们根据两阶段模型的假设,提出了一些公式,即假设碰撞后行人的运动由两个阶段组成:碰撞抛物运动和落地后滑移运动至静止。

2. 谢巴切夫方法

1975年谢巴切夫(STCHERBATCHEFF)等研究了以10~40km/h的速度碰撞模拟假人(儿童和成人)试验结果。研究结论是行人的抛出距离与汽车的碰撞速度和制动减速度有关,并提出相应的经验公式为:

$$d_t = \frac{V_C^2}{2a} + (0.03aV_C) \tag{5-24}$$

式中:V_C——碰撞速度(km/h);
　　　a——平均减速度($4 \sim 7 \text{m/s}^2$)。

3. 科林斯方法

1975年,科林斯(COLLINS)利用已知的碰撞速度和行人的质心高度,推算行人的抛出距离。实际上,一般事故的行人的抛出距离为已知或者掌握某些信息,而求算碰撞速度,为此以反函数的形式给出计算公式为:

$$d_t = \frac{V_C \sqrt{h_P}}{7.97} + \frac{V_C^2}{254\mu} \tag{5-25}$$

式中:h_P——行人质心高度(m)。

实际上,一般事故的行人的抛出距离为已知或者掌握某些信息,而求算碰撞速度,此以反函数的形式给出计算公式为:

$$V_C = \frac{-B \pm \sqrt{B^2 - 4AC}}{2A} \tag{5-26}$$

其中:

$$A = \frac{1}{254\mu}, B = \frac{\sqrt{h_P}}{7.97}, C = -d_t, \mu = 0.8$$

4. 席勒方法

1983年,席勒(SEARLE)注意到确定汽车碰撞行人及骑自行车人的速度存在的问题,提出三个公式计算碰撞速度(km/h),即:

$$V_C = \frac{\sqrt{2\mu g d_t}}{\cos\varphi + \mu\sin\varphi} \tag{5-27}$$

$$v_{C\min} = \frac{\sqrt{2\mu g d_t}}{1 + \mu^2} \tag{5-28}$$

$$V_{C\min} = \sqrt{2\mu g d_t} \quad (\mu = 0.66 \sim 1.2) \tag{5-29}$$

5. 落体和滑移平方根法

1985年,柏英科(BANK)博士等对行人的抛物运动方程进行了研究,研究的出发点是从解广义的落体和滑移运动平方根,主要针对平头车(例如面包车)和重型货车与行人的碰撞。提出的方程式为:

$$V_C \frac{-B \pm \sqrt{B^2 - 4AC}}{2A} \tag{5-30}$$

其中:

$$A = \frac{1}{2a}, B = \frac{\sqrt{2h}}{g}, C = -d_t$$

该方程式仅适用于求碰撞后行人直接抛向前方的碰撞速度。

6. 乌德方法(1986年)

乌德(WOOD)的原公式是从由已知碰撞速度推算抛出距离为：

$$d_t = \frac{V_C^2 M_C^2}{2\mu g [M_C + M_P]^2} + \mu d_0 \tag{5-31}$$

则有

$$V_C = \frac{\sqrt{[d_t - \mu - d_0] 2\mu g [M_C + M_P]^2}}{M_C^2} \tag{5-32}$$

式中：M_C——汽车的质量(kg)；

M_P——行人的质量(kg)。

该公式利用一些文献提供的试验数据确定摩擦因数,所用的27组试验均采用成年或儿童模拟假人,试验速度范围为4.47~17.89m/s²。行人摩擦因数计算公式为：

$$\mu = 0.772 - 0.0019 V_C \tag{5-33}$$

7. 李姆泼特方法

1989年,李姆泼特提出一个根据已知行人抛出距离求碰撞速度的公式为：

$$V_C = 10.6 \sqrt{8.4\mu^2 + 0.3\mu d_t} - 12.4\mu^2 \tag{5-34}$$

其中$\mu = 0.7 \sim 1.2$。

8. 费克方法

1989年,美国西北大学费克(FICKE)提出了一个计算重型货车与行人的碰撞速度公式为：

$$d_t = 2\mu h - 2h \sqrt{\mu^2 - \mu d_t/h} \tag{5-35}$$

$$d_s = d_t - d_f \tag{5-36}$$

$$V_f = d_f \sqrt{0.5 g/h} \tag{5-37}$$

$$V_s = \sqrt{2 a d_s} \tag{5-38}$$

$$\mu = 0.45 \sim 0.60$$

式中,下标f和s分别表示落体运动和滑移运动。对碰撞汽车的上边缘高于行人重心的事故,利用公式计算的碰撞速度比较准确。

9. 巴泽利方法

1991年,巴泽利(BARZELEY)等提出了一个公式,计算碰撞前没有采取制动的汽车碰撞行人事故的碰撞速度,即：

$$V_C = \sqrt{2.6 + 3.5 d_t} - 4.7 \tag{5-39}$$

使用这个公式首先需要碰撞点到碰撞后至静止的距离,包括落体和滑移距离。

10. 加利方法

在1990年提出了一个经验公式,用于推算有制动滑移的汽车-行人碰撞速度,即

$$f_e = f_a - f_h \tag{5-40}$$

$$C = [1 - f_h/f_b] \sqrt{L/f_e} + \sqrt{H_h} \tag{5-41}$$

$$B = 4 T_r + C \tag{5-42}$$

$$E = (C + \sqrt{H_h})f_h\sqrt{L/f_e} + D_t \tag{5-43}$$

$$v_c = 5.466f_b\sqrt{B^2 + E/f_b} - B \tag{5-44}$$

式中：f_e、f_a、f_h、f_b——有效摩擦因数、汽车轮胎与地面的摩擦因数、行人与发动机舱盖之间的摩擦因数和行人身体与地面之间的摩擦因数；

L——行人身体在发动机舱盖上的滑移距离。

11. 尤伯英科斯方法

尤伯英科斯（EUBANKS）是在落体和滑移方程根方法的基础上提出的一种推算汽车-行人碰撞事故速度的方法。该方法将碰撞和碰撞后行人的运动分为三个阶段：汽车对行人的运输过程；行人在空气中的飞行过程和行人在路面上的滑移过程。计算公式为：

$$V_C = \frac{-B \pm \sqrt{B^2 - 4AC}}{2A} \tag{5-45}$$

其中

$$A = \frac{1}{64.4\mu}, B = \frac{d}{v_p \sin\varphi} + \sqrt{h}/16.1, C = -d_t。$$

式中：d——行人在发动机舱盖上的横向滑移距离；

h——行人在发动机舱盖上移动期间的离地最大高度。

思考题

1. 简述汽车-行人交通事故过程。
2. 分析汽车-行人交通事故的约束。
3. 在无信号控制的交叉路口，汽车碰撞正在过行人横道的行人，道路的宽度为6m，根据推算汽车撞人时的速度为28km/h，在交叉路口前有暂时停车的标志。汽车驾驶人陈述说："在暂时停车线前停车，因为视线差，不能清楚地看清交叉路口的情况，主观认为没有什么问题，而驶进交叉路口"。试问其陈述是否可信？（汽车起步后加速度情况如下：起步后 $0 \sim 1.2s, a = 1.63m/s^2$, $1.2s$ 以后, $a = 1.96m/s^2$）。

第六章 两轮车交通事故的分析与再现

两轮车包括摩托车和自行车。本章主要讨论自行车交通事故特点、事故分析和事故再现。由于摩托车和自行车事故运动学关系的相似性,本章也附带讨论摩托车事故的碰撞运动学特性。

自行车参与的交通事故同汽车与汽车间的碰撞事故相比情况比较复杂,研究得也比较少。现有模拟研究的主要目的也是从优化汽车外形设计方面考虑的。本章将用较长的篇幅介绍与自行车有关的交通事故分析和再现方法,没有使用较深的理论,而是从实用的角度简单地叙述了基本理论,侧重于描述如何利用试验和统计结果来再现和分析自行车交通事故。

第一节 自行车交通事故分析

一、自行车交通的特点

1. 自行车是一种便利的交通工具

自行车不同于大、小型轿车,它是一种"门到门"或"户到户"的个人交通工具,也就是说,骑自行车可以直接从出发地到目的地,特别是短距离内,出发地与目的地之间一般来说不需要中途换乘车。

据荷兰自行车协会的研究,自行车一般运行所需要的道路面积为$9m^2$(指自由交通流,也就是A级服务水平时的情况),轿车运行时平均每辆车所需要的面积为$40m^2$,是自行车的4.5倍左右。自行车所需要的停车面积为$1.6m^2$,而轿车所需要的停车面积为$22m^2$,为自行车的14倍。

2. 自行车的运行轨迹不同于机动车

自行车属于运行轨迹呈"蛇行"的不稳定型交通工具。蛇行轨迹的宽度与车速及不同的骑车对象有关。根据日本交通工程研究会在一般道路上进行实验的结果,对于成年人,骑车速度越高,蛇行轨迹的宽度越小,如平均速度为17km/h时,蛇行轨迹的宽度为40cm。对于中学生,如果骑车速度在8~18km/h范围内,则随着速度的增加,蛇行轨迹的宽度相应增加。对于小学生,若为骑车速度在11~13km/h范围内,则随着速度的增加,蛇行轨迹的宽度相应减小。但骑车速度超过在13km/h时,蛇行轨迹的宽度相应增加。由于在道路上骑自行车的绝大多数人是成年人,因此,在分析自行车交通事故时,若自行车行驶在平坦的道路上,选择自行车的速度以16~17km/h,蛇行轨迹运行的标准宽度为40cm左右为宜。若在纵坡度为4%的道路上骑自行车,蛇行轨迹的宽度与骑车速度的关系见表6-1。

自行车在坡道上的速度和蛇行轨迹宽度　　　　表 6-1

道路	骑车人	平均速度(km/h)	平均蛇行轨迹宽度(cm)
上坡(4%)	成年人	8.3	36.0
	中学生	11.0	47.0
	小学生	10.0	36.0
	平均	9.8	39.7
下坡(4%)	成年人	14.2	40.0

显然,在速度为 8~11km/h 范围内,在一定坡度的道路上骑车与在平坦的道路上骑车比较,蛇行轨迹宽度可达 47cm。

3. 灵活方便

自行车不像各种轿车那样受到时间和路线的限制。它可灵活地选择时间和路线,并从出发地直达目的地。

4. 操作技术要求不高

自行车是一种简单的交通机械,骑车技术易掌握,不必专门培训;它的维修也简单、经济;使用时对道路要求也较低。

5. 适合众多的人需要

自行车的速度较适宜,可满足一般距离交通出行需要,而且可运载少量货物。骑自行车耗体力不大,长时期骑自行车上下班,对人体健康有益。

6. 无污染,节约能源

自行车没有废气,无排放物,噪声小。自行车行驶的动力是由人的体力提供的,不消耗燃料。

7. 舒适性差

自行车无驾驶室等防护措施,受天气条件和气候季节变化的影响大,如风、雨、雪天骑自行车不便。寒冬腊月的冰冻季节和夏季的狂风暴雨天气不适于骑自行车。自行车全靠人力驱动,其功能受地形和出行距离等各种条件限制;长时间骑车不舒服。

8. 稳定性差

自行车仅有两点接触地面,接触面积小,重心高度较大,所以稳定性较差。骑行过程中稍受干扰就会改变方向、摇晃或倾倒。稳定性差也是导致自行车事故率高的一个重要因素。

9. 干扰性大

自行车灵活性大且稳定性差,所以自行车对机动车和行人交通,尤其是对城市道路交通秩序造成的干扰大,并且随着自行车数量的增多,这种干扰也就更大。在城市道路交通中,自行车严重侵占机动车道,与机动车抢道行驶,在机动车前截头猛拐等,迫使机动车流速度下降。特别是在交叉路口,自行车与机动车、行人形成许多交织的潜在冲突点;交通信号灯控制的交叉路口,自行车、行人、机动车的交织也是造成交叉路口阻塞、通行效率低、事故多的一个重要原因。

二、自行车交通事故的分析

我国是当今世界上经济发展速度最快的发展中国家之一。虽然人均汽车拥有量不高，但是，截至2023年9月，我国的自行车保有量已超过2亿辆，我国已成为全球最大的自行车生产国与出口国。全国城镇居民每100次出行中，约有30次由"两轮出行"完成。目前轻量化、智能化的电助力自行车产量增长明显；在大数据、物联网等技术加持下，涌现出共享单车、集中充换电等新产品新模式。随着人们降碳减排和追求健康生活方式等意识的逐步提高，"两轮出行"已成为居民日常出行的重要选择。

自行车是既省能又经济方便的代步工具，为解决乘车难问题起到了一定作用，但同时又给城市交通带来了难以解决的问题。据上海交警部门统计，自2022年以来，上海全市适用一般程序处理的非机动车和机动车之间发生的事故中，非机动车承担同等以上(含)责任的占比近60%。2022年以来，上海非机动车和机动车之间发生的亡人事故中，非机动车承担同等以上(含)责任的占比近65%。亡人事故中，由于非机动车闯红灯引发的事故占比近1/4，造成128名非机动车驾驶人、乘车人死亡。由2020年全国道路交通事故伤亡人员数据可知，电动自行车事故共计22027起，占所有非机动车交通事故的73.5%，受伤人数和死亡人数分别为43727和8353，占所有非机动车交通事故伤亡人数的71.28%和60.86%，即城市交通事故中的电动自行车事故比例在非机动车事故中占比较大。

自行车交通死亡事故多数是骑车人的头部受伤致死。由于自行车是市内交通的最主要形式以及自行车事故的常发性和事故后果的严重性，使得自行车事故成为我国交通事故的特点及难点。

1. 自行车交通事故类型

(1) 自行车左转弯造成的交通事故。自行车在交叉路口或路段左转弯时，要与同方向直行和右转弯机动车行驶路径相交，要与反向直行和左转弯机动车行驶路径相交，形成四个冲突点，如图6-1a)所示，通常这种类型的自行车交通事故发生率较大。

(2) 自行车突然从支路或胡同快速驶出，这时，直行和左转弯的自行车的行驶路径与直行的机动车行驶路径形成四个潜在的冲突点，如图6-1b)所示。这类交通事故要比第一类事故还要高一些。

(3) 自行车突然从支路或胡同快速驶出，试图横过或进入主干道。由于汽车速度较高，这类交通事故率较高，事故后果较严重。事故类型如图6-1c)所示。

(4) 自行车在路段行进中突然猛拐，造成自行车和汽车发生冲突，这是事故后果最为严重的一种自行车交通事故，如图6-1d)所示。因此，此时机动车驾驶人无任何思想准备，极易发生事故。这是由于骑自行车人不遵守交通规则造成的事故。

(5) 自行车骑入机动车行驶的快车道与机动车相撞。这类事故主要有两种情况：其一是自行车与机动车同方向行驶，由于两者速度有差异，而发生追尾碰撞；另一种是自行车突然逆行进入机动车行驶的快车道，这也是最危险的一种情况。由于机动车驾驶人采取措施不及而发生交通事故，这一类事故在城市交通事故是比较多的，如图6-1e)所示。

(6) 自行车机动车突然驶入慢车道与自行车相碰撞，如图6-1f)所示，这一类交通事故主要发生在以下三种情况：一是公交车站设在路沿，公交车由快车道进入公交车站时与自行车发生碰撞；二是大型货车或其他车辆在通过慢车道路边停车时与自行车发生碰撞；三是机动车方向或制动失控冲入慢车道与自行车相碰撞。

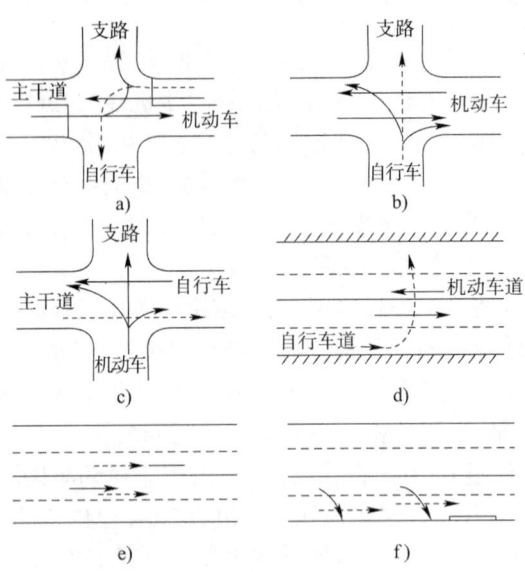

图6-1 自行车交通事故的主要类型

上述六种状况的初步分析,是针对两个车道的情况而言的,对于多车道道路,如两侧有非机动车道,潜在的冲突点更多,情况更复杂。

为了详细研究自行车交通事故的形态,德国交通部将导致交通事故的状态定义为七个事故形态:

(1)失控事故。失控事故是因车速与运动过程、坡度和道路条件不相匹配,或者对车辆的运动过程以及道路横断面的识别太晚,而导致驾驶人失去对车辆控制的事故。如与其他参与者、在道路上的动物和障碍物的冲突,以及身体的突然不适、机件的突然损坏而导致驾驶人失去对车辆控制的事故不属于失控事故。失控事故可能形成与另外交通参与者的碰撞,因此,失控事故不一定是单独事故。

(2)转弯事故。转弯事故是转弯者与同向或迎面行驶交通参与者之间的冲突事故。有转弯先行权者不是转弯者。

(3)转弯交叉事故。转弯交叉事故是一个应该等待转弯或交叉者与有先行权者之间的冲突事故。

(4)横穿事故。横穿事故是横穿道路的行人与一个车辆之间的冲突事故。

(5)静止交通事故。静止交通事故是一个在交通流中行进的车辆与在道路上停放或正在停放的车辆之间的冲突事故。但是与等待交通信号的交通参与者的冲突事故不属于静止交通事故。

(6)纵向交通事故。纵向交通事故是同向或迎面行驶的车辆之间的冲突,但不属于事故形态(1)~(5)的事故。

(7)其他事故。其他事故是所有不属于事故(1)~(6)种形态的事故。

德国保险公司(HUK)联合会为了研究事故谱,又把上述七种事故形态具体划分为272个事故子形态,且第一至七种事故形态分别有27、43、43、50、34、42和33个事故子形态。按这种划分方法,HUK对125起自行车交通事故进行统计分析,将出现三次以上的事故子形态的示意图和事故分布用图6-2表示,这些典型自行车形态占自行车事故样本($N = 125$)的

64.8%。在 125 起自行车事故中,第一种形态事故共 10 起,其中有 8 起事故属于子形态 141 的事故(80%);第二种形态事故共 23 起,有 7 起事故属于子形态 224,有 5 起属于子形态 243,分别为第二种事故形态事故的 30.4% 和 21.7%;在第三种事故形态中,子形态 301 的事故占它的总数的 25%,占事故样本总数的 14.4%,子形态 342 的事故占第三种事故形态的 19.4%,占事故样本数的 11.2%。按占事故的比例,下面依次是子事故形态 341、子形态 321、子形态 302、子形态 372 和子形态 371,它们的事故次数分别为 8 起、7 起、7 起、4 起和 3 起。

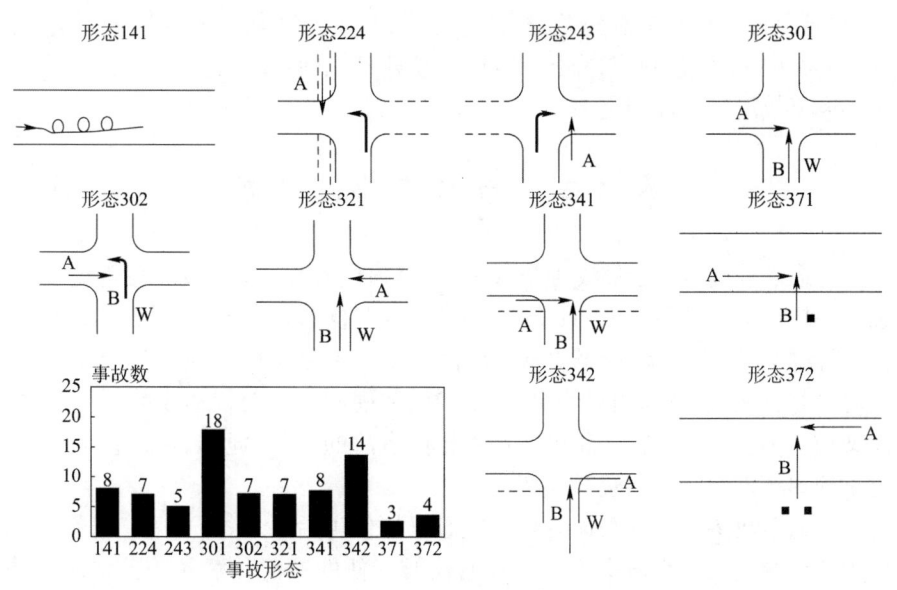

图 6-2 典型自行车事故形态及事故分类

2. 自行车交通事故的成因

分析自行车交通事故的成因可发现,以下原因是导致自行车交通事故的主要原因:

(1)道路类型与交通流状况。城区道路的自行车交通事故伤亡率要比郊区道路高,但重大伤亡交通事故,郊区道路要比城区道路高。干道上发生的自行车交通事故因速度高,事故后果较城区事故的后果严重;自行车交通事故主要出现在机动车交通量大和交叉路口多的道路上。在交通管理不严或管理失控的城郊出入口处,车流量大,也容易发生自行车交通事故。在机动车速度高的道路上和在孩子常骑自行车多、玩耍频繁的道路上,自行车交通事故也较多。

(2)交通参与者的行为。自行车交通事故的主要原因是违章骑车,如违章带人载货、双手撒把、单手撑伞骑车、扶肩并行、攀扶车辆、截头猛拐、抢道行驶以及强行超车等行为。当然,自行车发生交通事故与机动车驾驶人的行为有关,在自行车交通事故中,很多是机动车驾驶人由于种种原因(如视线差、疏忽大意),而没有看见自行车所致。

自行车交通事故与骑车人的性别、年龄等有关。男性比女性骑自行车人的事故率高,特别是青少年好骑快车,随意超车抢道、截头猛拐,容易造成交通事故;一般女性比较谨小慎微,骑车速度慢,遇突发险情慌张,容易摔倒;青少年爱在路上追逐嬉戏,发现后面追逐者即将追上时,常采取猛拐或突然掉头等冒险行为;儿童少年骑车人不懂交通安全常识和交通规则,刚学会骑车就在道路上或街上到处骑快车乱跑。由此可见,青少年骑自行车所造成的交通事故要占骑自行车所造成的交通事故中的很大比例。还有青少年骑自行车者对可能发生的危险状况的预见性和对自行车车身的维护太差,均是造成交通事故的原因。

(3)交通环境,即天气与时间对骑车人的影响。在通常的情况下,夜间比白天发生的交通事故要多。由于自行车夜间行车没有照明装置,车辆交会前不易发现目标,待双方逼近时,常因措手不及而发生事故。雨、雪天气骑自行车人因穿着雨衣、棉帽影响了视线或听觉,而看不见机动车或听不到机动车的喇叭声以及汽车的轰鸣声,常造成彼此相撞,或骑车人遇有阵雨怕淋湿衣服,就急速行驶而造成相撞。还有,刮风时,借助风力骑快车;寒冷天气骑车人四肢笨拙,行动不利落;冰雪路面附着因数低,骑车人易滑入机动车道等,均会造成交通事故。另外,有时因自行车安全设施差,机件老化失修,也易造成被机动车碾压的交通事故。目前,我国的大、中、小学校利用暑假或星期六、星期日、节假日开展自行车旅游活动,也是造成自行车交通事故增多的原因之一。

第二节 自行车事故再现

自行车交通事故同其他道路交通事故一样,是现代人类社会活动不可避免的、多后果的伴随现象。现代社会里的每个人,只要参加交通,都不同程度上有遭遇交通事故的危险性。但是,对于不同的交通参与者,交通事故的危险性和后果是不同的,特别是速度和质量相差悬殊的交通参与者相撞,例如相对较快、较重和较坚硬的汽车与运动速度相对较慢的、没有保护的而又相对不稳定的自行车相撞。这种相撞事故的结果,通常是伴随自行车使用者伤亡和自行车的损坏以及汽车的轻微损坏。

自行车交通事故参与者的法律后果同交通事故伤害后果一样,也是交通警察以及专家研究和处理的难题之一。交通事故损失和赔偿及责任的澄清和解释,无论对《中华人民共和国刑法》还是对《中华人民共和国民事诉讼法》都具有意义。一个有效的事故过程的正确再现,为从法律上分析交通事故的原因和交通事故后果以及判断是否可以避免事故发生等问题提供了可能性。关于碰撞速度和碰撞的位置(地点位置和碰撞对手的碰撞部位)的知识,是回答机动车驾驶人是否可能避免事故发生的前提条件。自行车事故分析及事故再现也适用于行人和其他交通事故,同时,自行车-汽车交通事故的理论研究也为汽车的安全设计、交通安全管理和法规的制定提供了理论依据。

一、自行车事故再现研究的回顾

虽然自行车交通事故在交通事故中占有重要的地位,但是至今对自行车交通安全和事故的研究还很少。

1977 年,柏林工业大学 H. Rau 博士根据交通事故统计结果,对汽车-两轮车(它包括各类摩托车、自行车和机动自行车)交通事故,选取汽车的碰撞速度(最大速度为 45km/h)和典型事故形态作为自变量,进行了模拟碰撞试验。1982 年 W. Glatz 和 H. Rau 将汽车最大碰撞速度增加至 80km/h,完善了汽车-两轮车模拟碰撞试验。

Benz 公司在 20 世纪 80 年代,利用其开发的多刚体系统动力学模拟程序,模拟了汽车-自行车的碰撞过程,并进行了模拟试验,其主要目的是改进汽车车身外形设计,降低汽车外部对行人和骑车人的伤害程度。

1982 年 F. Walz 等人探讨了开发研制自行车头盔的意义。1990 年 G. Boye 从交通安全法律要求的角度探讨了佩戴自行车头盔的重要性。

与自行车产量、拥有量、事故量和事故后果相比,我国自行车交通和安全的研究和试验几乎是空白,这与作为自行车生产和交通头号大国地位极不相称。

1982年,汉诺威医学院W-P Grabhoefer博士以110起自行车事故为例,从事故伤害和交通医学方面对自行车事故进行了统计分析。

1983年,柏林工业大学和汉诺威医学院以发生在西柏林行政区和汉诺威的220起自行车-轿车事故为例,从参与事故骑车人的年龄、性别和事故地点的分布,对轿车-自行车事故的碰撞类型进行了分析研究。

1987年,西柏林警察总局J. Luder汇总了西柏林行政区域各个区1981—1986年自行车事故的发展及其与自行车专用道长度的关系。

1988年,荷兰国家应用科学研究院道路车辆研究所Huijbers等人进行了轿车-自行车运动方向为直角的模拟碰撞试验和数学模拟。其试验对象自行车/骑车人选择为静止和速度等于15km/h的两种状态,汽车的碰撞速度为20km/h、30km/h和40km/h。

1990年,H. Rau博士等人观测了自行车速度,并分析了自行车速度的概率分布。

至今,国内外主要还是侧重于自行车交通事故的统计分析和原因分析,还缺乏对自行车事故的全面系统研究,亟须探索自行车事故的规律特点和事故再现的理论与方法,以适应提高自行车交通安全、降低自行车事故和事故鉴定处理的需要。

二、碰撞位置和碰撞角

自行车事故碰撞类型描述自行车与事故碰撞对手在碰撞瞬间的相互位置和相互运动方向。后者用机动车变形指数(Vehicle Deformation Index, VDI)方向或碰撞角度表述。碰撞角度是自行车运动方向与机动车运动方向的夹角,以机动车纵轴线计,顺时针为正。因此,两车正面相碰的碰撞角为180°(VDI方向为12时),从左侧面与机动车直角相撞的碰撞角为90°(VDI方向为9时),从右侧面与机动车直角相撞的碰撞角为270°(VDI方向为3时),追尾相撞的碰撞角为0°(VDI方向为6时)。碰撞角与VDI方向有如下关系:

$$\begin{cases} U_Z = \text{INT}(W_C/30) - 6, 180° \leq W_C \leq 360° \\ U_Z = \text{INT}(W_C/30) + 6, 0° \leq W_C \leq 180° \end{cases} \quad (6-1)$$

式中:W_C、U_Z——碰撞角和VDI方向;
　　INT——取整函数。

图6-3给出了以自行车相对机动车碰撞角表述的自行车事故的分布。VDI方向为3时(碰撞角在255°~285°范围内)的自行车事故占40.6%,即101起自行车碰撞事故中,有41起事故碰撞角在这30°范围内。VDI方向为9时(碰撞角在75°~105°范围内)的自行车事故占17.8%,这两项事故共占58.4%,差不多五分之三的自行车碰撞事故发生在VDI方向为3时和9时,即碰撞时碰撞伙伴的运动方向的夹角绝对值等于90°±15°。VDI方向为12时(碰撞角在165°~195°范围内)的自行车事故占9.9%。其他VDI方向自行车碰撞事故的座次依次为1时、10时、11时、6时、2时、4时、5时和8时,分别占其总数7.9%、6.9%、4.0%、4.0%、3.0%、3.0%、2.0%和1.0%。

为了描述汽车-自行车事故时汽车与自行车碰撞的部位,把汽车的外缘分成12个位区。图6-4所示为汽车的各个位区碰撞事故的分布,显然汽车-自行车事故的大多数碰撞发生在汽车的前部。三分之一的事故碰撞在位区01,20.8%的汽车-自行车的碰撞事故发生在位区12,14.9%的汽车-自行车事故碰撞的位置在位区12。18.9%的汽车-自行车碰撞事故发生在汽车前部偏左,相比之下,有 8% 的汽车-自行车碰撞事故的碰撞位置在汽车前部偏右,前者比后者的数量高一倍多。仅 4% 的汽车-自行车事故的碰撞位置位于汽车后部。

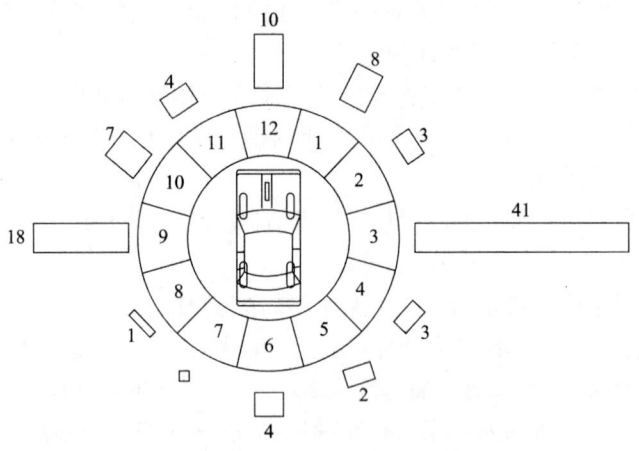

图 6-3　汽车被自行车碰撞的方向及事故分析

为了描述汽车-自行车事故时自行车的碰撞位置,也把自行车的外缘分成 12 个位区。图 6-5 是自行车不同位置发生碰撞事故的分布。图中的结果表明,位区 12 是最常见的碰撞位置,有 30.3% 的事故碰撞位置在位区 12;位区 09 与汽车发生碰撞的事故为 19.6%,约为五分之一;位区 03 与汽车发生碰撞的事故占 13.4%;12.5% 的自行车事故的碰撞位置属于位区 11;位区 02 和自行车位区 10 范围内发生的事故各占 7.1%。在样本 $N=112$ 中,自行车位区 08、自行车位区 01、自行车位区 06、自行车位区 04 和自行车位区 07 分别有 4、3、2、1 和 1 起事故。发生在自行车右侧的碰撞事故为 43.7%,而发生在自行车左侧的碰撞事故为 24%。

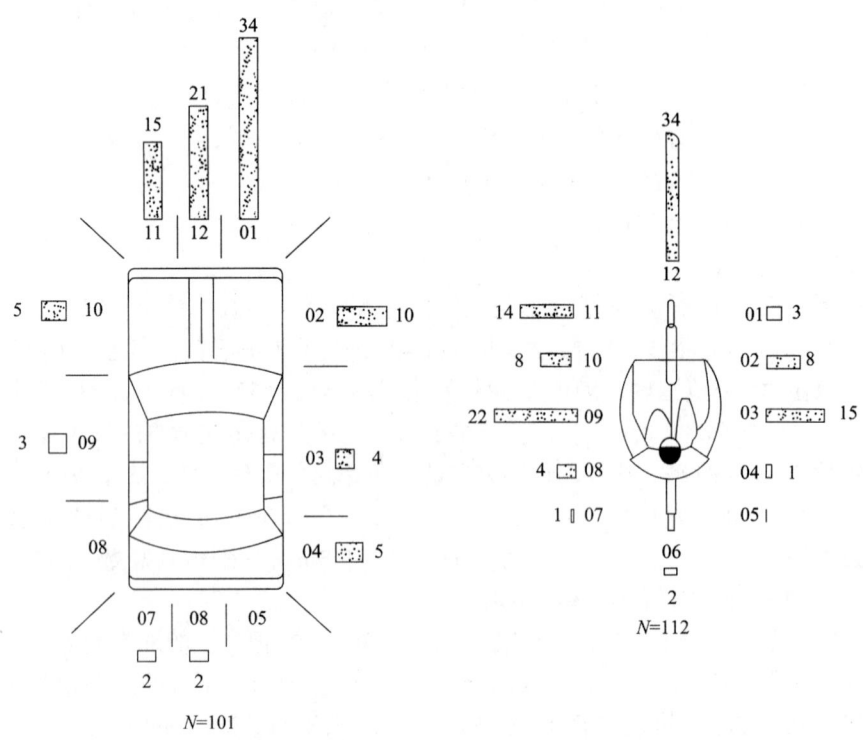

图 6-4　汽车-自行车碰撞的部位　　图 6-5　自行车不同位置发生碰撞的事故分布

三、自行车事故碰撞类型的分布

图 6-6 给出了自行车事故碰撞类型的图解定义和不同碰撞类型事故的分布(图 6-6a)。前六种碰撞类型是自行车与汽车的碰撞事故,为了研究的方便,把自行车单独事故定义为碰撞类型 7,自行车间的碰撞事故为碰撞类型 8,而自行车与行人的碰撞事故为碰撞类型 9,自行车与摩托车的碰撞事故为碰撞类型 10。9.6% 的自行车事故是自行车单独或碰撞障碍引起的。自行车-自行车碰撞事故的份额为 5.6%,它们共占 15.2%。

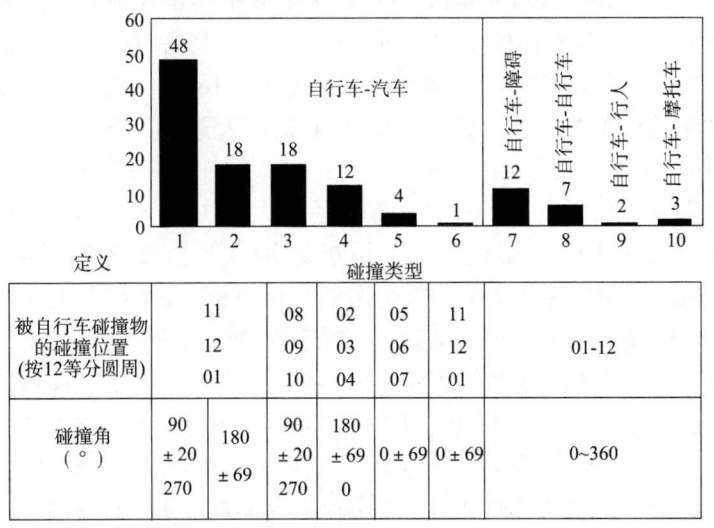

a)自行车碰撞形态定义与事故分布

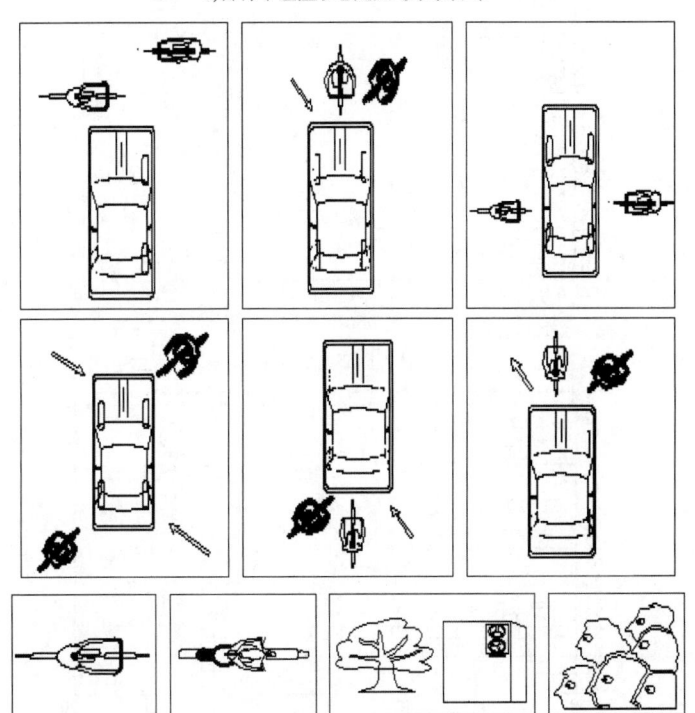

b)自行车事故碰撞类型

图 6-6 自行车事故碰撞类型定义

碰撞类型 1 的事故占事故样本的 38.4%(占自行车-机动车事故的 47.5%,接近二分之一),碰撞类型 2 和碰撞类型 3 的事故分别占样本事故的 14.4%(占自行车-机动车事故的 17.8%),碰撞类型 4 的事故位于第四位,占样本事故的 9.6%(占自行车-机动车事故的 11.9%),碰撞类型 5、碰撞类型 6、碰撞类型 9 和碰撞类型 10 的事故分别占样本事故的 3.2%、0.8%、1.6% 和 2.4%,这四种碰撞类型的事故共占样本事故的 8%。

四、骑车人身体各部位受伤的频率

图 6-7 所示为人体部位的划分和汽车-自行车事故中骑车人身体不同部位受伤可能性分布。在 125 起事故中,有 54.4% 事故的骑车人遭受头部伤害;仅 4.8% 事故中骑车人的颈部受伤;有 37.6% 的事故骑车人上身躯干受伤(胸部为 16.8%,腹部为 11.2%,骨盆部为 9.6%);有 24.8% 的骑车人大臂受伤(左大臂 6.4%,右大臂 18.4%);28.8% 的自行车事故骑车人小臂受伤(左小臂为 15.2%,右小臂为 13.6%);有 25.6% 的骑车人手部受伤(左手为 15.2%,右手为 10.4%);有 25.6% 的骑车人承受大腿伤害(左大腿 15.2%,右大腿为 10.4%);在自行车事故中过半数的骑车人小腿受伤(左小腿受伤率为 36.8%,右小腿为 22.4%);12% 的骑车人遭受脚伤(左右脚受伤率分别为 8% 和 4%)。图 6-7b)所示为根据身体部位的累加受伤频率。在 125 起事故中,各部位受伤块数合计为 450。头部受伤块数占第一位,为 26%;颈部受伤块数占最少,比例为 1.3%;上躯干受伤块数占 13.2%(胸部 5.6%,腹部 4%,骨盆 3.6%),上肢受伤块数占 24.5%(左上臂为 1.8%,右上臂为 5.3%,左下臂为 4.7%,右下臂为 4.4%,左手为 4.7%,右手为 3.6%);下肢受伤块数占 35.1%(左大腿 4.9%,右大腿 4%,左小腿 14%,右小腿 8%,左脚 3.1%,右脚 1.1%)。

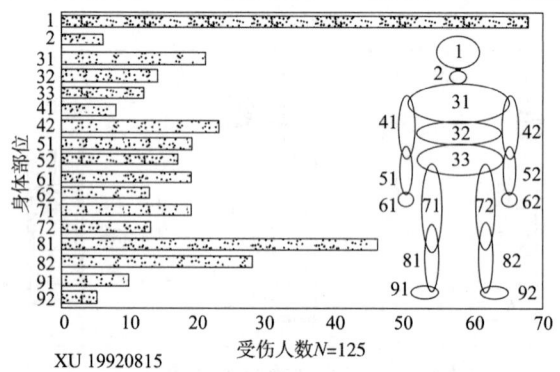

a)身体不同部位受伤分布

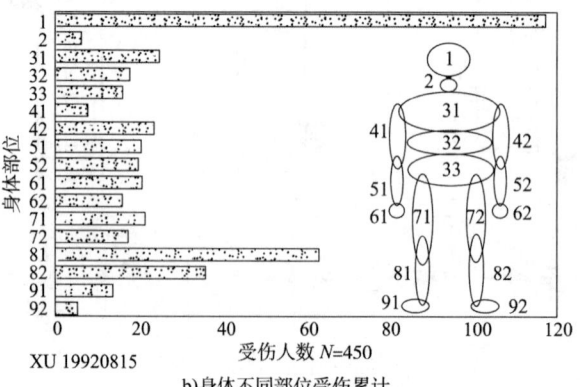

b)身体不同部位受伤累计

图 6-7 人体不同部位受伤频率

数据来源:Maierlai UFO MHH/TUB。

五、骑车人和自行车与汽车的接触部位

图 6-8 给出了汽车-自行车事故中,自行车以及骑车人与汽车的接触点的分布,其中图 6-8a)是在 X-Y 平面内接触点的分布,图 6-8b)是在 X-Z 平面内的接触点的分布。结果表明,最多的接触部位是在汽车发动机舱盖的前端处。特别明显的是,汽车上的左前端(区间 $Y \leqslant 50\mathrm{cm}$)和前中间区间($-25\mathrm{cm} \leqslant Y \leqslant 25\mathrm{cm}$)是碰撞时骑车人/自行车接触点最密的区间。接触区间是如下定义的:

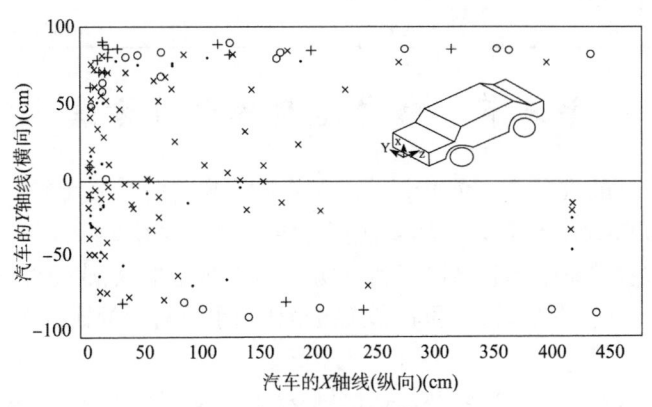

a)在 X-Y 平面接触分布

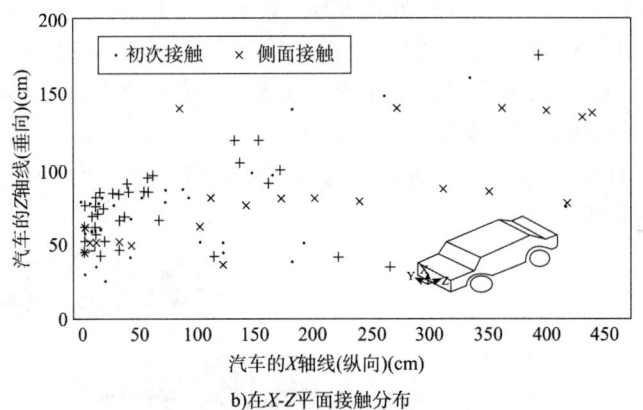

b)在 X-Z 平面接触分布

图 6-8 骑车人和自行车与汽车的接触部位

$15\mathrm{cm} \leqslant X$,前部;

$15\mathrm{cm} \leqslant X \leqslant 100\mathrm{cm}$,发动机舱盖;

$100\mathrm{cm} \leqslant X \leqslant 200\mathrm{cm}$,风窗玻璃;

$|Y| \geqslant 75\mathrm{cm}$,汽车侧部。

在汽车前部 $X \leqslant 15\mathrm{cm}$ 范围,汽车碰撞接触点数占 50%;在汽车发动机舱 $15\mathrm{cm} < X \leqslant 100\mathrm{cm}$ 范围内,接触点数占 26%;在风窗玻璃范围 $100\mathrm{cm} < X \leqslant 200\mathrm{cm}$,接触点数占 16%;在汽车其他范围 $X > 200\mathrm{cm}$ 汽车的被接触点数约占 8%。

在 $Y \leqslant -75\mathrm{cm}$ 范围,汽车碰撞的接触点数约为 7.8%;在 $-75\mathrm{cm} < Y \leqslant -51\mathrm{cm}$ 范围,汽车碰撞的接触点数约为 4.7%;在 $-51\mathrm{cm} < Y \leqslant -31\mathrm{cm}$ 范围,汽车碰撞的接触点数约为 5.7%;在 $-31\mathrm{cm} < Y \leqslant -11\mathrm{cm}$ 范围,汽车碰撞的接触点数约为 12%;在 $-11\mathrm{cm} < Y \leqslant 11\mathrm{cm}$ 范围内,汽车碰撞接触点数约为 19.8%;在 $11\mathrm{cm} < Y \leqslant 31\mathrm{cm}$ 范围,汽车碰撞的接触点数约为 3.6%;

在 31cm < Y ≤ 51cm 范围,汽车碰撞接触点数约为 8.9%;在 51cm < Y ≤ 75cm 范围,汽车碰撞接触点数约为 18.8%,在 Y ≥ 75cm 范围,汽车碰撞的接触点数约为 18.8%。显然,−31cm < Y ≤ 11cm 和 51cm < Y 范围是汽车碰撞的最经常接触点,其占总数的 81.4%。

图 6-8b)给出了在 X-Z 坐标系内汽车与自行车碰撞接触点的分布情况。图中结果表明,在保险杠、发动机舱前端以及散热器盖部位是汽车碰撞的最经常接触部位(表 6-2)。

汽车 Z 轴方向碰撞接触频次　　　　表 6-2

Z 区间	(−,40]	(40,55]	(55,85]	(85,100]	(100,−)
频次	6.1%	39.4%	40.2%	6.8%	7.5%

第三节　碰撞速度的计算方法

防抱死制动装置的汽车参与交通事故的情况非常普遍。这种汽车在全制动时,通常不会留下制动拖印,很难利用制动印迹推算碰撞速度。因此,利用自行车和骑/乘车人与碰撞汽车之间的相互位置关系推算碰撞速度和再现汽车-自行车事故,成为分析和再现自行车交通事故的重要途径。特别是自行车和骑车人抛距作为事故再现的辅助参数多年前已被提出和使用。

如前文所述,自行车的主要事故碰撞对手是汽车,并且主要碰撞类型是自行车由汽车的前部卷入事故。自行车与汽车相撞的运动过程一般可分为碰撞、接触、飞行和滑移四个阶段(图 6-9)。自行车开始接触汽车,吸收汽车的冲撞能量,身体上部迅速倾倒向汽车发动机舱,下肢及自行车向上抛起;然后自行车和骑车人先后被抛向汽车前方;落地后,自行车和骑车人分别以滑动和(或滚动)的形式向前运动至最终静止位置。对于碰撞点高于自行车-骑车人系统质心高度的情形,接触过程可以视为瞬间完成的,即整个运动过程仅由自由飞行和滑移两个运动阶段组成。

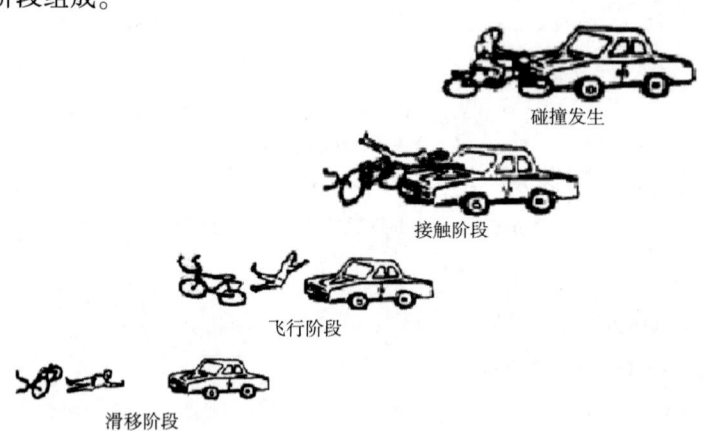

图 6-9　自行车与汽车相撞的运动过程

从碰撞开始至自行车和骑车人最后静止位置的距离分别被定义为自行车和骑车人的抛距。以事故开始时汽车的速度方向为基准,自行车和骑车人的抛距又分为纵向、横向和合抛距,其他定义同行人抛距相同。

一、抛距与碰撞速度的经验计算

1979 年,Rau 对汽车-两轮车碰撞进行了试验研究,试验对象(自行车/骑车人)保持直立不运动,根据统计结果取碰撞类型、自行车质量和碰撞速度为试验参数,其中最高汽车碰撞速度取45km/h。

Glatz 选择的试验速度增加至 80km/h,完善了 Rau 博士的这种碰撞试验。

Huijbers 等进行了汽车与自行车直角碰撞试验,自行车选择为静止和运动两种状态,汽车的碰撞速度分别为 20km/h、30km/h 和 40km/h 三种。

Grabhoepher 总结了 101 起自行车交通事故,给出了 100 起事故骑车人的抛距和 101 起自行车抛距与汽车碰撞速度的关系。

根据 37 例试验结果,Burg 提出了骑车人的平均抛距和汽车的碰撞速度的关系式为:

$$S_{ZF} = 0.033 \cdot V_C^{1.59} \tag{6-2}$$

自行车的平均抛距和汽车的碰撞速度的关系式为:

$$S_Z = 0.044 \cdot V_C^{1.57} \tag{6-3}$$

式中:S_{ZF}——骑车人的平均抛距;
S_Z——自行车的平均抛距。

在再现汽车与自行车以及汽车与行人碰撞事故实际中,Boehnke 用下式计算 V_C:

$$V_C = \sqrt{37 \cdot A_V \cdot S + 0.1 \cdot A_V^4} - 0.33 \cdot A_V^2 \tag{6-4}$$

式中:A_V——事故汽车的平均减速度;
S——骑车人或行人的抛距。

Otte 引用 Kühnel 提出的用于计算汽车与行人碰撞事故行人平均抛距的拟合公式计算骑车人的平均抛距:

$$S_Z = (1.78 \cdot A_V + 2.71 \cdot V_C^2 / A_V) \cdot 10^{-2} \tag{6-5}$$

上式认为,计算行人平均抛距的公式对计算骑车人的平均抛距也同样适用。在某种意义上,这意味着从碰撞至静止骑车人的运动过程与行人相似。式中有减速度等两个变量,而它们不是相互独立的变量。一般减速度是由制动拖印确定的。如果有可信的制动拖印可供使用,就容易确定碰撞速度。此外上面已提过,由于轮胎技术和制动技术以及道路工程技术的进步,在将来,会有许多汽车不能留下容易辨认的制动印迹。因此,需要确定不依赖于制动减速度的自行车和骑车人抛距的计算方法。

二、骑车人的抛距与速度

因为自行车交通事故勘测图通常记载骑车人从碰撞点至最终静止点的距离,至少对它有文字叙述,所以,在一般情况下,骑车人的抛距为已知。图 6-10 给出了骑车人的抛距与碰撞速度的依赖关系。骑车人的抛距随着汽车碰撞速度而增加,它的分布带宽也明显随速度而增加。除此之外,借助图 6-10 中的骑车人的抛距无法确定碰撞对手的准确速度,而只能限定它的速度范围。分布带的上界适用于确定最小可能碰撞速度或完全正面碰撞的碰撞速度。碰撞的种类,特别是自行车的卷入度(自行车在汽车正投影面上被撞尺寸与在该投影面上它的长度之比的百分数)影响骑车人的抛距大小。在相同的碰撞速度下,卷入度大的对应较大的抛距。

三、自行车的抛距与速度

汽车-自行车事故中,自行车的抛出机理比骑车人的要复杂得多,可是在交通事故勘察中,它的抛距比骑车人的要容易获取。除了当场死亡的以外,在大多数情况下,骑车人在警察到达之前,已自行离开碰撞地点,或出于救护的目的而被移走。在这种情况下,警察只能根据现场痕迹或者通过询问当事人、目击人,确定骑车人在碰撞后的静止位置。此时,用自行车的抛距推算碰撞速度有它不可替代的优点。图 6-11 描述了自行车的抛距与碰撞速度的关系。自行车抛距的偏差随碰撞速度的增加而增加。借助于自行车抛距的上界限制最小碰撞速度的边界。自行车抛距的上下界限分别对应于大卷入度(譬如 100%)和小卷入度,例如剐蹭事故卷入度为零。图中趋势直线可视为平均碰撞速度的期望值,或卷入度大小不明时的碰撞速度。

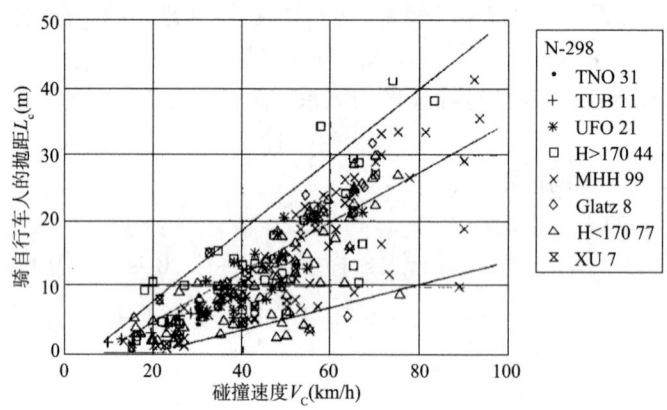

图 6-10 自行车骑车人的抛距

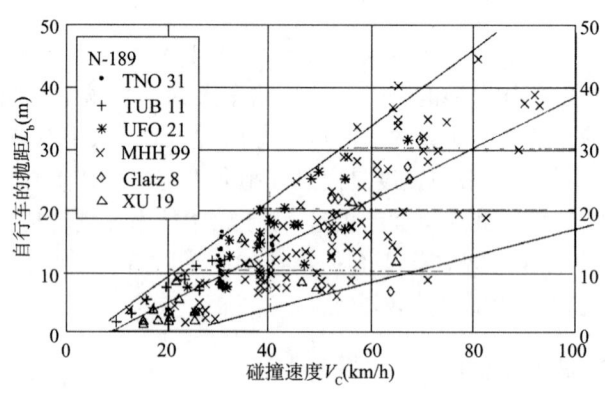

图 6-11 自行车的抛距

四、骑车人当量抛距与速度

如果在事故再现时自行车和它的乘员的抛距均已知,由两个抛距作为输入参数,会得出两个不同的碰撞速度。在自行车事故中,自行车和它的乘员在碰撞接触阶段是互相影响的,为了引入自行车对它的乘员的作用,这里引进骑车人当量抛距 S_{eq} 的定义:

$$S_{eq} = f_R \cdot S_{ZR} + f_F \cdot S_F \tag{6-6}$$

$$f_R = m_R / (m_R + m_F) \tag{6-7}$$

$$f_F = m_F / (m_R + m_F) \tag{6-8}$$

式中:S_{ZR}、S_F——骑/乘车人和自行车的抛距;

f_R、f_F——它们的质量因数。

图 6-12 所示为自行车乘用人的骑车人当量抛距与碰撞速度的关系。统计分析表明,等

效人抛距的分布带比自行车和它的乘用人的明显窄,与后两者一样,骑车人当量的抛距偏差范围随速度增加。

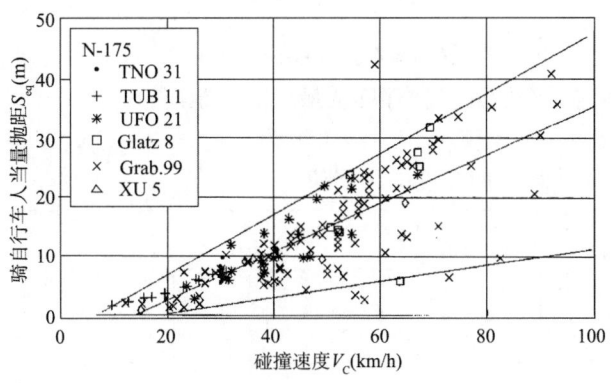

图 6-12　骑车人当量抛距

五、事故现场骑车人与汽车间的距离与速度

图 6-13 给出了交通事故后,骑/乘自行车人与碰撞伙伴间的距离和碰撞速度的关系。从模拟试验结果可得出如下指数近似计算式:

$$D_{SR} = A_{R1} \cdot \exp(A_{R2} \cdot V_C^2) \tag{6-9}$$

式中:D_{SR}——事故后骑/乘自行车人与碰撞伙伴间的最终静止距离;
A_{R1}、A_{R2}——常系数。

在碰撞速度低于 30km/h 的较低速度时,两个碰撞伙伴的距离几乎不变。超过这个速度界限,它们的距离随碰撞速度而增加。碰撞伙伴的距离受机动车的制动强度影响。在没有另外的数据可用时,它也不失其作为推算机动车碰撞速度辅助信息的作用。

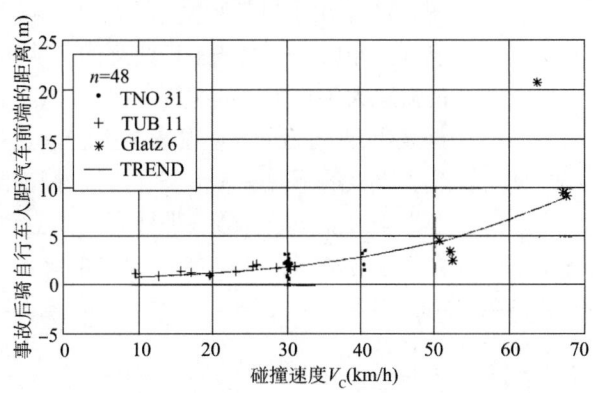

图 6-13　事故现场骑车人与汽车间的距离

六、事故现场自行车与汽车间的距离与速度

为了揭示碰撞伙伴间的最终静止距离与碰撞速度的联系,图 6-14 给出了事故后,自行车和肇事汽车间的距离与碰撞速度的关系。显然,在试验的速度下,包括由荷兰 TNO 进行的变量严格控制的试验结果,碰撞对手的距离都有较大的偏差带。这种较大的偏差带除了受汽车的制动强度影响外,也受到自行车第一次落地时的姿态影响,即在相同的碰撞速度和

制动减速度下,它们之间的距离取决于自行车第一次击到道路时的状态。作为推算机动车碰撞速度的辅助手段,图6-14 给出了碰撞伙伴在碰撞结束后的距离与平均碰撞速度趋势的指数函数曲线。

$$D_{SF} = A_{F1} \cdot \exp(A_{F2} \cdot V_C^2) \tag{6-10}$$

式中：D_{SF}——事故后自行车与碰撞伙伴间的最终静止距离;

A_{F1}、A_{F2}——常系数。

借助式(6-9)可以估算碰撞速度的可能值。

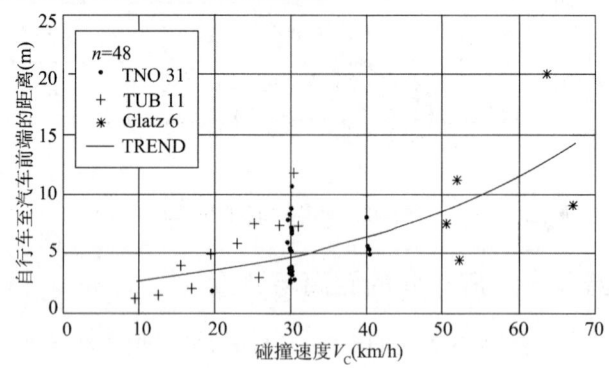

图6-14　碰撞速度和自行车至汽车前端的距离关系

七、自行车与骑车人抛距的相关性

由于在碰撞事故中,自行车和它的乘用者之间存在互相作用,因此在它们的抛距间也会存在相关关系。根据荷兰 TNO 和德国柏林工业大学的试验结果,自行车的抛距通常要比骑自行车人的大(图6-15),仅在较低的碰撞速度下,骑车人的抛距才比自行车的大。图6-16 给出了自行车抛距和骑车人抛距间的互相关系。它们的分布区处于两条平行线之间。从图中可知,多数自行车的抛距大于骑车人的抛距。但是,取自自行车事故现场的数据表明,两者之间没有显著的差异。这是因为真实事故中包含了事故的不同碰撞形态,并且碰撞前瞬间和碰撞结束后骑车人不可能像模拟假人那样毫无反应地被撞,可能会对碰撞做出反应动作,所以才会有这样的统计结果。

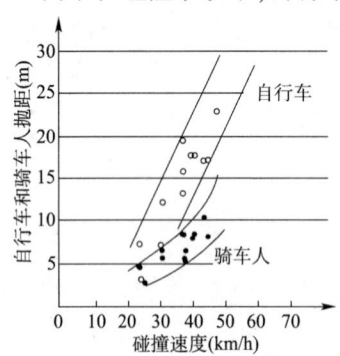

图6-15　自行车/骑车人抛距与碰撞速度的关系

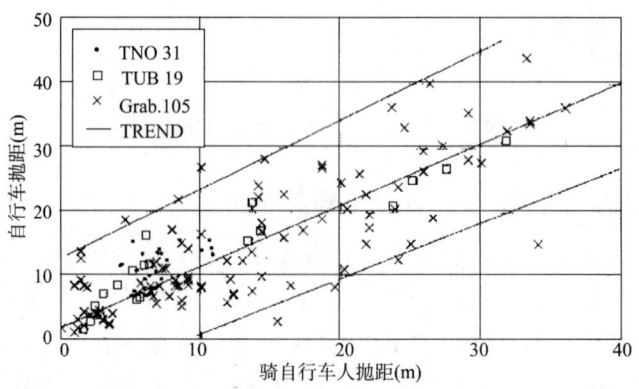

图6-16　自行车与骑车人抛距间的相关性

八、自行车滑移距离与速度

图 6-17 所示为被碰撞自行车滑移运动路程的长度与碰撞速度的关系。一些试验结果表明,碰撞后自行车滑移运动路程长度的上限基本相互吻合,而下限在碰撞速度为 40 ~ 70km/h 范围有较大的差别,但总体趋势也基本相同。GLATZ 的试验结果中,自行车滑移运动距离偏低,主要原因是与其他试验的条件不同,在其试验中,自行车滑移运动经过水泥和草地两种性质的路面,在后一种路面上自行车的尖锐部位划入泥土,而增大滑动阻力。滑移距离的偏差随碰撞速度增加而增大。用滑移距离推算碰撞速度可能在 10km/h 的误差内变化。

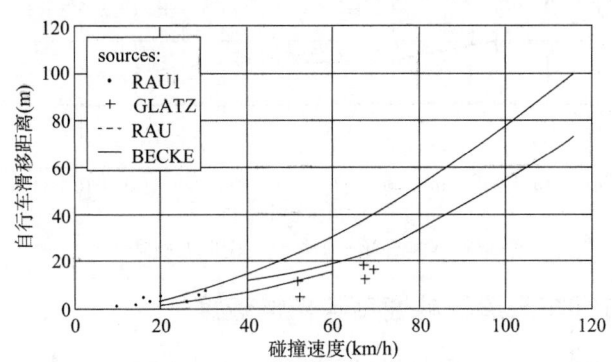

图 6-17　自行车滑移路程与碰撞速度

九、骑/乘自行车人滑移距离与速度

在碰撞后骑/乘自行车人首先被抛落到地面上,然后滑移至静止位置。在滑移过程,骑/乘自行车人的运动状态同普通行人的一样。图 6-18 给出了骑/乘自行车人滑移运动与碰撞速度的关系。图中·标记和 + 标记分别代表行人和骑/乘自行车人,实线是试验数据的多项式回归曲线。人的滑移距离与碰撞对手速度、外廓形状以及它们相撞时的相对位置状态有关。其中,上限是成年人与公共汽车等平头汽车或小孩与轿车相撞,下限为成年人与楔形轿车相撞,平均值或趋势曲线为成年人与普通轿车相撞时的情形。

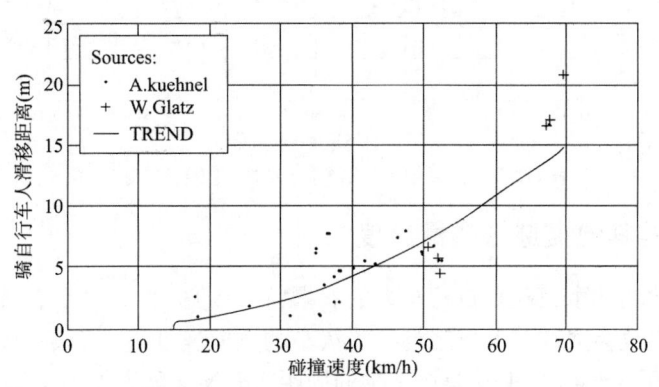

图 6-18　骑/乘自行车人滑移运动与碰撞速度

十、自行车滑移减速度与碰撞速度

图 6-19 所示为被碰撞自行车滑移运动减速度与碰撞速度的关系。显然,在草地上,由

于自行车对地面的"戳作用"的有无,造成减速度存在很大的偏差范围。因此,在这种情况下,利用自行车滑移的减速度、距离以及抛距推算碰撞速度受到了限制。与其他道路相比,在石块道路条件下,滑移运动减速度的偏差明显小。除了草地以外,无论是潮湿或干燥的水泥或者柏油路面,滑移运动减速度基本保持不变,而上限值却随着碰撞速度增加而下降。

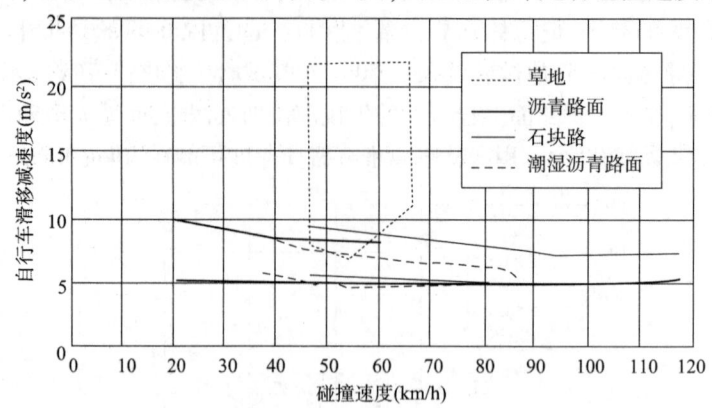

图 6-19　碰撞自行车滑移运动减速度与碰撞速度

十一、骑/乘自行车人滑移减速度与碰撞速度

图 6-20 上的散点表示了骑/乘自行车人滑移运动减速度与碰撞速度的关系。与汽车碰撞自行车不同,被撞人体表面不像自行车那样坚硬复杂,因此其运动规律也相对较稳定。在图中所示范围内,其减速度平均值约为 $6.48\mathrm{m/s^2}$,减速度的标准差约为 $2.23\mathrm{m/s^2}$。图中曲线是这些数据的多项式回归曲线。骑/乘自行车人滑移运动减速度随着碰撞速度的增加而具有增加的趋势。

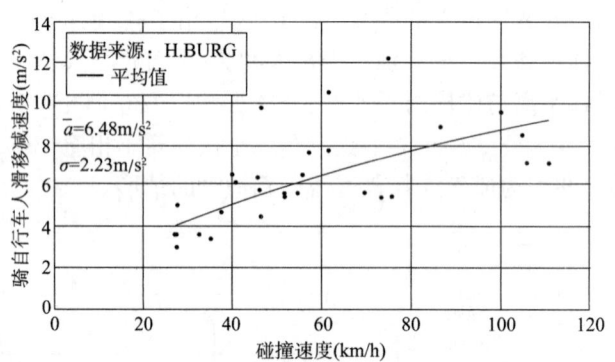

图 6-20　骑/乘自行车人滑移运动减速度与碰撞速度

十二、事故的其他痕迹与碰撞速度

伴随碰撞事故的发生,骑/乘自行车人的衣帽、鞋、拎兜、手杖,以及汽车或自行车上的脏物和小零部件等物也会遗留在事故现场。当汽车的碰撞速度不大于 60km/h 时,骑/乘自行车人的帽子的抛距小于 4m。手杖等携带物的抛距与碰撞速度有如下近似关系:

$$S = V_C/10 \tag{6-11}$$

式中:S——抛距(m);
　　　V_C——碰撞速度(km/h)。

十三、汽车碰撞速度对骑车人受伤程度的影响

通常,汽车的速度越高,对骑自行车人的伤害越重,但是,相同的碰撞速度有时造成的伤害程度却不同,并且受伤程度与人的年龄有关(图6-21)。比较图6-21a)和图6-21b)可知:当碰撞速度相同时,碰撞速度范围为51~70km/h,儿童的受伤严重程度比成年人的高;高于此速度,成年人的致命(或死亡率)比儿童的高。

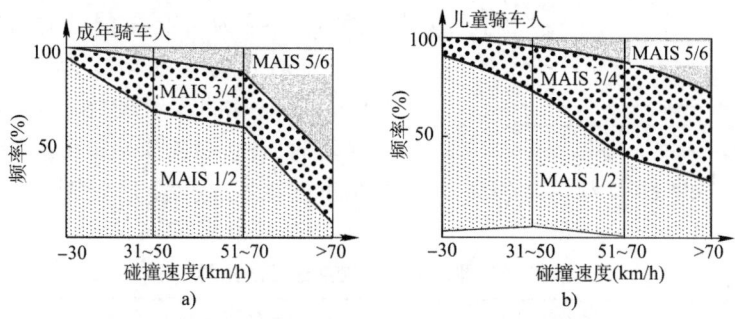

图6-21 汽车碰撞速度对骑车人受伤程度的影响

汽车不同部位造成的受伤机会不同,并受到车速的影响(图6-22)。随着车速的增加,汽车风窗玻璃对于成年人伤害占的比例也增加;当车速低于30km/h,汽车风窗玻璃导致受伤只占事故的7.2%;车速在30~50km/h范围,汽车风窗玻璃致伤率为37%;车速超过50km/h,汽车风窗玻璃导致的受伤率为47.5%。对于儿童骑自行车事故,发动机舱盖致伤率较高,车速低于30km/h,汽车风窗玻璃导致受伤只占事故的3.1%,发动机舱盖致伤率却为15.6%;车速在30~50km/h范围,汽车风窗玻璃致伤率为22.2%,发动机舱盖致伤率却为14.6%;车速超过50km/h,汽车风窗玻璃导致的受伤率为51.5%。另外,从图6-22可看出汽车侧面致伤率所占比例很小。

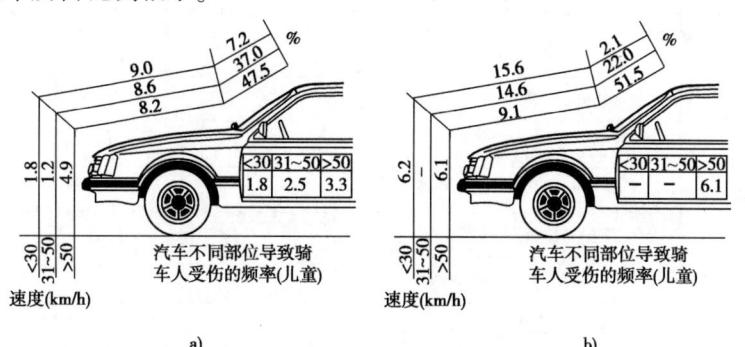

图6-22 汽车不同部位致伤率与车速的关系

十四、自行车/摩托车碰撞速度与其纵向变形

自行车与汽车的侧面或者墙、大树相碰撞,自行车(或摩托车)的纵向长度缩短。使用模拟假人和自愿受试者的试验表明(图6-23与表6-3),在10~20km/h的自行车碰撞速度范围内,自行车中轴至后轴的长度尺寸不变。

当碰撞速度为10km/h,以模拟假人为试验对象碰撞墙壁时,28型女车前后轴距缩短9.6cm,车把轴线顶点至后轴距没有变化。

以速度为18km/h碰撞墙壁时,用模拟假人和自愿受试者的试验结果略有差异:前者的

前后轴距缩短了 18cm,后者的前后轴距缩短了 20cm;前者的车把轴线顶点至后轴距缩短 0.5cm,后者的缩短 2.5cm。

在对墙壁以 18km/h 速度碰撞的条件下,测试对象为模拟假人时,26 型男车前后轴距缩短 11.8cm。在对墙壁以 20km/h 速度碰撞的条件下,测试对象为自愿受试者时,前后轴距缩短 19.3cm;后者的车把轴线顶点至后轴距缩短 2.5cm,而前者的没有变化。自愿受试者骑 28 型男车时,速度为 13km/h 碰撞墙壁时,前后轴距和车把轴线顶点至后轴距分别缩短 11.5cm 和 5.1cm。

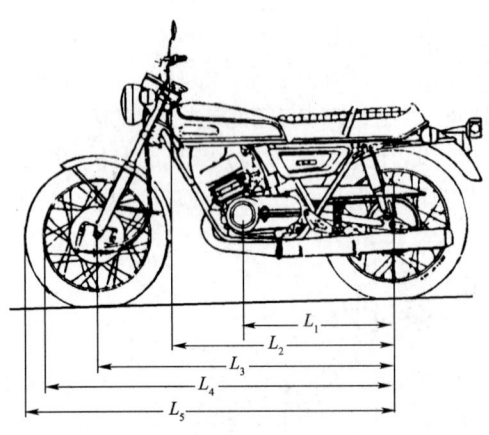

图 6-23 两轮车碰撞速度与纵向变形的关系

不同车型对应不同碰撞速度的变形　　　　表 6-3

车型	车辆尺寸	L_5(cm)	L_4(cm)	L_3(cm)	L_2(cm)	L_1(cm)
本田牌 CL-90 型摩托车	原始状态	150	144	120	96	56
	48km/h 碰撞汽车	107	107	96.5	93	56
本田牌 CB-350 型摩托车	碰撞前	164	156	132	104	70
	48km/h 碰撞汽车	126	126	110	104	70
	32km/h 碰撞汽车	162	144	120	104	70
	48km/h 碰撞汽车	121	121	108	104	70
	48km/h 碰撞汽车	140	132	108	104	70
	64km/h 碰撞汽车	110	110	99	101	68
本田牌 CB-750 型摩托车	原始尺寸	178	171	145	116	80
	48km/h 碰撞汽车	136	136	122	116	80
宝马牌 BMW R45 型轿车	原始状态			139		
	49.6km/h 碰撞汽车翼子板			122.5		
	50.2km/h 碰撞汽车翼子板			124.5		
	50km/h 碰撞汽车翼子板			128		
28 型女自行车	原始状态			115.5	90.5	49
	10km/h 墙壁和模拟假人			105.4	90.5	49
	18km/h 墙壁和模拟假人			97	90	49
	18km/h 汽车和志愿者			95	88	49
26 型男自行车	原始尺寸			103.8	85.5	45
	18km/h 墙壁和模拟假人			92	85.5	45
	20km/h 汽车和志愿者			84.5	83.5	45
28 型男自行车	原始状态			115	93.5	50
	13km/h 汽车和志愿者			103.5	88.4	50

图 6-24 是根据表 6-3 试验数据拟合得到的本田摩托车撞轿车侧面轴距缩短量与碰撞速度的线性关系。这类事故的特征是摩托车迎面冲撞向汽车侧面时,首先是前轮接触轿车,使摩托车的前叉向后位移,当前叉向后位移被车架(发动机)顶住时,这时前轮开始由圆形变为椭圆。

如果用轴距减少量表示前叉位移(轴距变化)的大小与碰撞速度的关系,其数学表达式为:

$$V = 1.89DL + 3.83 \tag{6-12}$$

式中:DL——轴距减少量(cm);

V——碰撞速度(km/h)。

该线性关系是通过本田摩托车撞轿车侧面试验,对试验数据拟合得到的。这类事故的特征是摩托车迎面冲撞汽车侧面时,首先是前轮接触轿车,使摩托车的前叉向后位移,当前叉向后位移被车架(发动机)顶住时,这时前轮开始由圆形变成椭圆形。

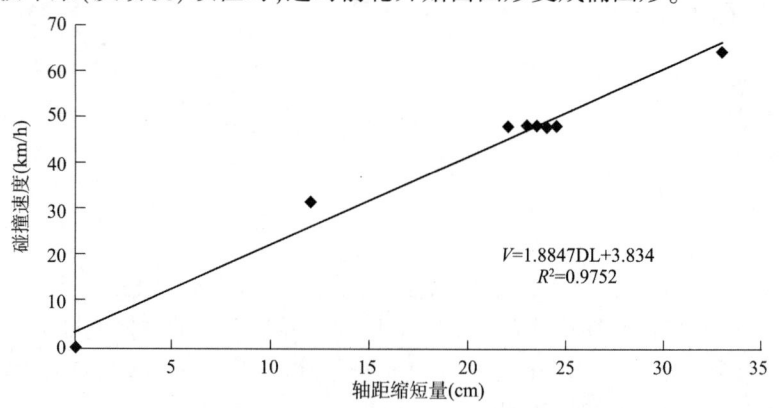

图 6-24 本田摩托车撞轿车侧面轴距缩短量与碰撞速度的关系

在此应当注意,当摩托车质量在 90~218kg 范围内变化时,其变形均在同一直线上。另外,式(6-12)中的试验数据较少,在应用时要注意车型和速度的影响,即适用条件。

第四节 汽车-自行车碰撞速度的算法

由于摩托车与自行车的相似性,在这一节讨论的汽车-自行车碰撞速度的算法问题,结论对摩托车也基本适用。

一、自行车碰撞事故的数学模型

自行车的交通事故形态多种多样,但概括起来可分为下列三种:

(1)在道路交叉口,自行车(或摩托车)向汽车的侧面进行迎头冲撞,使自行车(摩托车)的前叉向后弯曲位移,前轮受前后方向的压缩而变成椭圆形。这种事故称为"迎面冲撞型"事故。因为,在道路交叉口,自行车的行驶速度很低,这种"冲撞型"事故,自行车很少,主要是摩托车。

(2)汽车向自行车的后部尾撞,称为"尾撞型"事故。这种事故摩托车发生得少,主要是自行车,因为摩托车的行驶速度与普通汽车相近。

(3)汽车向摩托车或自行车的侧面碰撞,称为侧面冲撞型事故。

下面将分别介绍这三种碰撞形式。

1. 迎面冲撞型事故

这类事故的特征是自行车(摩托车)与汽车迎面冲撞时,首先是前轮接触汽车,使自行车(摩托车)的前叉向后位移,当前叉向后位移被车架(摩托车的发动机)顶住时,这时前轮开始由圆形变为椭圆。自行车碰撞速度与纵向变形的关系如图 6-25 所示。如果用轴距减少量表示前叉位移的大小与碰撞速度的关系,其数学表达式为:

$$V = 0.9537DL + 5.8865 \tag{6-13}$$

式中:DL——轴距减少量(cm);

V——碰撞速度(km/h)。

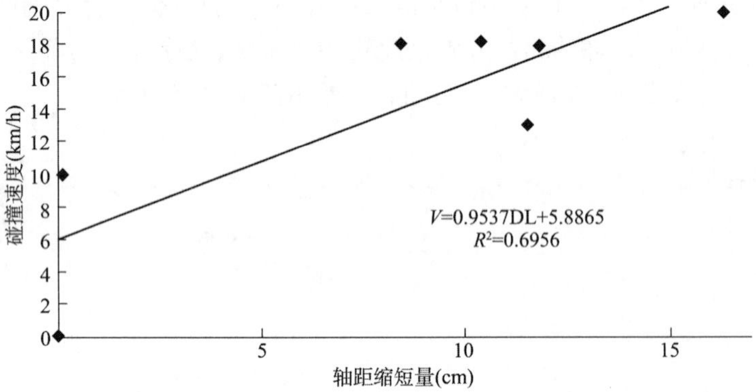

图 6-25 自行车碰撞汽车侧面轴距量的减少与碰撞速度的关系

但在实际交通事故中,往往骑自行车人不只有一种举动。随碰撞速度的提高将从滑移型向冲撞型和跳跃型转化。当自行车骑手被车把拉住时,则以此为轴,向前跃转,骑手的面部冲向汽车的外部车厢,形成拉住型。

如果两轮车向载货汽车侧面冲撞时,骑手的面部冲向载货汽车的侧面后,返回跌落到原处。

当自行车向静止的汽车侧面冲撞时,被碰撞车侧面留有凹形的纵沟,且附加有拉伤痕,这种情况自行车要按图中箭头方向回转。

自行车碰撞汽车侧面时,汽车的压陷深度和自行车轴距的缩短之和,取决于自行车碰撞汽车时刻,自行车具有的动能(碰撞能)。

"迎面冲撞型"的事故中,若摩托车总重(包括乘员体重)在 150 ~ 300kg 之间,与车质量 1t 以上的汽车呈直角冲撞时,如图 6-26 所示。

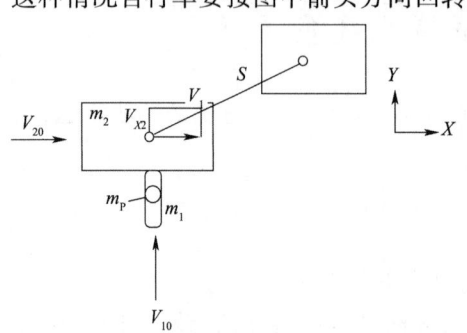

图 6-26 摩托车冲撞汽车(交叉直行)

这时有两种情况:

(1)质量大的汽车碰撞后的速度在 X 轴上的分量为 V_{X2}。假设摩托车和汽车的碰撞为非黏着碰撞,可以认为碰撞后的汽车速度 V_{X2} 等于碰撞前汽车的速度 V_{20}。

$$V_{20} = V_{X2} \tag{6-14}$$

(2)假设由于摩擦力的作用,碰撞后汽车和摩托车完全一体化(黏着碰撞),质量为 m_1 和 m_2,则:

$$m_2 V_{20} = (m_1 + m_2) V_{X2}$$
$$V_{20} = (1 + m_1/m_2) V_{X2} \tag{6-15}$$

式中：V_{20}——碰撞前汽车的速度(m/s)；

V_{X2}——碰撞后汽车的速度在 X 轴上的分量(m/s)；

m_1——摩托车的质量(kg)；

m_2——汽车的质量(kg)。

一般来说，多数碰撞为非黏着碰撞，故可认为 $V_{20} = V_{X2}$。

摩托车在碰撞前后的速度也分两种情况讨论：第一种情况是摩托车和骑车人一起向汽车冲击后反弹回；另一种情况是摩托车向汽车撞击后，骑车人离开摩托车跳跃到汽车的顶盖上。这两种情况是有区别的，但无论是哪种，骑车人和摩托车的恢复因数均可视为零。

第一种情况：

$$(m_1 + m_2) \cdot V_{10} = (m_1 + m_P + m_2) \cdot V_{Y2}$$

$$V_{10} = \left(1 + \frac{m_2}{m_1 + m_P}\right) \cdot V_{Y2} \qquad (6-16)$$

式中：V_{Y2}——碰撞后汽车速度的 Y 轴分量(m/s)；

m_P——摩托车骑车人的质量。

第二种情况：

$$m_1 \cdot V_{10} = (m_1 + m_2) \cdot V_{Y2} \qquad (6-17)$$

若碰撞后汽车的滑移距离为 s，则碰撞后的汽车速度 V_2 为：

$$V_2 = \sqrt{2 \cdot g \cdot \varphi \cdot s} \qquad (6-18)$$

该速度在 X 轴的分量为：

$$V_{X2} = V_2 \cdot \cos\theta \qquad (6-19)$$

则该速度在 Y 轴的分量为：

$$V_{Y2} = V_2 \cdot \sin\theta \qquad (6-20)$$

式中：φ——轮胎与路面的纵滑附着因数；

s——碰撞后汽车的滑移距离(m)；

θ——碰撞后汽车的滑移偏向角。

根据上述分析，可按下面的步骤求碰撞前汽车速度 V_{20} 和摩托车速度 V_{10}：

①碰撞后的汽车速度：

$$V_2 = \sqrt{2 \cdot g \cdot \varphi \cdot s}$$
$$V_{X2} = V_2 \cdot \cos\theta$$
$$V_{Y2} = V_2 \cdot \sin\theta$$

②碰撞前的速度：

汽车 $V_{20} = V_{X2}$。

对于摩托车，存在下述关系：

a. 骑车人落在被碰撞车前时：

$$V_{10} = \left(1 + \frac{m_2}{m_1 + m_P}\right) \cdot V_{Y2}$$

b. 骑车人越过被碰撞车顶盖时：

$$V_{10} = \left(1 + \frac{m_2}{m_1}\right) \cdot V_{Y2}$$

③得出结果 V_{20} 和 V_{10}。

这种方法不适用被摩托车冲撞后汽车没有偏向的情况，例如被冲撞车是大型载货汽车，质量很大,碰撞根本不会引起汽车的偏向。

2. 根据变形量推算碰撞前速度

利用上述计算结果可推算摩托车碰撞前的速度。

设本田型摩托车碰撞前后的速度是 V'_{10}、V'_1,该摩托车和普利茅斯型汽车的质量分别是 m'_1、m'_2,恢复因数 $e=0$,由于碰撞摩托车产生的运动量变化为:

$$m'_1 \cdot (V'_{10} - V'_1) = m'_1 \cdot \left(V'_{10} - \frac{m'_1}{m'_1 + m'_2} \cdot V'_{10}\right) = \frac{m'_1 \cdot m'_2}{m'_1 + m'_2} \cdot V'_{10} \quad (6-21)$$

若是任意的摩托车,碰撞前后的速度是 V_{10}、V_1,摩托车和被碰撞车的质量是 m_1、m_2,则:

$$m_1 \cdot (V_{10} - V_1) = \frac{m_1 \cdot m_2}{m_1 + m_2} \cdot V_{10} \quad (6-22)$$

如果前两种情况,摩托车的动量变化相等的话,则变形量的变化必相等。

$$V_{10} = \frac{m'_1}{m_1} \cdot \left(\frac{1 + m_1/m_2}{1 + m'_1/m'_2}\right) \cdot V'_{10} \quad (6-23)$$

普利茅斯汽车质量是 1950kg 与 90~219kg 的本田型摩托车侧面碰撞时,碰撞前的速度 V'_{10} 和变形量(轴距减少量 D)的关系已知。即摩托车质量在 90~218kg 范围内变化,对 V'_{10} 和变形量之间关系的影响不大,故可认为 $m_1 = m'_1$。则:

$$V_{10} = \left(\frac{1 + m_1/m_2}{1 + m_1/m'_2}\right) \cdot V'_{10} \quad (6-24)$$

根据变形量推算摩托车碰撞前速度的过程如下:

① 根据摩托车的变形量(轴距减少量)DL,求 V'_{10}:

$$V'_{10} = 1.89DL + 12$$

② 根据 V'_{10} 求摩托车碰撞前的速度 V_{10}(km/h):

$$V_{10} = \left(\frac{1 + m_1/m_2}{1 + m_1/1950}\right) \cdot V'_{10}$$

③ 得到结果 V_{10}。

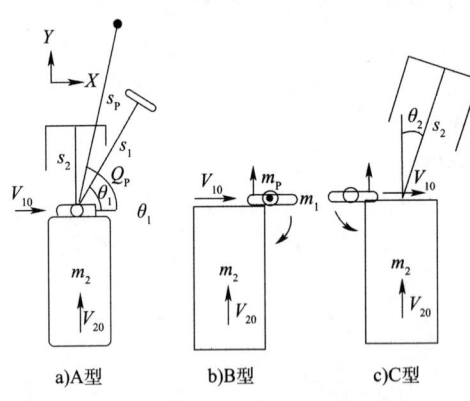

图 6-27 二轮车的侧面碰撞

注:a)汽车向二轮车(包括骑车人)的重心碰撞;
b)向重心的后侧碰撞;c)向重心的前侧碰撞。

如,已知某质量 $m_1 = 150$kg 的摩托车和质量为 1000kg 的轿车发生迎面冲撞,摩托车轴距减少量 DL=32cm,求摩托车的碰撞速度。

$$V'_{10} = 1.89 \times 32 + 3.83 = 64.3(\text{km/h})$$

$$V_{10} = \left(\frac{1 + 150/1000}{1 + 150/1950}\right) \cdot 64.3 = 68.7(\text{km/h})$$

即摩托车的碰撞速度为 68.7km/h。

3. 侧面碰撞型事故

汽车向自行车(摩托车)侧面碰撞的事故基本形态如图 6-6b)所示,其中形态 T_1 主要有图 6-27 所示三种形式。

A 型的情况:二轮车和骑车人,被汽车冲向右前方,二轮车立即翻倒在路面滑移,骑车人则跳跃出某一距离后,倒向路面滑移。汽车采取紧急制动滑移某一段距离后停止。

设:

m_1、m_P、m_2 分别表示二轮车、骑车人、汽车的质量(kg);V_{10}、V_{20} 分别表示二轮车、汽车碰撞前的速度(m/s);s_1、s_P、s_2 分别表示二轮车、骑车人、汽车碰撞后的移动距离(m);θ_1、θ_P 分别表示二轮车、骑车人跳出的角度;φ_1、φ_P、φ_2 分别表示翻倒的二轮车、翻倒的骑车人及汽车轮胎和路面的附着因数;

h 表示碰撞时骑车人的重心高度(m)。

则二轮车碰撞后的速度为:

$$V_1 = \sqrt{2g\varphi_1 s_1} \tag{6-25}$$

骑车人碰撞后的速度:

$$V_P = \sqrt{2 \cdot g \cdot \varphi_P} \cdot \left(\sqrt{h + \frac{s_P}{\varphi_P}} - \sqrt{h} \right) \tag{6-26}$$

汽车碰撞后的速度为:

$$V_2 = \sqrt{2 \cdot g \cdot \varphi_2 \cdot s_2'} \tag{6-27}$$

$s_2' = s_2$,扣除反应距离,通常根据制动印迹推算。

按动量平衡原理:

$$m_2 \cdot V_{20} = m_1 \cdot V_1 \cdot \sin\theta_1 + m_P \cdot V_P \cdot \sin\theta_P + m_2 \cdot V_2$$

$$V_{20} = \frac{m_1 \cdot V_1 \cdot \sin\theta_1 + m_P \cdot V_P \cdot \sin\theta_P + m_2 \cdot V_2}{m_2} \tag{6-28}$$

而

$$V_{10} \cdot (m_1 + m_P) = m_1 \cdot V_1 \cdot \cos\theta_1 + m_P \cdot V_P \cdot \cos\theta_P$$

式中,二轮车、骑车人作用于汽车的动量可略之。

$$V_{10} = \frac{m_1 \cdot V_1 \cdot \cos\theta_1 + m_P \cdot V_P \cdot \cos\theta_P}{m_1 + m_P} \tag{6-29}$$

故,此时可从二轮车、骑车人、汽车的滑移距离中导出 V_1、V_P、V_2,则应用式(6-21)、式(6-22)可以导出二轮车碰撞时的速度 V_{10} 和汽车碰撞速度 V_{20},根据上述关系,整理出二轮车 A 型侧面碰撞的推算过程如下:

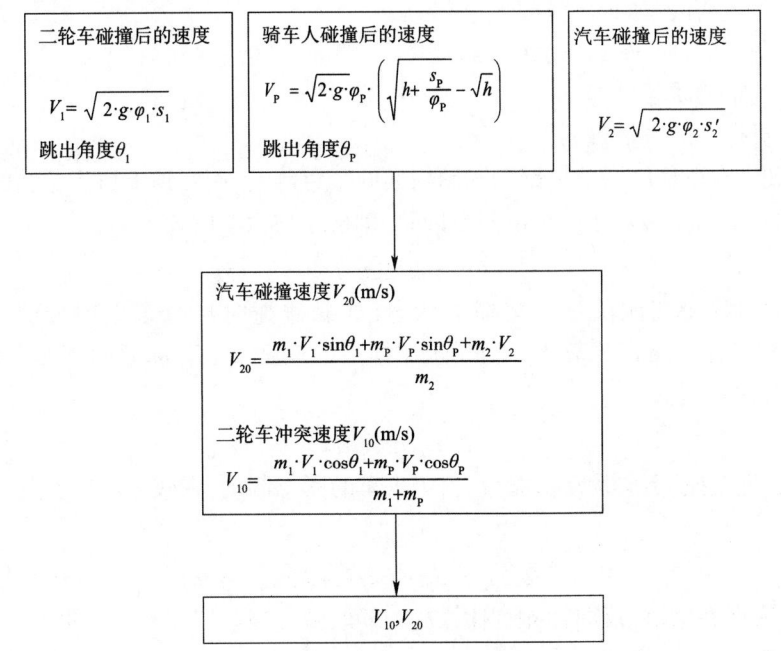

B型碰撞:二轮车受到向右回转力的作用而右转与汽车的右侧面进行二次碰撞。这时二轮车一边向右旋转,一边向右前方滑移。而车上骑车人,不论二轮车如何运动,由于惯性的作用而持续按原来的方向运动,并与二轮车脱离。

C型的情况:二轮车向左回转和汽车的左侧面碰撞,运动量几乎全部传递给汽车。

碰撞后汽车若制动停车,则冲突后的速度为:

$$V_2 = \sqrt{2g\varphi_2 s_2'} \tag{6-30}$$

式中:φ_2——汽车的轮胎和路面间的纵滑附着因数;

s_2'——汽车的滑移距离(m)。

则汽车的碰撞速度:

$$V_{20} = V_2 \cdot \cos\theta \tag{6-31}$$

式中:θ——汽车的偏向角。

二轮车的碰撞速度为:

$$V_{10} = V_2 \cdot \sin\theta \tag{6-32}$$

4. 追尾型事故

如图6-28所示,自行车以V_{20}的速度行驶,汽车以V_{10}的速度向自行车追尾,自行车和骑车人分开,弹跳到前方。

根据碰撞前后动量不变的原则:

$$m_1 \cdot V_{10} + (m_2 + m_P) \cdot V_{20} = m_1 \cdot V_1 + m_2 \cdot V_2 + m_P \cdot V_P$$

$$V_{10} = V_1 + \frac{m_2}{m_1} \cdot V_2 + \frac{m_2}{m_1} \cdot V_P + \frac{m_2 + m_P}{m_1} \cdot V_{20} \tag{6-33}$$

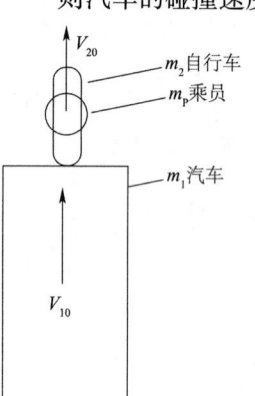

图6-28 自行车被追尾

式中:V_1——碰撞后的汽车速度(m/s);

V_2——碰撞后自行车的速度(m/s);

V_P——碰撞后骑车人被弹出的速度(m/s);

V_{10}——碰撞前汽车的速度(m/s);

V_{20}——碰撞前自行车的速度(m/s);

m_1——汽车的质量(kg);

m_2——自行车的质量(kg)。

汽车驾驶人在碰撞时必然要踏制动踏板实施紧急制动,而在路上留下轮胎的印痕,设印痕的长度L_1(m),φ_1是碰撞车的纵滑附着因数,则碰撞后汽车的速度为:

$$V_1 = \sqrt{2g\varphi_1 L_1} \tag{6-34}$$

自行车的滑移距离取决于被尾撞的状态,如果碰撞时自行车立即翻倒在路上滑移L_2(m),从滑移的距离可以推算出自行车被尾撞后的速度V_2(设φ_2是自行车翻倒后在路上的滑移附着因数),则:

$$V_2 = \sqrt{2g\varphi_2 L_2} \tag{6-35}$$

骑车人首先被撞,倒向发动机舱盖,由于汽车的紧急制动,在较大的减速度下,骑车人又被向前抛出。

$$V_P = \sqrt{2 \cdot g \cdot \varphi_P \cdot (\sqrt{h + X/\varphi_P} - \sqrt{h})} \tag{6-36}$$

式中:φ_P——人倒在路上滑移时的附着因数;

X——骑车人的滑移距离(m);

h——发动机舱的高度(m);

g——重力加速度(9.8m/s^2)。

自行车碰撞前的速度 V_{20},大体可以选择为 20km/h,然而 $(m_2+m_P)/m_1$ 通常小于 0.1,故 $(m_2+m_P)/m_1$ 对 V_{20} 的影响不大,可略之。

另外,由于人体的恢复因数几乎为零(塑性),故可以认为 $V_P = V_1$。自行车与人相比较,恢复因数不等于零,V_2 比 V_1 略大些,但在这种情况下,m_2/m_1 约为 1/30,也可近似地认为 $V_2 = V_1$。这样,式(6-31)可简化为:

$$V_{10} = \frac{m_1 + m_2 + m_P}{m_1} \cdot V_1 \tag{6-37}$$

由式(6-35)即可推算出汽车碰撞前的速度。

二、由冲量原理推算碰撞速度

在事故的碰撞过程中,汽车的动量变化 S 和自行车的动量变化 S' 是大小相等、方向相反的两个矢量。

$$S = M_M \cdot (V_C - V_{OUT}) \tag{6-38}$$

$$S' = (M_C + M_B) \cdot V_{CYT} - (M_C \cdot V_{CC} + M_B \cdot V_B) \tag{6-39}$$

式中:M_M、M_C、M_B——汽车、自行车、骑车人的质量;

V_C、V_{CYT}——碰撞前汽车、自行车/骑车人的速度;

V_{OUT}、V_{CC}、V_B——碰撞后汽车、骑车人和自行车的速度,并且存在关系:

$$S = -S' \tag{6-40}$$

用它的 XY 坐标系描述,则:

$$M_M \cdot (V_C - V_{OUT} \cdot \cos\alpha_{OUT}) = -\{(M_C + M_B) \cdot V_{CYT} \cdot \cos\alpha_{CYT} - [M_C \cdot V_{CC} \cdot \cos\alpha_C + M_B \cdot V_B \cdot \cos\alpha_B]\} \tag{6-41}$$

$$-M_M \cdot V_{OUT} \cdot \sin\alpha_{OUT} = -\{(M_C + M_B) \cdot V_{CYT} \cdot \sin\alpha_{CYT} - [M_C \cdot V_C \cdot \sin\alpha_C + M_B \cdot V_B \cdot \sin\alpha_B]\} \tag{6-42}$$

式中:α_{OUT}、α_C、α_B——碰撞后汽车、骑车人和自行车的运动方向与碰撞前汽车行驶方向的夹角;

α_{CYT}——碰撞前自行车与汽车运动方向的夹角。

由式(6-39)得:

$$V_{CYT} = [M_M \cdot V_{OUT} \cdot \sin\alpha_{OUT} + (M_C \cdot V_C \cdot \sin\alpha_C + M_B \cdot V_B - \sin\alpha_B)]/[(M_C + M_B) \cdot \sin\alpha_{CYT}] \tag{6-43}$$

由式(6-40)得:

$$V_{CYT} = \{M_M \cdot V_{OUT} \cdot \cos\alpha_{OUT} - [(M_C + M_B) \cdot V_{CYT} \cdot \cos\alpha_{CYT}] + [M_C \cdot V_{CC} \cdot \cos\alpha_C + M_B \cdot V_B \cdot \cos\alpha_B]\} \tag{6-44}$$

三、碰撞速度损失和能量等效速度

碰撞过程中,汽车的速度损失为:

$$D_V = V_C - V_{OUT} \tag{6-45}$$

在这个过程中,自行车的速度增量为:

$$DV_B = \sqrt{V_{CYT}^2 + V_B^2 - 2 \cdot V_{CYT} \cdot V_B \cdot \cos(\alpha_{CYT} - \alpha_B)} \tag{6-46}$$

与此同时骑车人的速度变化为：

$$DV_C = \sqrt{V_{CYT}^2 + V_{CC}^2 - 2 \cdot V_{CYT} \cdot V_{CC} \cdot \cos(\alpha_{CYT} - \alpha_C)} \quad (6-47)$$

在碰撞过程中,汽车、骑车人和自行车系统的能量变化为：

$$\Delta E = [M_M \cdot (V_C^2 - V_{OUT}^2) + M_C \cdot (V_{CYT}^2 - V_{CC}^2) + M_B \cdot (V_{CYT}^2 - V_B^2)]/2 \quad (6-48)$$

汽车的能量等效速度：

$$EES_M = \Delta E / \sqrt{M_M[1 + M_M/(M_C + M_B)]} \quad (6-49)$$

骑车人/自行车的能量等效速度：

$$EES_{CYT} = EES_M \cdot M_M/(M_C + M_B) \quad (6-50)$$

四、单自由度模型计算碰撞速度

由于汽车与自行车相碰撞后,骑车人的运动过程与行人的相似,借鉴处理行人碰撞后的运动过程的简化方法,把骑车人化简为等效人模型,同时把自行车也化为类似的形式。

骑车人和自行车重心的等效高度：

$$H_{CYLEQ} = H_{CCYL} \cdot W_C \quad (6-51)$$

$$H_{BICEQ} = H_{CBIC} \cdot W_B \quad (6-52)$$

式中：H_{CCYL}、H_{CBIC}——骑车人和自行车的实际重心；

W_C、W_B——它们的折算因数。

$$W_C = M_C/(M_B + M_C) \quad (6-53)$$

$$W_B = M_B/(M_B + M_C) \quad (6-54)$$

并且 $W_C + W_B = 1$。

假设在碰撞后骑车人和自行车的运动过程如图6-9所示,整个过程由接触、飞行和滑移运动组成,并且接触是在瞬间完成的。

在自由飞行阶段,如果抛出角 $\alpha = 0$,骑车人从碰撞到重新被抛落地面的飞行距离,由它的重心运动方程组为：

$$Y_{CCYL} = H_{CYLEQ} + 0.5 \cdot g \cdot t^2 \quad (6-55)$$

$$X_{CCYL} = V_C \cdot t \quad (6-56)$$

自由飞行结束时,即 $Y_{CCYL} = 0$,飞行时间为：

$$T_{FCYL} = \sqrt{2 \cdot H_{CYLEQ}/g} \quad (6-57)$$

则飞行路程为：

$$X_{FCYL} = V_C \cdot \sqrt{2 \cdot H_{CYLEQ}/g} \quad (6-58)$$

同样求得自行车在飞行阶段的飞行时间和路程分别为：

$$T_{FBIC} = \sqrt{2 \cdot H_{BICEQ}/g} \quad (6-59)$$

$$X_{FBIC} = V_C \cdot \sqrt{2 \cdot H_{BICEQ}/g} \quad (6-60)$$

在滑移阶段,就是从它们各自落地至最终静止位置的距离。

最终静止时,骑车人的速度 $V_{CYL} = 0$,滑移距离 X_{SLCYL} 和滑移时间 T_{SLCYL} 为：

$$X_{SLCYL} = V_C^2/(2 \cdot \mu_{CYL} \cdot g) \quad (6-61)$$

$$T_{SLCYL} = V_C/(\mu_{BIC} \cdot g) \quad (6-62)$$

最终静止时自行车的速度 $V_{BIC} = 0$,滑移距离 X_{SLBIC} 和滑移时间 T_{SLB} 为：

$$X_{SLBIC} = V_C^2/(2 \cdot \mu_{BIC} \cdot g) \quad (6-63)$$

$$T_{SLBIC} = V_C/(\mu_{BIC} \cdot g) \tag{6-64}$$

式中：μ_{CYL}、μ_{BIC}——骑车人和自行车的滑移阻力因数。

定义 A_{CYL} 和 A_{BIC} 分别为骑车人和自行车的滑移减速度：

$$A_{CYL} = \mu_{CYL} \cdot g \tag{6-65}$$

$$A_{BIC} = \mu_{BIC} \cdot g \tag{6-66}$$

骑车人和自行车的抛距 X_{CYL} 和 X_{BIC}：

$$X_{CYL} = X_{FCYL} + X_{SLCYL} = V_C \cdot \sqrt{2 \cdot H_{CYLEQ}/g} + V_C^2/(2 \cdot \mu_{CYL} \cdot g) \tag{6-67}$$

$$X_{BIC} = X_{FBIC} + X_{SLBIC} = V_C \cdot \sqrt{2 \cdot H_{BICEQ}/g} + V_C^2/(2 \cdot \mu_{BIC} \cdot g) \tag{6-68}$$

通常通过交通事故勘测图与记录直接或间接明确骑车人和自行车的抛距，因此问题的解是已知抛距，反求抛出的速度。

变换式(6-66)，用等效人抛距计算汽车碰撞速度的近似值 V'_C：

$$V'_C = \sqrt{2 \cdot A_{CYL}^2 \cdot H_{CYLEQ}/g} + \sqrt{2 \cdot A_{CYL} \cdot (X_{CYL} + \mu_{CYL} \cdot H_{CYLEQ})} \tag{6-69}$$

折算自行车抛距计算汽车碰撞速度的近似值 V'_B：

$$V'_B = \sqrt{2 \cdot A_{BIC}^2 \cdot H_{BICEQ}/g} + \sqrt{2 \cdot A_{BIC} \cdot (X_{BIC} + \mu_{BIC} \cdot H_{BICEQ})} \tag{6-70}$$

滑移与飞行距离之比：

$$f_1 = X_{FCYL}/X_{SLCYL} \quad (\text{等效人}) \tag{6-71}$$

$$f_2 = X_{FBIC}/X_{SLBIC} \quad (\text{等效自行车}) \tag{6-72}$$

$$f_1 = 1.5 \sim 3.0, f_2 = 2.0 \sim 3.0$$

第五节 自行车交通事故案例分析

一、自行车与汽车交叉碰撞

如图 6-29 所示，一个年龄 60 岁的骑自行车人在通过十字交叉路口时，被一辆从其右侧开来的轿车(大众 VW1200 型)撞成重伤。事故发生在早春的中午时刻，天气晴朗，路面干燥，交通信号灯工作正常。图 6-29b)所示的事故现场图给出了事故现场情况，制动印迹一直延续至汽车后轮，同时根据现场图也绘出了碰撞前瞬间汽车和自行车之间的相互位置关系。

本案例再现的问题是，确定汽车的运动轨迹(由制动痕迹后推)和自行车的运动轨迹(根据目击人叙述确定自行车的运动方向)是否相交。另外，它们在碰撞前瞬间的相互位置和运动方向也可由自行车和汽车的损坏情况确定。

汽车运动的数据可通过两个途径获得：

(1)汽车的纵向制动拖印为 11.5m，地面附着因数 $\varphi = 0.7$(或制动减速度为 $7m/s^2$)，制动系协调时间为 0.2s，由此可确定制动前速度：

$$V = \sqrt{2 \cdot a \cdot s} + 0.5 \cdot a \cdot t = \sqrt{2 \cdot 7 \cdot 11.5} + 0.5 \cdot 7 \cdot 0.2 = 13.4(m/s) \text{ 或 } 48(km/h)$$

(2)一个目击者的汽车离事故汽车较近，交通信号灯为"红色"信号时，该目击者正以 30km/h 的速度从远处驶向路口；当该目击者离交通信号灯大约 20m 时，信号转为"绿灯"，事故汽车开始加速，而该目击者因前面有另一辆汽车继续慢速左转弯，因而必须跟随其后。

若事故汽车以 1.5m/s² 加速,经过 37m 的路程需要 3.4s,达到 48km/h 的车速,这样,就可将事故汽车的这些数据转化成曲线绘制在时间-位移图上。

而事故汽车驾驶人事故后声称,在事故前他根本没有发现自行车(骑车人)。

由图中可见,对于肇事汽车驾驶人来说,由于慢速左转弯的汽车遮挡了从左侧而来的自行车,即左转弯汽车对肇事汽车驾驶人产生了视野死角。

碰撞后事故汽车留下了 22.5m 的制动拖印,或者说,碰撞后继续行驶 1.65s 才将车停住。骑自行车人的抛距数据不完整,但是,碰撞速度为 48km/h 时,总抛距(飞行和滑滚距离之和)为 28m。

目击人证实自行车行驶速度较慢,但是,在交叉路口前没有停止,因此,可假设自行车速度为 3~4m/s。因自行车从交叉口停车线至碰撞地点经过 24m 的路程,需要 6~8s 的时间。

事故汽车在任意时刻和位置可从图 6-29 中获得。

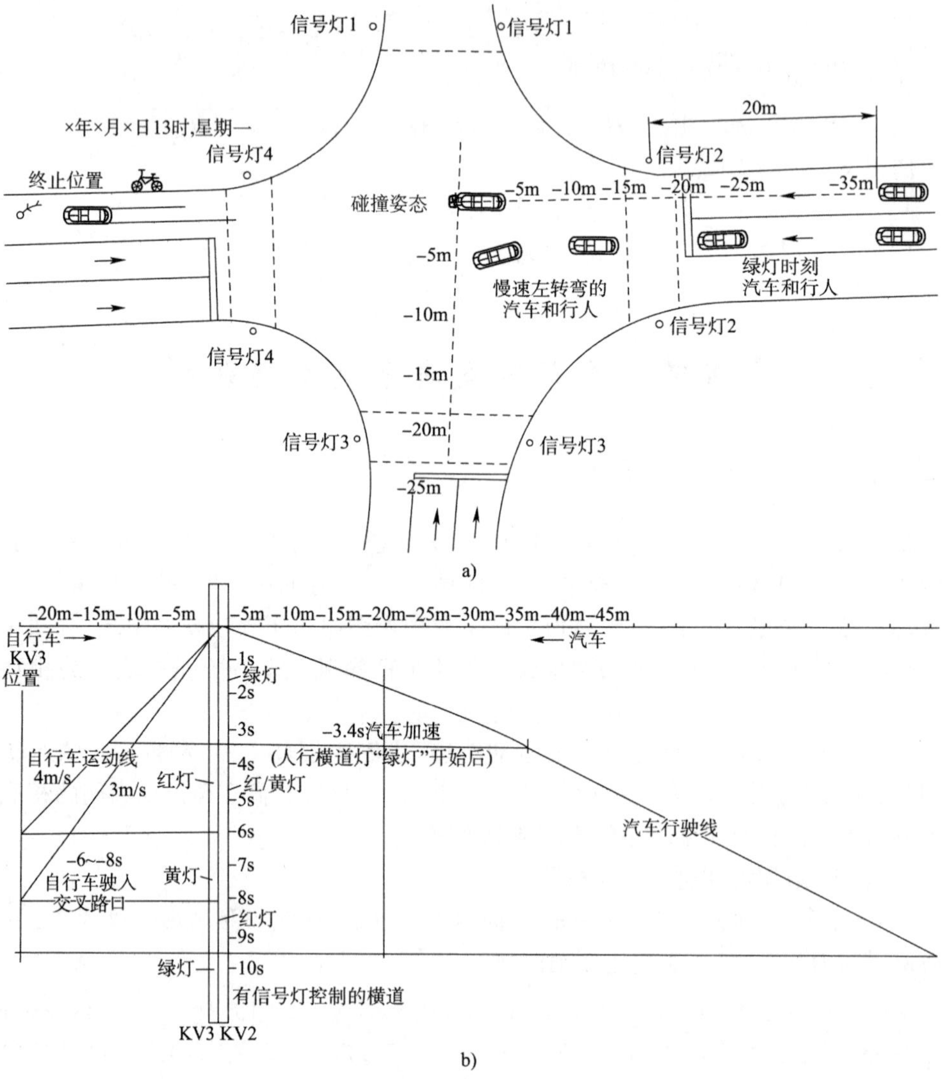

图 6-29　自行车与汽车交叉事故(考虑信号灯周期)

在这个案例中,将交通信号灯的信号周期重叠到时间-位移图上,可考察自行车在哪一个信号阶段进入交叉路口。

从信号周期图上，首先读取交通信号灯3（自行车进入交叉路口）和交通信号灯2（轿车进入交叉路口）：在较长时间"绿灯"后，交通信号灯3开始变换为"黄灯"亮，黄色信号持续3s，在同一时间内，信号灯2处于"红灯"状态。当交通信号灯2持续3s"红黄灯"交替期后，变换成"红色"阶段，交通信号灯继续保持"红灯"亮。

信号周期用透明胶带沿垂直轴方向粘贴（左侧为交通信号灯3，右侧为交通信号灯2），即交通信号周期与时间-位移坐标系的时间坐标轴（单位为s）一致。

如果已标注信号变换周期的透明胶带按目击人的叙述粘贴在纵坐标轴，即时间坐标轴上，那么，轿车位于交通信号灯2前20m（-3.4s）时，交通信号灯从"红/黄灯"周期转换成"红灯"，透明胶带左半侧为交通信号灯3的结果，即自行车在黄灯周期的中间，甚至有可能是在"黄灯"周期开始瞬间，自行车越过交叉路口停车线。

如果目击人陈述正确，则自行车是"黄灯/红灯"周期开始时刻进入交叉路口。

二、轿车碰撞突然左转弯的自行车

图6-30a）是根据处理事故警察提供的事故现场图而绘制的。图中给出了事故轿车（欧宝Kadatt型汽车）停止位置。6岁骑自行车儿童的位置、童车的位置、儿童帽子的位置以及其携带纸口袋的终止位置。

该事故发生在盛夏中午时分，天气阴，因刚下过小雨，沥青路面潮湿。事故后立即进行道路制动试验，事故汽车的平均制动减速度为$6.5 m/s^2$。事故现场草图还用点划线画上了自行车转弯运动轨迹，图中清楚地表明，自行车的意图是左转，驶向住宅前的庭院入口。轿车驾驶人否认自行车转弯时，骑车儿童曾打出手势，事故处理结果也未确定自行车转弯时，骑车儿童是否打出手势。

在这种曲线行驶情况下，自行车速度为4m/s（或14km/h）。通常儿童骑自行车的侧向加速度不大于$3\sim 4 m/s^2$。

在事故现场草图上直接画出事故状态的曲线图，事故研究人员有理由推断，自行车突然转弯，向院内行驶的意图不清楚，可视为突然截头猛拐。

在图6-30a）中用虚线、点划线和实线表示的横坐标分别是汽车制动距离、自行车抛距和骑车人抛距；图中用虚线、点划线和实线表示的曲线分别为轿车制动距离与碰撞速度、自行车抛距与碰撞速度以及骑车人抛距与碰撞速度的关系。

根据图6-30a）进一步画出在事故现场上，事故前自行车和汽车之间的互相运动状况如图6-30b）所示。

从自行车和汽车的损坏情况，可确定碰撞时刻自行车与汽车碰撞状态，即自行车的运动轨迹与汽车的运动方向呈15°夹角。

在图6-30b）的下半部分，用位移-时间曲线图描述参与事故的轿车和自行车的相互运动关系，并描述了事故可避免的变化条件。

对于自行车的行驶状态而言，以大约4m/s的速度等速运动，可得到自行车的时间位移线为直线。

碰撞后汽车仍处于制动状态，四个车轮在潮湿路面的制动印迹长度为11.6m，由此，可作出汽车的行驶运动线（即时间-位移线），进而推算出汽车碰撞后速度以及重要时刻点V、B、R的汽车速度等参数。

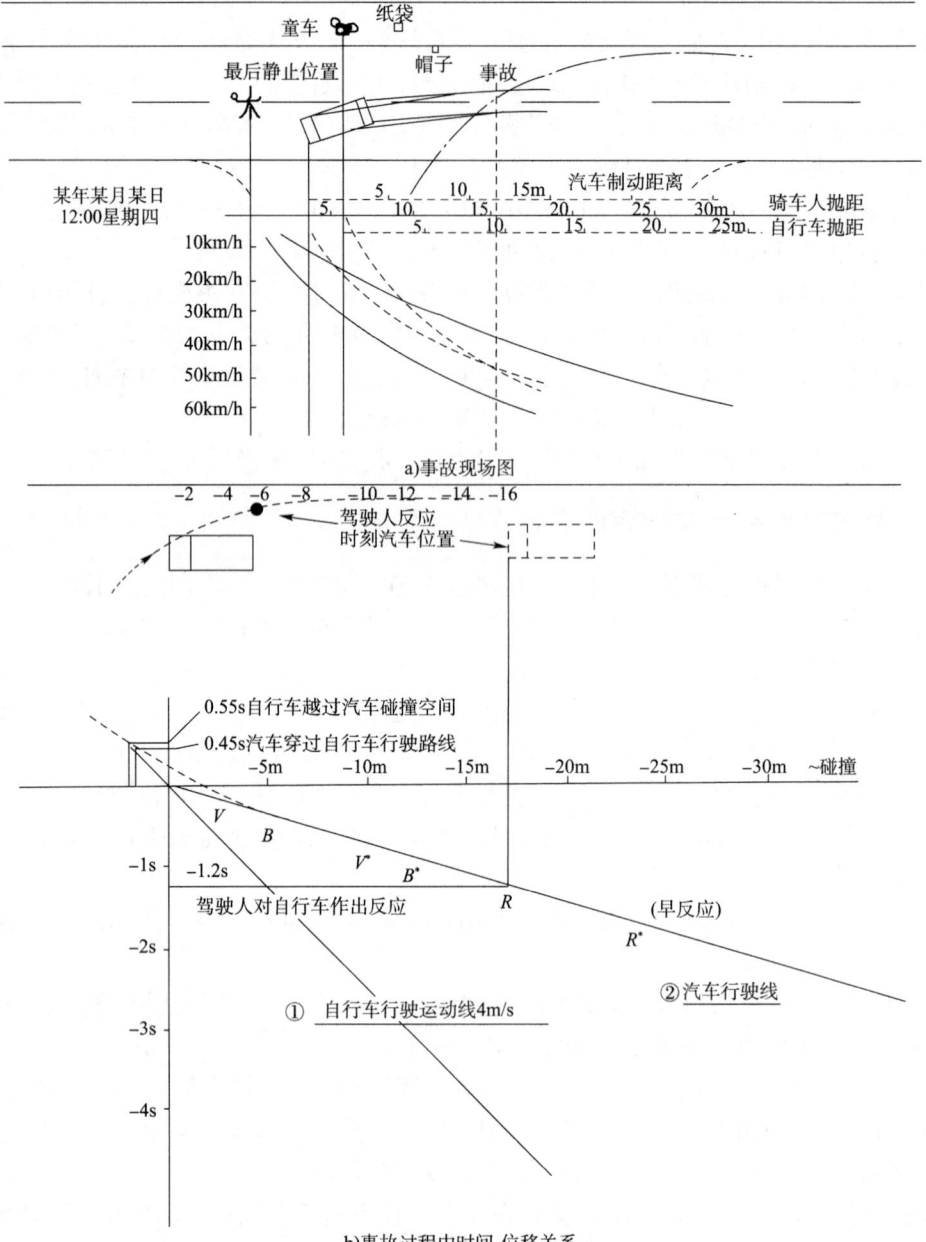

图 6-30 汽车与突然驶出的自行车的碰撞

$$V' = \sqrt{2 \times 11.6 \times 6.5} = 11.8 \text{ (m/s)}$$

考虑自行车对汽车的质量比(约5%),则碰撞速度为:

$$V_C = 1.05 \times V' = 1.05 \times 11.8 = 12.4 \text{ (m/s)}$$

在碰撞前汽车前轮已经有2.8m长的制动拖印,所以,汽车前轮抱死拖滑时的汽车速度为:

$$V_V = \sqrt{12.4^2 + 2 \times 2.8 \times 6.5} = 13.78 \text{ (m/s)}$$

在碰撞前的制动时间为:

$$t_{VC} = (13.78 - 12.4)/6.5 = 0.21 \text{ (s)}$$

取制动系统制动力上升的协调时间 $t_{BV}=0.2s$，汽车在2.6m的路程上速度下降0.65m/s，所以，制动起作用时刻B数据为：

$$V = 14.43(\text{m/s})$$
$$t_B = -0.41(\text{s})$$
$$S_B = -5.4(\text{m})(\text{碰撞前})$$

取平均驾驶人反应时间为0.8s（时刻R）：

$$t_R = -1.2(\text{s})$$
$$S_R = -16.9(\text{m})(\text{碰撞前})$$

从自行车停驶线上可知，在这一时刻，自行车处于碰撞前5m的位置；在时间-位移图上标出汽车驾驶人反应时刻自行车的位置，即从原始的直线行驶，改变为偏15°方向行驶，并且，这个儿童也没有打转向手势的动作。因此，不可避免使驾驶人作出自行车直行的错误判断，而使得驾驶人只能在事故发生前2m前或0.5s前，才有可能注意到自行车的危险动态。

采用不同方法求汽车碰撞速度如图6-30b)所示，该图分别利用自行车抛距与速度关系（横坐标和曲线用点划线曲线表示）和汽车制动距离与碰撞速度关系（横坐标和曲线用虚线表示）以及骑车人抛距与碰撞速度关系（横坐标和曲线用实线表示）求算汽车碰撞速度。

通过上述三种方法研究自行车行驶运动线，如果骑车人与汽车行驶线保持一定的距离，那么事故就可以避免，也就是说，自行车斜向行驶必须保持远离汽车2m；汽车必须远离其行驶线（平移）1.9m。如果汽车比实际延迟0.45s到实际出事位置，则在这段时间自行车仅能行驶1.8m。汽车驾驶人早反应0.5s，自行车后轮仍将会被汽车左翼子板所碰撞。在这种情况下，这起交通事故仍然不可避免，自行车和汽车要发生碰撞。

上述三种方法是以汽车超速不大（计算为1.9m/s）的情况为基础计算的。

思考题

1. 简述自行车交通事故类型。
2. 说明自行车抛距与碰撞速度的关系。
3. 说明自行车碰撞速度与轴距缩短量的关系。
4. 分析汽车自行车迎面冲撞型交通事故的数学模型。

第七章 广义抛物理论与汽车碰撞速度

汽车碰撞速度计算是交通事故再现的重要工作之一。本章旨在找到碰撞速度和散落物抛距的内在联系,以及汽车速度和坠落条件或碰撞低矮不可折断障碍抛落距离的关系,并由此来推算交通事故时汽车速度。

第一节 汽车速度与撒落物分布

作为事故现场的典型撒落物,汽车风窗玻璃或车灯玻璃碎片等散落物隐含着再现交通事故需要的重要信息。如果参与事故汽车的碰撞速度与被碰撞破碎玻璃碎片抛距的相互关系已知,则汽车碰撞速度就可以通过确定的玻璃碎片抛距求出来。碰撞速度与玻璃碎片等撒落物抛距的关系,对于交通事故汽车状态分析或再现具有重要的实用价值。

用经典物理中自由抛物体的理论运动距离公式计算交通事故抛撒物的抛距,该方法对中国汽车事故工程研究的影响很大。后来有人注意到,实际情况中汽车风窗玻璃或车灯玻璃碎片的抛距与理论抛物方程式的计算结果不一致,指出碎片第一次落地后仍然以不同的运动方式向前运动,并提出了与汽车减速度成反比、速度平方成正比的汽车前照灯玻璃碎片抛距经验公式。然后,利用试验数据的结果,提出了一个在自由抛物体理论运动距离公式前乘以一个修正常数的方法,计算玻璃碎片场第一块碎片抛距与碰撞速度关系的公式。针对事故现场有多个参数可计算汽车碰撞速度的可能性,奥地利维也纳大学 Slibar 教授根据一些试验结果和计算式提出了误差三角形事故再现法。几乎同时,Kühnel 博士提出极限约束曲线法,用修正抛物线公式,计算玻璃碎片场最远一块碎片的抛距和最近一块碎片的抛距。

H. 布朗博士以玻璃碎片抛撒距离为例进行了大量试验。试验变量包括:车型(平头车和长头车),风窗玻璃以及车灯玻璃的上、下缘离地高度,玻璃破碎时的车速(或碰撞速度)等。根据试验结果,对每一变量给出了用线性或对数函数表述的碰撞速度经验式(表7-1)。表7-1 中 h、H、L_B、L_E、L_M、DL 分别是玻璃下缘离地高度、玻璃上缘离地高度、碎片场离碰撞处最近抛距、碎片场离碰撞处最远抛距、碎片场中心离碰撞处的距离以及碎片场宽度。其中,V_C 是碰撞速度。

玻璃碎片抛距线性经验计算式 表7-1

试验总次数	下缘高度 h(m)	上缘高度 H(m)	碰撞速度计算式
20	0.85	1.45	$V_C = 1.67L_B + 2.40$
			$V_C = 1.02L_M + 0.31$
			$V_C = 0.67L_E - 1.49$
			$V_C = 1.02DL - 3.43$

续上表

试验总次数	下缘高度 h(m)	上缘高度 H(m)	碰撞速度计算式
50	1.50	2.10	$V_C = 1.41L_B + 2.51$
			$V_C = 0.93L_M + 0.60$
			$V_C = 0.63L_E - 1.29$
			$V_C = 1.18DL - 4.67$
20	2.15	2.80	$V_C = 1.27L_B + 2.85$
			$V_C = 0.95L_M + 0.51$
			$V_C = 0.66L_E - 2.72$
			$V_C = 1.41DL - 9.03$
50	0.85	1.35	$V_C = 5.15\ln(L_B) + 2.55$
			$V_C = 5.66\ln(L_M) - 1.70$
			$V_C = 7.81\ln(L_E) - 11.08$
			$V_C = 10.07\ln(DL) - 13.16$
45	0.55	0.70	$V_C = 1.74L_B + 1.91$
			$V_C = 0.96L_M + 0.70$
			$V_C = 0.78L_E$
			$V_C = 1.41DL - 1.45$

注:表中各物理量的含义见下文。

J. SEARLE 等提出了一个用于确定行人、摩托车、自行车及其乘员抛距的理论计算式:

$$S = V_C^2 \frac{\sin\theta - \varphi\cos\theta}{2\varphi g} \tag{7-1}$$

式中:V_C——抛出速度(近似等于碰撞速度);

g——重力加速度;

θ——抛出速度方向与路面的夹角,即抛出角;

φ——滑动附着因数。

抛出物的抛距 S 仅与抛出速度和附着因数有关,而与抛出时的高度无关。这个理论计算式仅在 $\theta = 0$ 时进行了检验。而在这种情况下,仅滚动和滑动运动存在,这就与其假设抛物体作弹跳运动的前提相矛盾。

有人分析了上述研究中理论分析和实际应用上的缺陷,详细研究了不同条件下交通事故被抛撒碎片的运动状态和特点,提出了碎片抛撒运动是由滑动、滚动和抛物运动链合成的复杂运动。

第二节 抛物运动理论

一、抛物运动模型

根据力学的抛物运动规律,若某物体以初速度 V_0,抛角 α 抛出,则其运动方程为:

$$x = V_0 t\cos\alpha \tag{7-2}$$

$$y = -\frac{1}{2}gt^2 + V_0 t\sin\alpha \tag{7-3}$$

其运动轨迹如图 7-1a)所示。

当物体落地时,$Y = 0$,物体所飞行的时间为:

$$t = 2V_0 \frac{\sin\alpha}{g} \tag{7-4}$$

将式(7-4)代入式(7-2),可求得水平抛距 x 为:

$$x = V_0^2 \frac{\cos(2\alpha)}{g} \tag{7-5}$$

对式(7-5)求导,得:

$$\frac{dx}{d\alpha} = -\frac{2V_0^2}{g}\sin(2\alpha) \tag{7-6}$$

若使得 $x = x_{\max}$,则需要满足的条件为:

$$\frac{dx}{d\alpha} = 0 \Rightarrow \sin(2\alpha) = 0 \Rightarrow \alpha = 45°$$

即在其他条件不变时,抛角 $\alpha = 45°$ 时,物体的抛距最大。而对于实际汽车交通事故,物体常以抛出角 $\alpha = 0$,碎片从 H 高度抛出时(图 7-1b),式(7-2)和式(7-3)简化为:

$$x = V_0 t \tag{7-7}$$

$$y = H - \frac{1}{2}gt^2 \tag{7-8}$$

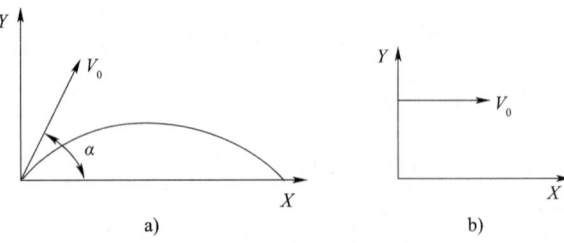

图 7-1 抛物体运动轨迹

二、抛物运动方程在硬路面上应用的局限性及验证

1. 抛物运动方程在硬路面上应用的局限性

现以平头汽车前风窗玻璃碎片分布场的长度为例,分析上述抛物运动方程在硬路面上应用的局限性,即在再现汽车交通事故应用中的不适用性。

若汽车为平头汽车,则玻璃的倾角对分布场参数的影响可以忽略不计。玻璃破碎后的碎片不会溅落到发动机舱上(假设碰撞时汽车已经制动),而是直接溅落到地面上。这种假设可以基本得到保证,碎片的抛出速度等于汽车的碰撞速度。再设风窗玻璃破碎的特征位置,即玻璃的上缘位置离地面的高度为 H,下缘离地高度 h。实际上,现代汽车的风窗玻璃绝大多数为刚化安全玻璃,一旦破碎,除了风窗玻璃框附近以外,几乎是整个玻璃全部破碎,碎片的大小一般差别不大,因此,上、下缘的假设也是符合实际的。由式(7-7)和式(7-8)可以得到从 H 和 h 两个不同高度抛出的玻璃碎片的运动方程为:

$$\begin{cases} h = 0.5gt_k^2 \\ x_k = v_0 t_k \\ v_0 = x_k \sqrt{\dfrac{g}{2h}} \end{cases} \tag{7-9}$$

$$\begin{cases} H = 0.5gt_H^2 \\ x_H = V_0 t_H \\ V_0 = x_H \sqrt{\dfrac{g}{2H}} \end{cases} \tag{7-10}$$

x_H 和 x_h 之差 Δx 为：

$$\Delta x = x_H - x_h \tag{7-11}$$

它可以直接从事故现场中测量得到,因此常用 Δx 求碰撞速度。由式(7-9)和式(7-10)可得 V_0：

$$V_0 = \sqrt{\dfrac{g}{2}} \Delta x \left(\dfrac{1}{\sqrt{H} - \sqrt{h}} \right) \tag{7-12}$$

但必须注意,式(7-12)是在假设碎片与路面的碰撞为完全塑性碰撞的前提条件下导出的。仅当物体碎片抛落到稀泥地面或者松软的细沙土地上或者直接溅落到水中时,应用式(7-12)时才会得出正确的结论。众所周知,小块玻璃碎片与硬路面的碰撞是弹塑性的,加上假设水平速度在飞行过程中基本没有损失,因此,碎块落地后仍然继续向前,以弹跳、滚动以及滑动的形式运动。即使像模拟假人,在被汽车抛出后仍然向前滑移一段距离,才能停止运动。正是因为物体抛落到路面后,还要滑移或者以其他形式运动一段距离,因此,式(7-12)不能直接用于计算汽车的碰撞速度,也就是说,抛物运动方程在交通事故再现中的应用存在很大的局限性。

小块玻璃碎片被抛出至落地前的运动规律可以用式(7-7)、式(7-8)和式(7-12)进行计算,而落地后的运动规律用它们计算时,则难以得出正确的结论。

2. 抛物运动方程应用局限性的验证

图7-2是一例碰撞模拟试验中玻璃碎片的分布情况记录。试验条件如下：

碰撞速度 $V_0 = 11.8 \text{m/s}$,第一块玻璃碎片离碰撞地点距离 $L_B = 6.2 \text{m}$,最后一块玻璃碎片离碰撞地点距离 $L_E = 22 \text{m}$,汽车的减速度 $a = 2.0 \text{m/s}^2$,试验用福特汽车风窗玻璃尺寸为

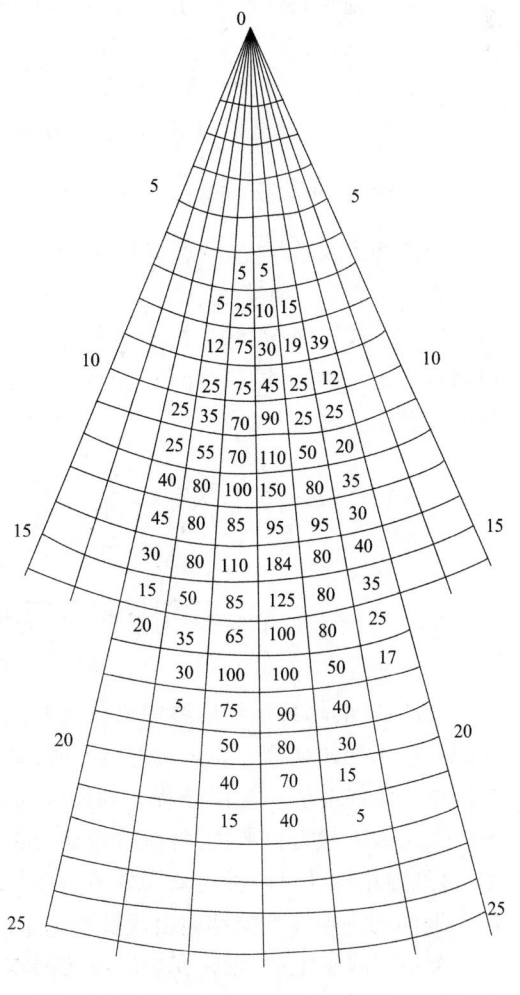

图7-2 风窗玻璃碎片抛落分布场(单位:g/m²)

120cm×55cm，玻璃总质量 $m=8000\mathrm{g}$，玻璃的上缘位置离地面的高度为 $H=2.05\mathrm{m}$，下缘离地高度 $h=1.50\mathrm{m}$，玻璃倾角 $\alpha=0°$，路面为干燥水泥路面，碎片场带宽 Δx 为：

$$\Delta x = x_H - x_h = 15.8\mathrm{m}$$

将 Δx 代入式(7-12)，求得计算碰撞速度 V_{C0} 为：

$$V_{C0} = \sqrt{\frac{g}{2}}\Delta x\left(\frac{1}{\sqrt{H}-\sqrt{h}}\right) = \sqrt{\frac{9.81}{2}}\times 15.8 \times\left(\frac{1}{\sqrt{H}-\sqrt{h}}\right) = 165.78(\mathrm{m/s})$$

可以看出，计算结果与试验结果相比，差别非常大。

因为试验不可避免地受到某些未知的偶然因素的干扰，最近的碎片和最远的碎片分布稀少，因此，把它们视为例外而略去(约占总质量的5.3%)，则修正后的碎片撒落场长度为：

$$\Delta x = x_H - x_h = 20 - 9 = 11(\mathrm{m})$$

由 Δx 计算得到的碰撞速度 V_{C0} 为：

$$V_{C0} = \sqrt{\frac{g}{2}}\Delta x\left(\frac{1}{\sqrt{H}-\sqrt{h}}\right) = \sqrt{\frac{9.81}{2}}\times 11 \times\left(\frac{1}{\sqrt{H}-\sqrt{h}}\right) = 117.49(\mathrm{m/s})$$

由此可以证明，式(7-11)是不适用的。其他试验结果与式(7-11)计算结果比较，误差数量级相同。

将平均抛距和玻璃平均高度代入式(7-9)，求得理论计算碰撞速度 V_{a0} 为：

$$V_{a0} = x_a\sqrt{\frac{g}{2}}/\sqrt{\frac{H+h}{2}} = 14.5\times\sqrt{\frac{9.81}{2}}/\sqrt{\frac{3.55}{2}} = 24.1(\mathrm{m/s})$$

其结果也与实际碰撞速度相差一倍多。

三、碎片的抛物运动

由于物体的抛距(从抛点至静止点间的距离)与力学的抛物运动方程计算的抛距结果相差悬殊。在道路交通事故中，抛撒物在它们第一次撞击地面后，仍在向前继续运动(图7-3)。运动过程一般同时含有弹跳、滚动和滑动三种分量。它们互相衔接，形成的运动轨迹为复合抛物链。这三种运动互相伴随或先后出现，并且造成碎片间的运动过程差别较大，形成较大范围的玻璃碎片分布场。

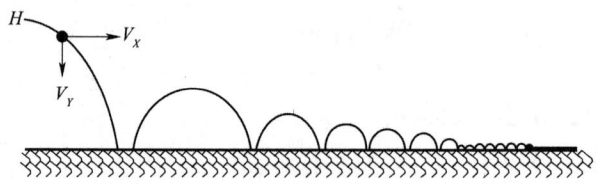

图7-3 抛物运动机理示意图

众所周知，体育运动田赛中铅球或者铁饼投掷后，落地后留下印迹，绝不会出现落地后立即停止不动的现象。而是碰击地面后，尽管比赛场地发生较大的塑性变形，然而铅球或铁饼仍然继续向前运动一段路程。与铅球落地的情形相比，铁饼冲击使得地面的变形较小。另外铁饼的形状为扁平状，落地后先是弹跳和滑移两种运动同时伴随，然后基本上是滑移运动，直到停止运动。两种运动成分所占的比重，或许由落地的角度(入射角，也是初始抛出角)、地面的弹塑性性质和抛出速度所决定。

交通事故发生后，钢化安全风窗玻璃碎片的形状是不规则的，但它们的尺寸差别并不很大。其落地后的运动规律与体育比赛运动中铁饼落地后的运动形式有些相似。由于玻璃碎片厚度与另外两个方向尺寸相比大得多,因此在弹跳和滑动过程中含有较多的滚动运动,不过可以采取类似汽车动力学中处理车轮转动质量的办法,用一个转动质量换算系数,将转动分量折算成平移质量。这三种运动的成分大小主要取决于速度的大小、速度矢量方向与地面垂线的夹角以及碎片的大小和形状。这三种运动机理可以用图7-4形象地描述。

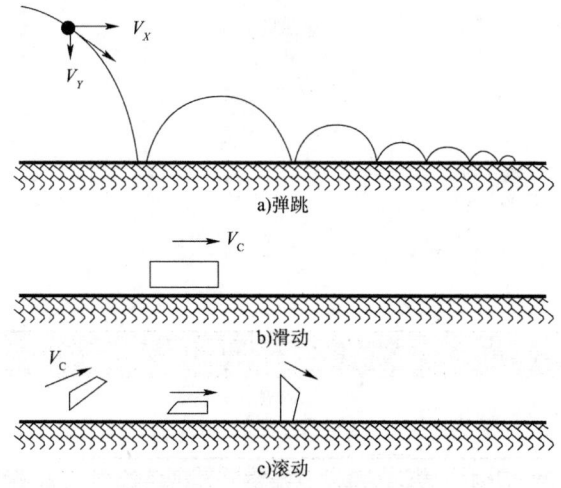

图7-4 玻璃碎片的三种运动形式

为了便于碎片抛撒运动数学模型的理论推导,假设其运动形式可以分成三种互相独立的简单运动形式:滑动、滚动和弹跳(图7-4)。

图7-4b)和图7-4c)分别描述了玻璃碎片的滑动和滚动两种运动形式。引入转动质量换算因数,把物体的整个滚动和滑动运动过程用一个它们的合运动替代,即:

$$m\delta \frac{dv}{dt} = mgf \tag{7-13}$$

式中:m——碎片的质量;
δ——转动质量换算因数,$\delta \geq 1$;
f——碎片与地面的摩擦因数。

将式(7-13)两边同乘以 dL,则:

$$\delta dv \frac{dL}{dt} = gf dL$$

$$dL = \frac{\delta}{gf} V dv \tag{7-14}$$

对式(7-14)积分,可求得整个过程中滑动和滚动的距离分量 L_{RG} 为:

$$L_{RG} = \frac{\delta}{2gf} V_0^2 \tag{7-15}$$

在式(7-15)中,V_0 是第一次落地前瞬间碎片的合速度,它是被抛出时的速度和离地面高度的函数,即:

$$V_0^2 = V_C^2 + 2gH \tag{7-16}$$

式中:H——抛出高度;
V_C——碰撞速度。

实际上,摩擦因数 f 和转动质量换算因数 δ 不是常数,而是依赖速度的变量,难以也没有必要测定它们。因此,将 A_3 和 A_4 引入式(7-15),得到:

$$L_{RG} = A_3 \left(V_C^2 + 2gH \right)^{A_4} \tag{7-17}$$

1. 玻璃碎片的理论抛物运动和弹跳运动方程

图 7-5 概括地描述了玻璃碎片的弹跳运动过程。力学上的经典抛物运动方程仅描述碎片从抛出到第一次碰击路面的飞行过程。这种自由抛出飞行可以通过水平距离 x 和垂直距离 y 两个分量描述,即:

$$x = V_C t \tag{7-18}$$

$$y = H - \frac{1}{2}gt^2 \tag{7-19}$$

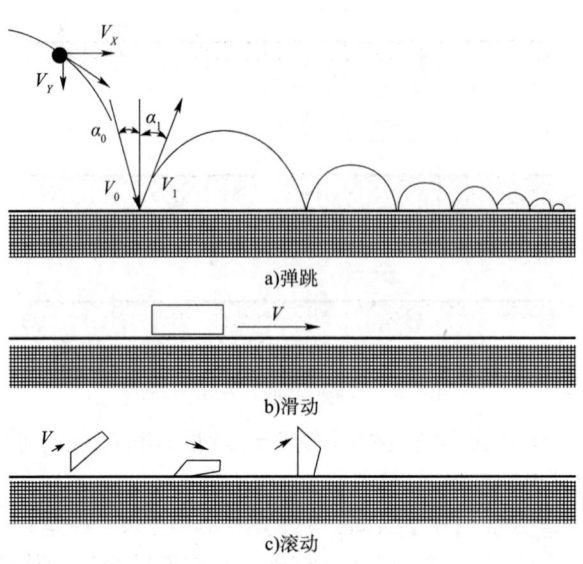

图 7-5 碎片弹跳示意图

当 $y=0, t=t_H$ 时,则 $x=L_0$,并且:

$$H = \frac{1}{2}gt_H^2 \tag{7-20}$$

$$t_H = \sqrt{\frac{2H}{g}} \tag{7-21}$$

从抛出到第一次与地面接触的水平运动距离 L_0 为:

$$L_0 = V_C t_H \tag{7-22}$$

$$L_0 = V_C \sqrt{\frac{2H}{g}} \tag{7-23}$$

将式(7-21)代入式(7-22),则此时碎片的合速度 V_0 为:

$$V_0 = \sqrt{V_C^2 + V_{Y=0}^2} = \sqrt{V_C^2 + 2gH} \tag{7-24}$$

速度与地面的夹角 α_0 为:

$$\tan\alpha_0 = \frac{V_C}{V_{Y=0}}$$

$$\alpha_0 = \tan^{-1}\left(\frac{V_C}{V_{Y=0}}\right) = \tan^{-1}\sqrt{\frac{V_C}{2gH}} \tag{7-25}$$

实际上,碎片可能带有抛出角抛出,受到空气阻力作用,以及考虑此分量占整个运动过程的比重,所以,引入因数 A_1 和修正因数 A_2,第一次落地飞行的距离 L_0 为:

$$L_0 = A_1 \left(V_C \sqrt{\frac{2H}{g}} \right)^{A_2} \tag{7-26}$$

现在,讨论玻璃碎片第一次撞击地面后弹跳过程的运动规律。

设抛物体与路面的碰撞为弹塑性碰撞,并定义碰撞后速度与碰撞前的速度之比为速度损失因数 f_v 或为反弹因数,即:

$$f_v = V_i / V_{i-1} \tag{7-27}$$

式中:V_i、V_{i-1}——第 i 次碰撞地面后、前物体的合速度。

另定义物体与路面碰撞后合速度与路面垂线的夹角(反射角)和碰撞前合速度与路面垂线的夹角之比为角度损失因数 f_α,即:

$$f_\alpha = \alpha_i / \alpha_{i-1} \tag{7-28}$$

式中:α_i、α_{i-1}——物体与路面碰撞后合速度与路面垂线的夹角(反射角)和碰撞前合速度与路面垂线的夹角。

对于第一次弹跳,有:

$$V_1 = f_v V_0 \tag{7-29}$$
$$\alpha_1 = f_\alpha \alpha_0 \tag{7-30}$$
$$f_v = V_1 / V_0 \tag{7-31}$$
$$f_\alpha = \alpha_1 / \alpha_0 \tag{7-32}$$
$$X_1 = V_0 t \sin\alpha_1 \tag{7-33}$$
$$Y_1 = V_0 t \cos\alpha_1 - \frac{1}{2}gt^2 \tag{7-34}$$

式中:V_1——第一次弹起时碎片的合速度;

α_1——第一次弹起的弹起角(反射角),即第二次弹起的入射角;

f_v——反弹因数;

f_α——角度损失系数。

当 $Y_1 = 0$ 时,即第一次弹跳结束,水平飞行距离 $L_1 = X_1$。玻璃碎片第一次弹跳所经过的水平路程 L_1 为:

$$L_1 = \frac{f_v^2 V_0^2}{g} \sin(2f_\alpha \alpha_0) \tag{7-35}$$

第二次弹跳过程的运动参数为:

$$V_2 = f_v V_1 = f_v^2 V_0 \tag{7-36}$$
$$\alpha_2 = f_\alpha \alpha_1 = f_\alpha^2 \alpha_0 \tag{7-37}$$
$$X_2 = V_2 t \sin\alpha_2 \tag{7-38}$$
$$Y_2 = V_2 t \cos\alpha_2 - \frac{g}{2}t^2 \tag{7-39}$$

第二次弹跳结束时,$Y_2 = 0$,$L_2 = X_{2(Y_2=0)}$,整理式(7-36)~式(7-39),求得第二次弹跳水平距离 L_2 为:

$$L_2 = f_v^4 V_0^2 / g [\sin(2f_\alpha^2 \alpha_0)] \tag{7-40}$$

同理,第 n 次弹跳过程的运动参数为:

$$V_n = f_v^n V_0 \tag{7-41}$$
$$\alpha_{n1} = f_\alpha^n \alpha_0 \tag{7-42}$$
$$X_n = V_n t \sin\alpha_n \tag{7-43}$$

$$Y_n = V_n t\cos\alpha_n - \frac{g}{2}t^2 \tag{7-44}$$

$Y_n = 0$ 时,$L_n = X_{n(V_n=0)}$,由式(7-41)~式(7-44)可得,第 n 次弹跳距离 L_n 为:

$$L_n = \frac{f_v^{2n} V_0^2}{g}\sin(2f_\alpha^n \alpha_0) \tag{7-45}$$

将 $L_1 \sim L_n$ 相加,可求得 n 次弹跳所经过路程之和 L_{SP} 为:

$$L_{SP} = \sum_{i=1}^{n} L_i = \frac{V_0^2}{g}\sum_{i=1}^{n}\left[f_v^{2i}\sin(2f_\alpha^i \alpha_0)\right] \tag{7-46}$$

据观察结果表明,$f_v < 0.1$,$f_\alpha \approx 1$。这两个参数的测定还未见报道。从应用方便的角度来说,可以利用试验数据,应用数理统计的方法,以消除这两个因数。

假设式(7-46)中的 n 不太小,依次固定 H 和 V_C 中的一个变量,就可分别获得 L_{SP}-H 和 L_{SP}-V_C 的曲线图,找到与其形状相近的数学函数表达式。据此原理,可将式(7-46)化为:

$$L_{SP} = A_5 \frac{V_C^2 + 2gH}{g} e^{-A_6 \frac{V_C}{H}} \tag{7-47}$$

同理,可以得到玻璃下缘碎片第 n 次弹跳距离之和为:

$$L_{SP} = A_5 \frac{V_C^2 + 2gh}{g} e^{-A_6 \frac{V_C}{h}} \tag{7-48}$$

式中,参数 A_5 和 A_6 由试验数据,通过参数拟合确定。

由式(7-47)和式(7-48)可以得出结论:f_v 越小,弹跳运动的速度降低得越快;当 $f_v = 0$ 时,即为塑性碰撞,物体不发生跳跃运动,就像黏度很大的泥块跌落到地上。当 $2f_\alpha^n \alpha_0 = 90°$ 时,$\cos(2f_\alpha^n \alpha_0) = 0$,物体终止跳动。当 $2f_\alpha^n \alpha_0$ 接近90°时,由于摩擦的存在,物体早已停止了跳动,而以其他两种运动方式运动。由于 $H > h$,$\alpha_H < \alpha_h$,因此 $2f_\alpha^n \alpha_{h0} > 2f_\alpha^n \alpha_{H0}$,先达到90°,所以 h 质点跳跃的总次数也比 H 质点的总跳跃次数少。也就是说,H 质点落地后每次跳跃的距离也比 h 质点远(图7-6)。

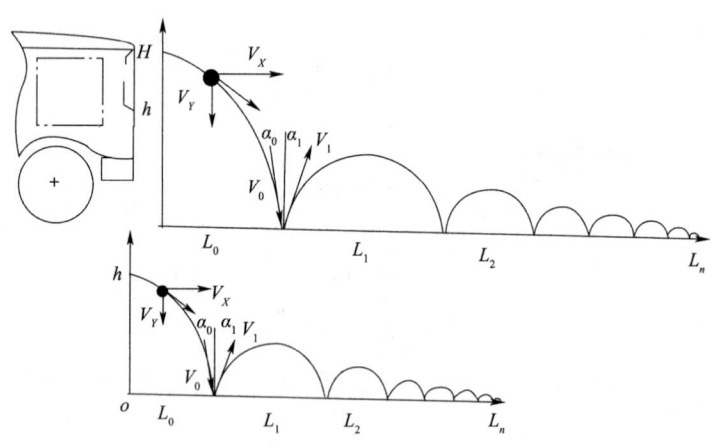

图7-6 碎片弹跳距离与抛出高度的关系

总之,以不同高度抛落的同一物体落地后,弹跳所经过的距离不同,弹跳的总次数也不同,高度大的跳跃次数比高度小的大,且其每次跳跃的距离也比高度小的大。

2. 碎片运动的广义模型

现将玻璃碎片抛出后所经过的路程合成为:

$$L_\Sigma = L_{GR} + L_O + L_{SP} \tag{7-49}$$

将式(7-7)、式(7-26)和式(7-48)代入式(7-49)，则有：

$$L_\Sigma = A_3(V_C^2 + 2gH)^{A_4} + A_1\left(V_C\sqrt{\frac{2H}{g}}\right)^{A_2} + A_5 \frac{V_C^2 + 2gH}{g} e^{-A_6\frac{V_C}{H}} \tag{7-50}$$

当式(7-50)中 H 分别等于下缘高度 H_U、上缘高度 H_O 和玻璃平均高度 H_S 时，L_Σ 依次对应碰撞点至碎片分布场起点距 L_U、最远点距 L_O 和分布场中心线距 L_S。

对于碎片场带宽 DL，取 $H = DH$，则式(7-51)由式(7-50)替代，即：

$$L_\Sigma = A_3(V_C^2 + 2gDH)^{A_4} + A_1\left(V_C\sqrt{\frac{2H_O}{g}} - V_C\sqrt{\frac{2H_U}{g}}\right)^{A_2} + A_5 \frac{V_C^2 + 2gH_S}{g} e^{-A_6\frac{V_C}{H_S}} \tag{7-51}$$

对于长头车，式(7-50)、式(7-51)中的碰撞速度 V_C 由玻璃的破碎速度 V_Z 替代。
参数 A_2、A_4 和 A_6 可采用优化技术的方法求得。设目标函数为：

$$\Phi = |L_\Sigma - L_\Sigma^*| = f(A_2, A_4, A_6) \tag{7-52}$$

则

$$\Phi^* = f(A_2^*, A_4^*, A_6^*) \leqslant \varepsilon \tag{7-53}$$

式中： ε ——给定的界限值，$\varepsilon > 0$；
Φ^*、L_Σ^*、A_2^*、A_4^*、A_6^* —— Φ、L_Σ、A_2、A_4 和 A_6 的近似值。

参数 A_1、A_3 和 A_5 可由最小二乘法确定为：

$$Q = \sum_{i=1}^n \sqrt{L_{\Sigma i} - \tilde{L}_{\Sigma i}} = F(\tilde{A}_1, \tilde{A}_3, \tilde{A}_5) = \min F(A_1, A_3, A_5) \tag{7-54}$$

式中：$\tilde{L}_{\Sigma i}$ —— $L_{\Sigma i}$ 的估计值；
$\tilde{A}_1$、$\tilde{A}_3$、$\tilde{A}_5$ —— A_1、A_3 和 A_5 的估计值。

上述两种方法交替使用，并利用文献的大量试验结果，就可确定参数 $A_1 \sim A_6$（表7-2）。

玻璃碎片抛距计算式中的变量和与其对应的参数值　　　表7-2

	平头车风窗玻璃或车灯玻璃，碰撞速度 V_C			
A_1	0.2759517	0.8467402	1.43538	1.32597
A_2	0.9	0.9	0.9	0.9
A_3	0.10×10^{-2}	0.56×10^{-3}	0.42×10^{-3}	0.20×10^{-2}
A_4	1	1	1	1
A_5	0.86×10^{-3}	0.97×10^{-2}	0.11×10^{-1}	0.14×10^{-1}
A_6	0.05	0.05	0.05	0.05
	长头车风窗玻璃，破碎速度 V_Z			
A_1	1.300417	2.513812	2.137047	5.302394
A_2	1	1	1	1
A_3	-1.174436	-2.796423	-2.119479	-0.9133321
A_4	0.35	0.35	0.35	0.35
A_5	0.2506123	0.6556805	0.3570293	0.8092977
A_6	0.25	0.25	0.25	0.25

第三节　典型撒落物在事故分析中的应用

为了说明上述理论模型在交通事故再现中的应用,下面以一个真实案例(交通事故现场勘测图为例,如图7-7所示,用不同的事故参数和不同的计算方法推算参与事故汽车的平均碰撞速度。用于事故再现的基本数据见表7-3。

事故分析的基本数据　　　　　　表7-3

汽车型号	VW Passat(大众帕萨特)	汽车质量(包括驾驶人)	1275kg
制动距离	22m	从碰撞至停止驶过的路程	18.8m
事故形态	交叉相撞汽车损坏情况	左前照灯	破碎
道路性质	沥青,干燥	道路线形	平坦,交叉路口
自行车质量	15kg	自行车抛距	11.4m
自行车滑移路程	8.0m	骑车人质量	90kg
骑车人身高	1.78m	骑车人受伤程度	OAIS = 5
骑车人抛距	24.4m	骑车人滑移路程	17.2m
车灯玻璃最近抛距	7.8m	车灯玻璃最远抛距	21m
玻璃上缘高	0.70m	玻璃下缘高	0.55m
车灯玻璃平均抛距	14.4m	车灯玻璃碎片场带宽	13.2m

下面为采用不同的事故参数和计算方法推算的事故汽车碰撞速度。

以骑车人的抛距为自变量,用 Böhnke 经验公式计算出的汽车碰撞速度为60.8km/h。

用制动距离计算得到的汽车碰撞速度为56.3km/h(假设制动减速度为6.5m/s²)。

用单自由度模型由等价人、等价自行车和等价自行车-人系统求得的碰撞速度 V_C 分别为31.6km/h、58.1km/h 和54.3km/h。

用动量守恒原理计算的汽车碰撞速度为60.5km/h(假设自行车的速度为15km/h)。

以前照灯玻璃的下缘、上缘和平均离地高度(H_U、H_0 和 H_S),车灯玻璃的直径 DH 及其对应的最近、最远和碎片场平均抛距(L_U、L_0 和 L_S)以及碎片场带宽 DL 为自变量,根据与本例前照灯玻璃下缘、上缘离地高度相同的 H. Braun 试验线性回归公式计算出的汽车碰撞速度分别为:

$$V_C(H_U, L_U) = 55.7(km/h) \qquad V_C(H_0, L_0) = 58.9(km/h)$$
$$V_C(H_S, L_S) = 52.3(km/h) \qquad V_C(DH, DL) = 61.8(km/h)$$

同样,以玻璃下缘、上缘和平均离地高度以及车灯玻璃直径及其对应的最近、最远和碎片场平均抛距以及碎片场带宽为自变量,用本文提出的方法计算出汽车碰撞速度分别为:

$$V_C(H_U, L_U) = 60.1(km/h) \qquad V_C(H_0, L_0) = 57.7(km/h)$$
$$V_C(H_S, L_S) = 57.5(km/h) \qquad V_C(DH, DL) = 57.7(km/h)$$

上述计算结果表明,用式(7-46)提出的理论模型计算的汽车碰撞速度没有超出其他方法计算结果的变化范围。因此,该理论模型可以用于推算事故汽车的可能碰撞速度。在上述例子中有多个可以用于计算碰撞速度的参数,当然可以选择任意一个或者几个参数(痕迹)计算碰撞速度。而当其他参数不十分可靠,特别只有玻璃碎片场存在时(完整的玻璃碎片场有四个可用的参数。一般情况下,玻璃碎片场至少有一个参数可用),这时,利用玻璃碎片分布场参数推算汽车的碰撞速度的优点是不言而喻的。

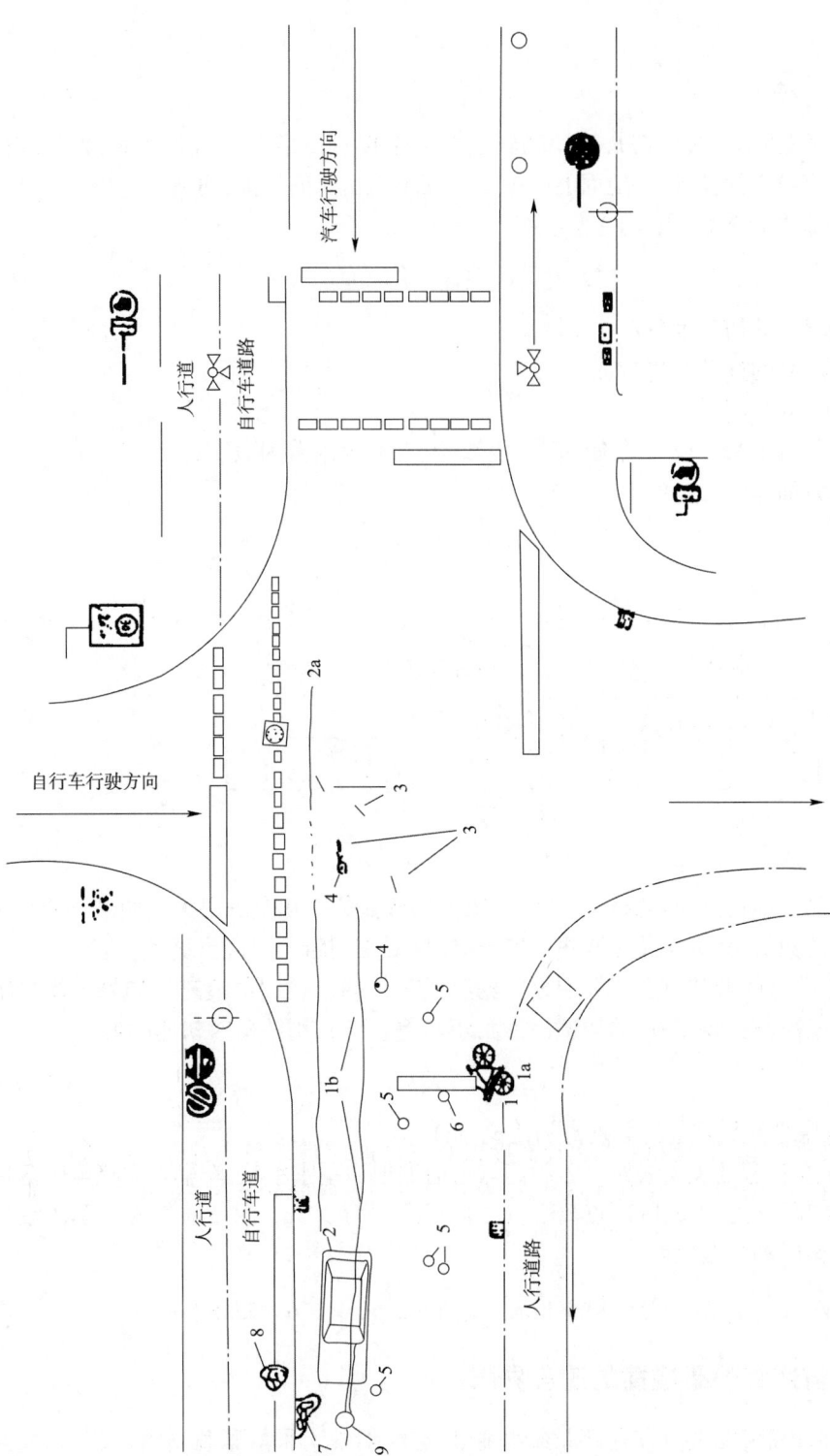

图7-7 汽车-自行车碰撞事故现场图

1-血迹/骑车人静止位置；1a-自行车静止位置；1b-骑车人身体擦痕；2-汽车大众帕萨特静止位置；2a-汽车制动拖印；3-自行车擦痕；4-撒落的背包内物品；5-汽车前照灯碎片；6-自行车锁；7-背包及撒落物品；8-骑车人衣服碎片

第七章 广义抛物理论与汽车碰撞速度

第四节 汽车坠崖、撞路缘石、翻滚及车速计算

一、汽车坠落

汽车从悬崖上坠落时,最初是按抛物轨迹在空中按自由落体飞行。然后,着陆或落水后,再滑移一段距离消耗能量。地面的摩擦功将汽车的动能消耗掉,而最终停止。

汽车坠落时的初速度(图7-8)为:

$$V = \sqrt{2gf}(\sqrt{h+x/f} - \sqrt{h}) \tag{7-55}$$

式中:V——坠落时的初速度(m/s);
　　　x——坠落后的移动距离(m);
　　　h——落下的高度(m);
　　　f——坠落后车和地或水的滚动阻力因数(制动时为附着因数φ);
　　　g——重力加速度($g = 9.81\text{m/s}^2$)。

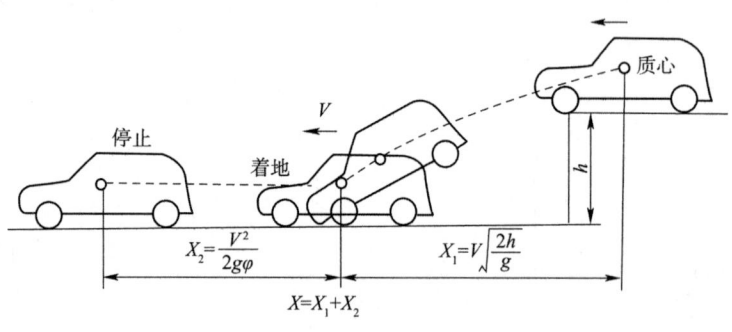

图7-8　路外坠落

一般,崖下的地面是极其复杂的,故滚动阻力因数μ的变化范围很大。如果车坠在农田里,f是相当大的数值;如果车坠在水里,整个车体均要受到阻力,f应当更大。

通常,汽车坠落的着陆点会留下明显的轮胎或车体冲击地面的痕迹。如果车体在坠落过程中不擦刮崖缘,根据着陆点的印迹(注意,不是停止点),则坠落时初速度为:

$$V = x_1\sqrt{g/2h} \tag{7-56}$$

式中:x_1——从崖缘开始到前轮着地点的距离(m)。

例如,汽车在转弯处驶离公路。若脱离点之前的地面呈水平状,车辆首先接触坠落地面点至脱离点间的距离为11m,脱离点离落点的垂直高度为2.5m(测量值均为汽车质量中心的位置),则坠落时初速度为:

$$V = x_1\sqrt{g/2h} = \sqrt{9.81 \times 11 \times 11/(2 \times 2.5)} \times 3.6 = 55.5(\text{km/h})$$

二、汽车与道路外缘碰撞的速度界限

汽车进入弯道后,发现前方有行人突然跳出,这时驾驶人采取紧急制动,汽车失去方向控制,几乎沿直线向路外缘冲去。紧急制动时,汽车的初始位置如图7-9所示。在这种情况下,汽车能否在道路外缘前停住,取决于汽车的初速度V_0。

制动距离 L 为：

$$L=\frac{V_0^{\ 2}}{2g\varphi} \tag{7-57}$$

而

$$(R+S)^2=L^2+(R+a+b)^2=\left(\frac{V_0^{\ 2}}{2g\varphi}\right)^2+(R+a+b)^2 \tag{7-58}$$

所以

$$V_0^{\ 4}=(2g\varphi)^2[(R+S)^2-(R+a+b)^2]$$

$$V_0=3.6\sqrt{2g\varphi}[(R+S)^2-(R+a+b)^2]^{1/4} \tag{7-59}$$

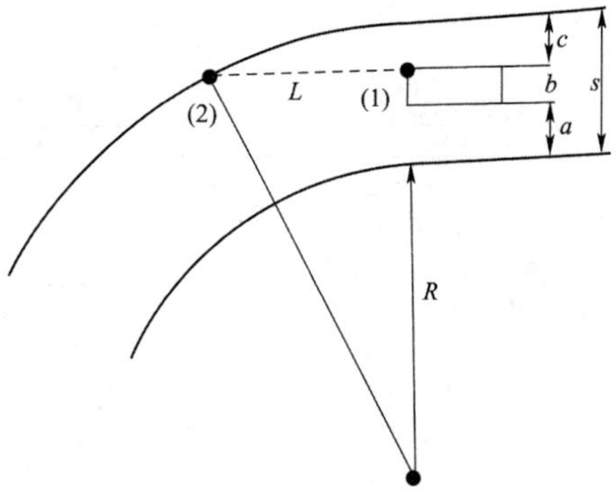

图 7-9　汽车与道路外缘相撞

式中：a——车身和道路内缘的间隔(m)；

b——车体的宽度(m)；

L——制动距离(m)；

S——道路的宽度(m)；

R——弯道内侧半径(m)。

此时，只要限制汽车的初速度在式(7-59)的计算范围内就是安全的。

$$\begin{aligned}(R+S)^2-(R+a+b)^2&=(R+S)^2\left[1-\left(\frac{R+a+b}{R+S}\right)^2\right]\\&=(R+S)^2\left[1-\left(1-\frac{c}{R+S}\right)^2\right]\\&=c(R+S)\left(2-\frac{c}{R+S}\right)\\&=2c\left(R+S-\frac{c}{2}\right)\end{aligned}$$

式中：c——车身和道路外缘的间隔(m)。

故式(7-59)可写成：

$$V_0=3.6\sqrt{2g\varphi}[\sqrt{2c(R+S-c/2)}]^{1/4} \tag{7-60}$$

计算实例：设 $\varphi=0.84$，$a=1\text{m}$，$b=2\text{m}$，$S=4\text{m}$，计算结果见表 7-4。

汽车不与路缘石碰撞的界限初速度　　表 7-4

R	m	5	10	15	20
V_0	km/h	29.5	33.2	35.8	38.1

当弯道半径为 5m 时，若车速超过 30km/h，就有与路缘石碰撞的危险。

三、汽车翻滚

当车辆高速迎面碰撞或侧滑碰撞坚硬不可折断物体时，如侧面碰撞路缘石，由于物体高度远低于汽车的质量中心高度，车辆将以碰撞点处为旋转点，产生急剧旋转，甚至在空中翻滚或跳跃，通常最终以仰面或侧面着地。汽车的翻滚和跳跃时的起跃点与着落点的水平距离及垂直距离如图 7-10 所示。

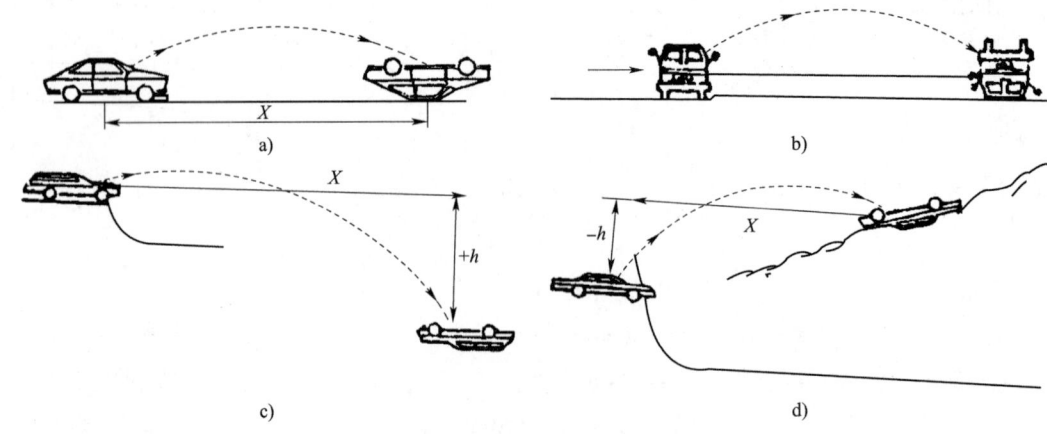

图 7-10 汽车单独事故的翻滚和跳跃运动

通过确定在碰撞时车辆相对道路的质量中心位置,并测量出在翻滚或跳跃后首先接触地面时的质心位置以及两点之间的距离 L,就可近似计算出碰撞速度 V 为:

$$V = 11.27\sqrt{L} \tag{7-61}$$

如果跳跃着落点或翻滚着落点在跃起点水平面以下时,应该考虑垂直距离的影响。此时,计算式应修改为:

$$V = 11.27 \times L / \sqrt{L \pm h} \tag{7-62}$$

式中:h——跌落或上升的垂直距离(m)。

在具体使用时,应注意式(7-62)的应用条件,也就是落地后汽车不继续翻滚和滑动。

例如,有一汽车驶入交叉路口,车前方与路缘石相撞,翻滚并在空中跳跃一段距离后,底朝天地落在地上。跳起和着落时的质心位置在同一水平面上,测得的水平距离为18m,计算碰撞速度为:

$$V = 11.27 \times 18 / \sqrt{18} = 47.8 (\text{km/h})$$

若从质心的两个位置测量得知,着落点在起跃点平面以下3m,则计算得碰撞速度为:

$$V = 11.27 \times 18 / \sqrt{18+3} = 44.27 (\text{km/h})$$

若从质心的两个位置测量得知,着落点在起跃点平面以上2m,则计算得碰撞速度为:

$$V = 11.27 \times 18 / \sqrt{18-2} = 50.71 (\text{km/h})$$

 **思考题**

1. 简述抛物运动理论在汽车碰撞事故中的应用。
2. 分析坠车速度的影响因素。
3. 分析汽车翻滚与车速的关系。

第八章 汽车碰撞法规与相似模型试验

第一节 汽车碰撞试验

一、汽车碰撞规范

目前,世界各发达国家都对汽车碰撞安全性作出了强制性要求,并建立了各自的法规。法规中比较有代表性的是美国的联邦机动车安全法规(FMVSS)和欧洲法规,其中欧洲法规包括欧洲经济共同体指令(ECE)和欧洲经济委员会法规(EEC),前者是强制性的,后者为各个成员国任意选用。日本、加拿大、澳大利亚等国家的法规基本上都是参考美国和欧洲的法规制定的,见表8-1。美国是最早开始进行机动车被动安全性研究的国家,有关被动安全性的法规已经形成了完整的体系,其内容包括了被动安全性的各个方面。

各国汽车碰撞安全法规　　　　表 8-1

分类	相应项目	美国 FMVSS	欧洲 ECE	欧洲 EEC	日本安全标准	澳大利亚
束紧装置	安全带	208,209	16	77/541/EEC	22条之3款	4
	安全带固定点	210	14	76/115/EEC	22条之3款	5
	儿童用约束系统(CRS)	213	44	—	22条之5款	34
	CRS固定点系统	225	14,16	—	—	34
	气囊	208	—	—	—	—
冲击时对乘员的保护	室内二次冲撞 (上部及室内试验)	201				
	室内二次冲撞及突出点 (以上除外)	201	21	74/60/EEC	20,44,45条	42
	试验障碍	Part572	(*1)	(*2)	(*1)	—
	防止甩出车外 (风窗玻璃的安装)	212	—	—	—	—
	防止甩出车外 (门锁及车门保持件)	206	11	70/387/EEC	25条	2
	商用车驾驶室乘员保护 (厢体强度)	—	29			

续上表

分类	相应项目	美国 FMVSS	欧洲 ECE	欧洲 EEC	日本安全标准	澳大利亚
冲击时对乘员的保护	正面撞击（风窗玻璃防部件入侵）	219	—	—	11 条	69
	正面撞击（实车碰撞转向盘向后移动量）	204	12	74/297/EEC	—	—
	人体模块(转向防伤害)	203	12	74/297/EEC	11 条	69
	正面撞击（实车试验假人伤害值）	208	94	96/79/EC	18 条	73
	正面撞击(试验生存空间)	—	33	—	—	—
	侧面撞击(车门静强度)	214	—	—	—	—
	侧面撞击（实车试验假人受伤害程度）	214	95	96/27/EC	18 条	72
	后面撞击(防止燃油泄漏等)	301	32	—	15 条	—
	车辆倾覆(车顶抗压强度)	216	—	2001/85/EC	—	—
板材	座椅	207	17	74/408/EEC	22 条	3
	头枕	202	25	78/932/EEC	22 条之 4 款	22
行人保护	车轮护件	州法	—	91/226/EEC 78/549/EEC	9 条,18 条	42
	车轮轮盘	—	26,61	92/114/EEC 74/483/EEC	18 条	42
	外部凸起物	—	26,61	92/114/EEC 74/483/EEC	18 条	42
	行人保护	—	—	2003/102/EC	18 条之 4 款	—
车辆火灾预防	保险杠	Part581/CMVSS215	42	—	—	—
	商用车侧面保护装置	—	73	89/297/EEC	18 条之 2 款	—
	商用车前部防护装置	—	93	2000/40/EC	—	—
	商用车后部防护装置	FMVSS223/224	58	70/221/EEC	18 条之 2 款	—
	燃料箱	FMVSS301	34	70/221/EEC	15 条	17
	燃料系统安全性(LPG)	CMVSS301.1	34	70/221/EEC	17 条	—
	燃料系统安全性(CNG)	303,304,CMVSS301,2	34	70/221/EEC	17 条	—
	燃料系统安全性(氢)*4	303,304,CMVSS301,2	34	70/221/EEC	17 条	—

注：(*1)(*2)(*3)(*4)：各相关法规中有规定，CMVSS 为加拿大法规。

汽车安全法规的完善是需要实车碰撞试验来保证的。实车碰撞试验是综合评价汽车碰撞安全性能的最基本、最有效的方法。它是从乘员保护的观点出发，以交通事故再现的方式，来评价分析车辆碰撞前后乘员与车辆的运动状态及损伤状况，并以此为依据改进车辆结构安全性设计,增设或改进车内外乘员保护装置。同时,它还是滑车模拟碰撞、计算机模拟计算等试验研究的基础。虽然实车碰撞试验费用昂贵,周期较长,但它却是不可代替的试验方法。

实车碰撞试验按碰撞形态可分为正面碰撞、侧面碰撞、追尾碰撞和斜碰撞。其中,正面碰撞、侧面碰撞为主要碰撞形态。这是从交通事故统计分析中得出的结论。

1. 正面碰撞

实车正面碰撞试验形式有100%重叠正面碰撞、30°斜碰撞和40%重叠偏置碰撞等。碰撞试验的基本条件主要包括试验车辆质量状态、假人质量、固定障碍壁的几何形状和质量、固定障碍壁与被试车辆的相对位置关系等。实车碰撞试验的最基本碰撞障碍壁有固定刚性障碍壁和变形障碍壁两种。固定障碍壁的碰撞试验与实际交通事故的碰撞形式差异较大,在应用时要充分注意。变形障碍壁偏置碰撞能较好地模拟实际交通事故中的正面碰撞,试验结果较有说服力。正面碰撞试验有三种方式:

(1) 车辆纵轴线与障碍壁表面垂直;
(2) 障碍壁前置30°的楔形块,碰撞时车辆左前端先接触楔形块;
(3) 障碍壁前置30°的楔形块,碰撞时车辆右前端先接触楔形块。

在测量用模拟假人方面,规定使用Hybrid Ⅲ型假人,并给出了乘员损伤限值。

欧洲汽车工业发达国家虽然对汽车也进行了长时间的碰撞试验研究,但直到1992年才提出ECE标准(草案)。该草案规定碰撞速度为50km/h,固定障碍壁为刚性表面,并且在障碍壁前放置一个30°的楔形块,碰撞时车辆驾驶人一侧先接触楔形块。该草案与美国FMVSS 208法规的区别是:车辆只进行一种方式的碰撞试验,并且楔形块表面安装有防滑装置,以防止碰撞时车辆沿楔形块表面滑脱。欧洲在研究正面碰撞安全法规时较重视交通事故的实际形态,提出了与实际交通事故统计最接近的偏置变形障碍壁碰撞试验方法。由于偏置变形障碍壁碰撞试验方法对碰撞试验条件的控制十分苛刻,当时的碰撞试验设备无法满足该试验要求,故在1995年颁布ECE R94/00时先采用了车速为50km/h的30°斜角碰撞试验方法作为过渡。欧洲专家认为,美国法规FMVSS 208中斜角碰撞试验中的光滑斜角障碍壁使碰撞车辆产生滑移而减轻了车辆碰撞的烈度,使试验结果与实际交通事故不同。为了防止斜角碰撞中车辆前端面的滑动,欧洲法规ECE R94/00中的30°斜障碍壁上装设了标准的防滑块,以阻止在碰撞中试验车辆前端面的滑动。在1998年ECE R94/01中采用了车速为56km/h的40%的偏置变形障碍壁碰撞试验。

1) 40%重叠偏置碰撞试验方法

图8-1是汽车与可变形吸能碰撞壁发生40%重叠的偏置(Off-Set Deformable Barrier)碰撞试验示意图。

40% ODB碰撞试验方法是在固定障碍壁前装设一块变形吸能的蜂窝铝块,变形障碍壁的刚度是按照欧洲车辆的平均刚度设定的,代表"平均车型"的前端刚度。由于40% ODB碰撞试验中试验车辆的横偏量对试验结果影响较大,要求控制在±20mm范围内,而100% RB(Rigid Barrier)碰撞试验的横偏量限值为±150mm。在ODB碰撞试验中,变形吸能障碍壁的刚度一致性对试验结果也十分重要,所以碰撞试验的试验条件比100% RB碰撞试验的要苛刻。目前,欧洲和澳大利亚的正面碰撞法规采用车速为56km/h的40% ODB碰撞试验方法。欧洲和澳大利亚的新

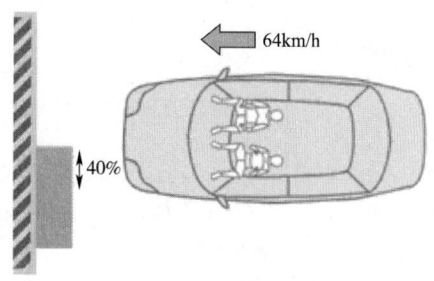

图8-1 40%重叠的偏置碰撞试验示意图

车碰撞测试(New Car Assessment Program,NCAP)中的正面碰撞试验车速为64km/h的40% ODB碰撞试验方法。日本J-NCAP从2000年起采用车速为55km/h的100%RB碰撞和车速为64km/h的40%ODB碰撞两项试验综合,来评价汽车的正面碰撞安全性。美国的汽车保险公司为了全面了解汽车碰撞的安全性,除了政府推行NCAP的35km/h的100%RB碰撞试验外,由美国公路安全保险协会(Insurance Institute for Highway Safety,IIHS)开展车速为64km/h的40%ODB碰撞试验。

40%ODB碰撞形态时车辆前端只有一侧真正从参与碰撞中能量吸收,这种碰撞形态下车身变形大,碰撞中车体冲击加速度峰值较小,由于冲击惯性造成的乘员伤害较小,但是严重的乘员室侵入会造成乘员伤亡。交通事故统计结果表明,该事故形态下乘员严重受伤的比例最大。40%ODB碰撞试验主要用于评价车身安全性。

2)100%RB碰撞试验方法

图8-2是汽车正面100%RB碰撞形态示意图。100%RB碰撞形态时车身前端全部参与碰撞,车体刚度越大,碰撞过程中车体冲击加速度峰值越大,而车体变形相对较小。这种碰撞形态下车内乘员的伤害机理是:在巨大的冲击惯性力作用下,乘员头部、胸部的伤害较严重,人体头部、胸部的冲击伤害往往造成死亡。大量研究表明,与乘员伤害指标相关的主要是乘员约束系统,安全车身在确保碰撞过程中乘员足够的生存空间的前提下,通过安全带、辅助约束系统(气囊)的合理匹配可以有效地控制乘员动能的耗散,降低乘员伤害指标。所以,使用100%RB碰撞试验评价方法主要是考核乘员约束系统,而对于车身侵入造成的伤害方式无法充分评价。表8-2列出了各国汽车正面碰撞法规试验方法及评价指标。

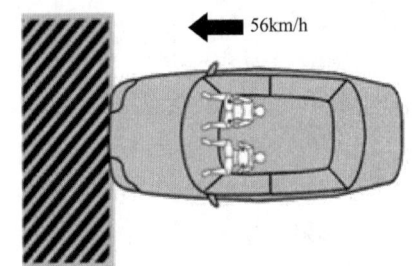

图8-2 汽车正面100%RB碰撞形态示意图

各国汽车正面碰撞法规试验方法及评价指标 表8-2

法规号	FMVSS 208(美国)		GB 11551—2003(中国)	ECE R94.01	TRIAS11-4-30(日本)
项目名称	碰撞时的乘员保护		乘用车正面碰撞的乘员保护	正面碰撞乘员保护(1998)	正面碰撞的安全标准
适用车辆	轿车		轿车	轿车	轿车
碰撞形式	①50百分位成年男性假人正面的碰撞 ②5百分位成年女性假人正面碰撞 ③5百分位成年女性假人40%正面偏置碰撞		①正面撞击障碍壁 ②障碍壁的方位应使碰撞角为0°	与可变形吸能障碍壁发生偏置碰撞,重叠系数为40%	正面碰撞
碰撞速度	56km/h	40km/h	50km/h	56km/h	50km/h
车辆质量	空车质量+行李质量+假人(2个)质量		空车质量+假人(2~3个)质量	空车质量+假人质量+测试系(36kg)	空车质量+假人质量
安全带	佩戴		佩戴	佩戴	佩戴

续上表

测试假人	Hybrid Ⅲ(50%)男性	Hybrid Ⅲ(5%)女性	Hybrid Ⅲ(50%)	Hybrid Ⅲ(50%)	Hybrid Ⅲ(50%)
假人数量及乘坐位置	前排2个		前排2个	前排2个	前排2个
门窗状态	关闭,不锁止		关闭,不锁止	关闭,不锁止	关闭,不锁止
损伤评价指标HIC	头部HIC	HIC≤700(15ms间隔)		HIC≤1000(36ms间隔)	HIC≤1000(36ms间隔) a_{3ms}≤80g	HIC≤1000(36ms间隔)
	胸部a_{3ms}	a_{3ms}≤60g		无	无	a_{3ms}≤60g
	大腿轴向压力	≤10kN	≤6805N	≤10kN	图示要求	≤10kN
	胸部压缩量	≤63mm	≤52mm	≤75mm	配备气囊的车辆≤50mm;气囊加普通安全带的车辆≤60mm;VC≤1.0	≤75mm
	颈部伤害指标	N_{ij}≤1,F_z^+≤4.17kN F_z^-≤4.0kN		无	M_y≤57N·m F_z、F_x要求	参考ECE
其他性能要求		试验时假人不被甩出车外		试验后不使用工具至少一个车门可打开,安全带锁扣开启力不超过60N,燃油泄漏不超过30g/min	除与ECE R94相同以外,还要求假人不损坏;转向机构:上移80mm以内,后移100mm以内,翻转25°以下	安全带不脱落,假人不损坏

注:FMVSS 208标准试验时分系安全带和不系安全带两种情况,表中仅给出了系安全带的情况。在不系安全带的情况下,还要求进行32~40km/h的正碰和±30°的角度碰撞试验。

2. 侧面碰撞

汽车侧面碰撞试验法规不断得到完善。1990年,美国将原来的《车门侧压静强度》(FMVSS 214)进行了修正,加上了侧面碰撞试验条款。其碰撞形态为27°碰撞角(移动障碍壁台车运动方向之间的夹角),并采用移动吸能障碍壁(MDB),碰撞速度为54.0km/h;假人采用SID型,同时给出了头部、胸部、腹部和腰部乘员伤害评价指标。欧洲于1991年发布了ECE《侧碰撞保护》草案,其碰撞形式为0°碰撞角,也采用移动吸能障碍壁(MDB),碰撞速度为50km/h;假人采用EUROSID型,同时给出了头部、胸部、腹部和腰部乘员保护评价指标。国际标准化组织起草的ISON123《侧碰撞保护》草案,吸收了美国、欧洲汽车碰撞法规部分内容。

1) 侧面碰撞试验法规

美国联邦机动车安全标准(FMVSS)在1970年提出了FMVSS 214《乘用车侧面碰撞静强度》标准,并自1973年起生效。1982年,对该"准静态"实验所作的评估指出,车对固定物的侧面碰撞的乘员损伤有效减少,但车对车碰撞的乘员损伤没有减少。因此,经过广泛研究,1990年,美国公路交通安全管理局(NHTSA)公布了在FMVSS 214静强度试验法规中增加乘用车动态碰撞试验的方法,来评价车对车碰撞事故中乘员的伤害程度。法规要求分阶段实施,即从1996年9月1日起所有的乘用车必须满足该法规要求,从1998年9月1日起所有的公共汽车、多功能车等必须满足该法规要求。FMVSS 214中的动态碰撞试验可以表述为:重1368kg的可变形移动障碍壁MDB以54km/h的速度撞向某试验车的侧面,其行驶方向(即车轮旋转方向)与试验车的夹角为27°,以90°碰撞面接触,MDB左边缘距离轴距中心点为940mm。若车轴距大2896mm,则为前轴中心线向后508mm,误差±50.8mm,障碍壁面的离地间隙279mm。在被碰撞侧的驾驶人位和乘员位分别放置假人SID。表8-3列出了美国和欧洲侧面碰撞法规。

美国和欧洲侧面碰撞法规 表8-3

国家	美国侧撞法规		欧洲侧撞法规	
法规编号	FMVSS 214		IIHS 侧碰试验	ECE R95 EEC 96/27/EC
试验速度	54km/h 侧碰	32km/h 柱碰	50km/h	50km/h
台车质量	1361kg	—	1500kg	950kg
侧碰假人	Euro SID Ⅱ 和 SID-Ⅱs	Euro SID Ⅱ 或 SID-Ⅱs	SID-Ⅱs	Euro SID Ⅰ 或 Euro SID Ⅱ
损伤指标	头部伤害指标 HIC 胸部压缩量 RDC 腹部峰值力 APF 盆骨峰值力 PSPF A_{AT12} F_{pelvs}	头部伤害指标 HIC 胸部压缩量 RDC 腹部峰值力 APF 盆骨峰值力 PSPF A_{AT12} F_{pelvs}	头部保护程度 头部伤害指标 HIC 颈部力 颈部压缩量 躯干部位损伤 盆骨力 大腿力 车身结构变形量	头部响应指标 HPC 胸部压缩量 RDC、VC 盆骨峰值力 PSPF 腹部峰值力 APF
限值	HIC < 1000 RDC < 44mm PSPF < 6kN APF < 2.5kN 或 HIC < 1000 A_{AT12} < 82g F_{pelvs} < 5.525kN	HIC < 1000 RDC < 44mm PSPF < 6kN APF < 2.5kN 或 HIC < 1000 A_{AT12} < 82g F_{pelvs} < 5.525kN	具体参见相关规定	HPC < 1000 RDC < 42mm VC < 1.0m/s PSPF < 6kN APF < 4.5kN

2) 侧面碰撞试验用可变形移动障碍壁

图8-3是美国FMVSS 214以及欧洲ECE R95法规中规定的侧面碰撞状态。美国侧面碰撞试验用MDB,又称移动台车,它由两个单元构成,一个为主体部分,另一个为具有铝制

蜂窝结构的前端保险杠部分。2003年6月,美国高速公路安全保障协会设计一种新式障碍壁,重1500kg,以模拟占北美市场三分之一保有量的多用途汽车(Sport Utility Vehicle,SUV)和小型货车的前端刚度和尺寸。

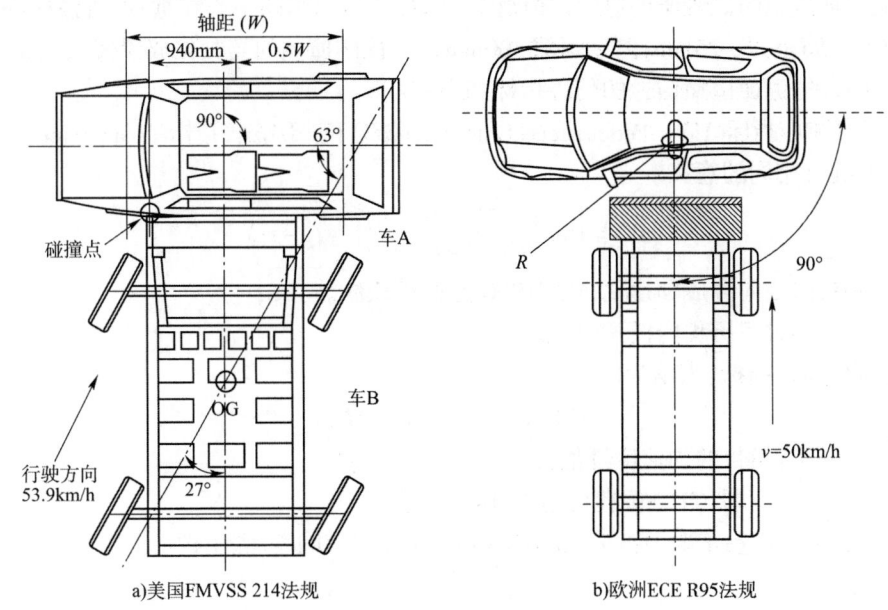

图 8-3 侧面碰撞状态

欧洲 MDB 由 6 个 500mm × 250mm 单元组成,每三个一排叠置成两排,底端一排突出 60mm。每个单元都有独立的力-变形特性曲线,以模拟车辆前端的刚度。交通事故的分析表明,法规中 MDB 不能完全代表当前欧洲车型的前部特性,也不能同时模拟前、后座椅乘员的真实响应。因此,2003年在第18届 ESV 国际会议上提出了发展新式障碍壁(Advanced European Mobile Deformable Barrier,AE-MDB),2005年又公布了 AE-MDB V2。为了更能代表当前欧洲车型,障碍壁重达1500kg。同时,为了在不减少前座乘员受载的情况下,能真实模拟后座乘员的受载情况,碰撞点设为 R 点偏后 250mm,离地间隙为 350mm,同时各块刚度特性有所变化。

3) 侧面碰撞假人及伤害指标

与正面碰撞中使用统一的模拟假人 Hybrid Ⅲ 不同,侧撞试验没有统一的模拟假人。可用于侧撞试验的模拟假人包括 Euro SID 假人、SID 假人、Bio SID 假人等。由于手部对侧面碰撞试验结果影响不大,却对结果的重复性有一定影响,因此各种侧面碰撞假人都只设计了上臂部分。SID 假人是美国侧面碰撞法规试验采用的标准假人,由 Hybrid Ⅲ 50 百分位男性假人改制,体重 76.5kg,坐高 899mm,臀宽 373mm。Euro SID 假人是欧洲侧面碰撞法规的标准假人,代表 50 百分位的男性乘员,体重 72kg,坐高 904mm,臀宽 355mm。Bio SID 侧撞假人由美国通用汽车公司(GM)和美国机动车工程师协会(SAE)合作开发,它比 SID 和 Euro SID 都要复杂。以上述 Euro SID 和 SID 假人为基础,一些科研机构和法规制定机构又开发了 Euro SID Ⅰ 型假人、Euro SID Ⅱ 型假人,以及模拟 5 百分位女性的 SID Ⅱs 型假人。

美国侧碰试验以人体承受的碰撞加速度为评价指标,认为人体伤害最严重的部位是人体的胸部,其次是骨盆。所以,旧版 FMVSS 214 的损伤准则中只规定了胸部和骨盆的损伤要求:胸部伤害指标(thoracic trauma index,TTI) < 85g(四门车)或 < 90g(二门车),骨盆侧向

加速度峰值<130g。欧洲实验车辆安全委员会(EEVC)早在1989年就提出了欧洲侧面碰撞试验方案,1994年提出正式欧洲侧面碰撞试验法规文本,并于1995年10月正式实施。该法规简称为欧洲ECE R95法规,其内容可表述为:重950kg的MDB以(50±1)km/h的速度垂直撞向某静态的试验车的侧面,移动壁的中心线与汽车的中心线垂直,碰撞中心点通过座椅的R点,偏差为±25mm,离地间隙300mm。在被碰撞侧的驾驶位放置假人Euro SID。

常用的评估侧面碰撞假人的伤害指标如下:

(1)头部响应指标(Head Performance Criterion,HPC)和头部伤害指标(Head Injury Criterion,HIC),二者具有相同的意义。

$$\text{HIC} = \max\left[\frac{1}{t_2 - t_1}\int_{t_1}^{t_2} a\,\mathrm{d}t\right]^{2.5}(t_2 - t_1) \tag{8-1}$$

式中:a——头部三向合成加速度(CFC1000滤波等级滤波),g;

t_1、t_2——测试时间历程内任意时刻。

(2)胸部损害指标,表示为:

$$\text{TTI}(d) = 0.5(G_R + G_{LS}) \tag{8-2}$$

式中:G_R——任意肋骨的加速度峰值,g;

G_{LS}——脊柱下端(T12)位置处的加速度峰值。

(3)胸部压缩量(Rib Deflection Criterion,RDC)和胸部黏性指标(Viscous Criterion,VC)为:

$$\text{VC} = \max\left(\frac{D}{0.14}\frac{\mathrm{d}D}{\mathrm{d}t}\right) \tag{8-3}$$

式中:D——胸骨压缩量。

(4)腹部峰值力(Abdominal Peak Force,APF)。

(5)盆骨峰值力(Pubic Symphysis Peak Force,PSPF)。

在汽车碰撞安全领域,不同法规中使用的不同碰撞假人给研发工作带来巨大的试验成本。国际标准化研究组织(International Harmonised Research Activities,IHRA)致力于促进国际碰撞法规的一体化和统一的World SID侧撞假人的研发。World SID可采用与Euro SID假人相似的短臂进行试验,同时也设计了整个上肢模块供试验时选用。

二、我国汽车碰撞安全法规现状

1. 汽车产品认证管理介绍

当前,我国汽车产品认证管理分强制性认证和自愿性认证两种方式。强制性认证有五种,主要是国家公告(车辆生产企业准入及产品公告管理)、中国强制性认证(CCC认证)、国家环保目录、地方环保目录和道路运输车辆燃料消耗量检测和监督管理,分别由国家发展和改革委员会、国家认证认可监督管理委员会、生态环境部、地方环保局和交通运输部管理。故一个汽车新产品进入国内市场,必须经过上述政府部门的认证认可,才能获得销售资格。自愿性认证有两种,分别是CQC自愿性产品认证和中国环境标志产品认证,分别由国家认证认可监督管理委员会和生态环境部管。

1)车辆生产企业准入及产品公告管理

机动车辆生产企业及产品准入管理是工业和信息化部实施的许可管理。生产道路机动车辆的企业及所生产的产品须得到许可,工业和信息化部以《道路机动车辆生产企业及产品公告》(简称《公告》)的形式公布获得许可的道路机动车辆生产企业及产品。《公告》在工业和信息化部政府网站上公布。《公告》是国家准许车辆生产企业组织生产和销售的依据,是消费者向国家法定车辆管理机关申请注册登记的依据。

2009年12月26日,为进一步完善车辆生产企业及产品管理,提高《车辆生产企业及产品公告》(简称《产品公告》)审查工作的规范性和科学性,工业和信息化部发布了关于调整《车辆生产企业及产品公告》技术要求有关事项的通知,要求自2010年7月1日起,申报《产品公告》的汽车新产品应符合《汽车产品强制性标准检验项目及依据标准》的要求。

2)中国强制性认证

中国强制性产品认证简称CCC认证,它是政府为保护广大消费者人身和动植物生命安全、保护环境、保护国家安全,依照法律法规实施的一种产品合格评定制度。它要求产品必须符合国家标准和技术法规。CCC认证的政府主管部门是国家认证认可监督管理委员会,中国质量认证中心(CQC)和中汽认证中心(CCAP)是受理汽车产品CCC认证的中介机构,也是获得了国家认监委授权的汽车产品CCC认证机构。CCC认证要求,汽车产品只有获得CCC认证,并加贴CCC认证标志后方能生产和销售。

3)国家环保目录

《国家环保目录》是生态环境部为贯彻《中华人民共和国大气污染防治法》,加强对新生产机动车执行国家机动车排放标准的监督管理力度,对达到排放标准的车型和发动机开展的型式核准工作。未经生态环境部核准公布的车型和发动机不得制造、销售、注册登记和使用。

4)地方环保目录

《地方环保目录》是地方(北京、南京、广州等)为改善当地大气环境质量,减少机动车排放污染,对在当地销售的车辆按照比全国其他地区更严格的排放标准进行核准的一项措施。对没有获得当地《地方环保目录》的机动车辆不准在当地办理注册登记手续。

5)道路运输车辆燃料消耗量检测和监督管理

交通运输部于2009年6月26日发布了《道路运输车辆燃料消耗量检测和监督管理办法》,并于2009年11月1日起施行。《道路运输车辆燃料消耗量检测和监督管理办法》第三条规定,总质量超过3500kg的道路旅客运输车辆和货物运输车辆的燃料消耗量应当分别满足交通行业标准《营运客车燃料消耗量限值及测量方法》(JT 711)和《营运货车燃料消耗量限值及测量方法》(JT 719)的要求。不符合道路运输车辆燃料消耗量限值标准的车辆,不得用于营运。

2. 我国强制性安全标准

我国汽车强制性标准体系主要是参照欧洲ECE/EEC(EC)技术法规体系制定的,在具体内容上参照欧洲、美国、日本3大国家和地区汽车技术法规体系得出。

截至2023年底,我国要求的汽车产品强制性标准检验项目共有134项,其中主动安全35项,被动安全30项,一般安全69项。其中,被动安全相关的检验项目及依据标准见表8-4。

我国被动安全相关的强制性检验项目及依据标准　　　表8-4

项目代号	检验项目	依据标准	标准名称	实施日期
28	汽车正面碰撞乘员保护	GB 11551—2003	乘用车正面碰撞的乘员保护	2004年6月1日

续上表

项目代号	检验项目	依据标准	标准名称	实施日期
29	汽车和挂车后下部防护装置	GB 11567—2017	汽车和挂车后下部防护要求	2018年1月1日
30	汽车和挂车侧下部防护装置	GB 11567.1—2001	汽车和挂车侧面防护要求	2002年5月1日
42	汽车外部突出物	GB 11566—2009	乘用车外部凸出物	2011年1月1日
42	汽车外部突出物	GB 20182—2006	商用车驾驶室外部凸出物	2007年4月1日
43	汽车座椅系统强度	GB 15083—2006	汽车座椅、座椅固定装置及头枕强度要求和试验方法	2007年2月1日
43	小学生校车座椅系统强度	GB 24406—2012	专用校车学生座椅系统及其车辆固定件的强度	2012年5月1日
44	汽车座椅头枕	GB 11550—2009	汽车座椅头枕强度要求和试验方法	2011年1月1日
44	汽车座椅头枕	GB 15083—2006	汽车座椅、座椅固定装置及头枕强度要求和试验方法	2007年2月1日
45	门锁静载荷	GB 15086—2006	汽车门锁及车门保持件的性能要求和试验方法	2006年7月1日
49	汽车内饰材料的燃烧特性	GB 8410—2006	汽车内饰材料的燃烧特性	2006年7月1日
54	成年成员用安全带和约束系统	GB 14166—2003	机动车成年乘员用安全带和约束系统	2003年11月1日
55	安全带安装固定点	GB 14167—2006	汽车安全带安装固定点	2007年2月1日
57	防止汽车转向机构对驾驶员伤害	GB 11557—2011	防止汽车转向机构对驾驶员伤害的规定	2012年1月1日
61	安全玻璃	GB 9656—2003	汽车安全玻璃	2004年4月1日
66	汽车燃油箱安全性能	GB 18296—2001	汽车燃油箱安全性能要求和试验方法	2001年10月1日
73	客车座椅及其车辆固定件强度	GB 13057—2003	客车座椅及其车辆固定件的强度	2003年9月1日
75	侧面碰撞乘员保护	GB 20071—2006	汽车侧面碰撞的乘员保护	2006年7月1日
76	后碰燃油系统安全	GB 20072—2006	乘用车后碰撞燃油系统安全要求	2006年7月1日
80	门铰链	GB 15086—2006	汽车门锁及车门保持件的性能要求和试验方法	2006年7月1日
87	门锁耐惯性力	GB 15086—2006	汽车门锁及车门保持件的性能要求和试验方法	2006年7月1日
88	滑动门	GB 15086—2006	汽车门锁及车门保持件的性能要求和试验方法	2006年7月1日
89	汽车前后端保护	GB 17354—1998	汽车前后端防护装置	1999年1月1日
90	汽车罩盖锁系统	GB 11568—2011	汽车罩(盖)锁系统	2012年1月1日

续上表

项目代号	检验项目	依据标准	标准名称	实施日期
A0	乘用车顶部抗压强度	GB 26134—2010	乘用车顶部抗压强度	2012年1月1日
A1	乘用车内部突出物	GB 11552—2009	乘用车内部凸出物	2012年1月1日
A2	商用车驾驶室乘员保护	GB 26512—2011	商用车驾驶室乘员保护	2012年1月1日
A3	商用车前下部防护要求	GB 26511—2011	商用车前下部防护要求	2012年1月1日
A4	车辆尾部标志板-安装要求	GB 25990—2010	车辆尾部标志板	2012年1月1日
A5	车辆车速限制系统技术要求	GB/T 24545—2009	车辆车速限制系统技术要求	2010年7月1日

1) 乘用车正面碰撞的乘员保护

1999年10月,中国第一个汽车碰撞安全方面的法规《关于正面碰撞乘员保护的设计规则》(CMVDR 294)发布。2000年,中国开始实施汽车正面碰撞乘员保护的强制性检验。2003年11月27日,国家标准《乘用车正面碰撞的乘员保护》(GB 11551—2003)颁布。该标准的颁布和实施推动了中国汽车工业在汽车碰撞安全技术方面的进步和发展。

(1) 乘用车正面碰撞的乘员保护的技术要求。

① 车辆试验状态。

试验车辆内前排外侧座椅上放置两个50百分位Hybrid Ⅲ型假人,并使用乘员约束系统,即假人须系上安全带;如果车辆配备有气囊,则在试验时要使气囊处于有效状态。对汽车质量、乘员舱的调整、座椅位置的调整等都有相关的规定。

② 检验方法。

被试车辆以48~50km/h的速度与固定障碍壁表面垂直相撞,其中,固定障碍壁由钢筋混凝土制成,前部宽度不小于3m,高度不小于1.5m。固定障碍壁的质量不得小于7×10^4kg,并且受试验车辆撞击的障碍壁表面覆盖有20mm厚的胶合板。在试验车辆被牵引的过程中,试验车辆偏离理论中心线的偏差不得超过±0.15m。

③ 测试项目。

测量项目包括:两假人头部的三向加速度;两假人胸部的挤压变形量;两假人左右大腿骨的轴向受力;车体撞击加速度的时间历程,其测量点位于驾驶室B柱下端(实际试验中,一般在左右B柱下端各布置一个测试通道)。

另外,高速摄像是汽车碰撞试验测量系统中必不可少的手段。对于撞击速度不超过50km/h的碰撞试验,高速摄像机的拍摄速度可选择在500~1000f/s,拍摄方位一般为两个侧面、车辆前端顶部和底部,以拍摄假人的运动状况、车辆前端结构的变形等。

(2) 乘用车正面碰撞的乘员保护的判断方法。

对试验车辆碰撞性能的评价可分为对车身的要求、对乘员约束系统的要求、对假人损伤指标的要求以及对燃油泄漏的要求等。

① 车身碰撞性能的要求。

在碰撞过程中,车门不得开启;前门锁止系统不能发生锁止。

碰撞后,不使用任何工具,每排车门至少有一个车门能够打开。必要时可以倾斜座椅靠背或者座椅,以保证所有乘员能够撤离;在不增加乘员受伤危险的情况下,允许出现因永久变形产生的脱落。

②对乘员约束系统的要求。

车辆碰撞后,安全带系统完好,织带不能断裂,固定点不得脱落,锁扣不得自动开启或脱落,但在锁扣上施加不超过 60N 的压力时,锁扣应能打开。

车辆碰撞后,不应有能够伤害假人的突出物侵入乘员室,假人应能完好地移出。

③对假人损伤指标的要求。

碰撞过程中,假人头部综合性能指标 HIC≤1000;假人胸部性能指标 THPCC≤75mm;假人大腿性能指标 FPC≤10kN。

④对燃油系统完整性的要求。

在碰撞过程中,燃油供给系统不发生泄漏。

在碰撞过程结束后,若燃油供给系统存在连续泄漏,其泄漏率不得超过 30g/min。

2)汽车侧面碰撞的乘员保护

2006 年 7 月 1 日,我国正式颁布实施国家标准《汽车侧面碰撞的乘员保护》(GB 20071—2006)。该标准在参考采用欧洲经济委员会法规《关于机动车侧面碰撞事故中乘员保护的统一规定》(ECE R95)的基础上,结合我国国情进行修改制定。该标准规定了汽车进行侧面碰撞的要求和试验程序,还对车辆型式的变更、三维 H 点装置、移动变形障碍壁及侧碰撞假人进行了规定。它适用于其质量为基准质量时,最低座椅的 R 点与地面的距离不超过 700mm 的 M1 和 N1 类车辆。

3)汽车侧面碰撞的乘员保护的技术要求

(1)车辆试验状态。

试验在驾驶人一侧进行,试验前应该按照有关程序对试验条件、试验车装备、试验车质量等进行检验与调整直至符合有关规定要求;对车辆进行准备的过程中,应该用三维 H 点装置(3DH 装置)对座椅 H 点、实际靠背角等相关参数进行测量调整。

(2)检验方法。

试验场地应足够大,以容纳移动变形障碍壁驱动系统、被撞车碰撞后的移动和试验设备的安装。车辆发生碰撞和移动的场地地面应水平、平整、干燥和干净。试验车辆应保持静止,移动变形障碍壁上应装有适当装置,以避免与试验车发生二次碰撞。移动变形障碍壁的纵向中垂面与试验车辆上通过碰撞侧前排座椅 R 点的横断垂面之间的距离应在 ±25mm 内。在碰撞瞬间,应确保由变形障碍壁前表面上边缘和下边缘限定的水平中间平面与试验前确定的位置的上下偏差在 ±25mm 内。在碰撞瞬间,移动变形障碍壁的速度应为 $(50±1)$km/h,并且该速度至少在碰撞前 0.5s 内保持稳定。测量仪器的准确度为 1%。

(3)测试项目。

假人头部测量:测量假人头部重心位置上的三向加速度值,当发生头部接触时,头部性能指标包括从初始接触到最后接触的整个接触过程的计算,即:

$$\text{HPC} = \max\left[(t_2 - t_1)\left(\frac{1}{t_2 - t_1}\int_{t_1}^{t_2} a\,dt\right)^{2.5}\right] \tag{8-4}$$

式中:a——假人头部重心的合成加速度(m/s^2),g,记录加速度-时间的通道频率等级为 1000Hz;

t_1、t_2——碰撞中从初始接触到最后接触过程中的任意两个时刻。

胸部变形量:指胸部变形峰值,是胸部位移传感器测得的任一肋骨的变形最大值。

黏性指标:指黏性响应的峰值,是在半胸部任一肋骨上测得的瞬时压缩量与肋骨变形速率乘积的最大值：

$$VC = \max\left[\frac{D}{0.14} \times \frac{dD}{dt}\right] \tag{8-5}$$

黏性指数(VC)由瞬间产生的肋骨压缩量和肋骨变形速率计算求得，两者均由测量肋骨的变形获得。肋骨变形响应均经过 180Hz 一次滤波后得到。在 t 时刻的压缩量为滤波后的变形量与侧碰撞假人的半胸部宽度的比值，在金属肋骨(0.14m)上测量：

$$C_{(t)} = \frac{D_{(t)}}{0.14} \tag{8-6}$$

在 t 时刻的肋骨变形速率由滤波后的变形量计算求得：

$$V_{(t)} = \frac{8[D_{(t+1)} - D_{(t-1)}] - [D_{(t+2)} - D_{(t-2)}]}{12\delta t} \tag{8-7}$$

式中：$D_{(t)}$——t 时刻的变形量，m；

δt——变形量测量的时间间隔(s)，其最大值为 125×10^{-4} s。

计算程序框图如图 8-4 所示。

腹部受力峰值：用安装在假人碰撞侧表面覆盖物下部 39mm 处的力传感器测得的三个力合力的最大值。

骨盆性能指标：指耻骨结合点力的峰值(PSPF)，是由骨盆耻骨处安装的载荷传感器测得的最大力值。

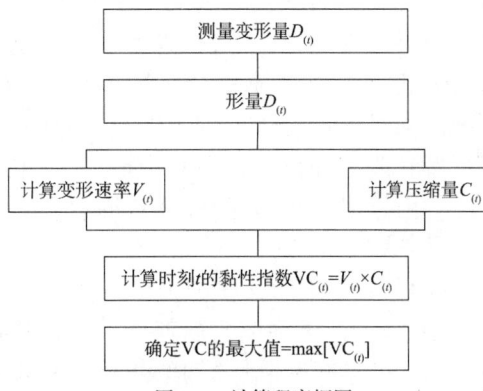

图 8-4 计算程序框图

4）汽车侧面碰撞的乘员保护的判断方法

(1) 对车身碰撞性能的要求。

①车门在试验过程中不得打开。

②碰撞试验后，不使用工具应能打开足够数量的车门，使乘员能正常进出。必要时可倾斜座椅靠背或座椅，以保证所有乘员能够撤离。

③在不增加乘员受伤风险的情况下，允许出现因永久变形产生的脱落。

(2) 对乘员约束系统的要求。

将假人从约束系统中解脱出来；将假人从车辆中移出；所有内部构件在脱落时均不得产生锋利的凸出物或锯齿边，以防止增加伤害乘员的可能性。

(3) 对假人伤害指标的要求。

头部性能指标(HPC)应小于或等于 1000；当没有发生头部接触时，则不必测量或计算 HPC 值，只记录"无头部接触"。

胸部性能指标：肋骨变形指标(RDC)应小于或等于 42mm；黏性指标(VC)应小于或等于 1.0m/s。

骨盆性能指标：耻骨结合点力峰值(PSPF)应小于或等于 6kN。

腹部性能指标：腹部力峰值(APF)应小于或等于 2.5kN 的内力(相当于 4.5kN 的外力)。

(4) 对燃油系统完整性的要求。

在碰撞试验后，如果燃油供给系统出现液体连续泄漏，其泄漏速度不得超过 30g/min；如果燃油供给系统泄漏的液体与其他系统泄漏的液体混合，且不同的液体不容易分离和辨认，则在评定连续泄漏的泄漏速度时记入所有收集到的液体。

三、各国新车评价规程及测试评价技术现状

1. 新车评价规程在世界各国的发展概况

新车评价规程(New Car Assessment Program, NCAP)是以制定一套高于国家强制法规技术要求的评价规程,对新上市场畅销汽车的安全性能进行测评,并将测评的结果以星级形式向社会公布。NCAP 一般由国家政府部门、行业协会、第三方检测机构、保险公司等发起,不依附任何汽车企业和团体,独立运作。由于 NCAP 评价法规要求更苛刻,评价更全面,并得到社会和公众的认同,因此评价结果直接影响车辆生产商的品牌形象及消费者的购车选择。NCAP 的推出极大地刺激了汽车厂商加大安全研发投入的积极性,从而推动了汽车安全技术研发水平的快速发展。

1) 世界各国 NCAP 评价技术概况

美国是世界上最早研究并实施 NCAP 项目的国家。早在 1979 年,美国就开始由美国国家公路交通安全管理局(NHTSA)牵头组织实施新车评价规程 US-NCAP。它是世界上最早的 NCAP 体系,在世界汽车安全史上具有非常重要的意义。US-NCAP 评价最初仅有正面全宽碰撞一个测试项目,发展到当前涵盖正面碰撞、侧面碰撞以及翻滚等多测试项目的评价体系,2010 年评价规程又有了较大的变化。US-NCAP 的实施,不仅给消费者购车提供了权威且准确的车辆安全信息,同时促进了汽车厂家提高汽车安全性能。由于 US-NCAP 的标杆作用,世界各国也陆续开展各自 NCAP 评价规程的制定和实施。

自 1993 年后,许多国家推出了各自的 NCAP。

1993 年,澳大利亚与新西兰政府联合国家道路管理局、维多利亚州交通事故委员会(VTAC)、国际汽联基金会(F1A)、NPRM 保险协会以及汽车俱乐部等推出了 A-NCAP,其试验项目主要包括 40% 偏置碰撞、侧面碰撞、侧柱碰撞以及行人保护。

日本于 1995 年由日本政府授权国家车辆安全以及受害者援助机构(National Agency for Automotive Safety and Victim's Aid, NASVA)推出 J-NCAP。试验项目最初仅有正面全宽碰撞试验和制动效能试验,1999 年增加侧面碰撞试验,2000 年增加 40% 偏置碰撞试验,2003 年增加行人保护头部碰撞试验,2009 年纳入追尾碰撞挥鞭伤害试验,2011 年增加行人保护腿部碰撞试验。

在美国,除了 NTHSA 颁布的 US-NCAP,1995 年美国公路安全保险协会推出了 IIHS-NCAP。IIHS-NCAP 与其他 NCAP 主要区别是不用划分,而是将安全性能划分 Good(良好)、Acceptable(可接受)、Marginal(允许的最低界限)和 Poor(差)4 个等级。IIHS-NCAP 最初也仅有正面 40% 偏置碰撞试验一个测试项目。为了减轻追尾碰撞中乘员颈部伤害,IIHS 同年即展开了座椅头枕几何形状的评价,这是世界上最早评价追尾碰撞中"挥鞭"伤害的 NCAP 规程。2004 年,IIHS 增加了侧面碰撞项目,并增加了基于碰撞台车的后碰撞"挥鞭"伤害试验。2009 年,IIHS 开始增加车顶强度试验,以更好地增加促进车辆抗滚翻性能。近期,IIHS 又尝试增加 25% 小偏置碰撞测试。

Euro NCAP 是 1997 年由法国、德国、瑞典、荷兰、英国、卢森堡及西班牙 7 个欧洲国家政府牵头,联合国际汽车联合会、国际消费者研究和测试小组、欧洲汽车俱乐部以及车辆保险修复研究中心共同发起推出的。Euro NCAP 测试项目主要包括 40% 偏置碰撞试验和侧面碰撞试验,随后先后增加了行人保护试验,2009 年开始增加追尾碰撞"挥鞭"伤害试验,2010

年开始将侧面柱撞列为正式评价项目,并更新了评价规程,将按成人保护、儿童保护、行人保护以及主动安全装置四大测试内容划分星级。通过十余年的发展,Euro NCAP 已成为世界上很有影响力的汽车安全评价体系。

澳大利亚的 A-NCAP 于 1999 年起与 Euro NCAP 签订备忘录,使用与 Euro NCAP 相同的试验与评价体系,并共享试验结果与数据。

韩国 K-NCAP 于 1999 年推出,试验项目也由最初的正面全宽碰撞发展到如今包括正面全宽碰撞、40%偏置碰撞、侧面碰撞、侧面柱撞、"挥鞭"伤害、行人保护以及抗翻滚与制动效能等。

中国新车评价规程(C-NCAP)于 2006 年由中国汽车技术研究中心推出,试验项目主要包括正面全宽碰撞、40%偏置碰撞以及侧面碰撞等三个项目,率先在两个正面碰撞试验中增加了后排女性假人,2009 年在全面碰撞中增加了儿童约束系统评价,在侧面碰撞中增加后排乘员保护评价,并将燃料消耗量正式作为附加试验。2012 年,C-NCAP 增加了颈部"挥鞭"伤害台车试验,并开始对后排乘员家人伤害进行定量评价。C-NCAP 每三年进行一次规程改版,自 2006 年来先后完成 6 个版本的修订,不断结合最新出现的技术和当前中国国情,有针对性地进行优化提升,走符合我国国情的汽车安全提升之路。2010 年,在 Euro NCAP、国际汽联(FIA)、国际汽联基金会(FIA Foundation)、国际消费者研究与使用组织(ICRT)、Gonzalo Rodriguez 基金会(GRMF)与美洲开发银行(IDB)的支持下,正式成立 Latin NCAP,目前其试验项目仅有正面 40%偏置碰撞,假人及评分规则与 Euro NCAP 一致,没有统一的星级,只是针对成人保护和儿童保护 2 个项目单独评价。

尽管都是 NCAP,但是由于各国道路交通条件不同以及车辆安全技术的差异,使得试验和评价方法也不尽相同。就主要碰撞形势而言,上述 NCAP 大致可以分为三类:

第一类是在美国实施的 US-NCAP,它的正面碰撞采用固定的刚性障碍壁,通常只评价前排乘员伤害,侧面碰撞采用 63°斜角碰撞,通常评价撞击侧前后排的乘客伤害情况。

第二类是以 Euro NCAP 为代表的,其正面碰撞采用汽车以 40%重叠率撞击在可变性蜂窝铝障碍壁结构上,它不仅对前排乘客进行评价,而且也对位于后排位置的儿童乘客进行评价;侧面碰撞采用 90°垂直碰撞(含柱碰撞),通常评价撞击侧驾驶人乘员的伤害情况。

第三类是综合借鉴前两种试验方法,分别采用正面全宽刚性障碍壁试验以及正面偏置碰撞试验,另加上一种侧面碰撞形式,这样碰撞形式就更加完整,具有更好的综合评价性,不仅考核了车身的结构安全,同时也考核了约束系统匹配的效果。这一类如日本 J-NCAP、中国 C-NACP 以及韩国的 K-NCAP。

除了上述 3 种主要碰撞形式外,不同 NACP 在试验项目上也各有侧重,如美国 US-NACP、IIHS-NACP 以及韩国 K-NCAP 均有评价车辆抗翻滚性能的测试项目,而没有行人保护、儿童保护等测试项目,而 Euro NCAP、J-NCAP 均有行人保护与儿童保护、"挥鞭"伤害等试验项目,却无评价车辆抗翻滚性能的测试项目,C-NACP 则增加了后排乘员伤害的评价。

2)世界各国 NCAP 评价技术发展特点

纵观 NCAP 在各国的发展历史,可发现其在发展过程中具有如下特点:

(1)试验由初期单一形式逐步完善,考核项目越来越全面。

最早开展 NCAP 的国家,评价项目已从被动安全扩充至主动安全范畴。较晚开展 NCAP 的国家,初期评测项目较为完善,但随着车辆安全技术的发展以及原有评价体系区分度的下降,也逐步增加了不同形式的测试项目,使得安全评价系统更加完整。

（2）试验项目、评分标准与各自国家具体情况结合紧密。

如美国道路交通事故调查表明，动态滚翻是发生在美国交通事故的一种常见形式，因此 US-NCAP 具有动态翻滚评价项目；日本国家政策司的统计结果表明，发生在日本的行人碰撞致死事故中，60%以上是因为行人的头部受伤，因此 J-NCAP 行人保护只有头部保护项目；在中国，汽车后排乘坐率高一直是汽车的使用特点，且后排成员受伤概率是前排乘员的 3 倍，死亡率更是增加 5 倍，因此，C-NCAP 将后排乘员保护纳入评价规程中并逐步强化。

（3）即便相同的试验项目，所评价的部位和评价的指标，不同 NCAP 也有可能不同。

例如，在正碰试验中假人头部伤害评估中，Euro NCAP 采用 HIC 值和头部累计 3ms 加速度值作为衡量头部伤害情况的指标，而 J-NCAP 仅采用 HIC 值衡量受伤情况。

（4）不同 NCAP 在整体评价中，不同试验形式会有不同的权重。

如 US-NCAP 对于正碰、侧碰以及滚翻试验的权重设置为 5:4:3，C-NCAP 则对于正碰、偏置、侧碰权重设为 1:1:1，Euro NCAP 则按不同试验形式下将成人乘员、儿童乘员、行人保护、辅助安全装置权重设置为 5:2:2:1。这些测量部位、评价标准以及评测权重上的差异均与各自国家的道路交通情况、车辆技术情况、使用特征等具体情况密切相关。

2. 2012 年版 C-NCAP 与新版欧美 NCAP 评价技术对比分析

自美国 1979 年最早采用 ICAP 评价体系以来，汽车安全性逐渐被各国重视世界各国/地区都相继开展了 NCAP 评价。在充分研究并借鉴其他国家 NCAP 发展经验的基础上，结合我国汽车标准、技术和车辆实际使用特征，中国汽车技术研究中心于 2006 年正式建立了 C-NCAP。试验形态主要包括正面碰撞、40%偏置碰撞、侧向碰撞以及颈部"挥鞭"伤害等试验。

近年来，随着道路交通环境以及安全技术水平的提升，原有的 NCAP 评价体系已不能很好地区分汽车安全性能的优劣，因此，各个国家纷纷根据各自的国情，对原有的评价体系进行技术升级，Euro NCAP 与 US-NCAP 分别于 2009 年和 2010 年较大幅度更新了各自的评价规程，C-NCAP 也于 2012 年更新了评价规程，鉴于 US-NCAP 与 Euro NCAP 在汽车安全测试评价领域具有一定的代表性。

从试验形态、碰撞速度、假人安放、评价指标等角度对 C-NCAP 2012 版与最新 US-NCAP 和 Euro NCAP 正面碰撞、侧面碰撞、翻滚试验、主动安全辅助装置以及总体评价等主要技术内容的差异进行比对分析，见表 8-5 ~ 表 8-7。

C-NCAP 与 Euro NCAP、US-NCAP 正面碰撞对比表　　表 8-5

正面碰撞	Euro NCAP	US-NCAP		C-NCAP	
试验形态	正面 40%偏置碰撞	正面 100%刚性障碍壁		正面 40%偏置碰撞	正面 100%刚性障碍壁
碰撞速度	64km/h	56km/h		50km/h	64km/h
假人安放	前排两个 Hybird Ⅲ 50th，后排 P3、P1.5 儿童假人	驾驶员 Hybird Ⅲ 50th，乘员侧 Hybird Ⅲ 5th 后排无假人		前排两个 Hybird Ⅲ 50th，后排 Hybird Ⅲ 5th、P3	前排两个 Hybird Ⅲ 50th，后排左侧 Hybird Ⅲ 5th
假人测点	头、颈、胸、大腿、小腿	头、颈、胸、大腿		头、颈、胸、大腿、小腿	
伤害评价	取驾驶人和乘员伤害更严重的指标评价	驾驶人、乘员单独评价，取二者平均值作为评价结果		取驾驶人和乘员伤害更严重的指标进行评价	

注：P1.5 和 P3 分别表示 P 系列的 1 岁半和 3 岁儿童假人；Hybird Ⅲ 5th、50th 表示混合Ⅲ型第 5、50 百分位男性假人。

C-NCAP 与 Euro NCAP、US-NCAP 侧面碰撞对比 表 8-6

侧面碰撞	Euro NCAP	US-NCAP	C-NCAP
试验形态	①可移动变形障碍壁侧碰撞 ②侧面柱碰撞	①可移动变形障碍壁侧碰撞 ②侧面柱碰撞	①可移动变形障碍壁侧碰撞 ②无侧面柱碰撞
碰撞速度和角度	①90°侧面碰撞 50km/h ②90°侧面柱碰撞 29km/h	①27°侧面碰撞 50km/h ②75°侧面柱碰撞 32km/h	90°侧面碰撞 50km/h
假人安放	①驾驶人 ES-2，后排 P1.5、P3 ②仅驾驶人侧 ES-2 假人	①驾驶人 ES-2re，驾驶人后排 SID-Ⅱs ②仅驾驶人侧 SID-Ⅱs	驾驶人 ES-2，后排 SID-Ⅱs
台车质量	950kg	1368kg	950kg
假人测点	ES-2：头、胸、腹、骨盆 P1.5、P3：头、胸	ES-2re：头、胸、腹、骨盆 SID-Ⅱs：头、骨盆	ES-2：头、胸、腹、骨盆 SID-Ⅱs：头、胸、骨盆
伤害评价	成人保护评价中，两种测碰形式各占总分的 2/9	前排评价：柱碰撞和 MDB 碰撞，权重 1∶4；后排根据 MDB 结果，平均前后排结果得到总体侧碰评价结果	前后排乘员假人单独计分

注：ES-2-用于侧面碰撞试验的碰撞假人；SID-Ⅱs-侧碰假人。

C-NCAP 与 Euro NCAP、US-NCAP 其他试验与总体星级评价方法对比 表 8-7

试验项目	Euro NCAP	US-NCAP	C-NCAP
行人保护	成人、儿童头部冲击、大腿冲击小腿冲击试验	无	无
挥鞭伤害台车试验	动态+静态评价，低、中、高 3 种强度碰撞脉冲动态评价指标：NIC、Nkm、回弹速度、上颈部 F_x、上颈部 F_z、T_1 加速度、头枕接触时间	无	仅动态评价，中强度碰撞脉冲动态评价指标：NIC、上颈部 F_x、上颈部 F_z、上颈部 M_y、下颈部 F_x、下颈部 F_z、下颈部 M_y
翻滚试验	无	根据静态稳定因数和动态试验评价	无
主动安全	电子稳定控制(ESC)、安全带提醒装置、限速装置	无	ESC、安全带提醒装置
总体星级评价	成人保护、儿童保护、行人保护与主动安全装置得分以 5∶2∶2∶1 权重得出总分数对应不同等级	根据正碰、侧碰以及滚翻试验的星级按照 5∶4∶3 的权重计算得出总体星级	根据正碰、侧碰、挥鞭伤、主动安全装置等得分累加，对应不同的星级

注：F-力；M-弯矩；NIC-颈部伤害指数(Neck Injury Criterion)；Nkm-颈部伤害预测指标(Neck Injury Predictor)；T_1-自上往下第 1 个胸椎(Thorax)。

从表 8-5 可看出,Euro NCAP 仅考核正面 40% 偏置碰撞性能,US-NCAP 仅考核正面 100% 刚性障碍壁碰撞性能,而 C-NCAP 考核更全面,涵盖上述两种试验,但 100% 刚性障碍壁碰撞速度不及 US-NCAP,此外碰撞假人选取略有差异。从表 8-6 可知,C-NCAP 侧面碰撞测试项目仅有 MDB 侧面碰撞,较 Euro NCAP 和 US-NCAP 少了侧面柱碰撞测试,并且欧洲和美国在柱碰撞测试的碰撞速度与碰撞角度都有不同。从表 8-7 中可看出:只有 Euro NCAP 有行人保护测试;Euro NCAP 与 C-NCAP 均有颈部挥鞭伤害台车试验,但在碰撞脉冲、评价指标方面均有差异;只有 US-NCAP 有翻滚试验;此外,Euro NCAP 与 C-NCAP 针对主动安全辅助装置进行了加分;在总体星级评价方面,3 个 NCAP 评价体系也不尽相同。综上所述,尽管都是 NCAP,但是由于各国道路交通条件不同以及车辆安全技术的差异,无论是试验项目、假人选择、试验参数,还是具体的评价方法,都不尽相同、各具特色。

1) 新版 Euro NCAP 评价规程的主要变化

欧洲在 2008 年开始决定更新 NCAP 评价规程,自 2009 年 2 月开始实施,分 3 阶段推进 (2009 年、2010—2011 年、2012 年以后)。新版 Euro NCAP 评价规程最主要的变化是新的评价程序给出了一个综合的星级评价,按照成人乘员保护、儿童乘员保护、行人保护以及安全辅助装置四方面的得分,以 5∶2∶2∶1 的权重得到一个总的得分比。成人乘员保护得分来自 4 种碰撞试验形式,满分 36 分,包括偏置碰撞 16 分(未发生变化),侧面碰撞技术内容及评价指标未发生变化,但评分有变化,总分由 16 分变为 8 分,每个部位得分由 4 分变为 2 分;侧面柱碰撞由选做项变为必做项,考核部位由头部增加到 4 个部位,技术指标及评分同侧面碰撞,满分 8 分;增加挥鞭伤试验,包括静态评价 2 分,动态评价 9 分,总分 11 分,再将此按照满分 4 分折算后,纳入成人乘员保护得分。儿童乘员与行人保护技术内容及评价不变;安全辅助装置满分 7 分,其中安全带提醒装置(SBR)内容未变化,形式由原来的加分项变为规定项目满分 3 分,驾驶人、前排乘员及后排各 1 分,ESC 为新增内容,满分 3 分,限速装置为新增内容,满分 1 分。4 个单项得分率对应不同的星级,总的得分率对应总体星级,最终取 5 个星级的最低星级确定出最终星级。此外,3 个阶段星级评价的标准与现值将会逐阶段提高。

Euro NCAP 从 2013 年到 2015 年的评价规程更新表中主要变化内容有:

(1) 2013 年,儿童乘员保护试验分别用新的 Q 系列 Q3 和 Q1.5(数字表示儿童年龄)假人取代现有的 P3 和 P1.5 假人;将限速装置评价程序扩展到速度辅助系统评价程序,将安全带提醒装置得分从 1 分提高到 3 分。

(2) 2014 年,更新挥鞭伤害试验程序,将原有的前排座椅挥鞭伤害得分从 4 分调整为 2 分,增加后排座椅的静态评价 1 分,增加低速后碰撞自动紧急制动(AEB)系统评价程序 3 分。行人保护试验采用 Flex PLI 柔性腿型。在主动安全辅助方面,引入中、高速后碰撞中自动紧急制动(AEB)系统评价程序,增加 3 分;增加关于车道偏离预警与车道保持辅助系统安装要求,增加 1 分。此外,成人保护、儿童保护、行人保护与主动安全辅助 4 部分在计算总得分时的权重由原来的 5∶2∶2∶1 调整为 2∶1∶1∶1,增加了主动安全的权重。

(3) 2015 年,在成人乘员保护方面,引入工正面 100% 刚性障碍壁碰撞试验,并引入 Hybrid Ⅲ 5th 假人,两种正面碰撞试验各 8 分;儿童乘员保护方面启用 Q 系列 Q6 和 Q10 + (6 岁和 10.5 岁)儿童假人;行人保护方面,更新试验与评价程序,包括采用新的大腿冲击器,五星评价要求行人保护得分率从原来的 60% 增加 65%。

2）US-NCAP评价规程的主要变化

2010年，美国更新了US-NCAP评价规程，并于2011年开始实施，主要技术内容变化包括：

（1）在正面碰撞试验中，试验形式与碰撞速度不变，驾驶人侧假人不变，乘员侧假人采用Hybrid Ⅲ 5th女性假人取代原来的Hybrid Ⅲ 50th男性假人；HIC则用HIC15取代原来采用的HIC36，胸部伤害指标采用胸部压缩替代胸部加速度，增加颈部伤害指标与大腿力伤害指标，并且伤害风险曲线由原来的AIS4+变为AIS3+（大腿伤害风险曲线变为AIS2+）；新的正面碰撞星级评价将根据驾驶人侧与乘员侧假人得分平均值获得。

（2）在侧面碰撞试验中，增加了碰撞速度32km/h的75°斜角柱碰撞试验项目，在前排采用SID-Ⅱs假人；在MDB碰撞试验中，试验形式与碰撞速度不变，撞击侧前、后排假人由原来的两个50百分位的SID假人改为一个ES-2re和一个SID-Ⅱs假人；假人伤害指标的风险曲线均为AIS3+，SID-Ⅱs假人伤害指标包括头部（HIC_{36}）和骨盆力，ES-2re假人伤害指标包括头部（HIC_{36}）、肋骨压缩量、腹部力和骨盆力，侧面碰撞评价根据前排和后排结果判定，其中前排评价将综合MDB碰撞试验与柱碰撞试验结果，权重为（80%、20%），后排评价将根据MDB碰撞试验结果确定，整个侧面碰撞评价将根据前、后排的评价结果的平均值确定。

（3）汽车碰撞评价方法不变，仍然由动态评价和静态评价（静态稳定参数）组成。

（4）增加总体汽车安全得分计算（VSS），根据总体正面碰撞评价结果、总体侧面碰撞结果以及汽车翻滚评价结果5/12、4/12、3/12的权重加权得到总体的相对风险得分。

3）《C-NCAP管理规则（2021年版）》评价规程的主要变化

C-NCAP管理规则（2021年版）》与《C-NCAP管理规则（2018年版）》相比，主要变化如下：

（1）乘员保护部分。

使用正面50%重叠移动渐进变形壁障碰撞试验替代了正面40%重叠可变形壁障碰撞试验及评价方法；

针对新能源汽车，使用侧面柱碰撞试验替代了可变形移动壁障侧面碰撞试验及评价方法；

增加了车身和零部件碰撞安全性能风险评价要求，以罚分项形式体现；

增加了可变形移动壁障侧面碰撞试验中搭载假人的数量；

增加了第二排两侧座椅鞭打试验及评价方法；

增加了第二排儿童乘员保护评价方法和儿童乘员保护静态评价方法；

修改了对于侧气帘加分的技术要求；

增加了关于事故紧急呼叫系统加分的技术要求；

安全带提醒装置由加分项修改为罚分项；

修改了乘员保护试验中的电安全评价方法。

（2）行人保护部分。

修改了行人保护试验及评价方法，采用先进行人腿型（Advanced Pedestrian LegformImpactor，aPLI）替代传统FLEX-PLI和TRL上腿型进行行人腿部碰撞保护试验评价；

扩大了行人保护头型试验区域。

（3）主动安全部分。

增加了车辆自动紧急制动（AEB）系统的试验场景；

增加了车道保持辅助(LKA)系统试验及评价方法;

增加了对于车道偏离报警(LDW)系统、盲区监测(BSD)系统、速度辅助系统(SAS)的审核项目及技术要求;

增加了整车灯光性能试验及评价方法;

修改了评分体系,主动安全权重由15%增加到25%。

2021年9月,为优化运营管理流程,汽车测评管理中心对《C-NCAP管理规则(2021年版)》进行了修订,主要修订内容如下:

新增了关于"车辆召回"相关问题的处置方式;

新增了关于试验车辆利用空中下载技术(Over-the-Air,OTA)进行软件升级的处置方式;

修改了行人保护部分aPLI腿型的质量分布和标定通道;

选车范围新增了最大设计总质量≤3.5t的多用途货车。

C-NCAP历史版本变化见表8-8。

C-NCAP历史版本变化　　　　　　　　　　　表8-8

版本	增改部分	成果
2006年版	—	首次推出C-NCAP
2009年版	新增ISOFIX加分项目,增加FRB儿童假人和AE-MDB后排假人	开始关注儿童安全
2012年版	后排假人评价定量化,提升ODB碰撞速度,增加鞭打试验和ESC加分项目	开始关注后排乘员的安全和追尾碰撞保护效果
2015年版	新增前排乘员侧安全带提醒加分项	优化及完善测评方法及测评指标,提升星级标准,开始关注安全带的实际使用情况
2018年版	新增新能源汽车测评及行人保护和AEB测评项目,并更新了评分体系	开始关注车辆对外部行人的保护、新能源汽车电安全以及主动安全在交通事故中发挥的作用

C-NCAP变化的优点如下:

(1)测试场景不断完善(前排→后排→儿童→鞭打→电安全);

(2)从不可避免的碰撞保护逐步转向事故避免(主动安全);

(3)从仅考虑车内乘员保护到兼顾外部行人(行人保护)。

第二节　实车碰撞试验方法

实际道路上的交通事故多种多样,因此在汽车性能评价、开发时都需要有统一的评价方法。另外,车与车的碰撞事故非常多,要对发生事故的每一辆车都进行评价是非常烦琐的。理想的评价方法是仅对其中一辆车进行评价,即可达到目的。表8-9列出了各国的标准、评价以及研究中最常使用的碰撞形态。实车碰撞试验大致分为两类:一种是固定障碍壁碰撞试验,另一种是利用台车进行碰撞试验活动的障碍壁碰撞试验。障碍壁为刚性体时称为刚性障碍壁试验,装有模拟碰撞对象车辆变形特性等的变形障碍壁称为MDB。

典型的实车碰撞试验形态(障碍壁)　　　　　表8-9

障碍壁前面碰撞			移动障碍壁		
前正碰	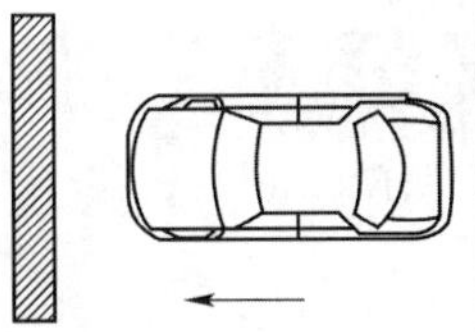	日本、美国标准,日本 NCAP 乘员伤害值燃料泄漏等	直角侧碰	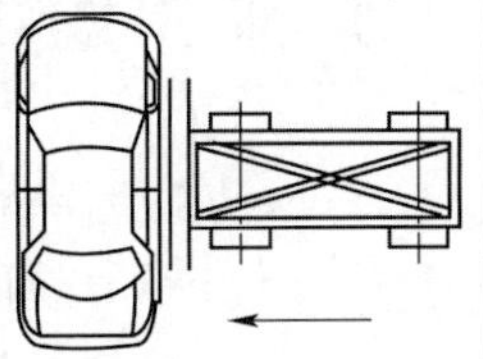	美国标准,燃料泄漏等
斜碰	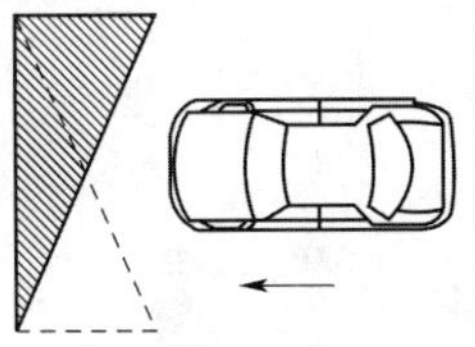	美国标准,乘员伤害值燃料泄漏等	MDB 侧碰	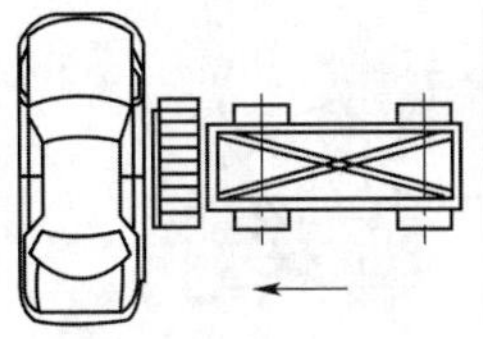	日本、欧洲标准,日欧 NCAP 乘员伤害值燃料泄漏等
偏置	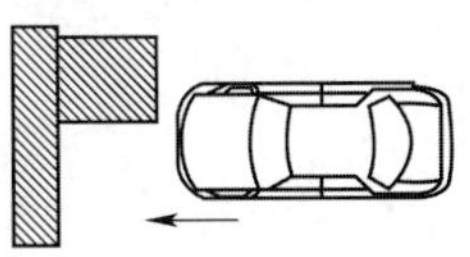	15km/h 低速车辆保险维修费用计算	MDB 横碰撞(模拟两车行驶时的侧撞)	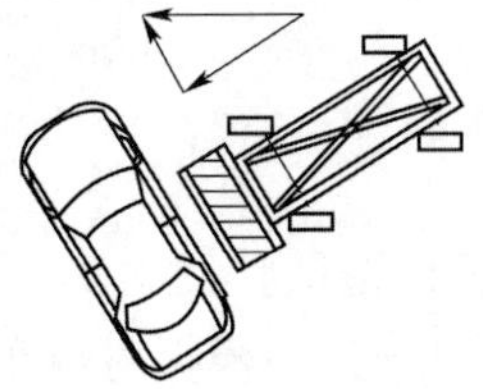	美国标准,NCAP 乘员伤害值燃料泄漏等(速度比 1:2,偏移角 27°)
立柱	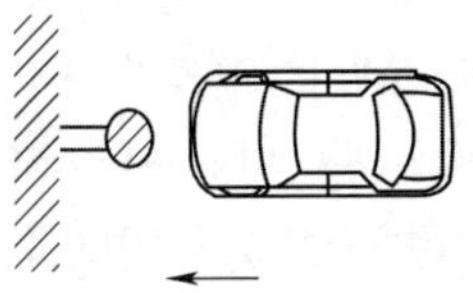	气囊感应性能等	立柱侧碰	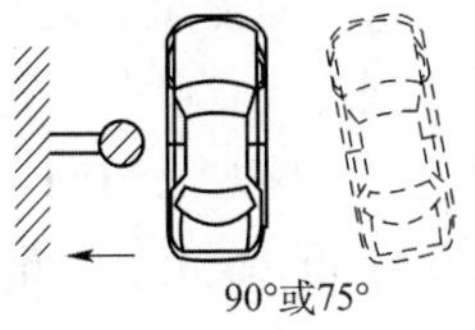	美国标准,乘员伤害值
钻撞	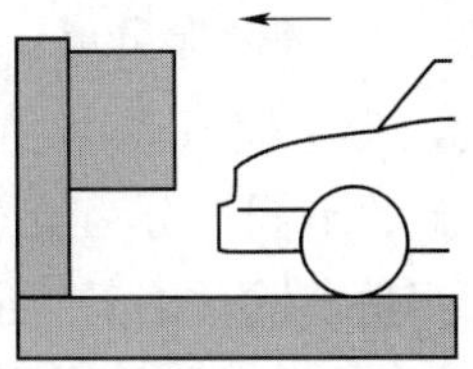	气囊感应性能等	后碰	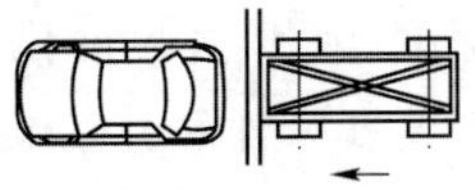	日本标准,燃料泄漏
ODB 前碰	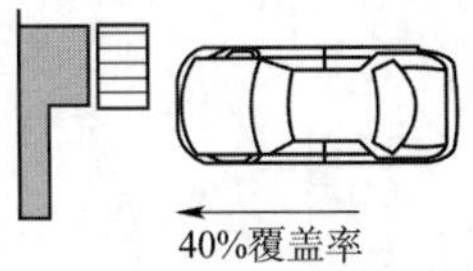	欧洲标准,日本、欧洲 NCAP,美国 IIHS 乘员伤害值、燃料泄漏等	ODB 后碰	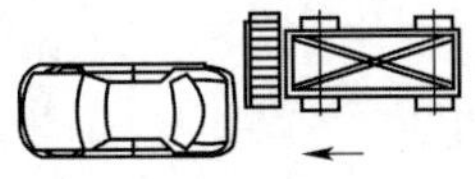	美国标准,燃料泄漏

一、整车碰撞试验

1.障碍壁碰撞试验

试验车辆加速到指定的碰撞速度,碰撞混凝土固定障碍壁。

1)刚性障碍壁试验

被撞物体为固定刚性体,再现性好,在实车碰撞安全性评价中应用最为广泛。除了普通的平面障碍壁之外,还有倾斜障碍壁、偏置障碍壁、刚性立柱等多种试验方法。图8-5和图8-6分别为整车正面全宽碰撞试验和整车斜碰撞试验。

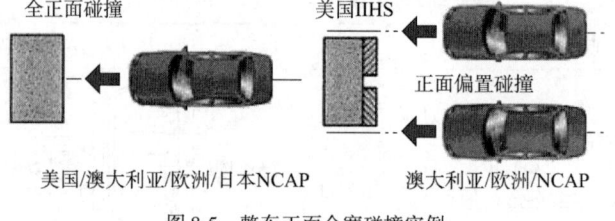

图 8-5　整车正面全宽碰撞实例

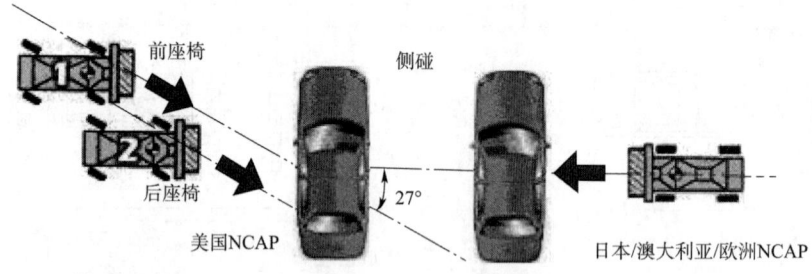

图 8-6　整车斜碰撞实例

2）可变形障碍壁试验

在车与车碰撞时，与模拟对象车辆硬度的蜂窝铝进行碰撞。刚性障碍壁碰撞时，前纵梁能够合理变形，吸收碰撞能量。但是在实际的车与车碰撞时，由于撞到对方车辆较弱的地方而没有变形直接穿透的情况时有发生，也就是说无法用刚性障碍壁的碰撞来评价车与车碰撞时的变形特性。为解决上述问题开发了可变形障碍壁碰撞试验，可以模拟 50% 重叠度（车宽 50% 重叠）的 50km/h 车与车正面碰撞时的变形形态。欧洲法规采用的是 40% 重叠的 56km/h 偏置可变形障碍壁试验（ODB 试验），美国、日本的评价标准采用的是模拟 40% 重叠的 56km/h 车与车碰撞的 64km/h ODB 试验。另外，蜂窝式障碍壁在碰撞时配合变形量要提高碰撞速度，因此，速度变化量要比实际的车与车碰撞大，无法模拟整体碰撞现象。

试验车辆加速方法有牵引式和自行式。牵引式根据动力源的不同又分为绞车式、直线电动机式以及重锤下落式等，图 8-7 为绞车式碰撞牵引装置的实例。除此之外，还需要注意试验车辆向目标位置碰撞的方向控制方法以及碰撞之前将试验车辆从牵引以及方向控制装置上分离的脱离装置。

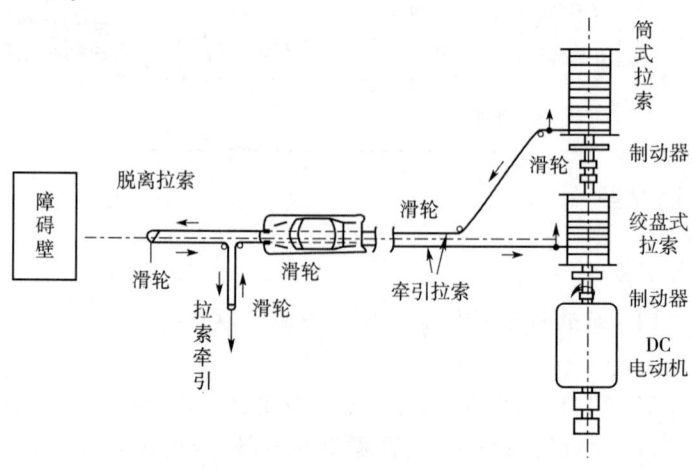

图 8-7　绞车式碰撞牵引装置布置实例

在规划设备的时候,需要注意试验车辆向目标速度加速时的加速度。助跑距离过短则加速度过大,搭载的假人姿势变化剧烈,无法达到预期的碰撞目标。

另外,为了测量试验车辆的变形载荷,一般多在障碍正面安装载荷传感器。关于障碍壁碰撞试验方法,现有多种不同的标准,对试验设备以及试验顺序等进行了详细的规定。

利用障碍壁碰撞试验进行评价的项目包括座椅安全带、气囊等方面对乘员的保护性能,车内变形、风窗保温、转向盘后退等车身碰撞性能以及燃油系统渗漏等方面。

3) 移动式障碍壁碰撞试验

移动式障碍壁碰撞试验是对车与车的碰撞进行模拟的试验方法。具有一定面积碰撞面的行驶台车称为移动障碍壁,一般用于对追尾碰撞、侧碰时的乘员保护性能以及燃料泄漏等的评价。各个国家的法规等对移动障碍壁的尺寸、质量以及惯性力矩等规格进行了规定。与障碍壁试验一样,碰撞面的种类分为刚性面和可变碰撞面。侧碰乘员保护试验时,受障碍壁面的硬度影响很大,因此一般使用可变碰撞面(图8-8)。试验时先将试验车辆静止放置,然后移动障碍壁以指定速度对其进行碰撞。在模拟行驶过程中两车相撞的模拟试验中,美国侧面碰撞标准 FMVSS 214 中采用的是带倾斜角度的移动障碍壁试验(碰撞车辆与碰撞车辆的速度比为 1:2,错车角度为 27°)。

图 8-8 FMVSS 214 MDB

2. 其他实车碰撞试验

车与车的碰撞试验中还包括两车行驶状态的正碰试验、偏置正碰试验、各种角度的侧碰以及追尾碰撞试验等,可再现多种事故形态的试验。由于受到碰撞位置误差、设备产生速度比和碰撞角度的限制,一般采用一方停止,另一方移动碰撞的方法。

由于事故的多样性,翻转试验也有很多种形态。比如,横向侧滑时,车辆撞到路边石台而发生翻转的倾翻、转弯时单侧轮胎驶上倾斜道路而发生的坡路倾翻、脱离车道冲入河床等低地的翻落等。目前唯一对翻车试验进行了规定的碰撞安全法规是 FMVSS 208,且应用较为广泛。具体方法是将试验车辆沿与行驶方向垂直的方向呈 23°角倾斜置于台车(图 8-9)上,按照规定速度行驶的台车突然停止,将试验车辆抛出,致其翻转。

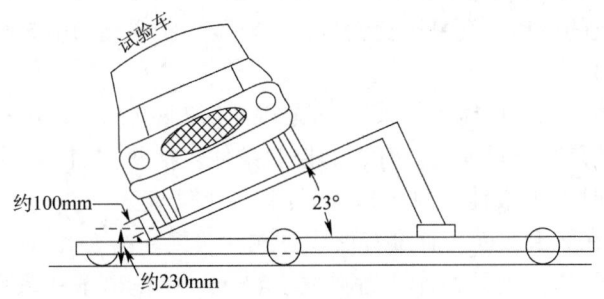

图 8-9 FMVSS 208 台车翻转试验

其他的碰撞形态还包括模拟向载货汽车等相对较高位置的障碍物进行碰撞的钻撞形态、向较低障碍物碰撞的骑越形态以及向护栏碰撞的形态等。

对保险杠的车身保护特性以及修理费用预算等进行评价的试验除了低速碰撞以外，还有很多项目与正面障碍壁、偏置障碍壁、立柱碰撞试验等共同的项目。保险杠试验一般使用模拟保险杠形状的摆锤撞击保险杠，然后再进行评价。

二、模拟碰撞试验

1. 台车冲击试验

台车冲击试验是一种模拟实车撞车的试验，利用平台车产生与实际撞车接近的减速度，以检验乘员保护装置的性能和零部件的耐惯性冲击力。台车试验常用于评价乘员保护装置的性能和安全部件的耐冲击能力。与实车碰撞试验相比，台车试验具有简便、再现性好、试验费用低的优点。

模拟碰撞试验通常是以实车撞车试验中，在车身上测得的减速度波形为依据，采用与其近似的梯形波或半正弦波为标准波形。但各国标准不仅对不同的零部件（如安全带、座椅等）规定的滑车碰撞速度和减速度波形不完全一样，而且对同一种部件规定的标准值也不完全一样。为实现各种标准要求，既可用冲撞式模拟试验设备，也可用发射式模拟试验设备进行模拟，因此可以说，模拟碰撞试验方法和形式是多种多样的。从试件响应和零部件损伤来看，对这种模拟试验有重要影响的三个参数是冲击时的速度、加速度峰值、到峰值加速度的上升时间或总的脉冲持续时间。试验结果表明，这三个参数不是一定相关的，因此理想的模拟试验装置应能对速度、加速度峰值和上升时间或脉冲持续时间进行单独的控制或调整，也就是能改变脉冲波形，以满足不同标准的要求。

为试验各种汽车安全部件（例如座椅安全带、座椅、转向柱等）和制品的耐冲击性，美国、日本、英国、法国、德国及荷兰等国的一些制造厂和科研机构已广泛应用 HYGE 冲击试验装置或者有导轨的短驱动长度的模拟碰撞试验装置。这种模拟试验具有不损坏实车、经济、重复性好等优点。

台车冲击试验的种类有冲撞型、发射型以及处于中间状态的碰撞-反作用型。这种试验是使用适当的方法（电机或橡皮绳弹射），将台车加速到规定车速后使脱离牵引的台车与固定壁上的吸能缓冲器碰撞，急速将台车车速从一定速度下降到 0。通过调节缓冲器的性能使台车产生的减速度波形与实车对固定壁碰撞产生的减速度相当。

2. 气囊试验

大量的事故统计数据表明，安全带和气囊是事故中乘员保护的有效装备，目前在载人客车上已经得到了广泛的应用。气囊试验就是为了有效保护乘员、用来评价气囊的乘员保护性能的车辆碰撞试验。

目前对气囊的乘员保护性能评价采用的是 FMVSS 208、ECE 及 NCAP 等国际标准。

气囊的控制条件是十分重要的。气囊的控制条件包括两方面：一方面是正确判断是否打开；另一方面是何时点火最佳。由于技术原因，各个气囊公司在气囊控制方面都非常保密，很难沟通，因此，在气囊方面一直没有形成正式的法规。在 EGE 有《关于提供气囊保护的车辆认证的统一规定》。美国汽车工程师学会（SAE）中提出了一系列标准，用于规范气囊的试验方法，如 SAE J1538、SAE J2189、SAE J1855、SAE J2238、SAE J1980、SAE J2074 等。控制系统是汽车气囊的核心技术，在开发、标定过程中必须了解车辆在不同车速、不同碰撞形态下车体的变形形态和冲击加速度波形、乘员的运动形态和伤害，从而决定在什么条件下需要打开气囊、什么时候打开气囊,这必须通过大量的碰撞试验设定气囊控制器的控制参数。

气囊试验主要检验气囊的保护性能、气囊控制器的点爆条件和气囊系统与具体车型的匹配。

气囊系统总是针对特定的车型设计的,对气囊模块进行试验时,首先要按照此车型的实车环境布置台车。试验一般包括以下几个内容:对同一碰撞车速,在碰撞开始后的不同时刻点爆气囊;根据假人伤害指标、假人与气囊的配合情况,检验气囊的保护效果,确定最佳点火时刻的范围;检验不同碰撞车速下气囊的保护作用;检验气囊控制器点爆气囊的条件。

气囊系统的整车碰撞试验,通常要进行多次,对于使用安全带的气囊系统,至少要进行两轮试验。第一轮试验,进行20km/h车速的正面碰撞(气囊应不爆);30km/h车速的正面碰撞;30°碰撞和偏置碰撞(气囊应点爆);48km/h车速的正面碰撞(气囊应点爆),获得汽车结构安全特性及碰撞波形。用获得的试验结果来改进结构设计和设置台车碰撞试验环境,进行台车试验,改进、优化气囊系统。第二轮试验重复第一轮试验的各种情况,检验气囊的保护效果及气囊控制系统的工作情况。

3. 座椅安全带试验

1)安全带静强度试验

把编织带、带锁、长度调节器、卷绕器和安装固定件等安装在试验装置上,安装时需要使用专用的夹具。安全带强度试验装置由三部分组成:

(1)加载油缸及支架组成的加载部分;

(2)真车驾驶室及座椅和安全带系统;

(3)代替人体的模块。

试验时应保证安全带与模块等位置、束紧情况等与实车一致;加载时应保证加载油缸拉动安全带的角度不变。试验时,两油缸同时对腰、肩安全带加载至额定载荷,观察安全带的变形情况,没问题时连续对安全带系统加载至损坏为止,检查其损坏部位及情况。

2)安全带动态试验

动态试验能够更全面地考察安全带总成的强度和伸长量。这种试验是在台车上进行的,供试验的安全带将假人紧缚在台车座椅上。在美国、欧洲、日本及我国都有相应标准规定了该项试验,但各国的安全带动态性能试验方法在碰撞车速、台车加速度波形、试验假人的选用方面各不相同。

试验时应记录下列项目:

(1)台车的冲撞速度。

(2)台车的加速度波形、最大加速度、加速度作用的时间以及假人头、胸和腰部的前后、上下和左右方向的加速度波形。

(3)作用在安全带上的载荷。

(4)相对台车向前的移动量(三点式安全带要在假人的胸部进行测量)。

(5)座椅安全带安装部位的刚性。

3)编织带的拉伸和强度试验

取一个适当长度的编织带,将其装在拉力机上。拉力机先以一定速度加载,至编织带拉断为止,并记录断裂时的加载力,然后从加载力-编织带变形图可求得带子的吸能率。

4)卷收器的卷收性能试验

安全带卷收器的功能是在感受到汽车碰撞或倾翻信号时锁死织带的进一步拉出。工作性能主要有紧急锁止性能、倾斜锁止角和卷收力。

检验卷收器紧急锁止性能常常采用卷收器紧急锁止试验台。试验中要求测量产生锁止的加速度值和加速度上升斜率以及锁止距离。倾斜锁止角试验是评价卷收器在感受倾斜信号时对织带的锁止功能。试验时将卷收器按照实际装车位置安装在一个可以倾斜的平台上，然后将平台向不同的方向倾斜，随着卷收器的倾斜，织带被拉出，直到织带被锁止，从而可测量出倾斜锁止角。卷收力试验是为了评价卷收器的卷收力是否满足标准要求，卷收力过小，会造成织带回卷困难，佩戴时过于松弛而增加碰撞时乘员的前移量；卷收力过大，则会造成乘员佩戴不舒服。

三、其他实验台

1. 台架冲击试验

台架冲击试验主要用来对车辆的某一零部件进行冲击，评价其冲击吸收性能。

1) 头部冲击试验

车辆前碰撞时，乘员头部的前方会碰撞仪表板、遮阳板、车室内后视镜、座椅靠板的后部等；后碰撞时，乘员头部的后方会碰撞安全枕，因此做头部冲击试验的目的就是评价这些部件的头部冲击吸收性能。试验的装置有射出式、落下式和摆式冲击试验机，试验时用安装在头部模型上的加速度计测定减速度，用光电管式速度计测定碰撞速度，用磁带开关测定信号标记等。

(1) 仪表板冲击试验。

该试验是用来评价车辆前碰撞时仪表板的冲击吸收性能，从而有效地保护乘员头部。SAE 标准中有相应的规定。但各国法规规定的试验方法有一些差异，且冲击的位置和方向也有所不同，做试验时应该加以注意。标准规定试验时头部模型产生的减速度连续 3ms 以上不超过 $80g$。

(2) 遮阳板冲击试验。

遮阳板冲击试验是为了在车辆前碰撞时保护乘员头部，对遮阳板冲击吸收性能的评价方法。试验时冲击速度为 $3.66m/s$，最大加速度在 $200g$ 以下，且连续超过 $80g$ 的时间在 $3ms$ 以下。

(3) 椅背后面冲击试验。

车辆前碰撞时，后座乘员的头部会碰撞到前面座椅的背面，该试验用来评价该部件的冲击吸收性能。各国的法规对本试验的规定基本相同，但 ECE 法规对冲击范围的规定与其他法规不同。撞车的速度与仪表板冲击试验相同，判定标准也与仪表板冲击试验相同。

(4) 安全枕冲击试验。

车辆追尾碰撞时，乘员头部后倾会导致颈部损伤。此外，车辆前碰撞时，乘员向前移动停止后会产生返回，这时也会碰撞到安全枕，可能会产生颈部损伤。该试验的目的就是评价安全枕的冲击吸收性能。该试验是安全枕前面的冲击试验，与椅背后面冲击试验相比，其冲击方向相反。

2) 胸部冲击试验

车辆前碰撞时，驾驶人胸部会与转向器发生碰撞，该试验是用来评价转向器冲击吸收性能的方法。试验装置有射出式和落下式两种。用安装在转向管柱和转向盘之间的负荷计测定冲击负荷,用光电管式速度计测定胸部模型碰撞速度,用变形计测定转向管柱等的变形,用高速摄影机记录变形状况和碰撞情况。

2. 摆式冲击试验

摆式冲击试验就是将被试车辆固定,用一定质量的摆锤撞击。这种试验也是一种实车撞击的代用模拟试验。摆式冲击试验所用的设备比较简单,且试验条件稳定、费用少、占地少、试验重复性好、再现性好,是对各种性能进行评价的有效手段。

1) 低速撞击时的保险杠保护性能试验

低速撞击时的保险杠保护性能试验是为了评价车辆进出车库时的轻微碰撞及路上驻车时的轻度碰撞时保险杠系统的缓冲性能和车体保护性能。试验时的条件是:在离地高度一定范围内沿车辆纵轴方向打击两次,速度为 5m/h;在 30°方向扫击两次,速度为 3m/h。

摆式冲击试验在摆臂的前端设有模拟保险杠形状的冲击突出物,突出物的形状、表面硬度、表面粗糙度等都有一定的要求。试验装置还必须具有可使突出物中心离地高度在一定范围内上下移动的机构。

2) 侧面及后面撞车时的生存空间试验

侧面及后面撞车时的生存空间试验是移动壁撞车的代用模拟试验,用来评价侧面及后面撞车时的乘员生存空间及门的开闭。试验用的装置基本上与低速撞车时的保险杠保护性能试验的装置差不多,但提臂长(5m 以上)与凸出物相当的装置形状有很大的差异。冲击时摆的冲击中心速度为 35~38kN/h。摆冲击中心的换算质量为(1100±20)kg。

实际撞车试验和零部件的动态检验时,在同一条件下,重现性不好,试验结果也不一定完全反映实际撞车情况。因此,可用静态试验来代替动态试验鉴定撞车安全性能,尤其是与速度关系较小的试验项目,更适合于静态试验。车身结构和零部件试验,广泛采用这种试验方法。

3) 侧门强度试验

侧门强度试验是评价汽车在侧面撞车时,为了使因侧门进入车室产生的危险减到最低,侧门应具有的强度。试验时把车体或车辆固定牢靠。以刚度很大的圆柱或半圆柱形的压头,向车厢内方向压缩侧门,使之变形,测出一定变形所需的压缩载荷。

试验时要注意固定方法,要保证不妨碍门的变形,并且在加载过程中车体或车辆不发生移动。此外,还要考虑在加载过程中加载装置回转负荷方向不变的装置及相应的固定方法。

4) 车顶强度试验

车顶强度试验是为了检测倾翻后的车顶强度。试验方法是用刚度很大的平面压头压缩被试验车的顶盖。压缩位置定在左边或右边风窗玻璃前支柱附近。压缩后该部位产生向车厢内的变形,测定一定变形所需的载荷。

5) 座椅强度试验

座椅强度试验是为了防止在车辆前碰撞或后碰撞时因座椅及座椅安装装置的破坏和过度变形、椅背锁紧装置的断裂脱开等造成乘员的伤害。对座椅静强度进行评价的方法,可分为座椅固定强度试验、椅背固定强度试验和椅背强度试验。座椅固定静强度试验是在固定于自车身上的座椅横梁上安装横杆,通过钢索在横杆上加向前或向后的拉伸载荷。如果能够承受座椅总质量 20 倍的负荷,不发生破坏、折断、裂纹等,则认为符合法规的要求。椅背固定强度静试验用同样的装置,在椅重心上向前加载。法规规定,椅背即使承受本身质量 20 倍的负荷,固定装置也不能破坏,不能产生有害的裂纹以及被脱开。

椅背强度试验是以落座点为中心,对椅背施加向后的力矩,以评价椅背的静强度。通常用拉伸试验机通过钢索加载,加载位置、加载方向等没有统一的规定。判定标准在各国法规中也各不相同。

第三节 事故力学与相似模型原理

一、汽车碰撞刚度

碰撞变形位移可由信号的二重积分得到。因为在碰撞过程中,汽车的质量会逐渐减少,所以此处得到的力-位移特性为近似值,这种减少的情况在一定程度上可由被侵占的质量来补偿,并在以后的碰撞中发生作用。

1. 力-位移曲线

中等尺寸家庭轿车(图8-10)和大型公务型轿车(图8-11)具有类似的力-位移曲线。可以看出,前者横坐标位移达到 1000~1200mm 的位置即停止,而后者则继续增大到更高的负载,这也说明由于其质量相对前者增加的部分额外吸收一部分能量。小型家庭型轿车(图8-12)在横坐标位移达到 800mm 位置前表现了同样趋势的力-位移曲线。多用途汽车(图8-13)在横坐标位移达到 1000~1100mm 左右也具有类似的力-位移曲线特性,此后,载荷呈快速增加趋势。

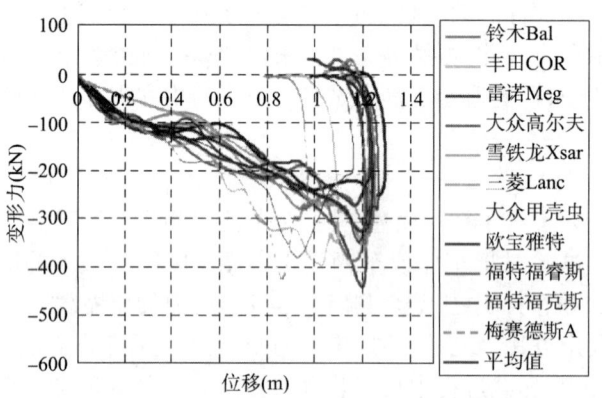

图 8-10 中等尺寸家庭轿车碰撞平均力-位移曲线

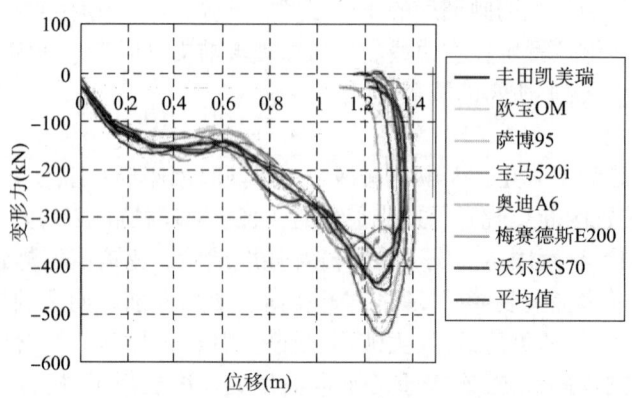

图 8-11 大型公务型轿车碰撞平均力-位移曲线

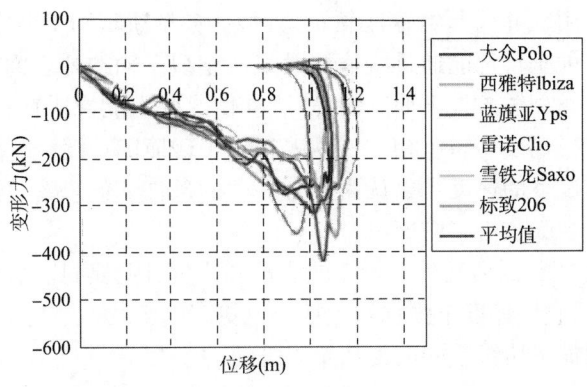

图 8-12 小型家庭型轿车碰撞平均力-位移曲线

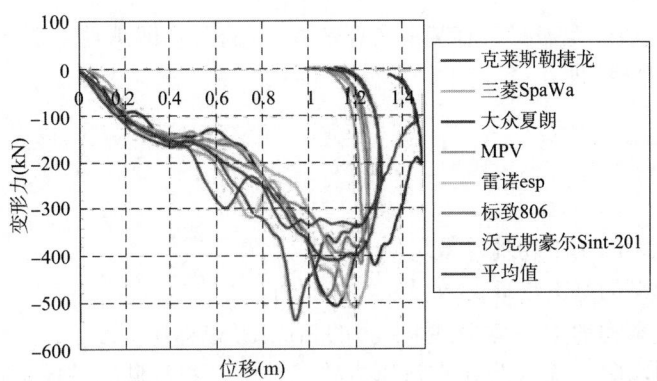

图 8-13 多用途汽车碰撞平均力-位移曲线

图 8-14 为四种汽车力-位移规律的平均值曲线,显然在小变形区域,不同总质量各种类型力-位移变化具有近似相同的规律。

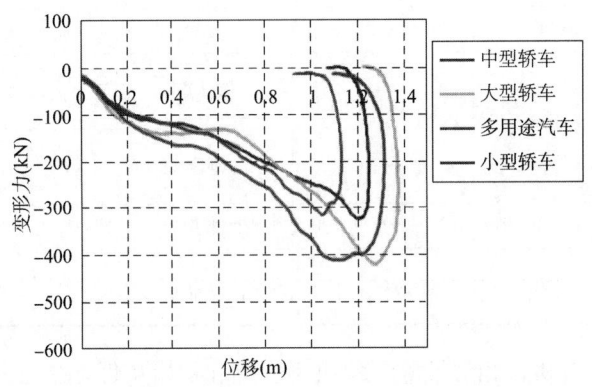

图 8-14 四种车型碰撞平均力-位移曲线

2. 共存性相关

大量的交通事故中,包含不同道路交通参与者,所以共存性是道路交通安全研究的重要内容。ENCAP 测压元件给出的数据并不能用于评定汽车前部一致性。发动机区域对汽车总体负荷分布系统的影响具有至关重要的作用。

(1) 由于发动机区域对总体受力负荷分布系统的影响具有至关重要的作用,因此,这个区域给出测压元件高输出状态并显示车-车碰撞中的前部交替碰撞的典型互相作用。

(2) 对综合平均刚度,中等尺寸家庭轿车、大型公务型轿车和小型家庭型轿车呈现出相当一致的共存性。每种车型都能通过碰撞损毁其他车型车辆的外表面,甚至小型家庭型轿车也可以损坏大型公务型轿车外表面。但是,这种情况并不能说明在每次碰撞中这种共存性都是适当的。对于一辆小型轿车相对一辆大型轿车碰撞的情况,质量相对较轻的车辆达到最大的能量吸收情况下的速度可以认为符合共存的条件。如果超过这个速度,则小型车辆将会严重毁坏并且会吸收更多的能量。

(3) 对于多用途汽车,因为其具有较大的质量和刚度,因此对比其他轿车具有更强的冲击性,同时能在较低的碰撞速度下强加给被撞车辆更多的负载。对其本身来说,这种负面效应可以通过其自身增加可压缩空间的方法予以抵消。

二、完全相似模型

完全的动态相似模型需要所有基本物理参数必须相似,即满足三个条件:几何相似性、力相似性、时间相似性,即:

$$\begin{cases} l = l^* l' \\ t = t^* t' \\ F = F^* F' \end{cases} \tag{8-8}$$

式中:l、t、F——原型的基本物理参数尺寸、时间、力;

l'、t'、F'——模型的基本物理参数尺寸、时间、力;

l^*、t^*、F^*——基本物理参数尺寸、时间、力的相似比(也称比例因子或比例变换)。

由这三个基本物理参数可导出在汽车事故工程中一些常见的诱导物理参数的相似比,见表 8-10。

事故工程中常用的诱导物理参数与相似比　　　　表 8-10

物理参数	物理法则	相似比	物理参数	物理法则	相似比
变形	$S = S^* S'$	S^*	质量	$m = l^{*3} m'$	l^{*3}
速度	$v = \dfrac{l^*}{t^*} v'$	$\dfrac{l^*}{t^*}$	惯性矩	$J = l^{*5} J'$	l^{*5}
加速度	$a = \dfrac{l^*}{t^{*2}} a'$	$\dfrac{l^*}{t^{*2}}$	刚度	$C = \dfrac{F^*}{l^*} C'$	$\dfrac{F^*}{l^*}$
面积	$A = l^{*2} A'$	l^{*2}	能量	$E = F^* l^* E'$	$F^* l^*$
体积	$V = l^{*3} V'$	l^{*3}	应力	$\sigma = \dfrac{F^*}{l^{*2}} \sigma'$	$\dfrac{F^*}{l^{*2}}$

两个过程动态或者机械相似性除了取决于边界和初始条件之外,还需要满足条件:确定的自然法则必须相同,即在相似比例的力分级条件下,过程应相互反射。

1. 在惯性力和塑性变形条件下的相似性

在碰撞时,要求有下述力的比例关系。

1) 惯性力

$$\frac{F_i}{F_i'} = \frac{m}{m'} \frac{a}{a'} = \frac{\rho \cdot l^{*3}}{\rho'} \frac{l^*}{t^{*2}} = \frac{\rho^* \cdot l^{*4}}{t^{*2}} = F_i^* \tag{8-9}$$

式中:ρ、ρ'——原型和模型的密度。

2) 塑性变形力

$$\frac{F_\mathrm{P}}{F_\mathrm{P}'} = \frac{\sigma_\mathrm{F}}{\sigma_\mathrm{F}'}\frac{l^2}{l'^2} = \frac{\sigma_\mathrm{F}}{\sigma_\mathrm{F}'}l^{*} = F_\mathrm{P}^{*} \tag{8-10}$$

式中：σ_F 和 σ_F'——原型和模型的屈服极限。

完全动态相似时，全部比例因子 κ 必须有相同的传递比例。

$$F_i^{*} = F^{*} = \frac{\rho}{\rho'}\frac{l^{*4}}{t^{*2}} = \sigma_\mathrm{F}^{*} l^{*2} \tag{8-11}$$

$$F_\mathrm{P}^{*} = F^{*} = \frac{\sigma_\mathrm{F}}{\sigma_\mathrm{F}'} \cdot l^{*2} = \sigma_\mathrm{F}^{*} l^{*2}$$

$$= F_i^{*} = F_\mathrm{P}^{*} \Leftrightarrow \rho^{*}\frac{l^{*4}}{t^{*2}} = \sigma_\mathrm{F}^{*} l^{*2} \tag{8-12}$$

在材料相同的条件下，$\rho^{*} = 1, \sigma_\mathrm{F}^{*} = 1, l^{*4} = t^{*2}$，即：

$$l^{*} = t^{*} \tag{8-13}$$

这两个方程的三个基本比例因子中，只有一个可以自由选择，因此优先选择的比例因子应该是与质量或者尺寸成比例的比例因子 l。

在材料相同时（$\rho = \rho', \sigma_\mathrm{F} = \sigma_\mathrm{F}'$），可以得出表 8-11 中的相似法则及相似比。

惯性力和塑性变形相似条件下的诱导物理参数与相似比   表 8-11

物理参数	物理法则	相似比	物理参数	物理法则	相似比
时间	$t = t^{*}t'$	l^{*}	质量	$m = l^{*3}m'$	l^{*3}
变形	$S = l^{*}S'$	l^{*}	惯性矩	$J = l^{*5}J'$	l^{*5}
速度	$v = v'$	1	刚度	$C = l^{*}C'$	l^{*}
加速度	$a = l^{*-1}a'$	l^{*-1}	能量	$E = l^{*3}E'$	l^{*3}
面积	$A = l^{*2}A'$	l^{*2}	应力	$\sigma = \sigma'$	1
体积	$V = l^{*3}V'$	l^{*3}			

例如，$t = 100\mathrm{ms}, t' = 25\mathrm{ms}, t^{*} = l^{*} = 4, a = 25g$，则：

$$a = \frac{1}{l^{*}} = \frac{1}{4}a', a' = 100g, v = 50(\mathrm{km/h}), v' = v = 50(\mathrm{km/h})$$

2. 惯性力和摩擦力条件下的相似性

在碰撞过程中，加速度和力关系曲线影响碰撞结束后的运动，所以轮胎与道路之间的惯性力和摩擦力被认为是相关的力。

1) 惯性力 F_i

$$\frac{F_i}{F_i'} = \frac{m}{m'}\frac{a}{a'} = \frac{\rho \cdot l^{*3}}{\rho'}\frac{l^{*}}{t^{*2}} = \rho^{*}\frac{l^{*4}}{t^{*2}} = F_i^{*} \tag{8-14}$$

2) 摩擦力 F_f

$$F_f^{*} = \frac{F_f}{F_f'} = \frac{m}{m'}\frac{\mu}{\mu'}\frac{g}{g'} = \frac{\rho}{\rho'}\frac{\mu}{\mu'}l^{*3} \tag{8-15}$$

$$g = g'$$

完全动态相似时，全部比例因子必须有相同的传递比例，即：

$$F_i^* = F_f^* \Leftrightarrow \frac{\rho^* l^{*4}}{t^{*2}} = \frac{m}{m'} \frac{\mu}{\mu'} \frac{g}{g'} \tag{8-16}$$

在材料相同的条件下,即 $\rho = \rho', \mu = \mu'$ 时,可得出:

$$t^* = \sqrt{l^*} \tag{8-17}$$

从而可以得出如下传递比例,即相似法则,见表 8-12。

惯性力和摩擦力条件下相似的诱导物理参数与相似比　　　　表 8-12

物理参数	物理法则	相似比	物理参数	物理法则	相似比
时间	$t = t^* \cdot t' = \sqrt{l^*}\, t'$	$\sqrt{l^*}$	体积	$V = l^{*3} V'$	体积
力	$F = F^* F' = l^{*3} F'$	l^{*3}	质量	$m = l^{*3} m'$	l^{*3}
变形	$S = l^* S'$	l^*	惯性矩	$J = l^{*5} J'$	l^{*5}
速度	$v = \dfrac{l^*}{\sqrt{l^*}} v' = \sqrt{l^*}\, v'$	$\sqrt{l^*}$	刚度	$C = l^{*2} C'$	l^{*2}
加速度	$a = \dfrac{l^*}{\sqrt{l^*}^2} a' = a'$	1	能量	$E = l^{*4} E'$	l^{*4}
面积	$A = l^{*2} A'$	l^{*2}	应力	$\sigma = l^* \sigma'$	l^{*2l^*}

三、准相似性原理

准(部分)相似性原理又称放宽的相似法则。各个物理法则都有一个以上的常数或表示材料性质的物理量。但是,追求过多的物理法则支配着原型现象,要实现模型就会非常困难,有时甚至不可能。这就要求人们找出起次要作用的物理法则,将其从相似法则中剔除,用解析方法补充或者把现象分开考虑,使得对于一部分可以建立相似模型。即在深刻理解现象本质的情况下,将相似模型法则进行放宽处理。

为此,考虑到轿车碰撞的时间历程时,作为相关力法则,主要引入惯性力和塑性变形力。研究轿车碰撞时,通常采用准相似性原理,这是因为大型轿车车身铁皮与小型轿车的车身蒙皮厚度几乎相等(即有约束的几何相似)。

对于薄蒙皮,l 也适用屏壁碰撞的传递比例因数,即:

$$\begin{cases} l = l^* l' \\ d = d' \end{cases} \tag{8-18}$$

式中:d 和 d'——原型和模型蒙皮厚度。

对于力的传递比例,在惯性力和塑性变形力的力传递比例因子相同的条件下,并且材料相同时,即:

$$\begin{cases} \rho = \rho' \\ \sigma_F = \sigma_F' \end{cases} \tag{8-19}$$

得到相似准则为:

$$t = \sqrt{l^{*3}} \tag{8-20}$$

部分相似情况下的诱导物理参数与相似比见表 8-13。

部分相似情况下的诱导物理参数与相似比　　　　表 8-13

物理参数	物理法则	相似比	物理参数	物理法则	相似比
时间	$t = t^* t' = \sqrt{l^{*3}}\, t'$	$\sqrt{l^{*3}}$	质量	$m = l^{*2} m'$	l^{*2}

续上表

物理参数	物理法则	相似比	物理参数	物理法则	相似比
力	$F = F^* F' = l^* F'$	l^*	惯性矩	$J = l^{*4} J'$	l^{*4}
变形	$S = l^* S'$	l^*	刚度	$C = C'$	1
速度	$v = \dfrac{1}{\sqrt{l^*}} v'$	$\dfrac{1}{\sqrt{l^*}}$	动能	$E_K = l^* E'$	l^*
加速度	$a = (l^*)^{-2} a'$	$\dfrac{1}{l^{*2}}$	势能	$E_P = l^{*2} E'$	l^{*2}
面积	$A = l^{*2} A'$	l^{*2}	应力	$\sigma = l^* \sigma'$	l^*
体积	$V = l^{*3} V'$	体积	剖面	$A = l^* A'$	l^*

四、借助相似模型原理确定碰撞持续时间

事故严重程度评价指标 Spul 可表示为：

$$\mathrm{Spul} = \Delta v a = \frac{\Delta E C}{m T} \tag{8-21}$$

式中：ΔE——原型车的动能变化量；
　　　C——碰撞刚度。

式中的碰撞持续时间 T 是无法从事故现场直接获得的，需借助相似力学原理近似地确定。

$$T = T_0 \left(\frac{\Delta E}{\Delta E_0} \right)^{0.75} \tag{8-22}$$

式中：ΔE_0——变形能；
　　　T_0——模型碰撞持续时间。

考虑塑性变形力和惯性力的物理法则，变形能 ΔE_0 为：

$$\Delta E_0 = \frac{1}{2} C' S'^2 = \frac{1}{2} = C' l^{*2} S'^2 \tag{8-23}$$

$$\frac{\Delta E}{H E_0} = l^{*2} \tag{8-24}$$

持续时间 T 为：

$$T = t^* \cdot T_0 \tag{8-25}$$

$$\frac{T}{T_0} = t^* = \sqrt{l^{*3}} = l^{*\frac{3}{2}} \tag{8-26}$$

$$\begin{cases} l^* = \left(\dfrac{T}{T_0} \right)^{\frac{2}{3}} = \left(\dfrac{\Delta E}{\Delta E_0} \right)^{\frac{1}{2}} \\ T = T_0 \left(\dfrac{\Delta E}{\Delta E_0} \right)^{\frac{3}{4}} \end{cases} \tag{8-27}$$

整理可得到：

$$T = T_0 \left(\frac{\Delta E}{\Delta E_0} \right)^{0.75} \tag{8-28}$$

为了验证上述关系式，用轿车对屏壁以及轿车对轿车碰撞试验，试验结果如图 8-15 所

示。根据试验结果相对拟合曲线的距离、能量损失以及碰撞持续时间的相关关系,并通过上述相似模型的力学原理得出计算公式。

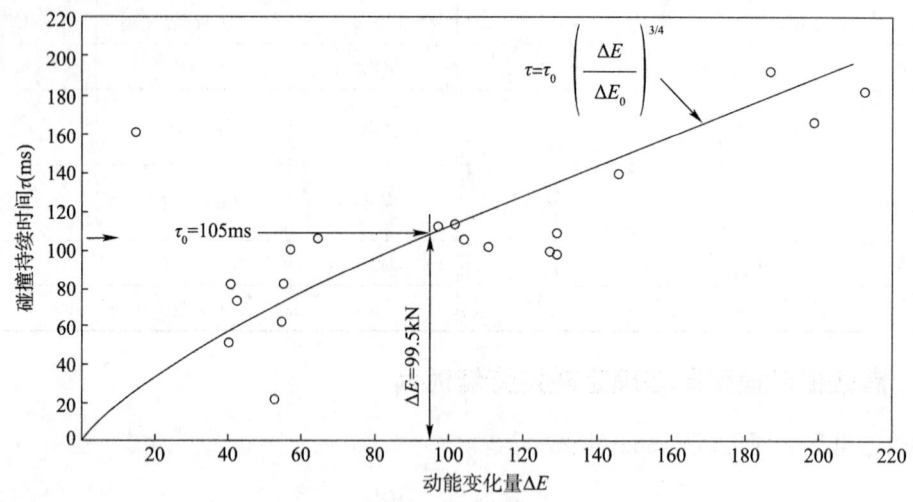

图 8-15　利用相似模型原理确定碰撞持续时间

1. 平均变形力

变形为:

$$S = l^* S' \tag{8-29}$$

刚度为:

$$C = C' \tag{8-30}$$

变形力为:

$$F'_d = C'S' \tag{8-31}$$

2. 汽车前部平均变形刚度与汽车的质量

质量 m 相似比为:

$$\begin{cases} l^{*2} = \dfrac{m}{m'} \\ l^* = \sqrt{\dfrac{m}{m'}} \end{cases} \tag{8-32}$$

则刚度为:

$$C = C' \tag{8-33}$$

即:

$$C = C_0$$

不同质量的汽车刚度具有明显的差别,但是该原则仍可在交通事故模型模拟试验中采用,来对事故参数进行初步判断。图 8-16 给出了汽车前部平均变形刚度与汽车的质量的关系。

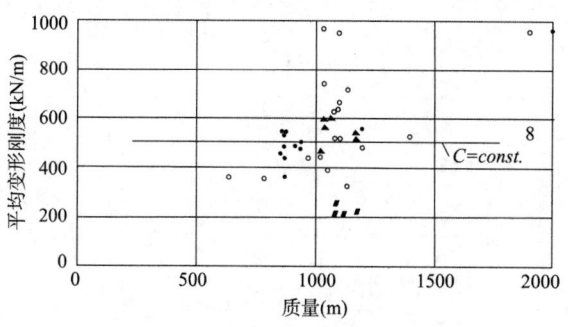

图 8-16　汽车前部平均变形刚度与汽车质量的关系

$$\begin{cases} F_d = CS \\ \dfrac{F_d}{F_d'} = l^* \end{cases} \tag{8-34}$$

质量相似比为：

$$\begin{cases} m = l^{*2} m' \\ l^{*2} = \dfrac{m}{m'} \\ l^* = \sqrt{\dfrac{m}{m'}} \\ l^* = \sqrt{\dfrac{m}{m_0}} \end{cases} \tag{8-35}$$

$$\begin{cases} \dfrac{F_d}{F_d'} = \sqrt{\dfrac{m}{m_0}} \\ F_d = F_d' \sqrt{\dfrac{m}{m_0}} \end{cases} \tag{8-36}$$

若将研究事故汽车作为原型，而将已有试验汽车作为模型车，则有 $F = F_d, F_d' = F_0$，就可绘制平均变形力与汽车质量关系的特性曲线（图 8-17），求出事故汽车的变形力。

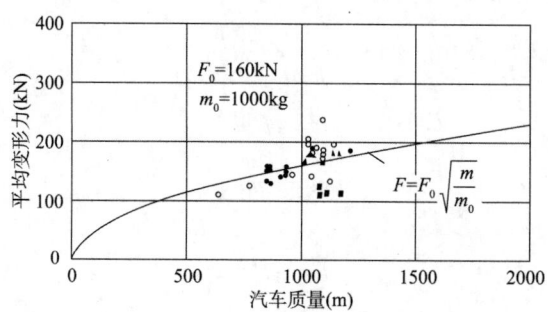

图 8-17　平均变形力与汽车质量的关系

3. 汽车长度与质量

变形相似比为：

$$S = l^* S' \tag{8-37}$$

$$l^* = \dfrac{S}{S'} \tag{8-38}$$

质量相似比为：

$$m = l^* m' \tag{8-39}$$

$$\frac{m}{m'} = l^2 \tag{8-40}$$

则长度计算式为：

$$S = S'\sqrt{\frac{m}{m'}} \tag{8-41}$$

即：

$$S = S_0\sqrt{\frac{m}{m_0}} \tag{8-42}$$

若将所研究的事故汽车作为原型，而将已有实验汽车作为模型车，则有 $l = S, l_0 = S_0$，就可由式(8-42)绘制汽车程度与汽车质量的关系曲线（图8-18），求出事故汽车的变形力，从而比较有关部门计算结果是否合理。

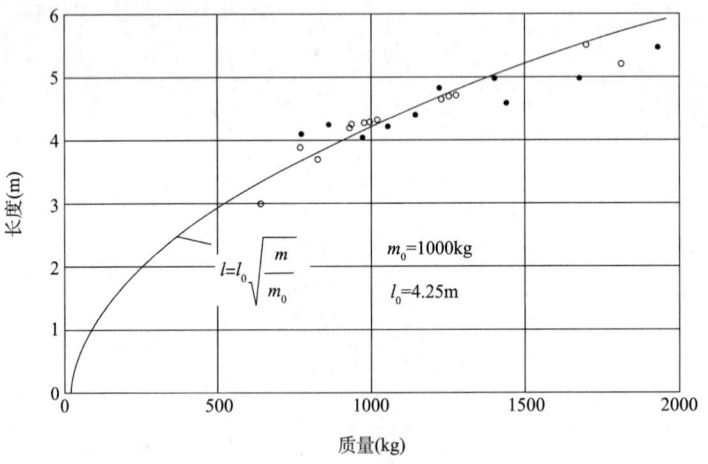

图8-18 汽车长度与质量的关系

4. 汽车转动惯量与质量

转动惯量相似比为：

$$J = l^{*4} J' \tag{8-43}$$

$$\frac{J}{J'} = l^{*4} \tag{8-44}$$

$$m = l^2 m' \tag{8-45}$$

质量相似比为：

$$\frac{m}{m'} = l^{*2} \tag{8-46}$$

$$\left(\frac{J}{J'}\right)^{\frac{1}{4}} = \left(\frac{m}{m'}\right)^{\frac{1}{2}} \tag{8-47}$$

所以

$$J = J'\left(\frac{m}{m'}\right)^2 \tag{8-48}$$

即：

$$J = J_0\left(\frac{m}{m_0}\right)^2 \tag{8-49}$$

若将所研究的事故汽车作为原型车,而将已有试验汽车作为模型车,若原型车的转动惯量为 J,模型车的转动惯量为 J_0,就可由式(8-49)绘制汽车转动惯量与汽车质量的关系曲线(图8-19),从而求出事故汽车的转动惯量 J。

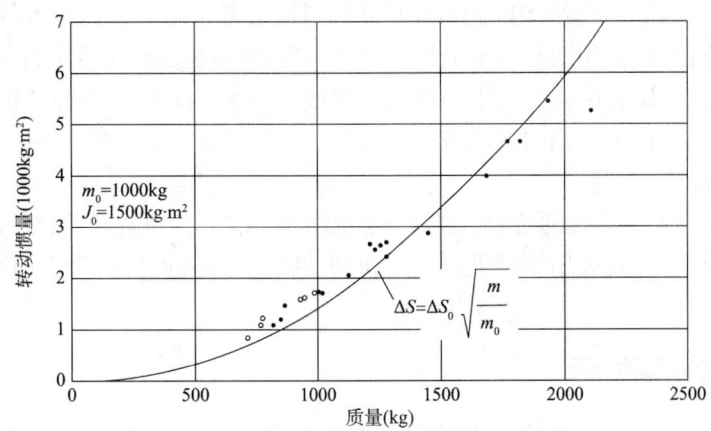

图8-19 汽车转动惯量与质量的近似关系

5. 汽车前部最大变形量与质量

最大变形为 $\Delta S = l^* \Delta S'$,则:

$$l^* = \frac{\Delta S}{\Delta S'} \tag{8-50}$$

由质量 $m = l^{*2} m'$,得:

$$l^{*2} = \frac{m}{m'} \tag{8-51}$$

令 $S_0 = S'$,$m_0 = m'$,则 $\Delta S = \Delta S' \sqrt{\dfrac{m}{m'}}$,即:

$$S = \Delta S_0 \sqrt{\frac{m}{m_0}} \tag{8-52}$$

在交通事故实践中,可将所要分析的事故汽车作为原型车,而将已有试验汽车作为模型车,若原型车汽车前部最大变形量为 ΔS,模型汽车前部最大变形量为 ΔS_0,就可由式(8-52)绘制汽车前部最大变形量与汽车质量的关系曲线(图8-20),进而求出事故汽车前部最大变形量为 ΔS。

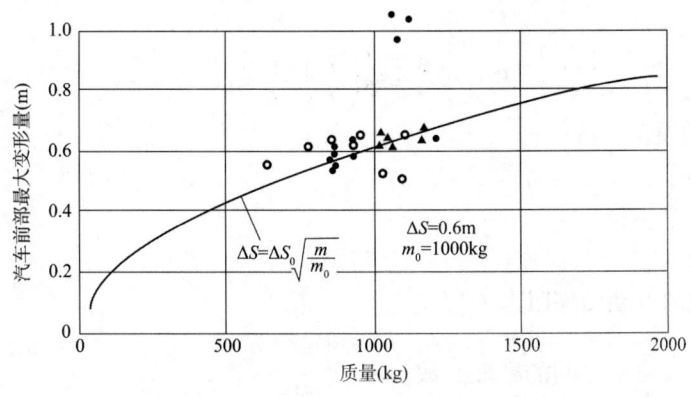

图8-20 汽车前部最大变形量与质量的关系

第四节　汽车碰撞后轨迹相似模型试验分析

汽车事故往往是在一瞬间内完成的,所以得到目击者正确的证言是有困难的。作为事故再现的一种方法,可采用同样型号的汽车,用推测的碰撞速度和角度进行碰撞试验。如果汽车的破坏状态、轮胎在路面上留下的痕迹以致最后汽车停车的位置等与事故现场情况一致,那就可以认为在试验所用的初始条件下发生了实际的事故。在两者不一致的情况下,改变初始条件,重新进行试验。

上述方法也许有一定的可靠性,然而由于费用高、周期长、重复性差,难称得上是切合实际的方法。于是,有人建议用模型进行一系列的试验。但是,进行试验之前,先要弄清模型试验的可靠性。

一、现象的物理解释

假定汽车的运动全是二维的。仔细观察汽车事故过程,可以认为汽车事故这种现象是两个现象的连续。一个是碰撞本身,它发生在两辆汽车接触期间,只持续 0.1~0.2s。在这个过程中,唯有惯性力所代表的汽车间的动量交换起支配作用,至于来自外部的力,例如:轮胎与路面的摩擦等都可以忽略。与这个过程相反,碰撞后,两汽车互相离开,分别画出各自的运动轨迹。这种运动通常要持续几秒,在这个过程中,惯性力和轮胎的摩擦起着支配作用,这是需要研究的问题。

碰撞引起的汽车的加速(或减速)受到车体弹塑性变形的影响。然而,由于碰撞时间与碰撞后的时间相比非常短,所以可以认为碰撞引起的动量交换是瞬间进行的,碰撞后的轨迹仅由碰撞后汽车的动量决定,此动量交换的过程对碰撞后的轨迹影响很小。因此,碰撞中的汽车可以当作刚体来处理。由碰撞所交换的动量仅由恢复系数 ε 和车体间的摩擦因数 μ 决定。

二、支配现象的物理法则

支配碰撞后汽车运动的力主要有惯性力和轮胎与地面之间的滚动摩擦阻力(或附着力)。

1. 碰撞中的运动

汽车的惯性(伴随着能量损失的动量的交换由恢复因数 ε 和车体间的摩擦因数 f 决定)。

2. 碰撞后的运动

惯性力 F_i 为:

$$F_i = m \frac{l}{t^2} = m \left(\frac{l}{t}\right)^2 \frac{1}{l} = m \frac{v^2}{l} \tag{8-53}$$

式中:m——车的质量;
　　　t——时间;
　　　l——长度;
　　　v——速度。

轮胎与路面的滑动摩擦阻力 F_f 为:

$$F_f = \mu m g \tag{8-54}$$

式中:μ——轮胎与路面之间的摩擦因数。

μ 本身就是无因次量,在模型和原型中是相等的。

三、试验及结果分析

假定模型为美国普通轿车（Chevrolet 型）平均大小的 1/16。作为主要尺寸，如图 8-21 所示，除了把总长、宽、轮轴距、重心的位置、绕重心的旋转半径、轮胎的直径按比例缩小外，剩下的部分只有铝块。

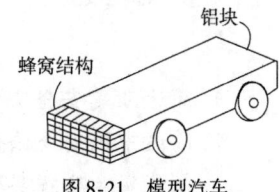

图 8-21 模型汽车

由于模型汽车的重量不用相似法则来规定，所以只要前后轮的分配与原型相同，则重量本身就可以自由选择。但是，因轮胎的摩擦因数是轮胎与路面间接触压力的函数，所以为使模型的压力与原型相等，假定模型的重量为原型的 $(1/16)^2$。

用实际轿车所进行的试验，碰撞时的恢复因数几乎为零，而车体之间的摩擦因数 f 约为 0.5。为了在模型中给出这些因数，在碰撞接触面上黏结成一个吸能纸制蜂窝结构（参照图 8-19）。

在实物试验中，轮胎与路面的摩擦因数约为 0.6。为了得到大致相同的摩擦因数，对于模型试验用的平台进行了表面处理。用尼龙绳把两个模型连起来，绳子的另一端与螺旋弹簧连结，通过放开被拉长了的螺旋弹簧，拉动绳子，从而使模型加速到预定的速度。碰撞后模型的运动由安装在试验台上方的高速摄录装置进行拍照。

碰撞后模型与原型的轨迹如图 8-22、图 8-23 所示。可以看出，两者非常一致，可以认为相似法则得到验证。

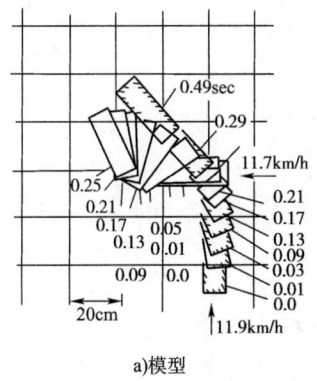 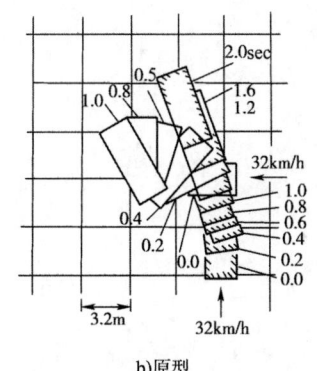

a) 模型　　　　　　　　b) 原型

图 8-22 碰撞后汽车的轨迹

注：碰撞发生在两台汽车呈直角、一台撞冲另一台后方的侧面，两车都用原型尺寸，碰撞前速度为 32km/h。

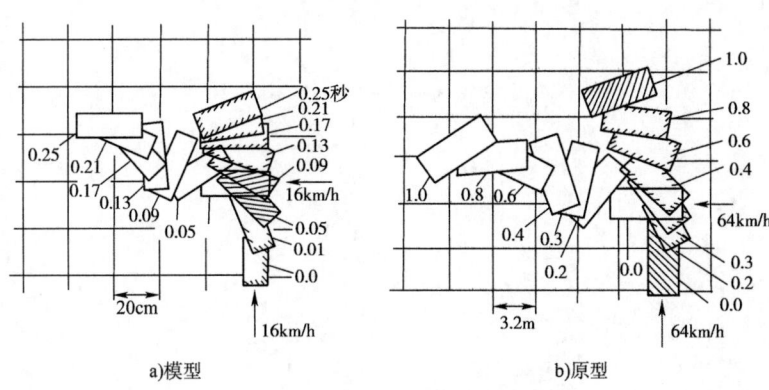

a) 模型　　　　　　　　b) 原型

图 8-23 碰撞后汽车的轨迹

注：碰撞发生在两辆汽车呈直角、一辆冲撞另一辆后方的侧面，两车都用原型尺寸，碰撞前速度为 64km/h。

 **思考题**

1. 简述欧美安全法规之间的关系。
2. 简述中国安全法规的现状。
3. 简述实车碰撞实验的方法。
4. 简述相似模型原理。

第九章 图像技术在交通事故分析中的应用

交通事故现场是指发生事故的路段和地点以及与事故有关的车辆、人员、牲畜及其他事物、痕迹、物证所占有的空间和时间。任何交通事故都有现场存在。交通事故现场的客观存在，是分析事故过程的依据和判断事故原因的基础。

形成事故现场的基本因素包括空间、时间、车、人（或物，或畜）及与事故有关的痕迹、物证等。空间因素是事故现场存在的首要因素。没有造成事故的空间，交通事故也就无从发生，现场也就不会存在。车辆、人、畜及与事故有关的痕迹、物证等，均是在事故定义所限制的空间范围内。因此，确定交通事故现场中参与事故各个元素的空间相对位置，对正确分析交通事故成因具有重要意义。交通事故现场测量就是使用特定的测量仪器和设备，根据一定的方法和程序，确定交通事故现场事故参与元素的空间相对位置。

交通事故现场测量基本上使用卷尺等常用测量工具，通过在现场的人工测量完成。这种测量方式简单易行，但存在两个比较明显的不足：一是由于所有测量数据必须在事故现场测量完成，占道时间比较长；二是根据测量数据的遗漏和差错在事故现场解除后，很难重新进行测量和校对。

随着计算机视觉技术和摄影测量技术的发展，使用摄影测量的方法来确定事故现场参与物的空间位置关系能够有效克服传统测量方法的缺陷。

第一节 交通事故摄影图像测量方法

交通事故再现就是根据已知的信息判断事故是如何发生的。交通事故信息一般有两个来源，一个是交警的事故勘察报告，另一个是事故现场和车辆的照片。尽管近年来在一些国家和地区采用了一些先进的测量设备进行交通事故现场勘测（如用全站仪测量事故现场和车辆变形），但由于进行交通事故调查时的局限性，交警出具的事故报告不一定能完整而详细地记录事故再现所需的所有信息。事故现场的有关空间信息，如车辆停止位置、轮胎压印与拖痕、道路擦痕、油迹、碎片和道路外的压痕等，在进行事故再现分析时一般已不复存在。如果交警出具的事故报告中没有完整而详细的事故信息记录，则很难再从事故现场的重新勘测得到，从而给事故再现分析带来困难。然而，这些信息大都存在于事故现场和车辆的照片中。因此，使用一定的手段和方法从事故现场拍摄的影像中提取需要的信息，对进行交通事故再现具有重要意义。

一、交通事故摄影图像应用分类

摄影技术自 20 世纪 40 年代开始应用于交通事故分析以来，已得到了广泛使用。但长

期以来,事故现场照片的应用大多局限于进行简单的定性分析。随着计算机技术和图像处理技术的发展,使利用摄影照片对交通事故进行定量分析已得到广泛应用。近年来,国内外对摄影技术在事故再现中的应用已取得了进展,摄影技术在事故再现中的应用主要集中于三个方面:

(1)利用摄影照片测量事故现场;

(2)利用摄影照片测量车辆变形;

(3)利用摄影照片进行智能识别。

由于摄影照片能够迅速而完整地记录事故现场的各种信息,若能利用摄影照片来定量测量事故现场,则可提高现场勘测速度,减少占道时间,提高道路通行能力。因此,国内外对利用摄影照片测量事故现场的研究较多。

根据交通事故现场摄影测量的需要,利用事故现场摄影照片提取事故现场空间位置信息的方法主要有二维方法和三维方法两类。

二、俯视摄影测量

由于摄影照片使用二维平面表示三维空间,在成像过程中丢失了深度信息。所以,在没有其他信息的情况下,无法直接根据一幅摄影照片图像上二维坐标信息恢复三维空间坐标信息。

如果假设图像上的所有点在空间中都位于同一个平面上,则图像上点的位置与空间中点的位置便存在对应关系,于是就可以由一幅摄影图像确定空间点的相对位置。这种摄影测量方法称为二维方法。事故分析所需要的大多数空间位置参数都位于交通事故现场的道路平面上。对交通事故现场进行俯视拍摄,且拍摄位置高度远大于道路上的车辆等物体高度时,交通事故现场上的各个空间点近似位于一个平面上。这样就可以用一幅俯视摄影图像来恢复交通事故现场空间位置关系。因此,这种二维方法也叫作交通事故现场俯视摄影测量方法。

由于在道路交通事故再现中,特别是在事故现场的测量中,许多需要的信息点都位于路面上(如路面标线、轮胎拖痕和擦痕、油迹、撒落物等)。在道路环境下,便于设置标定点。即使在没有放置标定物的情况下,根据已知的道路情况也容易找出4个以上的标定参考点。这就可以使用二维方法对其进行重建,以便进行事故现场的重现分析。

二维重建的理论前提是图像上所有点对应的空间实际点都位于一个空间平面上。由于路面存在拱度、车辆有一定高度等因素的影响,在实际空间中与参考点不在同一个平面上的点经二维重建后会存在误差。

三、三维摄影测量

摄影图像的二维分析方法对俯视摄影测量交通事故现场路面上的点容易实现。但对有一定高度和处于不同平面的点进行测量时,由于不能满足测量点与标记参考点在同一平面上的假设,测量结果误差很大。为了弥补二维分析的不足,需要研究适用于交通事故现场测量的三维分析方法。三维方法可分为单目照片法和多目照片法。

1. 单目照片法

单目照片法实际上是反投影法。这种方法以重现现场中原照片的视点和方位为基础。在摄像机反投影法中,要求根据照片(或幻灯片),还原到原现场。用适当的观察设备(如照相机)找出原照片在现场中的视点和方位,从而在交通事故现场达到三维再现的目的。经试验证明,用普通摄像机反投影法进行交通事故的再现,可以得到比较理想的效果。此外,还可利用照片上已知实际坐标位置的离散点,使用计算机反投影法,根据线性变换求出摄像机的视点和方位,实现现场的重现。

用计算机反投影法可以不依赖于事故现场,但很难完全确定照片中需要知道点的三维坐标。用普通摄像机反投影法又必须回到事故现场进行调查。调查中需要花费大量的时间、物力,而且影响被调查现场的交通。另外,事故现场可能已经改变无法提供进行摄像机反投影法所需的条件。为了克服折线条件限制,比例模型法是一种可用方法。它通过制作交通事故现场道路和有关车辆等物体的比例模型,根据原事故照片,利用一定的观测设备,在比例模型中确定摄像机的视点和方位并在模型中进行事故现场再现;然后,根据比例模型再现结果,绘制事故现场图。

2. 多目照片法

如果有两张以上从不同方位拍摄的照片上有同一点,则可根据该点在两张照片上的位置求出它在实际空间中的三维坐标位置。在这种方法中,仍需要根据已知坐标的参考点分别求出各照片的变换关系。多目照片的基本原理和方法将在第二节和第三节中详细介绍。

第二节 三维摄影测量现场标定

工程勘测用的专用三维摄影测量仪一般是在使用前进行一次性标定。对于交通事故现场的三维摄影测量而言,由于交通事故发生的地点是变化的和不确定的,在通过摄影方法记录事故现场数据的过程中需要从不同角度、不同位置对事故现场进行拍摄。因此,一次性标定的专用三维摄影仪价格昂贵,且不能适应交通事故现场复杂多变的拍摄需要。交通事故现场在多数情况下是一个静态场,便于在事故现场设置标定物体,对事故现场摄影照片进行现场标定,并根据计算机双目视觉理论对交通事故现场进行三维测量。因此,可以使用普通照相机在放置了标定物的情况下对事故现场进行拍摄。

一、坐标系

为了描述照相机成像模型,定义四个坐标系。

1. 世界坐标系$\{W\}$

世界坐标系是为了便于描述空间物体三维坐标及其相互位置而设置的坐标系。该坐标系下的坐标简称为世界坐标。在进行事故现场拍摄时,由于事故现场便于放置标定物,因此把世界坐标设置在放置于事故现场的标定物上。如图 9-1 所示,空间点 P_w 在世界坐标系$\{W\}$中的坐标为($^WX_w, ^WY_w, ^WZ_w$)。

2. 以像素为单位的图像坐标系$\{I\}$

如果使用数字照相机,拍摄的照片可直接输入计算机中,得到数字图像。如果使用普通光学照相机,拍摄的照片可经过扫描仪扫描输入计算机,形成数字图像。每幅数字图像在计算机内为 $M \times N$ 数组。在 M 行 N 列的图像中,每一个元素称为像素(pixel)。为了描述各个像素在图像上的位置,需建立以像素为单位的图像坐标系$\{I\}$。在该坐标系下的坐标以下简称像素坐标。

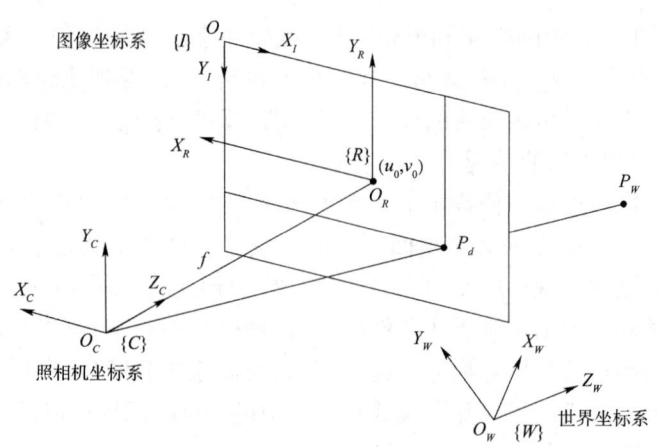

图 9-1 照相机成像线性模型及坐标系

3. 以物理单位(例如毫米)表示的图像坐标系 $\{R\}$

以像素为单位的像素坐标系 $\{I\}$ 只表示像素位于数组中的列数与行数,没有用物理单位表示出该像素在图像中的位置。因此,需要再建立以物理单位(例如毫米)表示的图像坐标系 $\{R\}$。该坐标系下的坐标称为图像物理坐标。该坐标系以照相机光轴与图像平面的交点 O_R 原点,坐标轴与像素坐标系 $\{I\}$ 的坐标轴平行,并设 O_R 在 $\{I\}$ 中的像素坐标为 (u_0, v_0)。

4. 照相机坐标系 $\{C\}$

为了便于建立图像坐标系与世界坐标系之间的联系,建立照相机坐标系 $\{C\}$。照相机坐标系以 O_C 为原点,$O_C O_R$ 方向作为 Z 轴方向。其中,$O_C O_R$ 垂直于图像平面,且 $\{R\}$ 到 O_R 的距离为照相机焦距 f。坐标系 $\{C\}$、$\{W\}$、$\{R\}$ 的单位相同。

二、照相机线性成像模型及标定

令空间点 P_w 在照相机坐标系中的坐标为 $({}^C X_w, {}^C Y_w, {}^C Z_w)$,则根据坐标变换原理,有:

$$\begin{pmatrix} {}^C X_w \\ {}^C Y_w \\ {}^C Z_w \end{pmatrix} = {}^C \boldsymbol{R}_W \begin{pmatrix} {}^W X_w \\ {}^W Y_w \\ {}^W Z_w \end{pmatrix} + {}^C \boldsymbol{T}_W \tag{9-1}$$

式中:${}^C \boldsymbol{R}_W$——3×3 的正交单位矩阵,表示坐标系 $\{C\}$ 和 $\{W\}$ 之间的方位关系,称为旋转矩阵;

${}^C \boldsymbol{T}_W$——三维向量,表示两个坐标系 $\{C\}$ 和 $\{W\}$ 的原点在三个坐标轴方向上的平移量,称为平移向量。

把 P_w 在 $\{C\}$ 和 $\{W\}$ 上的坐标分别表示为齐次坐标 $({}^C X_w, {}^C Y_w, {}^C Z_w, 1)$ 和 $({}^W X_w, {}^W Y_w, {}^W Z_w, 1)$,则它们之间的关系为:

$$\begin{pmatrix} {}^C X_w \\ {}^C Y_w \\ {}^C Z_w \\ 1 \end{pmatrix} = \begin{pmatrix} {}^C \boldsymbol{R}_W & {}^C \boldsymbol{T}_W \\ \boldsymbol{O}^T & 1 \end{pmatrix} \begin{pmatrix} {}^W X_w \\ {}^W Y_w \\ {}^W Z_w \\ 1 \end{pmatrix} \tag{9-2}$$

其中:$\boldsymbol{O}^T = (0 \quad 0 \quad 0)^T$。

空间点 P_w 在图像上的投影点为 P_d，并设 P_d 在坐标系 $\{R\}$、$\{I\}$ 和 $\{C\}$ 中的齐次坐标分别为 $(^RX_d, ^RY_d, 1)$、$(^IX_d, ^IY_d, 1)$ 和 $(^CX_d, ^CY_d, ^CZ_d, 1)$。如果每一个像素在 X 轴与 Y 轴方向上的物理尺寸为 $\mathrm{d}X$ 和 $\mathrm{d}Y$，则：

$$^IX_d = -\frac{^RX_d}{\mathrm{d}X} + u_0, \quad ^IY_d = -\frac{^RY_d}{\mathrm{d}Y} + v_0$$

即

$$\begin{pmatrix} ^IX_d \\ ^IY_d \\ 1 \end{pmatrix} = \begin{pmatrix} -\dfrac{1}{\mathrm{d}X} & 0 & u_0 \\ 0 & -\dfrac{1}{\mathrm{d}Y} & v_0 \\ 0 & 0 & 1 \end{pmatrix} \begin{pmatrix} ^RX_d \\ ^RY_d \\ 1 \end{pmatrix} \tag{9-3}$$

根据透镜成像原理，有：

$$\begin{cases} ^RX_d = {^CX_d} = \dfrac{f \cdot {^CX_w}}{^CZ_w} \\ ^RY_d = {^CY_d} = \dfrac{f \cdot {^CY_w}}{^CZ_w} \end{cases} \tag{9-4}$$

即

$$^CZ_w \begin{pmatrix} ^RX_d \\ ^RY_d \\ 1 \end{pmatrix} = \begin{pmatrix} f & 0 & 0 & 0 \\ 0 & f & 0 & 0 \\ 0 & 0 & 1 & 0 \end{pmatrix} \begin{pmatrix} ^CX_w \\ ^CY_w \\ ^CZ_w \\ 1 \end{pmatrix} \tag{9-5}$$

则

$$^CZ_w \begin{pmatrix} ^IX_d \\ ^IY_d \\ 1 \end{pmatrix} = \begin{pmatrix} -\dfrac{1}{\mathrm{d}X} & 0 & u_0 \\ 0 & -\dfrac{1}{\mathrm{d}Y} & v_0 \\ 0 & 0 & 1 \end{pmatrix} \begin{pmatrix} f & 0 & 0 & 0 \\ 0 & f & 0 & 0 \\ 0 & 0 & 1 & 0 \end{pmatrix} \begin{pmatrix} ^C\boldsymbol{R}_W & ^C\boldsymbol{T}_W \\ \boldsymbol{O}^T & 1 \end{pmatrix} \begin{pmatrix} ^WX_w \\ ^WY_w \\ ^WZ_w \\ 1 \end{pmatrix} \tag{9-6}$$

即

$$^CZ_w \begin{pmatrix} ^IX_d \\ ^IY_d \\ 1 \end{pmatrix} = \begin{pmatrix} \alpha_u & 0 & u_0 \\ 0 & \alpha_v & v_0 \\ 0 & 0 & 1 \end{pmatrix} \begin{pmatrix} ^C\boldsymbol{R}_W & ^C\boldsymbol{T}_W \\ \boldsymbol{O}^T & 1 \end{pmatrix} \begin{pmatrix} ^WX_w \\ ^WY_w \\ ^WZ_w \\ 1 \end{pmatrix} = \boldsymbol{M}_1 \boldsymbol{M}_2 \begin{pmatrix} ^WX_w \\ ^WY_w \\ ^WZ_w \\ 1 \end{pmatrix} = \boldsymbol{M} \begin{pmatrix} ^WX_w \\ ^WY_w \\ ^WZ_w \\ 1 \end{pmatrix} \tag{9-7}$$

其中，$\alpha_u = -\dfrac{f}{\mathrm{d}X}$，$\alpha_v = -\dfrac{f}{\mathrm{d}Y}$；$\boldsymbol{M}$ 为 3×4 矩阵，称为投影变换矩阵；$\boldsymbol{M}_1$ 完全由 α_u、α_v、u_0、v_0 决定，由于 α_u、α_v、u_0、v_0 只与照相机内部结构有关，称这些参数为照相机内部参数；$\boldsymbol{M}_2$ 完全由照相机相对于世界坐标系的方位决定，称为照相机外部参数。

确定照相机拍摄照片时的内外参数或投影变换矩阵的过程，称为照相机标定。

设 3×4 的矩阵 $\boldsymbol{M}$ 为：

$$\boldsymbol{M} = \begin{pmatrix} m_{11} & m_{12} & m_{13} & m_{14} \\ m_{21} & m_{22} & m_{23} & m_{24} \\ m_{31} & m_{32} & m_{33} & m_{34} \end{pmatrix} \tag{9-8}$$

由式(9-7)和式(9-8),得:

$$\begin{cases} {}^CZ_w{}^IX_d = m_{11}{}^WX_w + m_{12}{}^WY_w + m_{13}{}^WZ_w + m_{14} \\ {}^CZ_w{}^IY_d = m_{21}{}^WX_w + m_{22}{}^WY_w + m_{23}{}^WZ_w + m_{24} \\ {}^CZ_w = m_{31}{}^WX_w + m_{32}{}^WY_w + m_{33}{}^WZ_w + m_{34} \end{cases} \quad (9\text{-}9)$$

将式(9-9)中的 ${}^CZ_w$ 消去后,得到式(9-10)两个关于 $m_{ij}\{i=1,2,3;j=1,2,3,4\}$ 的线性方程为:

$$\begin{cases} m_{11}{}^WX_w + m_{12}{}^WY_w + m_{13}{}^WZ_w + m_{14} - m_{31}{}^IX_d{}^WX_w - m_{32}{}^IX_d{}^WY_w - m_{33}{}^IX_d{}^WZ_w = m_{34}{}^IX_d \\ m_{21}{}^WX_w + m_{22}{}^WY_w + m_{23}{}^WZ_w + m_{24} - m_{31}{}^IY_d{}^WX_w - m_{32}{}^IY_d{}^WY_w - m_{33}{}^IY_d{}^WZ_w = m_{34}{}^IY_d \end{cases}$$

$$(9\text{-}10)$$

由式(9-10)可见,在照相机已经进行标定和确定了 m_{ij} 的情况下,如果已知空间点的世界坐标,则可以根据式(9-10)算出该点在图像上的像点像素坐标;如果知道某点的像素坐标,则式(9-10)表示一条空间直线,无法根据式(9-10)算出该点的世界坐标。因此,一幅图像不能对空间点进行三维重建。

根据式(9-10),已知一个空间点的世界坐标及其在图像上的像点的像素坐标可得到两个独立方程。如果标定物上有 n 个点,已知其世界坐标为 $({}^WX_i,{}^WY_i,{}^WZ_i)(i=1,2,\cdots,n)$,并能确定出各个标定点对应的像素坐标为 $({}^IX_i,{}^IY_i)(i=1,2,\cdots,n)$,则有 $2n$ 个关于变换矩阵元素的线性方程,用矩阵形式表示为:

$$\begin{pmatrix} {}^WX_1 & {}^WY_1 & {}^WZ_1 & 1 & 0 & 0 & 0 & 0 & -{}^IX_1{}^WX_1 & -{}^IX_1{}^WY_1 & -{}^IX_1{}^WZ_1 \\ 0 & 0 & 0 & 0 & {}^WX_1 & {}^WY_1 & {}^WZ_1 & 1 & -{}^IY_1{}^WX_1 & -{}^IY_1{}^WY_1 & -{}^IY_1{}^WZ_1 \\ \cdot & \cdot & \cdot & \cdot & \cdot & \cdot & \cdot & \cdot & \cdot & \cdot & \cdot \\ \cdot & \cdot & \cdot & \cdot & \cdot & \cdot & \cdot & \cdot & \cdot & \cdot & \cdot \\ \cdot & \cdot & \cdot & \cdot & \cdot & \cdot & \cdot & \cdot & \cdot & \cdot & \cdot \\ {}^WX_n & {}^WY_n & {}^WZ_n & 1 & 0 & 0 & 0 & 0 & -{}^IX_n{}^WX_n & -{}^IX_n{}^WY_n & -{}^IX_n{}^WZ_n \\ 0 & 0 & 0 & 0 & {}^WX_n & {}^WY_n & {}^WZ_n & 1 & -{}^IY_n{}^WX_n & -{}^IY_n{}^WY_n & -{}^IY_n{}^WZ_n \end{pmatrix} \begin{pmatrix} m_{11} \\ m_{12} \\ m_{13} \\ m_{14} \\ m_{21} \\ m_{22} \\ m_{23} \\ m_{24} \\ m_{31} \\ m_{32} \\ m_{33} \end{pmatrix} = \begin{pmatrix} {}^IX_1 m_{34} \\ {}^IY_1 m_{34} \\ \cdot \\ \cdot \\ \cdot \\ {}^IX_n m_{34} \\ {}^IY_n m_{34} \end{pmatrix}$$

$$(9\text{-}11)$$

将变换矩阵 **M** 乘以任意不为零的常数并不影响世界坐标 $({}^WX_i,{}^WY_i,{}^WZ_i)$ 与其像点的像素坐标 $({}^IX_i,{}^IY_i)$ 之间的关系。因此,在式(9-11)中可以指定 $m_{34}=1$,从而得到关于 **M** 矩阵其他元素的 $2n$ 个线性方程。即有 6 个或 6 个以上的标定参考点时,可用最小二乘法求出线性方程组(9-11)的解。

三、标定点识别

对于交通事故现场的三维摄影测量,由于交通事故发生的地点是变化的、不确定的,在通过摄影方法记录事故现场数据的过程中需要从不同角度、不同的位置对事故现场进行拍摄。使用一次性标定的三维摄影仪器,一方面价格昂贵,另一方面不能适应交通事故现场灵活多变的拍摄需要。由于交通事故现场在多数情况下是一个静态场,且便于在事故现场设置标定物体,因此,可以使用普通照相机在放置了标定物的情况下对事故现场进行拍摄;对事故现场摄影照片进行现场标定,并根据计算机双目视觉理论对交通事故现场进行三维测量。现有的测量程序在标定过程中一般是通过对标定点进行人工干预的方式来进行选择。为了提高测量效率和测量精度,必须对标定点的自动识别方法进行研究。在使用普通相机进行交通事故现场摄影三维测量的过程中,为了提高测量方法的灵活性,需要在事故现场对普通相机拍摄现场照片时的参数进行现场标定。由于交通事故现场的光照条件复杂,给标定参考点的识别带来了一定困难。

由于图像阴影产生的边缘一般为阶跃边缘,所以把标定物上标定直线设计成脊线形式。如图9-2所示,在黑色背景上设置白线,形成脊线。标定直线为白线的中心线,标定点为标定直线的交点。在拍摄交通事故现场的过程中,由于现场范围较大,为了扩大视野,一般照相机的成像光轴与地面的夹角很小。为了避免拍摄时由于拍摄角度的影响给标定点的识别带来困难,只在两个与路面垂直的面上设置标定点(图9-3),第三个面只起定位和支撑的作用。

图9-2 标定参照物

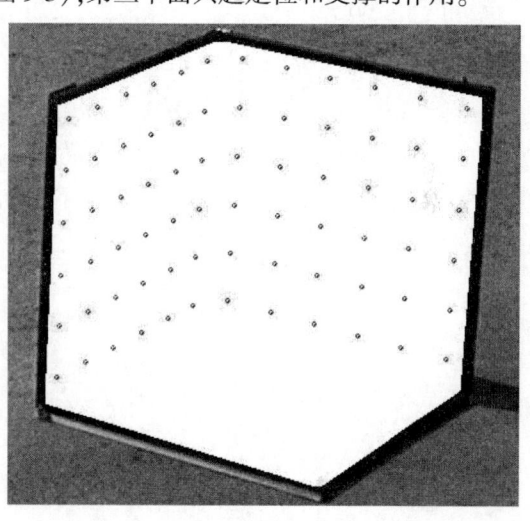

图9-3 标定点提取结果

对于交通事故现场复杂的光照条件,利用脊线边缘设置标定点可有效地消除阴影的影响,并采用无限脉冲响应(IIR)递归滤波器,实现脊线对边缘的检测,结果表明具有较强的抗阴影能力。为了对标定点的图像坐标和标定点之间的相对位置进行确定,在进行直线检测的基础上,根据边缘直线的角度特点和空间位置关系,对直线进行分类。以此为基础,从检测出的直线中识别出标定直线,然后根据相对位置对标定直线的进行排序。直线分类可以采用动态聚类方法,为了保证聚类的鲁棒性,用中位数代替传统方法中的均值,并用最大最小距离算法确定初始聚类中心。在标定直线识别和排序的基础上,可以顺序完成标定点的识别。图9-4为标定直线和标定点的识别结果及标定点的排序结果。

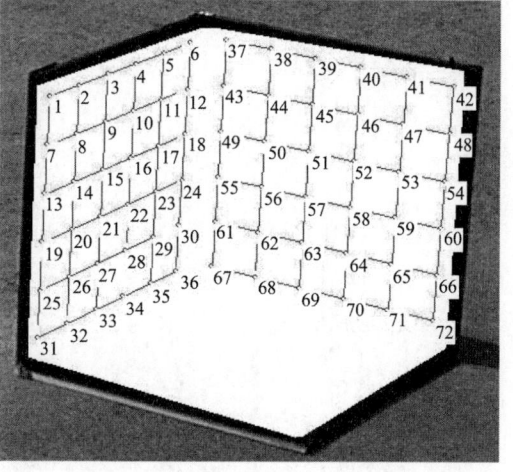

图9-4 标定直线及标定点识别结果

第三节 交通事故现场空间点三维重建理论

一、空间点三维重建理论基础

空间点 P_w 在世界坐标系 $\{W\}$ 中的坐标为 $(^WX_w, {^WY_w}, {^WZ_w}, 1)$。分别在 C_1 和 C_2 位置对 P_w 点进行拍摄，P_w 点在两幅图像上的图像齐次像素坐标分别为 $(^IX_{d1}, {^IY_{d1}}, 1)$ 和 $(^IX_{d2}, {^IY_{d2}}, 1)$（图 9-5）。如果拍摄两幅照片时的变换矩阵已经标定，分别为：

$$\boldsymbol{M}^{(1)} = \begin{pmatrix} m_{11}^{(1)} & m_{12}^{(1)} & m_{13}^{(1)} & m_{14}^{(1)} \\ m_{21}^{(1)} & m_{22}^{(1)} & m_{23}^{(1)} & m_{24}^{(1)} \\ m_{31}^{(1)} & m_{32}^{(1)} & m_{33}^{(1)} & m_{34}^{(1)} \end{pmatrix} \tag{9-12}$$

和

$$\boldsymbol{M}^{(2)} = \begin{pmatrix} m_{11}^{(2)} & m_{12}^{(2)} & m_{13}^{(2)} & m_{14}^{(2)} \\ m_{21}^{(2)} & m_{22}^{(2)} & m_{23}^{(2)} & m_{24}^{(2)} \\ m_{31}^{(2)} & m_{32}^{(2)} & m_{33}^{(2)} & m_{34}^{(2)} \end{pmatrix} \tag{9-13}$$

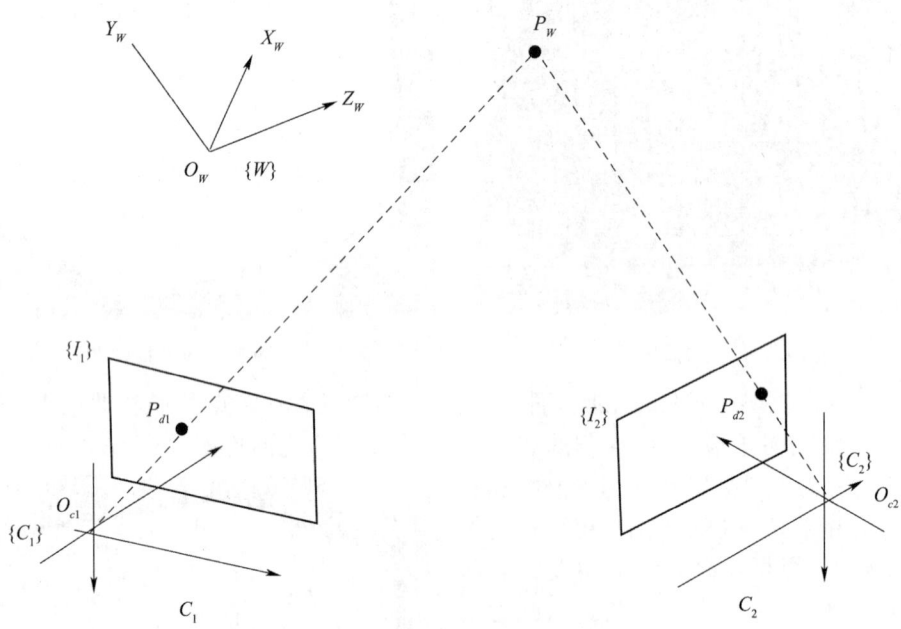

图 9-5 基于线性模型的空间点三维测量原理

根据式(9-10)，可得：

$$\begin{cases} m_{11}^{(1)}{^WX_w} + m_{12}^{(1)}{^WY_w} + m_{13}^{(1)}{^WZ_w} + m_{14}^{(1)} - m_{31}^{(1)}{^IX_{d1}}{^WX_w} - m_{32}^{(1)}{^IX_{d1}}{^WY_w} - m_{33}^{(1)}{^IX_{d1}}{^WZ_w} = m_{34}^{(1)}{^IX_{d1}} \\ m_{21}^{(1)}{^WX_w} + m_{22}^{(1)}{^WY_w} + m_{23}^{(1)}{^WZ_w} + m_{24}^{(1)} - m_{31}^{(1)}{^IY_{d1}}{^WX_w} - m_{32}^{(1)}{^IY_{d1}}{^WY_w} - m_{33}^{(1)}{^IY_{d1}}{^WZ_w} = m_{34}^{(1)}{^IY_{d1}} \end{cases}$$

$$\tag{9-14}$$

$$\begin{cases} m_{11}^{(2)}{^WX_w} + m_{12}^{(2)}{^WY_w} + m_{13}^{(2)}{^WZ_w} + m_{14}^{(2)} - m_{31}^{(2)}{^IX_{d2}}{^WX_w} - m_{32}^{(2)}{^IX_{d2}}{^WY_w} - m_{33}^{(2)}{^IX_{d2}}{^WZ_w} = m_{34}^{(2)}{^IX_{d2}} \\ m_{21}^{(2)}{^WX_w} + m_{22}^{(2)}{^WY_w} + m_{23}^{(2)}{^WZ_w} + m_{24}^{(2)} - m_{31}^{(2)}{^IY_{d2}}{^WX_w} - m_{32}^{(2)}{^IY_{d2}}{^WY_w} - m_{33}^{(2)}{^IY_{d2}}{^WZ_w} = m_{34}^{(2)}{^IY_{d2}} \end{cases}$$

$$\tag{9-15}$$

在 $M^{(1)}$、$M^{(2)}$、$({}^IX_{d1},{}^IY_{d1},1)$ 和 $({}^IX_{d2},{}^IY_{d2},1)$ 已知的情况下,由空间解析几何可知,式(9-14)和式(9-15)中的每个等式代表一个空间平面,式(9-14)和(9-15)分别为两条空间直线,空间点 P_w 为两条直线的交点。应用最小二乘法对式(9-14)和式(9-15)联立求解,可以求出空间点在世界坐标系下的坐标。

二、对应点匹配

在以上分析中,假设空间点 P_w 的对应点已经检出,但在实际应用中,需要对两幅摄影图上的对应点进行匹配。

对应点的配准(也称对应点的匹配)就是对空间 P_w 点在第一张照片中的图像点 P_{d1},在第二张照片中找出与 P_{d1} 点对应的 P_w 在第二张照片中的图像点 P_{d2}(图9-5)。对应点的建立还需利用其他物理信息。大量文献介绍了求对应的方法,基本思想都是基于以下相似性度量与连续性假设:

(1)相似性度量。由于 P_{d1} 与 P_{d2} 对应于空间同一点 P_w,因此,在图像中,P_{d1} 与 P_{d2} 以及 P_{d1} 与 P_{d2} 的邻域应在某些物理量上具有相似性(如灰度、灰度变化梯度等),或几何形状上的相似性(例如,如空间点是某一个多面体的顶点,则 P_{d1} 与 P_{d2} 也都应是图像中某一多边形的顶点)。

(2)连续性假设。如果 P 与 Q 在同一物体表面上,而且相距很近,则它们在图像 C_1 上的投影 P_{d1} 与 Q_{d1} 一般也比较接近;在图像 C_2 上的投影 P_{d2} 与 Q_{d2} 也比较接近。因此,假如已经建立了 P_{d1} 与 P_{d2} 的对应后,在 P_{d1} 附近的 Q_{d1} 点的对应点就应在 P_{d2} 附近。这里假设了在 C_1 上相邻的 P_{d1} 与 Q_d 是空间同一物体表面上相邻点 P 与 Q 的投影,由于任何物体的表面都是连续的,因此 P 与 Q 深度不会相差很大。

假设 C_1 图上的 P_{d1} 点与 P_{d1} 点的邻域上各点的灰度和 C_2 图的对应点 P_{d2} 点与 P_{d2} 点的邻域上的灰度有相似性,则有以下对应点配准算法。

设 $f_L(X,Y)$ 和 $f_R(X,Y)$ 分别为在交通事故现场拍摄得到的左、右两幅图像,(X_L,Y_L) 是 $f_L(x,y)$ 中的一点。取以 (X_L,Y_L) 为中心的某一邻域作为模板,T 其大小为 $m \times n$。在 $f_R(X,Y)$ 中平移模板 T,并假设 T 在水平方向平移 ΔX,在垂直方向平移 ΔY 后,它所覆盖下的 $f_R(X,Y)$ 的第 k 个子图为 S_k。若 T 与 S_k 相同,则它们的差为零,否则不为零。由此定义 T 与 S_k 之间差别的测度为:

$$D(T,S_k) = \sum_{i=1}^{m}\sum_{j=1}^{n}[S_k(i,j) - T(i,j)]^2$$
$$= \sum_{i=1}^{m}\sum_{j=1}^{n}[S_k(i,j)]^2 - 2\sum_{i=1}^{m}\sum_{j=1}^{n}S_k(i,j)T(i,j) + \sum_{i=1}^{m}\sum_{j=1}^{n}[T(i,j)]^2 \quad (9-16)$$

当 $D(T,S_k)$ 最小时,T 与 S_k 达到最佳匹配。

在式(9-16)中,$\sum_{i=1}^{m}\sum_{j=1}^{n}[T(i,j)]^2$ 表示邻域模板 T 的能量,因此是一常数,$\sum_{i=1}^{m}\sum_{j=1}^{n}[S_k(i,j)]^2$ 表示 T 所覆盖下的 $f_R(X,Y)$ 的第 k 个子图的能量。它随着模板 T 的平移而缓慢变化,当 T 的移动范围较小时,也近似为常量。因此,为使 $D(T,S_k)$ 达到最小,则需使 $\sum_{i=1}^{m}\sum_{j=1}^{n}S_k(i,j)T(i,j)$ 达到最大。故定义归一化互相关函数为:

$$C(\Delta X,\Delta Y) = \frac{\sum_{i=1}^{m}\sum_{j=1}^{n}[S_k(i,j)T(i,j)]}{\{\sum_{i=1}^{m}\sum_{j=1}^{n}[S_k(i,j)]^2\}^{1/2}\{\sum_{i=1}^{m}\sum_{j=1}^{n}[T(i,j)]^2\}^{1/2}} \quad (9-17)$$

当 $C(\Delta X, \Delta Y)$ 达到最大时,得到左图像中的点 (X_L, Y_L) 与右图像中的点 $C(X_L + \Delta X, Y_L + \Delta Y)$ 相匹配。

为了克服噪声的影响,还可将互相关函数定义为:

$$C(\Delta X, \Delta Y) = \frac{\sum_{i=1}^{m}\sum_{j=1}^{n}[S_k(i,j) - \mu_k][T(i,j) - \mu_T]}{\sigma_k^2 \sigma_T^2} \tag{9-18}$$

式中:μ_T、σ_T^2、μ_k、σ_k^2——模板和窗口的均值与方差,即:

$$\mu_T = \frac{1}{mn}\sum_{i=1}^{m}\sum_{j=1}^{n}T(i,j), \mu_k = \frac{1}{mn}\sum_{i=1}^{m}\sum_{j=1}^{n}S_k(i,j),$$

$$\sigma_T^2 = \frac{1}{mn}\sum_{i=1}^{m}\sum_{j=1}^{n}[T(i,j) - \mu_T]^2, \sigma_k^2 = \frac{1}{mn}\sum_{i=1}^{m}\sum_{j=1}^{n}[S_k(i,j) - \mu_k]^2$$

由式(9-18)可知,如果对左图中的每个像素点,在右图中都要进行互相关运算,则运算量较大。但对于交通事故分析而言,并不需要知道每一个点的实际位置,只需计算对事故分析和处理必需的数据。所以,在实际应用中,预先给出一个初选值,再在该值邻域内搜索最佳匹配的对应点。这样可以减少运算量,同时也避免了由于搜索范围过大产生的误判。

三、交通事故现场空间点三维重建误差分析

根据以上介绍的空间点重建理论分析可知,影响空间点重建误差的原因主要有两个方面。一是摄影照片的变换矩阵 M_1 和 M_2 的误差,二是对应点 P_1 和 P_2 的配准误差。

空间点 P 在左右两张照片图像上对应的实际像素点为 P_1 和 P_2。如果由于配准误差,使 P_1 在第二张照片图像上找到的对应点为 P_2' 或 P_2'',则重建得到的三维空间点为 P' 或 P'',故由于对应点配准误差产生的误差为 $|PP'|$ 或 $|PP''|$(图 9-6)。

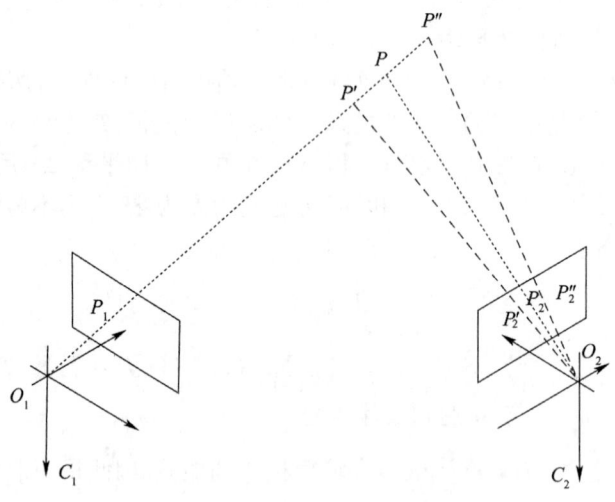

图 9-6 对应点配准误差对空间点重建误差的影响

设 $\angle PO_2P' = \alpha$,$\angle O_1PO_2 = \beta$,$\angle PO_2P'' = \alpha'$,则:

$$|PP'| = \frac{|PO_2|\sin\alpha}{|\sin(\beta + \alpha)|} \tag{9-19}$$

$$|PP''| = \frac{|PO_2|\sin\alpha'}{|\sin(\beta - \alpha')|} \tag{9-20}$$

由于 α 和 α′是由配准误差引起的,相对 β 较小,故 β + α ≈ β,(β − α′) ≈ β。由式(9-19)和式(9-20)可知,由于对应点匹配不准会引起较大的重建误差。

如图 9-7 所示,根据前述立体视觉的成像理论分析,如果能够得到拍摄两幅摄影照片时的投影变换矩阵的准确值,空间点 P 在过第一幅摄影图像上一点 $P_1(u_1,v_1)$ 和拍摄第一幅摄影图时照相机光心 O_1 的直线 O_1P_1 上;同时也在过第二幅摄影图像上一点 $P_2(u_2,v_2)$ 和拍摄第一幅摄影图时照相机光心 O_2 的直线 O_2P_2 上。O_1P_1 和 O_2P_2 的交点就是重建的空间点。但由于存在标定点误差和噪声干扰,得到的投影变换矩阵不可避免地存在误差。

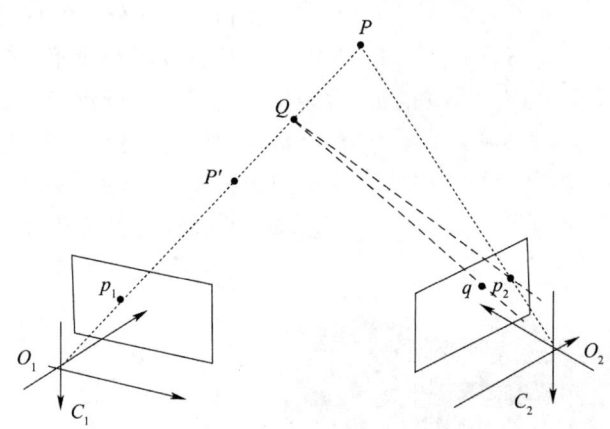

图 9-7 投影变换矩阵误差对空间点重建误差的影响

为了便于分析,可假设第一幅摄影图像的变换矩阵是准确值,第二幅摄影图像的投影变换矩阵存在误差,第一幅图像上 P_1 点在第二幅图像上的实际对应点为 P_2。在对空间点 P 进行重建的过程中,若选择了 P_1 和 P_2 为空间点分别在两幅图像上的对应点,则由于第一幅图像的变换矩阵没有误差,把 P_1 点的图像坐标 (u_1,v_1) 和第一幅图像的变换矩阵代入式(9-14)得到的方程组表示的是 O_1P_1 直线,但由于第二幅图像的变换矩阵存在误差,故根据 P_2 点的图像坐标 (u_2,v_2) 和第二幅图像的变换矩阵代入式(9-15)得到的方程组表示的直线却不是 O_2P_2。由于变换矩阵存在误差,由第二幅图像变换矩阵和 P_2 点计算得到的直线方程仍然过图像上的点 P_2,但与 O_2P_2 形成了一定的角度。如图 9-7 所示,不妨假设该直线为 P_2Q。P_2Q 与 O_1P_1 的交点假设为 Q,则通过重建计算得到的空间点为 Q,而不是 P。因此,由于第二幅摄影图变换矩阵的误差引起的空间点重建误差为 $|PQ|$。由图 9-7 可见,$|PQ|$ 的大小由 P_2Q 偏离 O_2P_2 的角度和重建点 P 与其在图像上的像点之间的距离决定。

设 $\angle PP_2Q = \alpha, \angle O_1PO_2 = \beta$,则:

$$|PP'| = \frac{|PP_2|\sin\alpha}{|\sin(\beta+\alpha)|} \tag{9-21}$$

由于 α 是由变换矩阵计算误差引起的,一般较小,故式(9-21)可写为:

$$|PP'| \approx \frac{|PP_2|\sin\alpha}{|\sin\beta|} \tag{9-22}$$

直线连接 QO_1,假设该直线与图像平面的交点为 Q。由于 P_2Q 偏离 O_2P_2 的角度是变换矩阵的误差引起的,不会太大,故 Q 点应在 P_2 点附近。因此,对由于变换矩阵计算误差引起的重建误差可等效于由于对应点配准误差引起的误差。

四、交通事故现场空间点三维重建实例

图 9-8　模拟事故现场照片(一)

根据上述方法,用图 9-8 和图 9-9 对图 9-10 所示的模拟交通事故现场图进行空间点重建。设 F_R 和 R_R 分别代表汽车右前轮和汽车右后轮的中点,C_0 和 D_0 是预先在地面上画出的标记点。对图 9-8 和图 9-9 分别取标定物上的 30 个点作为参考点计算投影变换矩阵,在此基础上测量事故现场。将照片进行数字化处理,并用自行设计的计算机程序进行处理,即可获得所求空间点的坐标位置。实际测量结果与利用计算机视觉原理所求结果及误差见表 9-1。

图 9-9　模拟事故现场照片(二)

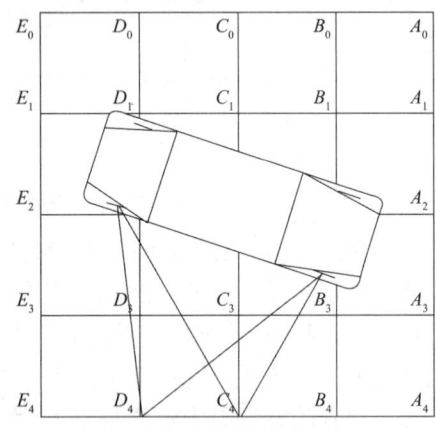

图 9-10　模拟交通事故现场图

模拟事故现场测量结果及其误差　　　　　　　　　　表 9-1

测量点	实测距离(mm)	重建距离(mm)	绝对误差(mm)	相对误差(%)
$F_R C_4$	2760	2798.23	38.23	1.39
$F_R D_4$	3820	3806.19	13.81	0.36
$R_R C_4$	4080	4100.50	20.50	0.50
$R_R D_4$	3680	3679.37	0.63	0.02

实验结果表明,使用该方法可以实现对交通事故现场的数据测量,可为交通事故现场再现提供大量数据。

在实际应用时,并不需要图 9-10 那样的位置定位,仅需要按图 9-8 和图 9-9 中的特指定物对照相机进行标定即可。图 9-10 中的定位网格仅为了校验该方法和程序的正确性。由于事故现场的实际坐标系建立在标定物上,在拍摄测量同一数据使用的一组照片时,不要移动标定物。

第四节 交通事故现场俯视图几何校正处理

图像在生成过程中,由于成像系统本身具有非线性、摄影时视角不同、照相底片的洗印扩放,以及扫描仪扫描时坐标轴未对准和照片平面与扫描平面不平行等原因都可能造成几何畸变,即几何失真(图9-11是几种典型的几何失真图)。对于有几何失真的图像,需要事先进行几何校正,以减小或消除几何失真。

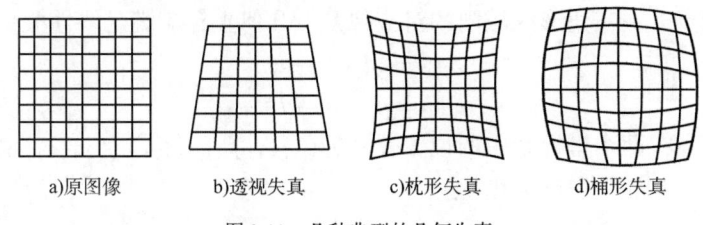

a)原图像　　b)透视失真　　c)枕形失真　　d)桶形失真

图9-11　几种典型的几何失真

一、几何校正坐标变换

图像的空间几何坐标变换是指按照一幅输出图像 $g(u,v)$(几何校正中的目标图像)或一组基准点去校正另一幅输入图像 $f(x,y)$(几何校正中的几何失真图像)。根据两幅图像中的一些已知对应点对(控制点对),建立起函数关系式,将输入图像的坐标 (x,y) 变换到输出图像坐标 (u,v),从而实现输入图像按输出图像的几何位置校正,使输入图像 $f(x,y)$ 中的每一个像点都可在输出图像 $g(u,v)$ 中找到对应像点。一种用来描述输入、输出图像点之间空间关系的方便方法是数学方法。几何运算的定义为:

$$g(u,v) = f(x,y) = f[a(u,v), b(u,v)] \tag{9-23}$$

式中:$f(x,y)$——输入图像;
　　　$g(u,v)$——输出图像。

由式(9-23)可看出:

$$\begin{cases} x = a(u,v) \\ y = b(u,v) \end{cases} \tag{9-24}$$

坐标变换通常用简单变换、三角形线性法、二元多项式法三种方法实现。

1. 简单变换

若事先能获得式(9-24)的表达式,则实际上已经得到了空间变换的数学模型。如输入图像和输出图像之间是平移关系,即有:

$$\begin{cases} a(u,v) = u + u_0 \\ b(u,v) = v + v_0 \end{cases} \tag{9-25}$$

其中:输入图像的点 (u_0, v_0) 被平移到输出图像的原点,而图像中的各特征(点)则移动了 $\sqrt{u_0^2 + v_0^2}$。采用齐次坐标的表达式,用矩阵形式表示为:

$$\begin{pmatrix} a(u,v) \\ b(u,v) \\ 1 \end{pmatrix} = \begin{pmatrix} 1 & 0 & u_0 \\ 0 & 1 & v_0 \\ 0 & 0 & 1 \end{pmatrix} \begin{pmatrix} u \\ v \\ 1 \end{pmatrix} \tag{9-26}$$

其他基本变换还有放大、缩小、旋转等,复杂的空间变换可以通过基本变换的组合实现,数学模型可由矩阵的级联乘积获得。

此方法能获得空间变换准确的数学模型,其复杂程度取决于图像变换的复杂性,但须事先已知输入图像和输出图像之间的空间关系。

2. 三角形线性法

图像几何失真一般是非线性的,但在一个局部小区域内可视为线性的。基于这个假设,将输出图像和输入图像之间的对应点对划分成一系列的小三角形区域,三角形的顶点为该区域的三个控制点。在三角形区域内的对应像素点几何坐标应满足线性关系式:

$$\begin{cases} x = au + bv + c \\ y = du + ev + f \end{cases} \quad (9\text{-}27)$$

若三对控制点在两个坐标系中的位置分别为(x_1, y_1)、(x_2, y_2)、(x_3, y_3)和(u_1, v_1)、(u_2, v_2)、(u_3, v_3),则可建立两组方程组为:

$$\begin{cases} x_1 = au_1 + bv_1 + c \\ x_2 = au_2 + bv_2 + c \\ x_3 = au_3 + bv_3 + c \end{cases} \quad (9\text{-}28)$$

$$\begin{cases} y_1 = du_1 + ev_1 + f \\ y_2 = du_2 + ev_2 + f \\ y_3 = du_3 + ev_3 + f \end{cases} \quad (9\text{-}29)$$

由这两个方程组可求出a、b、c、d、e、f六个因数,再利用式(9-27)可实现三角形区域内其他像素点的坐标变换。对于不同的三角形,这六个因数的值是不相同的。

这种方法计算简单,能满足一定的精度要求。由于它是以许多小范围内的线性失真去处理大范围的非线性失真,所以,选择的控制点对数越多,分布越均匀,三角形区域的面积越小,则变换的精度越高。当然,控制点对数增加会导致计算量增加,考虑时应兼顾两者。采用本法要求控制点尽量覆盖整个待校正区域,控制点位置要找得准确。

3. 二元多项式法

二元多项式法是将输出图像的空间坐标(u, v)和输入图像的空间坐标(x, y)之间的关系用一个二元n次多项式来描述,即:

$$\begin{cases} x = \sum_{i=0}^{n} \sum_{j=0}^{n-i} a_{ij} u^i v^j \\ y = \sum_{i=0}^{n} \sum_{j=0}^{n-i} b_{ij} u^i v^j \end{cases} \quad (9\text{-}30)$$

式中:a_{ij}、b_{ij}——待定因数;

n——多项式的次数,通常取$n = 2$。

此时,式(9-30)可写成二元二次多项式,即:

$$\begin{cases} x = a_{00} + a_{01}v + a_{02}v^2 + a_{10}u + a_{11}uv + a_{20}u^2 \\ y = b_{00} + b_{01}v + b_{02}v^2 + b_{10}u + b_{11}uv + b_{20}u^2 \end{cases} \quad (9\text{-}31)$$

待定因数a_{ij}、b_{ij}可根据已知的控制点对,采用曲面拟合方法,按最小二乘法准则求出。若要使拟合误差平方和ε为最小,则应使:

$$\varepsilon = \min \left\{ \sum_{e=1}^{L} \left(x_e - \sum_{i=0}^{n} \sum_{j=0}^{n-i} a_{ij} u_e^i v_e^j \right)^2 \right\} \quad (9\text{-}32)$$

二元多项式法比较简单有效,精度较高,精度与所用校正多项式次数有关。多项式次数越高,位置拟合误差越小。但随着 n 的增大,所需控制点对的数目急剧增加,导致计算时间亦急剧增加。

二、像素灰度值确定

空间几何坐标变换以后,就需确定目标图像中像素点的灰度值。图像像素点灰度值的确定一般分灰度插值和灰度值映射两步进行。

1. 灰度插值

像素点灰度值确定的第一步是进行灰度插值。在被校正的图像中,灰度值仅在整数位置被定义。然而,由空间几何坐标变换关系可知,被校正图像像素点通常被映射到目标图像中的非整数位置,即目标图像灰度值的定义一般在非整数坐标上。如果把几何运算看成是一个从被校正图像到目标图像的映射,则被校正图像中的一个像素会映射到目标图像中几个像素之间的位置,反之亦然。因此,为了确定目标图像非整数映射点相对应的灰度值,必须进行插值运算。常用的灰度插值方法有最近邻插值、双线性插值和三次卷积法。

1) 最近邻插值

最简单的插值方法是所谓的零阶插值或称为最近邻插值。该法取像素点周围四个邻点中距离最近的邻点灰度作为这点的灰度,即令输出像素的灰度值等于离它所映射到的位置最近的输入像素的灰度值。最近邻插值计算十分简单,有一定精度。在有些情况下,其结果也可令人接受。然而,利用该法校正后的图像亮度有明显的不连续性,而且,当图像中包含像素之间灰度级有变化的细微结构时,最近邻点法会在图像中产生人工的痕迹。

2) 双线性插值

双线性插值又称一阶插值,它是利用像素周围四个邻点的灰度在两个方向上作线性内插(图 9-12)。由于通过四点确定一个平面是一个过约束问题,所以在一个矩形栅格上进行的一阶插值就需要用到双线性函数。

令 $f(x,y)$ 为两个变量的函数,其在单位正方形顶点的值已知。通过插值得到正方形内任意点的 $f(x,y)$ 值。令双线性方程:

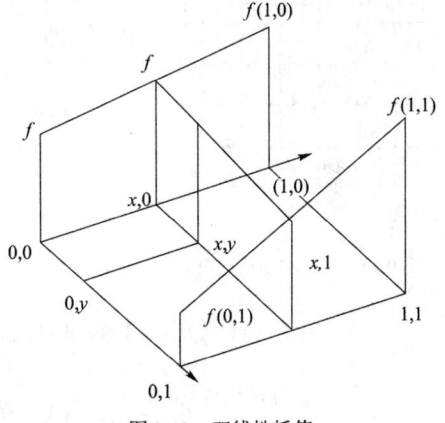

图 9-12 双线性插值

$$f(x,y) = ax + by + cxy + d \qquad (9\text{-}33)$$

来定义的一个与四个已知点拟合的双曲抛物面方程。

从 a 到 d 这四个因数由已知的四个顶点的 $f(x,y)$ 值来选定。有一个简单的算法可产生一个双线性插值函数,并使之与四个顶点的 $f(x,y)$ 值拟合。先对上端的两个顶点进行线性插值,可得:

$$f(x,0) = f(0,0) + x[f(1,0) - f(0,0)] \qquad (9\text{-}34)$$

类似地,对于底端两个顶点进行线性插值,有:

$$f(x,1) = f(0,1) + x[f(1,1) - f(0,1)] \qquad (9\text{-}35)$$

最后,作垂直方向的线性插值:

$$f(x,y) = f(x,0) + y[f(x,1) - f(x,0)] \tag{9-36}$$

将式(9-34)、式(9-35)代入式(9-36),展开等式并合并同类项,可得:

$$f(x,y) = [f(1,0) - f(0,0)]x + [f(0,1) - f(0,0)]y + \\ [f(1,1) + f(0,0) - f(0,1) - f(1,0)]xy + f(0,0) \tag{9-37}$$

则

$$a = f(1,0) - f(0,0)$$
$$b = f(0,1) - f(0,0)$$
$$c = f(1,1) + f(0,0) - f(0,1) - f(1,0)$$
$$d = f(0,0)$$

双线性内插法比最近邻点法复杂,计算量大,但效果较好。当使用双线性内插法对相邻的四个像素进行插值时,所得表面在邻域边界处是吻合的,但斜率却不吻合。这样,一个由分段双线性插值产生的表面是连续的,但其导数在邻域边界处通常是不连续的。

3) 三次卷积法

利用三次多项式 $S(\omega)$ 来逼近理论上的最佳插值函数 $\mathrm{sinc}(\omega) = \frac{\sin\omega}{\omega}$。$S(\omega)$ 的数学表达式为:

$$S(\omega) = \begin{cases} 1 - 2|\omega|^2 + |\omega|^3 & (|\omega| < 1) \\ 4 - 8|\omega| + 5|\omega|^2 - |\omega|^3 & (1 \leq |\omega| < 2) \\ 0 & (|\omega| > 2) \end{cases} \tag{9-38}$$

计算时利用周围16个邻点(图9-13)的灰度按式(9-39)进行内插,即:

$$f(x,y) = [A][B][C] \tag{9-39}$$

其中:

$$[A] = \begin{bmatrix} S(1+v) \\ S(v) \\ S(1-v) \\ S(2-v) \end{bmatrix}^{\mathrm{T}}$$

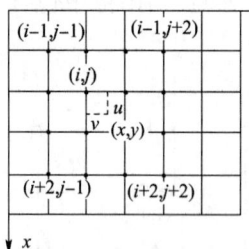

图9-13 用三次多项式内插

$$[B] = \begin{bmatrix} f(i-1,j-1) & f(i-1,j) & f(i-1,j+1) & f(i-1,j+2) \\ f(i,j-1) & f(i,j) & f(i,j+1) & f(i,j+2) \\ f(i+1,j-1) & f(i+1,j) & f(i+1,j+1) & f(i+1,j+2) \\ f(i+2,j-1) & f(i+2,j) & f(i+2,j+1) & f(i+2,j+2) \end{bmatrix}$$

$$[C] = \begin{bmatrix} S(1+u) \\ S(u) \\ S(1-u) \\ S(2-u) \end{bmatrix}$$

三次卷积算法比较复杂,计算量较大。但运用该算法所得的几何运算结果精度较高,且能克服前两种方法的缺点。

2. 灰度值映射

实现一个几何运算可采用两种方法。其一是把几何运算想象成将输入图像的灰度,一个一个像素地转移到输出图像中。如果一个输入像素被映射到四个输出像素之间的位置,则其灰度值就按插值算法在四个输出像素之间进行分配。该方法称为像素移交(pixel carry-over)或称为向前映射法(图9-14)。

另一种能更有效地达到目的的方法是像素填充(pixel filling)或称向后映射法。在这里,输出像素一次一个地映射回输入图像中,以便确定其灰度级。如果一个输出像素被映射到四个输入图像之间,则其灰度值由灰度级插值决定(图9-14),向后空间变换是向前变换的逆。

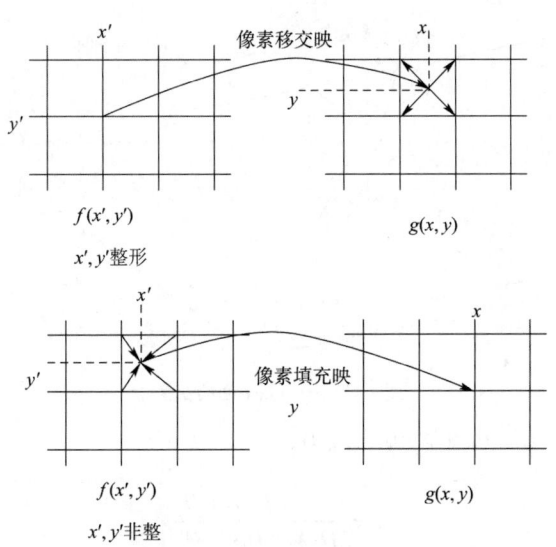

图9-14 灰度值映射

三、事故现场俯视摄影图几何校正模型

对空间坐标系内的点(X,Y,Z),其对应的图像坐标系像素坐标为(x,y)。根据照相机线性成像模型,它们的关系可写为:

$$x = \frac{L_1 X + L_2 Y + L_3 Z + L_4}{L_9 X + L_{10} Y + L_{11} Z + 1} \tag{9-40}$$

$$y = \frac{L_5 X + L_6 Y + L_7 Z + L_8}{L_9 X + L_{10} Y + L_{11} Z + 1} \tag{9-41}$$

式(9-40)和式(9-41)表示三维空间坐标系(X,Y,Z)中任意点和它在二维图像平面坐标系(x,y)上的对应点之间的线性射影变换关系。线性成像模型构成了近景摄影测量的基础。

如果所有空间点都位于同一平面上(图9-15),则Z坐标值为一个常数,式(9-40)和式(9-41)可变为:

$$x = \frac{\dfrac{L_1}{L_{11}Z+1}X + \dfrac{L_2}{L_{11}Z+1}Y + \dfrac{L_3 Z + L_4}{L_{11}Z+1}}{\dfrac{L_9}{L_{11}Z+1}X + \dfrac{L_{10}}{L_{11}Z+1}Y + 1} \tag{9-42}$$

$$y = \frac{\dfrac{L_5}{L_{11}Z+1}X + \dfrac{L_6}{L_{11}Z+1}Y + \dfrac{L_7 Z + L_8}{L_{11}Z+1}}{\dfrac{L_9}{L_{11}Z+1}X + \dfrac{L_{10}}{L_{11}Z+1}Y + 1} \tag{9-43}$$

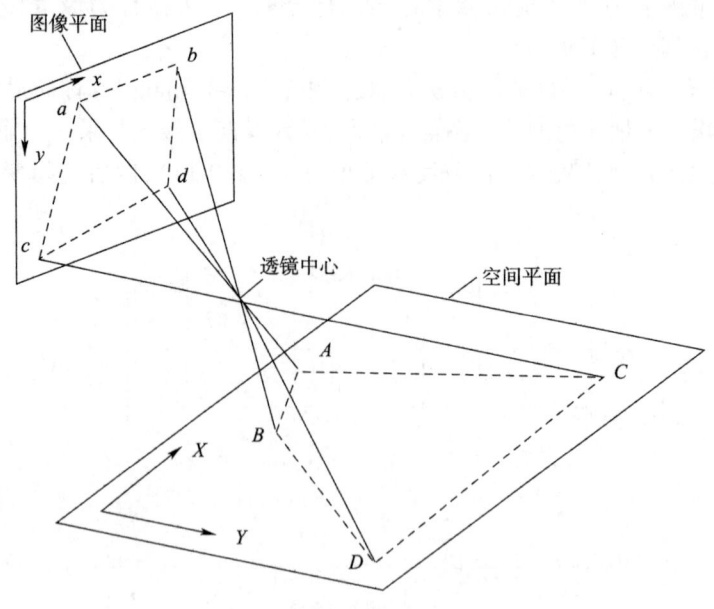

图 9-15 平面到平面的变换

合并常数项,则式(9-42)和式(9-43)为:

$$x = \frac{D_1 X + D_2 Y + D_3}{D_7 X + D_8 Y + 1} \tag{9-44}$$

$$y = \frac{D_4 X + D_5 Y + D_6}{D_7 X + D_8 Y + 1} \tag{9-45}$$

这些等式代表从空间平面坐标到图像平面或照片坐标的变换。为了找到反变换,可以根据(x,y)求出(X,Y),其结果为:

$$X = \frac{\dfrac{D_6 D_8 - D_5}{D_2 D_4 - D_1 D_5}x + \dfrac{D_2 - D_3 D_8}{D_2 D_4 - D_1 D_5}y + \dfrac{D_3 D_5 - D_2 D_6}{D_2 D_4 - D_1 D_5}}{\dfrac{D_5 D_7 - D_4 D_8}{D_2 D_4 - D_1 D_5}x + \dfrac{D_1 D_8 - D_2 D_7}{D_2 D_4 - D_1 D_5}y + 1} \tag{9-46}$$

$$Y = \frac{\dfrac{D_4 - D_6 D_7}{D_2 D_4 - D_1 D_5}x + \dfrac{D_3 D_7 - D_1}{D_2 D_4 - D_1 D_5}y + \dfrac{D_1 D_6 - D_3 D_4}{D_2 D_4 - D_1 D_5}}{\dfrac{D_5 D_7 - D_4 D_8}{D_2 D_4 - D_1 D_5}x + \dfrac{D_1 D_8 - D_2 D_7}{D_2 D_4 - D_1 D_5}y + 1} \tag{9-47}$$

再合并常数项,式(9-46)和式(9-47)写为:

$$X = \frac{C_1 x + C_2 y + C_3}{C_7 x + C_8 y + 1} \tag{9-48}$$

$$Y = \frac{C_4 x + C_5 y + C_6}{C_7 x + C_8 y + 1} \tag{9-49}$$

式(9-48)和式(9-49)表示在图像平面上测量的坐标到对应空间的坐标变换。这些等式也可以写成矩阵等式:

$$\begin{bmatrix} x/X & y/X & 1/X & 0 & 0 & 0 & -x & -y \\ 0 & 0 & 0 & x/Y & y/Y & 1/Y & -x & -y \end{bmatrix} \begin{bmatrix} C_1 \\ C_2 \\ C_3 \\ C_4 \\ C_5 \\ C_6 \\ C_7 \\ C_8 \end{bmatrix} = \begin{bmatrix} 1 \\ 1 \end{bmatrix} \quad (9\text{-}50)$$

或写成 $AC = B$ 的形式。在已知 n 个点在空间平面上的坐标和图像上的坐标时,如果用下标表示不同点的坐标,则:

$$A = \begin{bmatrix} x_1/X_1 & y_1/X_1 & 1/X_1 & 0 & 0 & 0 & -x_1 & -y_1 \\ 0 & 0 & 0 & x_1/Y_1 & y_1/Y_1 & 1/Y_1 & -x_1 & -y_1 \\ x_2/X_2 & y_2/X_2 & 1/X_2 & 0 & 0 & 0 & -x_2 & -y_2 \\ 0 & 0 & 0 & x_2/Y_2 & y_2/Y_2 & 1/Y_2 & -x_2 & -y_2 \\ x_3/X_3 & y_3/X_3 & 1/X_3 & 0 & 0 & 0 & -x_3 & -y_3 \\ 0 & 0 & 0 & x_3/Y_3 & y_3/Y_3 & 1/Y_3 & -x_3 & -y_3 \\ \text{—} & \text{—} & \text{—} & \text{—} & \text{—} & \text{—} & \text{—} & \text{—} \\ \text{—} & \text{—} & \text{—} & \text{—} & \text{—} & \text{—} & \text{—} & \text{—} \\ \text{—} & \text{—} & \text{—} & \text{—} & \text{—} & \text{—} & \text{—} & \text{—} \\ x_n/X_n & y_n/X_n & 1/X_n & 0 & 0 & 0 & -x_n & -y_n \\ 0 & 0 & 0 & x_n/Y_n & y_n/Y_n & 1/Y_n & -x_n & -y_n \end{bmatrix}$$

为了得到 C 的 8 个因数,需要至少 4 个不同点对应的 (X,Y) 和 (x,y) 坐标给出 8 个独立的等式,然后由 $C = A^{-1}B$ 算出待定因数。在确定以上得 8 个未知参数后,根据图像平面得到每一个点,可以计算出空间平面的相对坐标。

对于交通事故现场俯视摄影,如果照相机距离现场路面的距离较大,则可以把事故现场的所有参与元素视为处于路面平面上。因此,在事故现场路面设置一定数量的标定参考点后,可以根据标定参考点的坐标计算以上 8 个参数,从而根据俯视摄影图像确定事故现场其他点的位置。

由于空间平面尺寸较大,为了得到与输入图像对应的校正图像,需要对校正得到的空间平面进行缩放处理,以便图像显示。设输入的俯视图像为 $a \times b$ 大小,经过校正计算,俯视图像代表的空间平面尺寸大小为 $A \times B$。为了在与输入图像同样大小的图像上显示并输出事故现场空间平面,需要进行缩放,缩放因数为 $\text{Max}(A/a, B/b)$。

经过校正的图像还需能够分辨出现场物体,因此还需要确定校正图像各个点的灰度值。

设输出图像中点 (x', y') 代表的是经过缩放后事故现场平面的点 (X, Y),而事故现场平面该点的坐标是由输入的俯视摄影图像中的点 (x, y) 计算得到,则 (x', y') 点的灰度值根据 (x, y) 的灰度值通过灰度映射确定。

事故现场俯视摄影图是在事故现场的一定高度用相机俯视拍摄所得的。照片中感兴趣的部分一般在照片中央区域，不重要的部分一般在照片边缘。为保证几何校正时事故现场俯视摄影图中感兴趣的部分基本位于目标输出图像中央位置，事故现场俯视摄影图和目标图像的配准以图像中心为基准，即事故现场俯视摄影图的中心像素和目标图像的中心像素对应同一点。这样就使感兴趣的部分在基准点的周围，有效区域不会因为处于目标图像的边缘且超出图像边界而被裁剪掉。

四、俯视摄影图像的几何校正实例

图 9-16 是现场实验中选用不同焦距 35mm 和 50mm 的俯视摄影图及其几何校正图，其中 a)、b) 为 35mm 焦距的原图和校正图，c)、d) 为 50mm 焦距的原图和校正图。

a)焦距35mm俯视摄影图　　　　　　　　　b)焦距35mm几何校正图

c)焦距50mm俯视摄影图　　　　　　　　　d)焦距50mm几何校正图

图 9-16　俯视图像几何校正实例

表 9-2 是测试点计算地面坐标及其误差对比。图 9-17 所示为测试控制点布置图，其中，F 点和 E 点分别是汽车右前轮和右后轮接地点。分析表 9-2 可以看出，图 9-16b) 的测试点相对误差大于图 9-16d) 的相对误差。图 9-16b) 的测试点最大误差控制在 2.2% 以内，图 9-16d) 在 1.5% 以内。图 9-16b) 是 35mm 焦距拍摄的现场俯视图的校正图，图 9-16d) 是 50mm 焦距拍摄的现场俯视图的校正图，可见，用 50mm 焦距拍摄的照片校正效果要比 35mm 的好。标准焦距镜头成像畸变像差较小，成像质量较高，35mm 焦距镜头成像畸变像差相对较大。由表 9-2 可看出，用 35mm 焦距镜头拍摄的照片几何校正效果虽然要比 50mm 的差，但其相对误差最大值控制在 2.2% 之内，误差比较小。在交通事故现场图中，这样的精度可以满足要求。在其他拍摄条件相同的情况下，镜头焦距越小，拍摄范围越大；反之，则越小。一般情况下，事故现场范围较大，在对事故现场进行照相时，要求场景尽可能全，因此，在事故现场俯视摄影时推荐使用 35mm 焦距镜头。

测试点计算地面坐标及其误差对照表　　　　　　　　　　　表9-2

点号	焦距(mm)	测量坐标(mm)	图像坐标(像素)	计算坐标(mm)	相对误差(%)
1	35	8000,4123	4595,3244	7983.4,4093.7	0.2,0.7
1	50		5485,3622	8011.1,3119.5	0.1,0.1
2	35	2000,3092	1885,2795	1940.1,3110.9	3.0,0.6
2	50		1574,2954	1988.1,3092.3	0.6,0.0
3	35	4000,4123	2800,3263	3980.6,4154.5	0.5,0.8
3	50		2883,3621	4004.0,4119.5	0.1,0.1
4	35	6000,3092	3711,2797	6012.1,3115.3	0.2,0.8
4	50		4184,2955	6007.5,3093.9	0.1,0.1
5	35	6377,2992	3855,2730	6330.9,2965.9	0.7,0.9
5	50		4395,2873	6334.0,2967.6	0.7,0.8
6	35	3625,3000	2603,2749	3543.5,3008.3	2.2,0.3
6	50		2601,2896	3571.3,3003.0	1.5,0.1
平均误差	35	—			0.9
	50				0.4

图9-17　控制点及车辆位置图

思考题

1. 简述交通事故摄影图像应用的分类。
2. 简述如何实现三维摄影测量现场标定。
3. 简述如何进行交通事故现场俯视图几何校正处理。

参 考 文 献

[1] 陈琳,李三红,许洪国,等. 车辆滚翻事故再现轨迹模型及仿真的研究[C]//Infats Proceedings of The 5th International Forum of Automotive Traffic Safety. 2023(12).

[2] 李东青. 轿车与电动两轮车碰撞事故再现及骑车人头部损伤防护[D]. 上海:上海工程技术大学,2023.

[3] 曹弋,陈龙飞,何霖. 综合经典力学与有限元的汽车二维碰撞事故车速再现方法研究[J]. 大连交通大学学报,2022,43(5):7-12.

[4] 万靖. 汽车-两轮车碰撞事故分析及骑车人损伤研究[D]. 长沙:长沙理工大学,2018.

[5] 徐荡,朱西产,丰烨,等. 基于 PC-Crash 的汽车-骑车人事故再现研究[C]//International Forum of Automotive Traffic Safety. 长沙:湖南大学,2010.

[6] 石建. 车祸事故再现仿真中痕迹挖掘准确性分析[J]. 计算机仿真,2014,31(10):4. 1006-9348.

[7] 张芳. 人车事故再现结果不确定性分析[D]. 成都:西华大学,2016.

[8] 鲁植雄. 汽车事故鉴定学[M]. 北京:机械工业出版社,2019.

[9] PANDAY P,VIKRAM A,CHAWLA A,et al. Prediction of lower extremity injuries in car-pedestrian crashes-real-world accident study[J]. Traffic Injury Prevention,2021,22(9):1-4.

[10] TAN Z,CHE Y,XIAO L,et al. Research of fatal car-to-pedestrian precrash scenarios for the testing of the active safety system in China[J]. Accident Analysis & Prevention,2021,150(5):105857.

[11] LIVIO B,FU C,HUANG H,et al. Predicting individuals' car accident risk by trajectory, driving events, and geographical context[J]. Computers, Environment and Urban Systems, 2022,93:101760.

[12] ADAM M,MATEUSZ K,FILIP T,et al. Determining vehicle pre-crash speed in frontal barrier crashes using genetic algorithm model adjustment techniques for intermediate car class [J]. International Journal of Crashworthiness,2022,27(4):1009-1016.